工业和信息化部"十二五"规划教材

U0597979

计算机网络教程

第7版 | 微课版

谢钧 谢希仁 袁恩 **编著**

A TEXTBOOK ON
COMPUTER NETWORKS

人民邮电出版社

北京

图书在版编目（CIP）数据

计算机网络教程：微课版 / 谢钧，谢希仁，袁恩编
著. -- 7 版. -- 北京：人民邮电出版社，2025.
（高等学校计算机专业核心课名师精品系列教材）.
ISBN 978-7-115-67682-5

Ⅰ．TP393

中国国家版本馆 CIP 数据核字第 20256ZR975 号

内 容 提 要

本书按照计算机网络体系结构自底向上的顺序介绍计算机网络的基础理论知识。全书共 7 章，主要
内容包括计算机网络概述、物理层、数据链路层、网络层、传输层、应用层、网络安全，覆盖了全国计
算机专业研究生入学考试计算机网络部分的知识点。各章均附有本章的重要概念和习题。

本书以通俗易懂的方式阐述计算机网络基本的原理与概念，概念准确、论述严谨、图文并茂、容易
理解，注重分析各种技术背后的原理和方法。为方便读者学习和理解相关内容，本书提供重要知识点的
微课视频，读者可通过扫描书中相应二维码观看。

本书可供计算机类、电子信息类各专业的本科生使用，对信息技术领域的工程技术人员也有学习参
考价值。

◆ 编　著　谢　钧　谢希仁　袁　恩
　　责任编辑　孙　澍
　　责任印制　胡　南

◆ 人民邮电出版社出版发行　　北京市丰台区成寿寺路 11 号
　　邮编　100164　电子邮件　315@ptpress.com.cn
　　网址　https://www.ptpress.com.cn
　　涿州市京南印刷厂印刷

◆ 开本：787×1092　1/16
　　印张：22.75　　　　　　　　2025 年 9 月第 7 版
　　字数：572 千字　　　　　　 2025 年 9 月河北第 1 次印刷

定价：69.80 元

读者服务热线：(010)81055256　印装质量热线：(010)81055316
反盗版热线：(010)81055315

计算机网络技术的发展日新月异，用一本教材囊括不断涌现的新概念、新技术、新协议和新应用显然是不现实的。实际上，只要具备了计算机网络的基础理论知识，就有能力不断学习各种新的网络技术。因此，本书以计算机网络中最基础和最关键的问题为核心，以流行的网络技术为实例，讲解和分析计算机网络的基本原理、方法和技术精髓，尽可能使读者获得"长保质期"的知识，具备深入学习和研究相关技术的能力。

本书第7版保持了第6版的主要结构，同时根据近年来计算机网络技术和教学理念的发展及作者的教学经验，对各章都补充了一些新的内容，调整了部分结构，修改了部分文字，使本书更能体现计算机网络技术的发展，也更能满足理工科各专业本科生的学习需求。

本次修订主要调整的内容如下。

第1章修改了部分名词的翻译，并更新了计算机网络在我国的最新发展。

第2章更新了传输媒体的一些新发展，删除了有关SONET的具体介绍。

第3章更新了无线局域网的新进展，将蜂窝移动通信系统中原来对4G技术的介绍更新为对5G技术的介绍。

第4章对IPv6过渡技术进行了补充。

第5章在传输层概述部分补充了一些互联网新传输协议的介绍。

第6章增加了对HTTP/2、HTTP/3与QUIC的介绍，删除了有关移动Web的介绍。

第7章对入侵检测系统的一些新进展进行了补充。

此外，本次修订将一些名词的翻译改为多数人更加习惯使用的名词。例如"Transport Layer"的译名由"运输层"改为"传输层"；"IP"的译名由"网际协议"改为"互联网协议"；"Node"的译名由"结点"改为"节点"等。

本书特色

1. 概念清晰、讲解透彻、深入浅出、通俗易懂

本书在写作上力求概念准确、论述严谨以及简洁明了，不罗列各种技术细节，而是努力讲清楚各种技术背后的原理和方法，让读者明白"是什么"的同时理解"为什么"，尽可能使学生获得 "长保质期"的知识。

2. 全面覆盖考研大纲

本书内容全面覆盖全国硕士研究生招生考试计算机网络部分的考试大纲，内容结构逻辑性强，便于教师组织教学和学生自学。

3. 紧跟技术发展变化

本书紧跟计算机网络技术的最新发展，认真权衡计算机网络知识体系中的"变"与"不变"，推陈出新，精选"长保质期"的知识，将物联网、云计算、SDN、5G等影响计算机网络技术发展的内容及时引入教材。

4. 支持混合式教学

为方便读者学习和理解相关内容，编者针对全书各章节知识点录制了高质量微课视频，读者通过扫描对应的二维码，即可自主学习，教师可利用该资源实施线上线下混合式教学。

5. 教学资源丰富

为了帮助高校一线教师更好地开展教学工作，本书配套丰富的教学资源，如课程教案、PPT、针对不同学时的教学大纲、实验指导书及配套实验工具软件、习题参考答案等。

本书共7章，授课教师可按模块化结构组织教学，同时可以根据所在学校关于本课程的学时安排情况，对部分章节的内容进行灵活取舍。"学时建议表"给出了针对不同总学时的理论与实践教学的学时建议。本书还有配套实验指导书，授课教师还可以根据学生的具体情况开展相应的实验教学。

学时建议表

章	教学内容	40+8/学时	46+10/学时	52+12/学时
第1章	计算机网络概述	4	4	4
第2章	物理层	2+2	2+2	4+2
第3章	数据链路层	8+2	10+2	10+2
第4章	网络层	10+2	12+4	14+4
第5章	传输层	8	8	8+2
第6章	应用层	6+2	6+2	8+2
第7章	网络安全	2	4	4

选用了本书的授课教师，可以通过人邮教育社区（www.ryjiaoyu.com），免费下载本书配套的丰富教学资源。

在本书的修订过程中，胡谷雨教授对于本书的内容优化给予了热心建议，金凤林、赵洪华、缪志敏、岳淑贞等课程组老师以及烟台理工学院韩明峰教授对本次的修改提出了很多宝贵的意见。编者在此一并致以诚挚的谢意。由于编者水平所限，书中难免存在欠妥之处，殷切希望广大读者批评指正。编者的电子邮箱：xiejun_work@263.net。

编者

2025年6月

于中国人民解放军陆军工程大学，南京

目录

目录

目录

第1章
计算机网络概述

本章是全书的概要，先介绍计算机网络在信息时代的作用；接着讨论计算机网络的定义与分类，并对互联网进行概述；然后讨论计算机网络中的重要概念——电路交换与分组交换；在介绍计算机网络的主要性能指标后，引入整个课程都要用到的重要概念——计算机网络的体系结构；最后，简要介绍两个重要的新兴网络技术（云计算与物联网）和计算机网络在我国的发展。

本章的重点内容如下。

（1）分组交换的概念，这是现代计算机网络的技术基础。

（2）计算机网络的主要性能指标。

（3）计算机网络的分层体系结构，包括协议和服务的概念。这部分内容比较抽象。在了解具体的计算机网络之前，很难一下子就完全掌握这些很抽象的概念，但这些抽象的概念又能够指导后续的学习，因此必须先从这些概念学起。建议读者在学到后续章节时，经常回过头来复习一下本章的相关基本概念，这对掌握整个计算机网络的概念是有帮助的。

1.1 计算机网络在信息时代中的作用

21世纪是以**数字化、网络化、信息化**为重要特征的信息时代。作为信息的最大载体和传输媒介，网络已成为这个信息时代的核心基础。以**互联网**（Internet）[①]为代表的计算机网络自20世纪90年代以来迅猛发展，从最初的教育科研网络逐步发展为全球性商业网络，并以远远超过人们预期的速度和力量从根本上改变着我们的生活。毫不夸张地说，互联网是人类发明印刷术以来在通信方面的最大变革。现在互联网已成为全球性**信息服务基础设施**。全世界所有发达国家和许多发展中国家都纷纷研究和制订本国建设

---

① 全国科学技术名词审定委员会推荐的译名为"因特网"，但由于媒体大众和政府机构都喜欢用译名"互联网"，因此本书也使用"互联网"这一译名。

信息服务基础设施的计划，这使计算机网络的发展进入了一个新的历史阶段，计算机网络技术变成了人尽皆知并且备受关注的热门学科。

2020年《政府工作报告》指出，要全面推进"互联网+"，打造数字经济新优势。"互联网+"简单地说就是"互联网+传统行业"，借助信息技术和互联网平台，对传统行业进行优化升级转型，利用互联网具备的优势特点，创造新的发展机会，从而推动社会不断地向前发展。

计算机网络与传统电话网和有线电视网最大的不同在于，计算机网络的终端设备是功能强大且具有智能化特征的计算机。利用计算机网络，计算机上运行的包括电子邮件、网上冲浪、信息搜索、即时通信、网络电话、网络电视、网络游戏、文件共享等在内的各种应用程序通过彼此间的通信为用户提供了更加丰富多彩的服务和应用。我们在讨论计算机网络时，讨论的不只是计算机网络提供的数据通信服务，还包括这些丰富多彩的网络应用。事实上，计算机网络已由一种通信基础设施发展成一种重要的信息服务基础设施。如今，网络已经像水、电、燃气一样，成为我们生活中不可或缺的一部分。

计算机网络为我们提供浏览信息和发布信息的平台。计算机网络以各种各样的形式向我们提供各种各样的信息。例如，以网站、电子报刊、电子图书等形式，提供政治、经济、社会、生活、军事、体育、娱乐等方面的文本、声音、图像、视频等信息。用户还可以使用谷歌（Google）、百度等搜索引擎搜索感兴趣的信息。而个人网站、微博、短视频App等各种信息发布平台让信息时代的每个人不仅可以浏览信息，还可以畅所欲言，这是报纸、广播、电视这些传统信息传媒无法实现的。

计算机网络为我们提供通信和交流的平台。从早期兴起的电子邮件、网络电话，到今天以微信、QQ为代表的各种即时通信工具，计算机网络将人们的距离拉得越来越近。使用即时通信工具不仅可以发送各种媒体形式的消息，还可以打电话和视频聊天；不仅可以实现一对一的交流，还可以实现视频会议等形式的多人交互。我国腾讯公司在2011年推出的网络社交软件"微信"已风靡整个华人世界，成为脸书（Facebook）、X［原推特（Twitter）］等世界著名社交软件强有力的竞争对手，它集成了即时通信、短信留言、文件共享、信息发布等多种功能，为我们的零距离交流提供了便利。

计算机网络为我们提供休闲和娱乐的平台。互联网提供了大量音频和视频资源供用户下载后播放，此外，用户还可以通过网络随时在线点播各种音频和视频节目。互联网电视（Internet Protocol Television，IPTV）现在已成为传统有线电视最大的竞争对手。除此之外，网络还为我们提供了大量精彩的令人流连忘返的互动网络游戏，如今这是许多人（特别是年轻人）最为喜爱的娱乐活动之一。

计算机网络为我们提供资源共享的平台。从过去通过文件传输软件共享远程文件服务器上的文件，到后来互联网上广泛流行的对等网络（Peer-to-Peer，P2P）文件共享，从最初办公室内的同事通过网络共用一台打印机，到今天所有连网计算机均可方便地共享网络中的多种计算资源、存储资源和信息资源。可通过网络共享的资源种类越来越丰富，共享方式越来越便捷。近年来，持续升温的云计算（Cloud Computing）通过网络以按需、易扩展的方式提供安全、便捷的数据存储和网络计算服务，使人们能像使用自来水一样方便地使用网络中的各种资源。利用云计算可将大量的用户数据、应用软件和计算任务放置在"云端"，从而使用户终端的计算能力和存储能力得到增强。

计算机网络为我们提供电子商务的平台。网络技术的发展使我们能够将现实世界中的银行、商场、书店、超市、火车站售票厅、股票交易所、拍卖市场等统统搬到网上。有了电子商务，我们不用辛苦地跑出去"货比三家"，通过在网络上查询、比较，瞬间就能把性价比最高的商品搜寻出来；不用去银行、火车站排长队，轻点鼠标就能完成各类事务。应有尽有的电子商务让生活更方便。

计算机网络为我们提供远程协作的平台。计算机网络使相隔千里的人们可以相互配合、协同工作。应用最为广泛的远程协作包括远程教育和远程医疗。远程教育打破了传统教育的时间、空间限制，身处全球各地的学生可以相聚在网上课堂，教师和学生可以共同完成一个公式的推导或一个实验的演示。近年来，网络在线教学被学校普遍采用，网络远程教育快速发展。远程医疗让珍稀的优秀医疗资源被充分利用，全球各地的心脏专家可以通过网络为一个患者提供专家答疑、远程会诊等服务，甚至可以共同指导一台心脏移植手术。

计算机网络为我们提供网上办公的平台。通过计算机网络，政府部门的电子政务系统可以向公众提供在线咨询、申报、审批、许可证申领、注册、年检、招商、投诉、举报等服务。大型公司通常拥有网上办公系统，以满足公司内部财务、税务、行政、资产等管理的需要。大学校园网上的办公系统通常用于选课、成绩单填报、网上评教评学、科研项目审批、报奖、科研经费报账、设备报修等。各种网上办公系统为我们提供了快捷、方便的服务。

计算机网络的用途数不胜数，并且随着技术的发展，计算机网络已从互连传统服务器、桌面计算机，发展到互连手机、个人数字助理等移动便携式计算设备，并逐步扩展到互连各种家用电器、环境传感器等非传统计算设备，甚至是所有可标识的"物"。以互联网为基础逐渐发展起来的**物联网**（Internet of Things，IoT）就是要实现"物物相连的互联网"，近几年越来越受到全球的广泛关注。物联网把传感器嵌入或装备到铁路、公路、桥梁、隧道、大坝、供水系统、油气管道、电网等各种物体中，然后与现有的互联网整合起来，实现人类社会与物理系统的整合。物联网的发展和成熟必将给我们的生活带来一次全新的变革。

计算机网络从根本上改变了人类的生活，在给我们带来极大便利的同时，也带来了一些不和谐的元素：肆意攻击正规网站的"黑客"，通过网络大肆传播的计算机病毒，利用网络窃取国家机密或实施诈骗的罪犯，缺少社会良知的色情网站经营者，在网络上流传的形形色色的谣言，沉溺于网络游戏的青少年……但是，计算机网络给社会带来的积极作用毫无疑问远远大于消极作用。互联网是当今世界上最大的计算机网络，也是我们接触最多的计算机网络，其技术也被广泛应用于各种专用的网络，本书主要以互联网为实例讲解计算机网络的基本原理。

1.2 计算机网络的定义与分类

计算机网络的
定义与分类

1.2.1 计算机网络的定义

计算机网络的精确定义并未统一。一般认为计算机网络就是利用通信线路和通信设备将地理上分散的、具有独立功能的多个计算机系统按不同的形式连接起来，以功能完善的网络软件及通信协议实现资源共享和信息传递的系统。更简单地说，计算机网络就是以传输信息为基本目的，用通信线路和通信设备将多个计算机连接起来的计算机系统的集合。用一条通信线路将两台计算机直接连接起来就可以构成一个最简单的计算机网络。

有时我们也可以见到"计算机通信网"这一名词，这个名词容易使人误认为这是一种专门为了通信而设计的计算机网络。计算机网络当然应具有通信的功能，但这种通信功能并非计算机网络最主要的功能，因此本书不使用"计算机通信网"这一名词。

"计算机通信"与"数据通信"这两个名词也常混用。前者强调通信的主体是计算机中运行的程序（在传统的电话通信中，通信的主体是人），后者强调在计算机之间传送的是数据。

1.2.2　计算机网络的分类

计算机网络可以从不同的角度分类，下面仅列举两种常用的分类方法。

1.　按网络的覆盖范围进行分类

（1）广域网。

广域网（Wide Area Network，WAN）的覆盖范围通常为几十千米到几千千米，可以覆盖一个国家或地区，甚至横跨几个洲，因而广域网有时也称为**远程网**（Long Haul Network）。广域网是互联网的核心部分，其任务是为核心路由器提供远距离（如跨越不同的国家）高速连接，互连分布在不同地区的城域网和局域网。

（2）城域网。

城域网（Metropolitan Area Network，MAN）的覆盖范围可跨越几个街区甚至整个城市，其作用距离通常为 5 ～ 50 km。城域网通常作为城市骨干网，连接大量企业、机构和校园局域网。近几年，城域网已成为现代城市的信息服务基础设施，为大量用户提供接入和各种信息服务，并逐渐将传统的电信服务、有线电视服务和互联网服务融为一体。

（3）局域网。

局域网（Local Area Network，LAN）用于连接有限范围（如一个实验室、一幢楼或一个校园）内的各种计算机、终端与外部设备。局域网通常由某个单位单独拥有、使用和维护。按照所使用的传输媒体的不同，局域网又可分为有线局域网和无线局域网（Wireless Local Area Network，WLAN）。局域网技术发展非常迅速并且被广泛应用，是计算机网络中最为活跃的领域之一。本书将在3.3节至3.7节详细讨论局域网。

（4）个人区域网。

个人区域网（Personal Area Network，PAN）不同于以上网络，它不是连接普通计算机的网络，而是在个人工作的地方把个人使用的电子设备（如便携式计算机、打印机、鼠标、键盘、耳机等）用无线技术（取代传统导线）连接起来的网络，因此也称为**无线个人区域网**（Wireless PAN，WPAN），其作用距离通常在10 m以内。个人域网常简称为**个域网**。

顺便指出，若处理机之间的距离非常小（如仅1 m的数量级甚至更小），则一般称之为**多处理机系统**而非计算机网络。

2.　按网络的使用者进行分类

（1）公用网。

公用网（Public Network）是指电信公司（国有或私有）出资建造的大型网络。"公用"的意思就是所有愿意按电信公司的规定交纳费用的人都可以使用，因此公用网也可称为**公众网**。

（2）专用网。

专用网（Private Network）是为满足某个单位的特殊业务工作的需要而建造的网络，这种网络不向本单位以外的人提供服务。例如，军队、铁路、电力等系统均有专用网。

公用网和专用网都可以用于多种业务，若传送的是计算机数据，则分别称为公用计算机网络和专用计算机网络。

1.3 互联网概述

1.3.1 网络的网络

起源于美国的互联网现已发展成世界上最大的国际性计算机互连网络。我们先给出网络、互连网络及互联网的基本概念。本书中所谈到的网络都指**计算机网络**。

网络（Network）由若干**节点**（Node）和连接这些节点的**链路**（Link）组成。网络中的节点可以是计算机、集线器、交换机或路由器等（第2、3章将会介绍集线器、交换机和路由器等设备的作用）。图1-1（a）给出了一个具有5个节点和4条链路的网络。我们看到，有4台计算机通过4条链路连接到一个交换机上，构成了一个简单的网络。在很多情况下，我们可以用一朵云表示一个网络。这样做的好处是，可以不去关心网络中的细节问题，从而集中精力研究与网络互连有关的问题。

网络还可以通过路由器互连起来，这样就构成了一个覆盖范围更大的网络，即**互连网络**（internet），如图1-1（b）所示。因此互连网络是**"网络的网络"**（Network of Networks）。

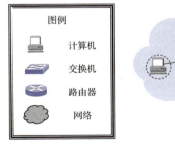
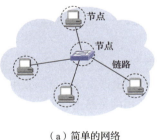
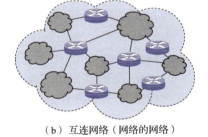

（a）简单的网络 （b）互连网络（网络的网络）

图1-1 网络示意图

习惯上，大家把连接在网络上的计算机都称为**主机**（Host）。路由器是一种特殊的计算机，它是连接不同网络的专用设备，用户并不直接使用路由器处理信息，因此不能把路由器称为主机。互连网络也常常用一朵云来表示，图1-2表示许多主机连接在互连网络上。这种表示方法是把主机画在网络的外面，而网络内部的细节（即路由器怎样把许多网络连接起来）往往被省略。

因此，我们可以初步建立这样的基本概念：**网络把许多计算机连接在一起，而互连网络则把许多网络连接在一起**。有时，为了避免意义上的不明确，我们把直接连接计算机的网络称为**物理网络**，而互连网络是由物理网络集合构成的**逻**

图1-2 互连网络与连接的主机

辑网络。

　　还有一点也必须注意，网络互连并不仅仅是把计算机简单地进行物理连接，因为这样做并不能达到计算机之间能够相互交换信息的目的。为达此目的，还必须在计算机上安装许多使计算机能够交换信息的软件。因此，当我们谈到网络互连时，默认在这些计算机上已经安装了适当的软件，从而使计算机之间可以通过网络交换信息。

　　互联网是世界上最大的互连网络（用户数以亿计，互连的网络数以百万计），**也称为因特网**。

　　请读者注意以下两个意思相差很大的名词：internet 和 Internet。

　　以小写字母 i 开始的 internet（互连网络）是一个通用名词，它泛指由多个计算机网络互连而成的网络。这些网络之间的通信协议（即通信规则）可以是任意的。

　　以大写字母 I 开始的 Internet（互联网，或因特网）则是一个专用名词，它指当前全球最大的、开放的、由众多网络相互连接而成的特定计算机网络，它采用 TCP/IP（Transmission Control Protocol / Internet Protocol）**协议簇作为通信规则，其前身是美国的阿帕网**（Advanced Research Project Agency Network，ARPANET）。TCP/IP 是指以 TCP 和 IP 为代表的一系列互联网协议。

　　互联网从功能上可划分为以下两大部分，如图1-3所示。

　　（1）边缘部分。

　　边缘部分由所有连接在互联网上的主机组成。这部分是**用户直接使用的**，用来运行各种网络应用，如电子邮件、网页浏览应用、网络游戏、文件传输应用等。这些主机又称为**端系统**（End System），"端"就是"末端"的意思（即互联网的末端）。端系统在功能上可能有很大的差别，小的端系统可以是一台普通个人计算机甚至很小的掌上电脑，而大的端系统则可以是一台非常昂贵的大型计算机。端系统的拥有者可以是个人，也可以是单位（如学校、企业、政府机关等）。

　　（2）核心部分。

　　核心部分由大量网络和连接这些网络的路由器组成。这部分用于**为边缘部分提供服务**（提供连通性和交换）。在网络核心部分起特殊作用的是**路由器**（Router），它是一种专用计算机（但不是主机）。**路由器是实现分组交换**（Packet Switching）**的关键构件，其任务是转发收到的分组**，这是网络核心部分最重要的功能。

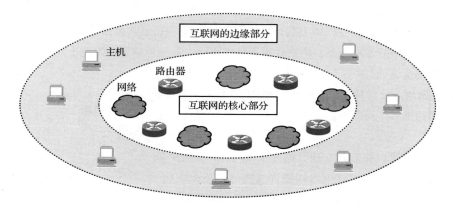

图1-3　互联网的边缘部分与核心部分

1.3.2　互联网结构发展的 3 个阶段

互联网的基础结构大体上经历了 3 个阶段的演进，这 3 个阶段在时间划分上是有部分重叠的，这是因为网络的演进是逐渐发生的而不是在某个日期突然有了变化。

第一阶段——从单个网络 ARPANET 向互连网络发展。1969 年，美国国防部创建的第一个分组交换网 ARPANET 只是单个的分组交换网，所有要连接在 ARPANET 上的主机都直接与就近的节点交换机相连。但到了 20 世纪 70 年代中期，人们已认识到不可能仅使用一个单独的网络来满足所有的通信需求。这导致了互连网络的出现，并开始形成现在的互联网的雏形。1983 年，TCP/IP 成为 ARPANET 上的标准协议，所有使用 TCP/IP 的计算机都能利用该网络相互通信，因而人们把 1983 年作为互联网的诞生时间。1990 年 ARPANET 正式宣布关闭，因为它的实验任务已经完成。

第二阶段——逐步建成三级结构的互联网。从 1985 年起，美国国家科学基金会（National Science Foundation，NSF）围绕 6 个大型计算机中心建设计算机网络，即国家科学基金网（National Science Foundation Network，NSFNET）。它是一个三级计算机网络，分为主干网、地区网和校园网（或企业网）。这种三级计算机网络覆盖了全美国主要的大学和研究所，并且成为互联网的主要组成部分。1991 年，NSF 和美国的其他政府机构开始认识到，互联网必将扩大其使用范围，不应仅限于大学和研究机构。世界上的许多公司纷纷接入互联网，使网络上的通信量急剧增大，互联网的容量已满足不了需要。于是美国政府决定将互联网的主干网转交给私人公司来经营，并开始对接入互联网的单位收费。1992 年互联网上的主机超过 100 万台。1993 年互联网主干网的速率提高到 45 Mbit/s　（T3 速率）。

第三阶段——逐渐形成多层次 ISP（Internet Service Provider，互联网服务提供方）结构的互联网。从 1993 年开始，由美国政府资助的 NSFNET 逐渐被若干个商用的互联网主干网替代，政府机构不再负责互联网的运营，而是由各种 ISP 来运营。

ISP 可以从互联网管理机构申请到成块的 IP 地址（互联网上的主机必须有 IP 地址才能进行通信，这一概念将在 4.2 节详细讨论），同时拥有通信线路（大的 ISP 自己建设通信线路，小的 ISP 则向电信公司租用通信线路）以及路由器等连网设备。任何机构和个人只要向 ISP 交纳规定的费用，就可从 ISP 得到所需的 IP 地址，并通过该 ISP 接入互联网。我们通常所说的"上网"就是指"通过某个 ISP 接入互联网"。IP 地址的管理机构不会把单个 IP 地址分配给单个用户（不"零售" IP 地址），而是把一批 IP 地址有偿分配给经审查合格的 ISP（只"批发" IP 地址）。从以上情况可以看出，现在的互联网已不是由某个组织所拥有，而是由全世界无数大大小小的 ISP 所共同拥有。图 1-4 说明了用户要通过 ISP 才能连接到互联网。

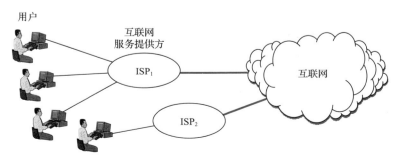

图 1-4　用户通过 ISP 接入互联网

根据提供服务的覆盖面积大小及所拥有的IP地址数目的不同，ISP也分成不同的层次。图1-5是基于ISP的具有三层结构的互联网的概念示意图，但这种示意图并不表示各ISP的地理位置关系。

在图1-5中，最高级别的第一层ISP（tier-1 ISP）[①]的服务面积最大，一般能够覆盖国际性区域范围，并拥有高速链路和交换设备。第一层ISP通常也被称为**互联网主干网**（Internet Backbone），并直接与其他第一层ISP相连。第二层ISP和一些大公司都是第一层ISP的用户，通常具有区域性或国家性覆盖规模，与少数第一层ISP相连接。第三层ISP又称为本地ISP，它们是第二层ISP的用户，且只拥有本地范围的网络。一般的校园网或企业网，以及住宅用户和无线移动用户等，都是第三层ISP的用户。ISP向它的用户收费，费用通常根据连接两者的带宽而定。一个ISP也可以选择与其他同层次的ISP相连，当两个相同层次的ISP直接相连时，则称它们彼此是**对等**（Peer）的。

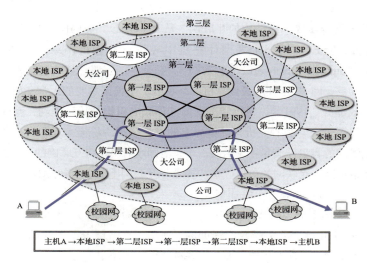

主机A→本地ISP→第二层ISP→第一层ISP→第二层ISP→本地ISP→主机B

图1-5　基于ISP的三层结构的互联网的概念示意图

从图1-5中可以看出，互联网逐渐演变成了基于ISP的多层次结构网络。由于今天的互联网规模太大，已经很难对整个网络的结构给出细致的描述。但这种情况是经常遇到的：相隔较远的两台主机的通信可能需要经过多个ISP（图1-5中的粗线表示主机A要经过许多不同层次的ISP才能把数据传送到主机B）。因此，主机A和主机B通过互联网进行通信，实际上也就是通过许多中间的ISP进行通信。

顺便指出，一旦某个用户能够接入互联网，他就能够成为一个ISP。他需要做的是购买如调制解调器或路由器这样的设备，让其他用户能够和他连接。因此，图1-5仅仅是一个示意图，一个ISP可以很方便地在互联网拓扑结构上增添新的层次和分支。

互联网已经成为世界上规模最大和增长速率最快的计算机网络，没有人能够准确说出互联网究竟有多大。互联网的迅猛发展始于20世纪90年代，由欧洲核子研究中心开发的**万维网**（World Wide Web，WWW）在互联网上被广泛使用，大大方便了广大非网络专业人员对网络的使用，成为互联网的这种指数级增长的主要驱动力。互联网上的数据通信量每月约增加10%。截至2025年初，全球互联网用户数已达到55.6亿，占比超过全球人口的68%。

---

① 第一层ISP实际上就是第一级ISP（字典对tier的解释有rank也有layer），不过并不需要由哪一个组织批准某个ISP属于哪一层（或级）。

1.3.3　互联网的标准化工作

互联网的标准化工作对互联网的发展起到了非常重要的作用。我们知道，标准化工作对技术的发展有着很大的影响。缺乏国际标准会使技术的发展处于比较混乱的状态，而盲目自由竞争很可能造成多种技术体制并存且互不兼容，给用户带来较大的不便。但国际标准的制定又是一个非常复杂的过程，既有很多技术问题，也有很多非技术因素，如不同厂商之间经济利益的争夺等。标准制定的时机也很重要。标准制定得过早，技术还没有发展到成熟水平，技术比较落后的标准会限制产品的技术水平。反之，标准制定得太迟会使技术的发展无章可循，造成产品的互不兼容，也会影响技术的发展。互联网在制定标准上的一个很大的特点是面向公众。互联网所有的RFC（Request for Comments，征求意见稿）文档都可从互联网上免费下载，而且任何人都可以随时用电子邮件发表对某个文档的意见或建议，这种方式更加促进了互联网的迅速发展。

1992年，由于互联网不再归美国政府管辖，因此成立了一个国际性组织，叫作**互联网协会**（Internet Society，ISOC），以便对互联网进行全面管理，以及在世界范围内促进其发展和使用。ISOC下面有一个技术组织叫作**互联网体系结构委员会**（Internet Architecture Board，IAB），负责管理互联网有关协议的开发。IAB下面又设有以下两个部门。

（1）**互联网工程任务组**（Internet Engineering Task Force，IETF）——负责研究一些短期和中期的工程问题，主要针对协议的开发和标准化。

（2）**互联网研究任务组**（Internet Research Task Force，IRTF）——从事理论方面的研究和应对一些需要长期考虑的问题。

所有的互联网标准都是以RFC文档的形式在互联网上发表的，所有的RFC文档都可从互联网上免费下载。但应注意，并非所有的RFC文档都是互联网标准，只有一小部分RFC文档最后会变成互联网标准。RFC文档会按时间的先后进行编号（即RFC××××，这里的××××是阿拉伯数字）。RFC文档更新后会使用新的编号，并在文档中指出老编号的RFC文档已成为陈旧的或被更新。

制定互联网的正式标准要经过以下4个阶段。

（1）**互联网草案**（Internet Draft）。

（2）**建议标准**（Proposed Standard）。

（3）**草案标准**（Draft Standard）（从2011年10月起取消了该阶段，但有些老的文档目前还处于草案标准阶段）。

（4）**互联网标准**（Internet Standard）。

1.4　电路交换与分组交换

最简单的计算机网络只有两台计算机和连接它们的一条链路，即两个节点和一条链路，这时不需要交换技术。如果有多台计算机需要通信，则通常需要利用交换技术实现它们之间一对一的通信。

典型的网络交换方式主要有两种：**电路交换**与**分组交换**。

1.4.1 电路交换

电路交换

电路交换来源于电话网。图1-6（a）表示两部电话只需要用1对电线就能够互相连接。但若有5部电话要两两相连，则需要10对电线，如图1-6（b）所示。当电话的数量很多时，这种连接方法需要的电线数量就太多了（与电话数量的平方成正比）。要使每一部电话都能够很方便地和另一部电话进行通信，就应当使用一个中间设备将这些电话连接起来，如图1-6（c）所示。这个中间设备就是电话交换机。每一部电话都连接到交换机上，交换机就像一个有多个开关的开关器（当然，实际的工作原理是非常复杂的），可以将需要通信的任意两部电话的电话线路按需接通，从而大大减少电线数量。

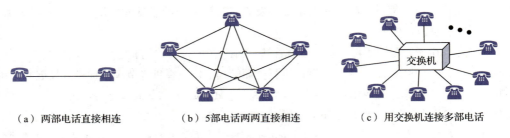

（a）两部电话直接相连　　（b）5部电话两两直接相连　　（c）用交换机连接多部电话

图1-6　电话的不同连接方法

当电话的数量进一步增多时，就要使用很多彼此连接的交换机来完成全网的交换任务。用这样的方法就构成了覆盖全世界的电话网。

电话交换机接通电话线路的方式称为**电路交换**（Circuit Switching）。从通信资源的分配角度来看，**交换**（Switching）就是按照某种方式动态地分配传输线路的资源。在使用电路交换打电话时，必须先拨号请求建立连接。在被叫用户听到交换机送来的拨号音并摘机后，从主叫端到被叫端就建立了连接，这是一条**专用的物理通路**。该连接保证了双方通话所需的通信资源在双方通话时不会被其他用户占用，这样双方就能互相通电话了。通话完毕（挂机）后，交换机释放刚才使用的这条专用的物理通路（即把刚才占用的所有通信资源归还给电信网）。这种必须经过"**建立连接**（分配通信资源）**→通话**（一直占用通信资源）**→释放连接**（归还通信资源）"3个步骤的交换方式称为**电路交换**[①]。如果用户拨号呼叫时电信网的资源已不足以支持这次呼叫，则主叫用户会听到忙音，表示电信网不接受用户的呼叫，用户必须挂机，等待一段时间后再重新拨号。

图1-7为电路交换示例。简单起见，图中没有区分市话交换机和长途电话交换机。应当注意的是，用户线归电话用户专用，而交换机之间拥有大量话路的中继线则是由许多用户共享的，正在通话的用户只占用了其中的一个话路。**在通话的全部时间内，通话的两个用户始终占用端到端的通信资源**。图1-7中电话A和电话B之间的通路共经过了4个交换机，而电话C和电话D在同一个交换机的地理覆盖范围内，因此这两部电话之间建立的连接不需要经过其他的交换机。也就是说，在电话A和电话B的通话过程中，它们始终占用这条已建立的物理通路，就像把电

---

① 电路交换最初指的是连接电话机的双绞线在交换机上进行的交换（交换机有人工的、步进的和程控的等）。后来随着技术的进步，采用了多路复用技术，出现了频分多路、时分多路、码分多路等，这时电路交换的概念就扩展到在双绞线、铜缆、光纤、无线媒体中多路信号中的某一路（某个频率、某个时隙、某个码序等）和另一路的交换。

话A和电话B直接用一条电话线连接起来一样。通话完毕（挂机）后，电话A和电话B的连接断开，原来被占用的交换机之间的话路又可以被其他用户使用。

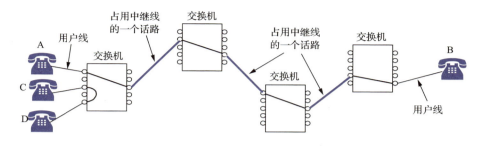

图1-7　电路交换的示意图

当使用电路交换来传送计算机数据时，**其线路的传输效率往往很低**。这是因为计算机数据是突发式地出现在传输线路上的，线路真正用来传送数据的时间往往不到10%甚至1%。实际上，已被用户占用的通信线路在绝大部分时间里都是空闲的。例如，当用户阅读终端屏幕上的信息或用键盘输入和编辑一份文件时，或计算机正在进行处理而结果尚未返回时，宝贵的通信线路资源并未被利用而是白白被浪费了。

1.4.2　分组交换

分组交换

计算机网络主要采用分组交换技术。图1-8所示为把一个报文划分为几个分组。通常把要发送的整块数据称为一个**报文**（Message）。在发送报文之前，先把较长的报文划分成一个个更短的等长数据段，例如，划分为1024 bit[①]的数据段。在每一个数据段前面加上由必要的控制信息组成的**首部**（Header）后，就构成了一个**分组**（Packet）。分组又称为"**包**"，而分组的首部也称为"**包头**"。分组是在分组交换网络中传送的数据单元。分组中的首部是非常重要的，包含目的地址和源地址等重要控制信息。计算机将分组通过通信链路直接发送给**分组交换机**（Packet Switch），分组交换机收到一个分组后，先将分组暂时存储下来，再检查其首部，按照首部中的目的地址查找**转发表**（**Forwarding Table**），找到合适的接口（就是分组交换机和外部连接的接口）转发出去，把分组交给下一个分组交换机。这样一步一步经过多个分组交换机把分组转发到目的计算机。由于每个分组交换机都是将收到的分组先存储再转发出去，因此该方式被称为**存储转发**方式。计算

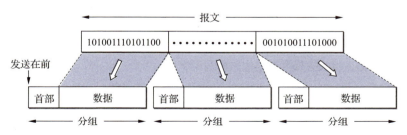

图1-8　把一个报文划分为几个分组

[①] 在计算机领域中，bit常译为"比特"或"位"。在许多情况下，"比特"和"位"可以通用。在使用"位"作为单位时，请根据上下文特别注意是二进制的"位"还是十进制的"位"。请注意，bit在表示信息量（比特）或信息传输速率（比特每秒）时不能译为"位"。

机网络中有两类典型的分组交换机：**路由器**和**二层交换机**（L2 Switch）。第3章和第4章将分别介绍它们具体的工作原理。

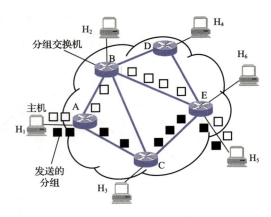

图1-9 分组交换的示意图

我们以图1-9为例来讨论分组交换机转发分组的过程。现在假定主机 H_1 向主机 H_5 发送数据。主机 H_1 先将分组逐个地发往与它直接相连的分组交换机A。此时，除链路 H_1-A外，其他通信链路并不被目前通信的双方所占用。需要注意的是，即使是链路 H_1-A，也只有当分组正在此链路上传送时才被占用。在各分组传送之间的空闲时间，链路 H_1-A仍可用于向除主机 H_5 以外的其他主机发送分组。

分组交换机A把主机 H_1 发来的分组放入缓存。假定从A的转发表中查出应把该分组转发到链路A-C，则分组就被传送到分组交换机C。当分组正在链路A-C上传送时，该分组并不占用网络其他部分的资源。

分组交换机C继续按上述方式查找转发表，假定查出应转发到分组交换机E。分组到达分组交换机E后，E把分组直接交给主机 H_5。

假定在某一个分组的传送过程中，链路A-C的通信量太大，那么分组交换机A可以把分组沿另一个链路转发到分组交换机B，再转发到分组交换机E，最后把分组送到主机 H_5。

这里要注意，分组交换机暂时存储的是一个个短分组，而不是整个长报文。短分组暂存在分组交换机的存储器（即内存）中而不是存储在磁盘中，这保证了较高的交换速率。

图1-9中只画了一对主机 H_1 和 H_5 在进行通信。实际上，在网络中可同时有多台主机经过同一条链路进行通信。例如，在主机 H_1 与 H_5 通信的同时，主机 H_3 也可以经过分组交换机C和E与主机 H_6 通信，主机 H_1 发送给 H_5 的分组与主机 H_3 发送给 H_6 的分组会交替在链路C-E上传送。

总之，分组交换机在传送数据之前不必占用一条端到端的通信线路，分组在哪段链路上传送才占用哪段链路的通信资源。分组在传输时就这样一段接着一段地断续占用通信资源，这样省去了建立连接和释放连接的开销，因而数据的传输效率更高。

从上述过程可知，采用存储转发方式的分组交换，实质上是采用了在数据通信的过程中断续（或动态）分配传输带宽的策略（关于带宽的进一步讨论见1.5节），这种策略非常适合传送突发式的计算机数据，可大大提高通信线路的利用率。

为了提高分组交换网的可靠性，网络常采用具有冗余链路的网状拓扑结构，使得当发生网络拥塞或少数节点、链路出现故障时，分组交换机可灵活地改变转发路由而不致引起通信的中断或全网的瘫痪。此外，通信网络的主干线路往往由一些高速链路构成，这样就可以较高的数据率迅速地传送计算机数据。

综上所述，分组交换的主要优点如表1-1所示。

分组交换也带来一些新的问题。例如，分组交换机转发分组需要花费一定的时间，这会造成**时延**，各分组必须携带的控制信息也造成了一定的**开销**（Overhead）。此外，由于分组交换不像电路交换那样通过建立连接来保证通信时所需的各种资源，因而无法确保通信时端到端的带宽，在通信量较大时可能造成**网络拥塞**。

表1-1 分组交换的主要优点

优点	采用的手段
高效	在分组传输的过程中动态分配传输带宽，对通信链路是逐段占用的
灵活	为每一个分组独立地选择转发路由
迅速	以分组作为传送单位，不必建立连接就能向其他主机发送分组
可靠	分布式多路由的分组交换网，使网络有很好的生存性

如图 1-10 所示，有多条链路与分组交换机相连。对于每条相连的链路，分组交换机都有一个**输出缓存**（也称为输出队列），用于存储分组交换机准备发往那条链路的分组。该输出缓存在分组交换中起着重要的作用。如果到达的分组需要从某条链路转发出去，但该链路正忙于传输其他分组，则分组必须在该输出缓存中等待（即**排队**）。当一个分组到达时输出缓存已满，将发生分组丢失，即到达的分组或已经排队的分组将被丢弃。当网络中有大量分组需要从某条链路转发时就可能出现分组丢失的情况，这时我们常说网络发生了**拥塞**。

图 1-10 分组交换中的分组排队

从本质上讲，这种断续分配传输带宽的存储转发方式并非全新的概念。自古代就有的邮政通信，就其本质来说也属于存储转发方式。而在 20 世纪 40 年代，电报通信也采用了基于存储转发原理的**报文交换**（Message Switching）。在报文交换中心，一份份电报被接收，并穿成纸带。操作员以每份报文为单位，撕下纸带，根据报文的目的站地址，拿到相应的发报机转发出去。这种报文交换的时延较长，从几分钟到几小时不等。分组交换虽然也采用存储转发方式，但由于使用计算机进行处理，分组的转发非常迅速。例如，ARPANET 建网初期的经验表明，在正常的网络负荷下，当时横跨美国东西海岸的端到端平均时延小于 0.1 s。因此，分组交换虽然采用了古老的交换原理，但实际上已变成一种崭新的交换技术。

图 1-11 所示为电路交换、报文交换和分组交换的主要区别。图中的 A 和 D 分别是源点和终点，而 B 和 C 是在 A 和 D 之间的中间节点；$P_1 \sim P_4$ 表示 4 个分组。下面归纳了 3 种交换方式在数据传送阶段的主要特点。

电路交换——整个报文的比特流连续地从源点直达终点，好像一条物理的线路直接将源点和终点连接起来一样。

报文交换——整个报文先传送到相邻节点，全部存储下来后查找转发表，转发到下一个节点。

分组交换——单个分组（只是报文的一部分）传送到相邻节点，存储下来后查找转发表，转发到下一个节点。注意，分组交换机的输出接口和输入

三种交换的比较（动画演示）

接口能够并行工作，当输出接口在发送一个分组时，其输入接口可以接收下一个分组。

从图1-11可看出，若要连续传送大量的数据，且其传送时间远大于连接建立时间，则电路交换的传输速率较高。报文交换和分组交换不需要预先分配传输带宽，在传送突发数据时可提高整个网络的信道利用率。由于一个分组的长度往往远小于整个报文的长度，因此分组交换比报文交换的时延小。将发送的报文划分成小的分组，除了有减小转发时延的好处外，还可以避免过长的报文长时间占用链路，也有利于进行差错控制（差错控制相关内容将在3.1.4小节中讨论）。

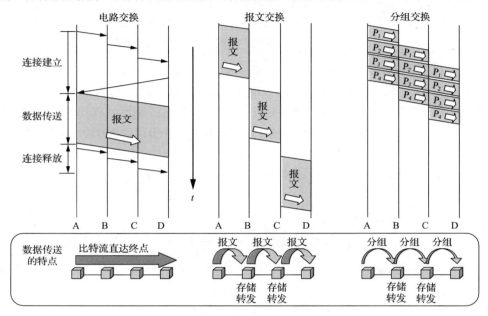

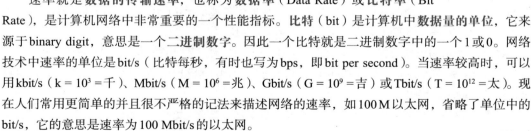

图1-11　电路交换、报文交换和分组交换的主要区别

1.5　计算机网络的主要性能指标

可从不同的角度来度量计算机网络的性能，下面介绍主要的6个性能指标。

计算机网络的
主要性能指标

1. 速率

速率就是**数据的传输速率**，也称为**数据率**（Data Rate）或**比特率**（Bit Rate），是计算机网络中非常重要的一个性能指标。**比特**（bit）是计算机中**数据量的单位**，它来源于binary digit，意思是一个二进制数字。因此一个比特就是二进制数字中的一个1或0。网络技术中速率的单位是bit/s（比特每秒，有时也写为bps，即bit per second）。当速率较高时，可以用kbit/s（k = 10^3 =千）、Mbit/s（M = 10^6 =兆）、Gbit/s（G = 10^9 =吉）或Tbit/s（T = 10^{12} =太）。现在人们常用更简单的并且很不严格的记法来描述网络的速率，如100M以太网，省略了单位中的bit/s，它的意思是速率为100 Mbit/s的以太网。

注意千、兆和吉等的英文缩写所代表的数值。计算机中的数据量往往用字节作为度量的单位。1字节（Byte，B）代表8比特。"千字节"的"千"用大写字母K表示，它等于2^{10}，即1024，而不是10^3。同样，在表示计算机中的数据量时，1 MB或1 GB也并非表示10^6或10^9字节，而是表示2^{20}（1048576）或2^{30}（1073741824）字节。在通信领域，小写的k表示10^3而不是1024。

2. 带宽

带宽（Bandwidth）有以下两种不同的意义。

（1）带宽本来是指某个信号具有的频带宽度。信号的带宽是指该信号所包含的各种不同频率成分所占据的频率范围。例如，在传统的通信线路上传送的电话信号的标准带宽是3.1 kHz（从300 Hz到3.4 kHz，即话音的主要成分的频率范围）。这种意义的带宽的单位是**赫兹**（或**千赫兹、兆赫兹、吉赫兹**等），表示通信线路允许通过的信号频带范围。

（2）在计算机网络中，带宽用来表示网络某通道传送数据的能力，因此网络带宽表示在单位时间内从网络中的某一点到另一点所能通过的"**最高数据率**"。本书在提到"带宽"时，主要是指这个意思。这种意义的带宽的单位是"**比特每秒**"，记为bit/s，前面也常常加上千（k）、兆（M）、吉（G）或太（T）等。

其实，带宽的这两种意义之间有着密切的关系。一条通信链路的频带宽度越宽，最高数据率就越高。

3. 吞吐量

吞吐量（Throughput）也称为**吞吐率**，表示在单位时间内通过某个网络（或信道、接口）的数据量。吞吐量常用于度量现实世界中网络的实际数据传输能力，以便人们了解到底有多少数据量能够通过网络。显然，吞吐量受网络的带宽和额定速率的限制。例如，一个速率为100 Mbit/s的以太网，其典型的吞吐量可能只有70 Mbit/s。请注意，有时吞吐量还可用每秒传送的字节数或帧数来表示。

4. 时延

时延（Delay或Latency）是指数据（一个报文或分组，甚至比特）从网络（或链路）的一端传送到另一端所需要的时间。时延有时也称为**延迟**或**迟延**。

需要注意的是，网络中的时延是由以下几个部分组成的。

（1）**发送时延**

发送时延（Transmission Delay）是指主机或路由器将整个分组的所有比特发送到通信线路上所需要的时间，也就是从发送分组的第一个比特算起，到将该分组的最后一个比特发送到线路上所需要的时间。发送时延也叫作**传输时延**。发送时延的计算公式：

$$发送时延 = \frac{分组长度}{发送速率} \tag{1-1}$$

由此可见，对于一定的网络，发送时延并非固定不变，而是与发送的分组长度（单位是比特）成正比，与发送速率成反比。由于在分组交换中计算机总是以信道最高数据率发送数据，因此公式中的发送速率也可以替换成信道带宽。

（2）**传播时延**。

传播时延（Propagation Delay）是指电磁波在信道中传播一定距离所花费的时间。传播时延的计算公式：

$$传播时延 = \frac{信道长度}{电磁波在信道上的传播速率} \tag{1-2}$$

电磁波在自由空间的传播速率是光速，约为3.0×10^5 km/s。电磁波在网络传输媒体中的传播速率比自由空间要略低一些：在铜线电缆中的传播速率约为2.3×10^5 km/s，在光纤中的传播速率

约为 2.0×10^5 km/s。例如，1000 km 长的光纤线路产生的传播时延大约为 5 ms。

以上两种时延不要弄混。其实只要理解这两种时延发生的地方就不会把它们弄混。发送时延发生在机器内部的发送器中（一般发生在 3.3.2 小节介绍的网络适配器中），而传播时延发生在机器外部的信道传输媒体上。可以用一个简单的比喻来说明：假定有 10 辆车的车队从公路收费站入口出发前往 50 km 外的目的地，每一辆车过收费站要花费 6 s，而车速是 100 km/h。现在可以算出整个车队从收费站到目的地总共要花费的时间：10 辆车过收费站的时间为 60 s（相当于网络中的发送时延），行车时间为 30 min（相当于网络中的传播时延），因此总共花费的时间是 31 min。

（3）处理时延。

主机或路由器在收到分组后要花费一定的时间进行处理，例如，分析分组的首部、从分组中提取数据部分、进行差错检验或查找适当的路由等，这就产生了处理时延。

（4）排队时延。

分组在进行网络传输时要经过许多路由器。分组进入路由器后要先在输入队列中排队等待处理，在路由器确定了转发接口后，还要在输出队列中排队等待转发，这就产生了排队时延。排队时延的长短往往取决于网络当时的通信量，这个通信量随着时间的变化会变得很大。当网络的通信量很大时可能发生队列溢出，导致分组丢失，这相当于排队时延为无穷大。

分组从一个节点转发到另一个节点的总时延是以上 4 种时延之和：

$$总时延 = 发送时延 + 传播时延 + 处理时延 + 排队时延 \tag{1-3}$$

图 1-12 所示为这几种时延产生的地方，希望读者能够更好地分清这几种时延。

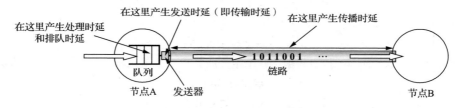

图 1-12　时延产生的地方

显然，我们都希望网络的时延越小越好，但并非网络速率高就一定时延小。在总时延中，究竟是哪一种时延占主导地位，必须具体分析。现在我们暂时忽略处理时延和排队时延。假定有一个长度为 100 MB 的数据块（这里的 M 显然不是指 10^6 而是指 2^{20}，即 1048576）在带宽为 1 Mbit/s 的信道上（这里的 M 是指 10^6）连续发送，其发送时延是

$$100 \times 1048576 \times 8 \div 10^6 = 838.9（s）$$

即需要用约 14 min 才能把数据块发送完毕。若最终这些数据是用光纤传送到 1000 km 外的计算机，那么每一个比特只需 5 ms 就能到达目的地。因此对于这种情况，发送时延占主导地位。如果我们把传播距离减小到 1 km，那么传播时延也会相应地减小到原来数值的千分之一，但由于传播时延在总时延中的比重是微不足道的，因此总时延的数值变化不明显。

再看一个例子。要传送的数据仅有 1 Byte（如从键盘输入的一个字符，共 8 bit），在 1 Mbit/s 的信道上的发送时延是

$$8 \div 10^6 = 8 \times 10^{-6}（s）= 8（\mu s）$$

当传播时延为 5 ms 时，总时延为 5.008 ms。显然，在这种情况下，传播时延决定了总时延。这时，即使把数据率提高到原来的 1000 倍（即将数据的发送速率提高到 1 Gbit/s），总时延也不会

减小多少。这个例子告诉我们，不能笼统地认为"数据的发送速率越高，传送得就越快"。这是因为数据传送的总时延是由式（1-3）右端的4项时延组成的，不能仅考虑发送时延1项。

需要强调的是，初学计算机网络的人容易产生错误的概念，就是"在高速链路（或高带宽链路）上，数据应当跑得更快些"。这是不对的。我们知道，汽车在路面质量很好的高速公路上的行驶速率较高，然而对于高速网络链路，我们提高的仅仅是数据的发送速率而不是数据在链路上的传播速率。承载信息的电磁波在通信线路上的传播速率（这是光速的数量级）与数据的发送速率并无关系，提高数据的发送速率只减小了数据的发送时延。还有一点也应当注意：数据的发送速率表示的是每秒发送多少比特，是指某个点或某个接口上的发送速率；而传播速率表示的是每秒传播多少千米，是指传输线路上比特的传播速率。因此，通常所说的"光纤信道的传输速率高"是指向光纤信道发送数据的速率可以很高，而光纤信道的传播速率实际上比铜线的传播速率还略低一点。经过测量得知，光在光纤中的传播速率是 $2.0×10^5$ km/s，比电磁波在铜线（如五类线）中的传播速率（$2.3×10^5$ km/s）略低一些。上述概念请读者务必弄清。

5. 丢包率

丢包率即分组丢失率，是指在一定的时间范围内，在传输过程中丢失的分组数量与总的分组数量的比率。丢包率具体可分为接口丢包率、节点丢包率、链路丢包率、路径丢包率、网络丢包率等。

在计算机网络中，分组丢失主要有两种情况。一种情况是分组在传输过程中出现了比特级差错，被节点丢弃。另一种情况是当分组到达一台队列已满的分组交换机时，由于没有空间来存储分组，分组交换机就会将到达的分组或已经排队的分组丢弃。由于分组交换不像电路交换那样通过建立连接来保证通信时所需的各种资源，因而无法确保通信时端到端所需的带宽，在通信量较大时就可能造成**网络拥塞**，导致分组交换机的队列溢出和分组丢失。这是现代计算机网络中分组丢失最主要的原因。

因此，丢包率反映了网络的拥塞情况。一般无拥塞时路径丢包率为0，轻度拥塞时丢包率为 1% ~ 4%，严重拥塞时丢包率为 5% ~ 15%。具有较高丢包率的网络通常无法使网络应用正常工作。

丢包率是网络运维人员非常关心的一个网络性能指标，但普通用户往往并不关心这个指标，因为他们通常感觉不到网络丢包。大多数网络应用底层所使用的通信软件会为用户提供可靠的传输服务，它们会自动重传丢失的分组并自动调整发送速率以进行网络拥塞控制（将在第5章详细讨论）。在网络拥塞，丢包率较高时，用户感觉到的往往是网络时延变大，"网速"变慢，而不是信息的丢失。

6. 利用率

利用率有信道利用率和网络利用率两种。信道利用率指信道有百分之几的时间是被利用的（有数据通过），完全空闲的信道的利用率是零。网络利用率则是全网络的信道利用率的加权平均值。信道利用率并非越高越好，因为根据排队论，当某信道的利用率提高时，该信道引起的时延也就迅速增加。这和高速公路的情况有些相似。当高速公路上的车流量很大时，由于某些地方会出现拥堵，因此行车所需的时间会增加。当网络的通信量很少时，网络产生的时延并不大；但在网络通信量不断增加的情况下，由于分组在网络节点（路由器或节点交换机）进行处理时需要排队等候，因此网络引起的时延就会增大。如果用 D_0 表示网络空闲时的时延，D 表示网络当前的时延，那么在适当的假定条件下，可以用下面的简单公式来表示D、D_0和利用率U之间的关系：

$$D = \frac{D_0}{1-U} \qquad (1\text{-}4)$$

这里U的数值在0到1之间。限于篇幅，这里不介绍式（1-4）的推导过程。当网络利用率达到其容量的1/2时，时延就要加倍。特别值得注意的是，当网络利用率接近最大值1时，网络的时延就趋于无穷大。因此我们必须有这样的概念：**信道利用率或网络利用率过高会产生非常大的时延**。也就是说，一定不要让信道或网络的利用率接近1。图1-13所示为时延与利用率的关系。因此，一些拥有较大主干网的ISP通常会把信道利用率控制在50%以下，一旦超过就要准备扩容，增大线路的带宽。

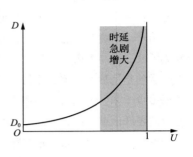

图1-13 时延与利用率的关系

但是信道利用率也不能太低，否则会使宝贵的通信资源被白白浪费。在3.1.5小节我们将看到一个设计得不好的协议在某些情况下会导致信道利用率很低，这时需要使用更好的协议来提高信道利用率，使通信资源得到充分利用。在5.4节我们还会看到一些机制，可以根据情况动态调整网络通信量，使网络利用率保持在一个合理的范围内。

1.6 计算机网络体系结构

计算机网络体系结构

在计算机网络的基本概念中，协议与分层体系结构是最重要的。计算机网络体系结构的抽象概念较多，在学习时要多思考。掌握这些概念对后面的学习很有帮助。

1.6.1 网络协议

计算机网络是由多个互连的节点组成的，节点之间需要不断地交换数据与控制信息。要做到有条不紊地交换数据，每个节点都必须遵守一些事先约定好的规则。**这些规则明确规定了所交换的数据的格式和时序，以及在发送或接收数据时要采取的动作等。这些为进行网络中的数据交换而建立的规则、标准或约定即称为网络协议（Network Protocol）**，也可简称为协议。网络协议主要由以下要素组成。

（1）**语法**，即数据与控制信息的结构或格式。例如，地址字段多长以及它在整个分组中的什么位置。

（2）**语义**，即各个控制信息的具体含义，包括需要发出何种控制信息、完成何种动作及做出何种响应等。

（3）**同步（或时序）**，即事件实现的顺序和时间的详细说明，包括数据应该在何时发送出去，以及数据应该以什么速率发送。

其实协议不是网络所独有的，它在我们的日常生活中处处可见。凡是多个实体通过传递信息来协作完成一项任务都需要协议，协议通常都包含语法、语义和同步这3个要素。例如，人们在使用邮政系统进行通信时，需要遵守一些强制的或约定俗成的规则，这些规则就是协议。人们在填写信封时需要遵守信封书写规范，规范对收信人和发信人的地址、姓名、邮政编码的书写都有明确的要求。又如，在古代战场上，军队统帅用击鼓鸣金的方法来指挥作战的过程就需要协议。显然将士和统帅要遵守某种共同的约定，如击鼓表示进攻，鸣金表示撤退，击鼓和鸣金的节奏也有明确的规定。若事先无明确约定，军队行动肯定会产生混乱从而导致作战失败。

在计算机网络中，任何通信任务都需要由多个通信实体协作完成，因此，网络协议是计算机网络不可缺少的组成部分。实际上，只要我们想让连接在网络上的另一台计算机做点什么事情（例如从网络上的某台主机下载文件），就需要有协议。

协议必须在计算机上或通信设备中用硬件或软件来实现，有时将实现某种协议的软件也简称为协议。我们经常会听到有人说在计算机上安装某协议，注意，这里的协议指的是协议软件，即实现协议的软件。

1.6.2 计算机网络的分层体系结构

我们在处理、设计和讨论一个复杂系统时，总是将复杂系统划分为多个小的、功能相对独立的模块或子系统。这样我们可以将注意力集中在这个复杂系统的某个特定部分，并有能力把握它。这就是模块化的思想。计算机网络是一个非常复杂的系统，当然需要利用模块化的思想将其划分为多个模块来处理和设计。人们发现层次式的模块划分方法特别适合网络系统，因此目前所有的网络系统都采用分层体系结构。

在我们的日常生活中不乏分层结构，例如，邮政系统就是一个分层的系统，而且它与计算机网络有很多相似之处。在讨论计算机网络的分层体系结构之前，先来看看我们所熟悉的邮政系统的分层结构。如图1-14所示，我们可以将邮政系统抽象为用户应用层、信件递送层、邮包运送层、交通运输层和交通工具层5个层次。发信人与收信人通过邮政系统交换信息，发信人将传递的信息写在纸上并封装在信封里，在信封上写上收信人和发信人的姓名与地址等信息，然后将信件投入邮箱或直接交给邮局。邮局工作人员将送往同一地区的信件装入一个邮包，并贴上负责这一地区的邮局的地址，然后交给邮政系统中专门负责运送邮包的部门。该部门要根据邮包的目的地选择运送路线、中转站和交通工具。注意，到目的邮局可能要用到多种交通工具，例如，经火车从北京运送到南京后再经汽车运送到南通。运送邮包的部门要将邮包作为货物交给铁路部门或汽运公司，在中转站，该部门还要负责在不同交通工具间中转，最后将邮包交给目的邮局。目的邮局再将邮包中的信件取出，分发给收信人。

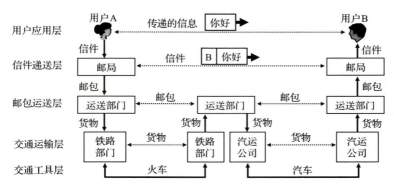

图 1-14　邮政系统的分层结构

邮政系统的最上层是用户应用层，其任务是用户通过信件来传递信息，如家书、求职信或投稿等。通信的双方必须用约定的语言和格式来书写信件内容。为了保密，双方还可以用约定的暗语或密文进行通信。

用户应用层的下层是信件递送层，其任务是将用户投递的信件递送给收信人。为完成该任务，必须对信封的书写格式、邮票、邮戳等进行规定。

再下层是邮包运送层，其任务是按运送路线运送邮包，包括在不同交通工具间中转。为把邮包运送到目的地，邮包运送部门需要规定邮包上的地址信息的内容和格式。

再下层是交通运输层，其任务是提供通用的货物运输功能，并不一定仅为邮政系统提供服务。不同类型的交通运输部门是相互独立的，并且有各自的寻址体系。

最下层是具体的交通工具层，如火车和汽车等，它们是货物运输的载体。

邮政系统是一个很复杂的系统，但通过划分层次，整个通信任务被划分为5个功能相对独立且简单的子任务。每一层为其上层提供服务，并利用其下层提供的服务来完成本层的任务。计算机网络的层次结构与其非常相似。

我们将计算机网络的层次结构模型与各层协议的集合称为计算机网络的**体系结构**（Architecture）。换种说法，**计算机网络的体系结构就是对这个计算机网络及其部件所应实现的功能的精确定义**。需要强调的是，这些功能究竟用何种硬件或软件实现，则是**实现**（Implementation）的问题。**体系结构是抽象的，而实现则是具体的，是真正在运行的计算机硬件和软件**。

按层次来设计计算机网络的体系结构有如下好处。

（1）**各层之间是独立的**。某一层并不需要知道它的下一层是如何实现的，而仅仅需要知道该层通过层间的接口（即界面）所提供的服务。例如，邮包运送部门将邮包作为货物交给铁路部门运输时无须关心火车运行的具体细节，这是铁路部门应关心的事。由于每一层只实现一种相对独立的功能，因而可将一个难以处理的复杂问题分解为若干个较容易处理的问题。这样，整个问题的复杂程度就下降了。

（2）**灵活性好**。当任何一层发生变化时（如技术的变化），只要层间接口关系保持不变，则该层以上或以下各层均不受影响。例如，火车提速了，或更改了车型，对邮包运送部门的工作没有直接影响。

（3）**结构上可分割开**。各层都可以采用最合适的技术来实现。

（4）**易于实现和维护**。这种结构使实现和调试一个庞大而又复杂的系统变得容易，因为整个系统已被分解为若干个相对独立的子系统。

（5）**有利于功能复用**。下层可以为多个不同的上层提供服务。例如，交通运输层不仅可以为邮政系统提供运输邮包的服务，还可以为其他公司提供运输其他货物的服务。

（6）**能促进标准化工作**。这种结构对每一层的功能及其所提供的服务都有精确的说明。标准化对计算机网络来说非常重要，因为协议是通信实体共同遵守的约定。

分层时应明确每一层的功能。若层数太少，就会使每一层的协议太复杂。但层数太多又会使层间接口太多，导致系统运行效率降低。到底计算机网络应该划分为多少层，不同的人有不同的看法。

1974年，美国的IBM公司发布了它研制的**系统网络体系结构**（System Network Architecture，SNA），这是世界上第一个网络体系结构。此后，许多公司纷纷提出各自的网络体系结构。这些网络体系结构的共同点是都采用层次结构模型，但层次划分和功能分配均不相同。

为了使不同体系结构的计算机网络能互连，国际标准化组织（International Organization for Standardization，ISO）于1977年成立了专门机构来研究该问题。不久，他们就提出一个试图使各种计算机在世界范围内能互连成网的标准框架，即著名的**开放系统互连参考模型**（Open Systems Interconnection Reference Model，OSI-RM），简称为OSI。"开放"是指只要遵循OSI标准，一个系统就可以和位于世界上任何地方的、也遵循这一标准的其他任何系统进行通信。该模型是一个七层协议体系结构，如图1-15（a）所示。

在OSI出现之前，互联网的TCP/IP协议簇就已经在运行，并逐步演变成TCP/IP**参考模型**，如图1-15（b）所示。到了20世纪90年代初期，虽然整套的OSI国际标准都已经制定出来了，但这时互联网已抢先在全世界覆盖了相当大的范围，因此得到最广泛应用的不是**国际标准**OSI，而是非国际标准TCP/IP。于是，TCP/IP就被称为**事实上的国际标准**。从这种意义上说，能够占领市场的就是标准。过去制定标准的组织成员往往以专家、学者为主，但现在许多公司纷纷挤进各种各样的标准化组织，使技术标准具有浓厚的商业气息。一个新标准的出现有时不一定意味着其技术水平是最先进的，而是它往往有着一定的市场背景。

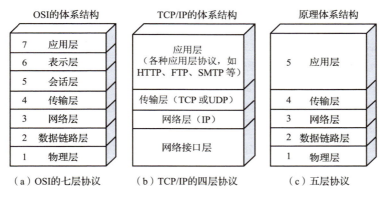

图1-15 计算机网络体系结构

OSI失败的原因可归纳如下。

（1）OSI的专家们缺乏实际经验，他们在制订OSI标准时没有商业驱动力。

（2）OSI的协议实现起来过于复杂，而且运行效率很低。

（3）OSI标准的制定周期太长，使得按OSI标准生产的设备无法及时进入市场。

（4）OSI的层次划分不太合理，有些功能在多个层次中重复出现。

1.6.3 具有五层协议的原理体系结构

OSI的七层协议体系结构概念清楚，理论也较完整，但它既复杂又不实用。互联网的体系结构TCP/IP是一个四层协议体系结构，包含应用层、传输层、网络层和网络接口层。不过从实质上讲，TCP/IP只有上面的3层，因为最下面的网络接口层并没有什么具体内容。TCP/IP体系结构虽然简单，却得到了非常广泛的应用。因此我们在学习计算机网络原理时往往采取折中的办法，即综合OSI和TCP/IP的优点，采用具有五层协议的原理体系结构，如图1-15（c）所示，这样既简洁又能将概念阐述清楚。

现在结合互联网的情况，自上而下地、非常简要地介绍一下各层的主要功能。实际上，只有认真学习完本书各章后才能真正弄清各层的作用。

（1）应用层。

应用层（Application Layer）是原理体系结构中的最高层。应用层的任务是通过应用进程间的交互来完成特定的网络应用。应用层协议定义的是应用进程间通信和交互的规则，这里的进程指正在运行的程序。不同的网络应用需要不同的应用层协议。互联网中的应用层协议很多，如支持万维网应用的HTTP（Hypertext Transfer Protocol，超文本传送协议）、支持电子邮件的SMTP（Simple Mail Transfer Protocol，简单邮件传送协议）、支持文件传送的FTP（File Transfer Protocol，文件传送协议）等。我们将应用层交互的数据单元称为**报文**。

各层协议要
解决的问题
（动画演示）

（2）传输层。

传输层（Transport Layer）的任务是**向两台主机中进程之间的通信提供通用的数据传输服务**，应用进程利用该服务传送应用层报文。所谓通用，是指并不针对某个特定网络应用，多种应用可以使用同一个传输层服务。由于一台主机可同时运行多个进程，因此传输层有复用和分用的功能。复用是指多个应用层进程同时使用下面传输层的服务，分用则是指传输层把收到的信息分别交付给上面应用层中的相应进程。

互联网中主要有以下两个传输层协议。

① **传输控制协议**（Transmission Control Protocol，**TCP**）——提供面向连接的、可靠的数据传输服务，其数据传输的单位是**报文段**。

② **用户数据报协议**（User Datagram Protocol，**UDP**）——提供无连接的尽力而为服务（Best Effort），不保证数据传输的可靠性，其数据传输的单位是**用户数据报**。

（3）网络层。

网络层（Network Layer）负责为分组交换网上的不同主机提供通信服务。在发送数据时，网络层把传输层产生的报文段或用户数据报封装成**分组**或**包**进行传送。在TCP/IP体系中，由于网络层使用的是互联网协议（Internet Protocol，IP），因此分组也叫作**IP数据报**，或直接称为**IP分组**。

注意：不要将传输层的"用户数据报"和网络层的"IP数据报"弄混。

还需要注意，无论是在哪一层传送的数据单元，习惯上都可笼统地称为"分组"。在阅读国外文献时，特别要注意"packet"往往可指代任何一层传送的数据单元。

互联网是由大量的**异构**（Heterogeneous）网络通过路由器相互连接而成的。网络层的一个重要任务就是选择合适的**路由**（Route），将源主机传输层所传下来的分组，通过网络中的路由器的**转发**（通常要经过多个路由器的转发），最后送达目的主机。

这里要强调的是，网络层中的"网络"二字，已不是我们通常谈到的具体的网络，而是计算机网络体系结构模型中的专用名词。

（4）**数据链路层**。

数据链路层（Data Link Layer）常简称为**链路层**。计算机网络由主机、路由器和连接它们的链路组成，从源主机发送到目的主机的分组必须在一段一段的链路上传送。数据链路层的任务就是将分组从链路的一端传送到另一端。我们将数据链路层传送的数据单元称为帧（Frame）。因此数据链路层的任务就是在相邻节点之间（主机和路由器之间或两个路由器之间）的链路上传送以帧为单位的数据。

每一帧都包括数据和必要的控制信息（如同步信息、差错控制等）。例如，在接收数据时，控制信息使接收端能够知道一个帧从哪个比特开始和到哪个比特结束。接收端还可利用控制信息检测所收到的帧中有无差错。如发现有差错，数据链路层应该**丢弃**有差错的帧，以免继续传送下去白白浪费网络资源。

（5）**物理层**。

物理层（Physical Layer）是原理体系结构的最底层，负责完成计算机网络中最基础的任务，即**在传输媒体上传送比特流**，将数据链路层帧中的每个比特从一个节点通过传输媒体传送到下一个节点。物理层传送数据的单位是**比特**。发送方发送1（或0）时，接收方应当收到1（或0）而不是0（或1）。因此物理层要考虑用什么样的信号（例如不同的电压）来代表1或0，以及接收方如何识别出发送方所发送的比特。物理层还要考虑所采用的传输媒体的类型，如双绞线、同轴电缆、光缆等，以及与传输媒体之间的接口。请注意，传递信息所利用的一些物理传输媒体本身是在物理层的下面，因此也有人把物理传输媒体当作第0层。

图1-16说明的是应用进程的数据在各层之间的传递过程。这里假定两台主机通过一台路由器连接起来。

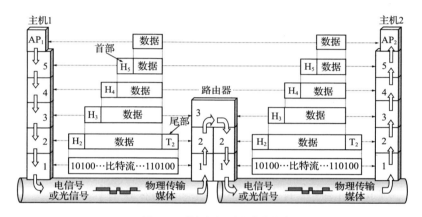

图 1-16　数据在各层之间的传递过程

假定主机1的应用进程AP_1向主机2的应用进程AP_2传送数据。AP_1先将数据交给本主机的第5层（应用层）。数据在第5层被加上必要的控制信息H_5就变成了这一层传送的数据单元，并被交给下层。第4层（传输层）收到这个数据单元后，加上本层的控制信息H_4构成本层传送的数据单元，再交给第3层（网络层），以此类推。不过到了第2层（数据链路层）后，控制信息被分成两部分，分别加到本层传送的数据单元的首部（H_2）和尾部（T_2），而第1层（物理层）利用传输媒体最终将数据链路层数据单元的所有比特以比特流的形式进行传送。

数据发送过程
（动画演示）

OSI把对等层次之间传送的数据单位称为该层的**协议数据单元**（Protocol Data Unit，PDU），这个名词现已被许多非OSI标准采用。

这一串比特流离开主机1经网络的物理传输媒体传送到路由器后，就从路由器的第1层依次上传到第3层。每一层都根据控制信息进行必要的操作，然后将控制信息剥去，将剩下的数据单元上交给更高的一层。当分组上传到第3层时，该层根据首部中的目的地址查找路由器中的路由表，找出转发分组的接口，然后将分组往下传送到第2层，加上新的首部和尾部后，再传送到最下面的第1层，然后在物理传输媒体上把每一个比特发送出去。

这一串比特流离开路由器到达目的站主机2后，就从主机2的第1层按照上面讲过的方式，依次上传到第5层。最后，应用进程AP_1发送的数据被交给目的站的应用进程AP_2。

可以用一个简单的例子来说明上述过程。有一封信从最高层向下传，每经过一层就包上一个新的信封，写上必要的地址信息。包有多个信封的信件传送到目的站后，从第1层起，每层拆开一个信封后把信封中的信交给它的上一层。传到最高层后，发信人所发的信被交给收信人。

虽然应用进程数据要经过图1-16所示的复杂过程才能送到目的站的应用进程，但这些过程对用户来说都被屏蔽掉了，以致看上去应用进程AP_1直接把数据交给了应用进程AP_2。同理，任何两个同样的层次（如两个系统的第4层）之间，看上去也如同图1-16中的水平虚线所示的那样，将数据（即数据单元加上控制信息）直接传递给了对方。这就是所谓的"**对等层**"（Peer Layers）之间的通信。我们经常提到的各层协议，实际上就是在各个对等层之间传递数据时需要遵守的各项规定。

在文献中还可以见到术语"**协议栈**"（Protocol Stack），这是因为几个层次画在一起很像一个栈（Stack）。

1.6.4 实体、协议和服务

当研究开放系统中的信息交换时，我们往往使用**实体**（Entity）这一较为抽象的名词来表示**任何可发送或接收信息的硬件或软件进程**。在许多情况下，实体就是一个特定的软件模块。

协议是控制两个对等实体（或多个实体）进行通信的规则的集合。协议的语法方面的规则定义了所交换的信息的格式，而协议的语义方面的规则定义了发送者或接收者所要完成的操作，例如，在何种条件下数据必须重传或丢弃。

在协议的控制下，两个对等实体间的通信使得本层能够向上一层提供服务。要实现本层协议，还需要使用下面一层所提供的服务。图1-17展示了相邻两层之间的关系。

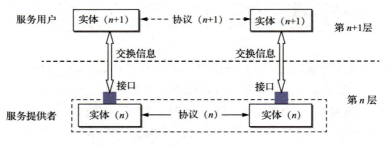

图1-17　相邻两层之间的关系

一定要弄清楚，协议和服务在概念上是很不一样的。

首先，协议的实现保证了本层能够向上一层提供服务。**使用本层服务的实体只能看见服务而无法看见下面的协议。下面的协议对上面的实体来说是透明的**。"透明"是一个很重要的术语，它表示**某一个实际存在的事物看起来却好像不存在一样**。例如，传输层使用了很复杂的协议实现了可靠传输，上面的应用层只感受到传输层所提供的这种可靠传输服务，却看不见传输层是怎样借助复杂协议来实现可靠传输的。因此，传输层的协议对应用层来说是透明的。

其次，**协议是"水平的"**，即协议是控制对等实体之间通信的规则；但**服务是"垂直的"**，即服务是由下层向上层通过层间接口提供的。另外，并非在一个层内完成的全部功能都称为服务。只有那些能够被高一层实体"看见"的功能才能被称为"服务"。为获取下层服务，上层实体需要通过层间接口与下层实体交换信息，例如，上层实体将要发送的数据交给下层实体去处理，下层实体将收到的分组的数据提取出来交付给上层实体。

1.6.5 TCP/IP 体系结构

在互联网所使用的各种协议中，最重要的和最著名的就是 TCP 和 IP 两个协议。现在人们经常提到的 TCP/IP 并不一定是单指 TCP 和 IP 这两个具体的协议，而往往表示互联网所使用的整个 **TCP/IP 协议簇**（Protocol Suite）。互联网的体系结构也被称为 TCP/IP 体系结构。

TCP/IP 体系结构只有 4 层。图 1-18 给出了 TCP/IP 的 4 层协议的表示方法示例。请注意，图中的路由器在转发分组时最高只用到网络层，而没有使用传输层和应用层。

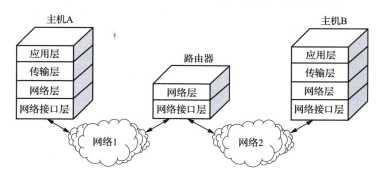

图 1-18   TCP/IP 的 4 层协议的表示方法示例

图 1-19 用另一种方法来表示 TCP/IP 协议簇，它的特点是上下两头大而中间小：应用层和网络接口层都有多种协议，而中间的网络层协议较少，上层的各种协议都向下汇聚到网络层。这种沙漏计时器形状的 TCP/IP 协议簇表明，**IP 可以承载各种不同的上层协议**（Everything Over IP），同时 **IP 也可以在各种类型的网络上运行**（IP Over Everything）。正因为如此，互联网才会发展到今天的全球规模。从图 1-19 中不难看出 IP 在互联网中的核心作用。因此，互联网的网络层也称为 IP 层。

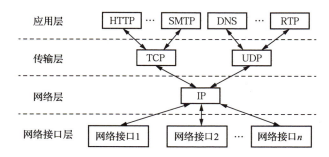

图 1-19   沙漏计时器形状的 TCP/IP 协议簇

1.7   两个重要的新兴网络技术

随着计算机网络技术的发展与应用，现代社会就像离不开电和自来水一样离不开计算机网络，而在计算机网络技术基础上发展起来的两个新兴技术领域也开始深刻地影响这个社会。这两个新兴技术领域就是**云计算**和**物联网**，近年来不论是产业界还是学术界，都给予了它们极大的关注。虽然详细地讨论这两个技术已超出了本书的范围，但由于它们与互联网技术有着非常密切的联系（一个是运行在计算机网络上的分布式应用，另一个是计算机网络的扩展和延伸），在这里有必要对这两个概念做简单的介绍。

1.7.1 云计算

云计算是2006年以来在IT（Information Technology，信息技术）行业兴起的一个概念，被誉为"革命性的计算模型"，是分布式计算（Distributed Computing）、并行计算（Parallel Computing）、效用计算（Utility Computing）、网络存储（Network Storage）、虚拟化（Virtualization）、负载均衡（Load Balance）等传统计算机和网络技术发展融合的产物。云计算是一种运行在计算机网络之上的分布式应用，通过网络以按需、易扩展的方式向用户提供安全、便捷、廉价的数据存储和网络计算服务。云计算自提出以来，在短短几年间就风靡全世界，得到产业界和学术界的广泛关注和支持。

云计算是一种商业计算模型，它将计算任务分布在由大量计算机构成的资源池上，使各类用户能够使用各种终端根据需要获取服务提供商提供的计算能力、存储空间和各种软件服务。云计算中的"云"指的是可以自我维护和管理的虚拟计算资源集合，通常是一些大型服务器集群，包括计算服务器、存储服务器和带宽资源等。被称为"云"主要是因为它在某些方面具有现实中云的特征：云一般都较大，可以动态伸缩且边界是模糊的；云在空中飘忽不定，无法确定它的具体位置，但它确实存在于某处。云计算将计算资源集中起来，并通过专门的软件实现自动管理。用户可以动态申请部分资源来支持各种应用程序的运行，这些资源可能分布在多台计算机之上，而用户无须关心具体的细节。在传统模式下，企业建立一套信息系统不仅需要购买硬件等基础设施，还要购买各种系统软件和大量的应用软件，需要专门的人员进行维护。当企业的规模扩大时，还要继续升级各种软、硬件设施以满足不断增长的需求。对企业来说，计算机硬件和软件本身并非真正需要的东西，它们仅仅是完成工作的工具而已。在传统模式下，个人要正常使用计算机需要安装许多软件，而多数软件是收费的，对不经常使用这些软件的用户来说，购买软件是非常不划算的。因此需要这样一种服务，它能够提供用户需要的所有软件，而用户在使用时付少量"租金"即可"租用"这些软件。

人们在日常生活中都要用到水和电，它们是分别由电厂和自来水厂集中提供的。这种统一提供公共服务的模式极大地节约了资源，方便了人们的生活。在信息技术领域，人们也梦想能像使用水和电一样使用计算机资源，这一想法直接导致了云计算技术的产生。云计算的最终目标就是将计算、服务和应用作为一种公共设施提供给公众，使人们能够像使用水、电、燃气那样使用计算机资源。

在云计算模式下，用户的终端计算机将变得很简单，甚至不需要硬盘和各种应用软件就可以满足需要。这是因为只要用户的计算机能通过网络发送指令和接收数据，用户就可以使用云服务提供的计算资源、存储空间和各种应用软件。在云计算环境下，用户的观念也将发生巨大变化，即从"购买产品"向"购买服务"转变，他们直接面对的将不再是复杂和昂贵的硬件和软件，而是最终的服务。

云计算按照服务类型大致可以分为3类：**基础设施即服务**（Infrastructure as a Service，IaaS）、**平台即服务**（Platform as a Service，PaaS）和**软件即服务**（Software as a Service，SaaS）。

IaaS将硬件设备等基础资源（如处理能力、存储空间、网络组件等）封装成服务，通过网络提供给用户使用。在IaaS环境中，用户相当于在使用裸机和磁盘，既可以让它运行Windows，也可以让它运行Linux，因而几乎可以做任何想做的事情，但用户必须自己管理或控制这些虚拟的计算机硬件资源来构建自己的信息系统。

　　PaaS对资源的抽象层次更进一步，它提供用户应用程序的开发和运行环境。PaaS自身负责资源的动态扩展和容错管理。但与此同时，用户的自主权降低，必须使用特定的编程环境并遵照特定的编程模型。

　　SaaS的针对性更强，它将某些特定应用软件功能封装成服务。软件服务供应商以租赁的形式为用户提供服务，用户只能付费使用软件服务，而不能直接掌控底层操作系统和硬件资源。

1.7.2　物联网

　　物联网的概念最早是由美国麻省理工学院的阿什顿（Ashton）教授于1998年提出的。国际电信联盟（International Telecommunications Union，ITU）于2005年发布了《ITU互联网报告2005：物联网》，正式提出了物联网的概念。随着网络技术的发展，物联网技术逐渐受到了全球的广泛关注。物联网是指通过二维码识读设备、射频识别（Radio Frequency Identification，RFID）、全球定位系统（Global Positioning System，GPS）、激光扫描器和红外传感器等信息传感设备与技术，实时采集任何需要监控、连接和互动的物体的声、光、电、热、力学、化学、生物、位置等各种信息，按约定的协议，把物体与互联网相连接，进行信息交换和通信，以实现人与物和物与物的相互沟通和对话，对物体进行智能化识别、定位、跟踪、管理和控制的一种信息网络。

　　物联网是"物物相连的互联网"。物联网的核心和基础仍然是互联网，即它是互联网的延伸和扩展，允许任何物体之间进行信息交换和通信。物联网实现的不仅是物与物之间的连接，更重要的是物与物的信息交互，以及由此衍生出来的各种应用。在物联网技术范畴中，"物"一般要满足以下条件：有相应的信息发送器和接收器，有一定的存储功能和计算能力，有专门的应用程序，遵循物联网的通信协议，在网络中有可识别的唯一标识。

　　物联网在各行各业都有应用，例如，把传感器嵌入或装备到铁路、公路、桥梁、隧道、大坝、供水系统、油气管道、电网等各种物体中，然后与现有的互联网整合起来。在这个整合的网络中，存在能力超级强大的中心计算机群，能够对整合的网络内的人员、设备和基础设施实施实时的管理和控制。在此基础上，人类可以更加精细和动态的方式管理生产和生活，达到"智慧"状态，提高资源利用率和生产力水平，改善人与自然之间的关系。

　　物联网有3种基本的应用模式：一是对象的智能识别，即通过二维码或RFID等技术来识别和区分特定的对象，并利用网络获取该特定对象的名称、生产日期、价格和用途等相关信息；二是环境监控和对象跟踪，即利用多种类型的传感器构成的传感器网络，实现对特定对象的实时状态获取和行为监控，如使用分布在市区的化学传感器监控大气中二氧化碳的浓度、通过GPS获取车辆位置信息等；三是对象的智能控制，物联网可以对传感器网络获取的数据进行分析和处理，形成科学决策，然后实施有效的对象行为控制，如根据交通路口车辆的流量自动调整红绿灯的时间间隔等。

　　物联网将现实世界数字化和网络化，其应用范围十分广泛，遍及智能交通、环境保护、公共安全、平安家居、智能消防、工业监测、环境监测、照明管控、老人护理、个人健康、花卉栽培、水系监测、食品溯源、敌情侦察和情报搜集等多个方面。近年来，物联网技术发展非常迅速，并得到了广泛应用，给我们的生活方式带来了革命性的变化，正如《ITU互联网报告2005：物联网》所指出的，无所不在的"物联网"通信时代即将来临。

1.8 计算机网络在我国的发展

中国互联网络信息中心（China Internet Network Information Center，CNNIC）每年公布两次我国互联网的发展情况，读者可在其网站上查到最新的和过去的文档。根据CNNIC发布的第47次《中国互联网络发展状况统计报告》，截至2024年6月，我国网民规模近11亿人（10.9967亿人），互联网普及率达78.0%，是世界上网民最多的国家，并已成为全球互联网产业发展最快的国家。

我国计算机网络的发展大致可分为4个阶段。

1. 建设起步阶段

最早着手建设专用计算机广域网的是铁道部（现为中国铁路总公司）。铁道部在1980年即开始进行计算机连网实验。1989年11月，我国第一个公用分组交换网（China Packet Switched Network，CNPAC）建成运行。从20世纪80年代起，国内的许多单位相继安装了大量的局域网。局域网价格便宜，其所有权和使用权都属于本单位，因此便于开发、管理和维护。局域网的发展很快，对各行各业的管理现代化和办公自动化起到了积极的作用。在20世纪80年代后期，公安、银行、军队，以及其他一些部门相继建立了各自的专用计算机广域网。

这里应当特别提到的是，1994年4月20日，北京中关村地区教育与科研示范网通过64 kbit/s的国际专线连入互联网。从此，我国在国际上被正式承认为接入互联网的国家。同年5月，中国科学院高能物理研究所设立了我国第一个万维网服务器。同年9月，中国公用计算机互联网CHINANET正式启动。我国陆续建造了基于互联网技术并可以和互联网互连的多个全国范围的公用计算机网络，其中规模最大的5个如下。

- 中国电信互联网CHINANET（原来的中国公用计算机互联网）。
- 中国联通互联网UNINET。
- 中国移动互联网CMNET。
- 中国教育和科研计算机网CERNET。
- 中国科技网CSTNET。

2. PC互联网阶段

随着我国家庭计算机的进一步普及、小区宽带的铺设推广以及互联网使用成本的降低，越来越多的家庭接入了网络，我国互联网开始快速普及，2005年我国网民人数突破1亿。在这一阶段，家庭已经成为网民上网最主要的地点之一，并且网民主要使用台式计算机上网，比例超过90%。互联网内容载体以网站为主。随着互联网内容的丰富，逐步出现了各个垂直内容的集合平台和工具应用，如新浪、搜狐、网易、优酷、淘宝、腾讯、360等。新闻资讯、搜索引擎、电子邮箱成为网民最常使用的网络服务，即时通信、网络音乐和博客等也逐渐成为人们喜爱的网络应用。

PC（Personal Computer，个人计算机）互联网阶段，搜索引擎成为人们上网的第一入口。2000年，李彦宏和徐勇创建了百度网站，百度现已成为全球最大的中文搜索引擎。

网上购物、网上支付和网上银行的使用率也逐步提升。2003年马云创立的个人网上贸易市场平台——淘宝网现已成为深受欢迎的网购零售平台。

值得注意的是，在2004年2月，中国下一代互联网（China's Next Generation Internet，

CNGI）的主干网CERNET2试验网正式开通，并提供服务。试验网以2.5 Gbit/s ～ 10 Gbit/s的速率连接北京、上海和广州3个CERNET核心节点，并与国际下一代互联网相连接。这标志着中国的互联网发展已逐渐与国际先进水平同步。

3. 移动互联网阶段

2010年起，随着3G移动网络和苹果、安卓智能手机的出现，我国迎来了移动互联网阶段。2008年4月1日，中国移动通信开始对TD-SCDMA（Time Division-Synchronous Code Division Multiple Access，时分同步码分多址）进行试商用。TD-SCDMA是我国自主创新、拥有自主知识产权的国际3G标准，是ITU认可的4种标准之一，这标志着中国在移动通信领域已经进入世界先进行列。2013年12月，工信部正式发放4G牌照，宣告我国移动通信行业进入第四代（4G）。2019年全球智能手机出货量排名前5的手机厂商分别为三星（20%）、华为（16%）、苹果（13%）、小米（8%）、OPPO（8%），中国企业上榜3家。

随着政府和企业大力开展"智慧城市"与"无线城市"建设，公共区域的无线网络迅速普及。手机、平板电脑、智能电视带动了家庭无线网络的使用，网民通过Wi-Fi无线网络接入互联网的比例高达90%以上，Wi-Fi无线网络已成为网民在固定场所接入互联网的首选方式。

2011年，腾讯推出了专门供智能手机使用的即时通信软件"微信"，使人们能够通过互联网快速发送语音短信、视频、图片和文字，并且提供微信群、朋友圈、公众号、移动支付、微信小程序等多种功能，为人们通过手机上网提供了极大的便利，最终成为中国智能手机上网的第一入口。

2015年中国网民规模就已达到6.88亿，互联网普及率达到50.3%，其中有90.1%的网民通过手机上网（2020年已占99.7%），而且只使用手机上网的网民达到1.27亿人，占整体网民规模的18.5%。

网络环境的逐步完善和手机上网的迅速普及，使移动互联网应用的需求不断被激发。基础应用、商务交易、网络金融、网络娱乐、公共服务等个人应用日益丰富。其中，手机网上支付增长尤为迅速。2015年，我国手机网上支付用户规模达到3.58亿，2020年达到8.54亿。2020年，我国网络购物用户规模7.82亿，而其中手机网络购物用户规模7.81亿。2024年我国互联网上网人数为10.92亿，其中手机上网人数为10.91亿。

互联网不再是单一的辅助工具，企业开始将"互联网+"行动计划纳入企业战略规划，这主要表现在企业对互联网专业人才的重视、开展网上销售和采购业务，以及运用移动终端进行企业营销推广等方面。

4. 迈向万物互联

2005年11月17日，在突尼斯举行的信息社会世界峰会上，ITU发布了《ITU互联网报告2005：物联网》，正式提出了"物联网"的概念。报告指出，"物联网"通信时代即将来临，世界上几乎所有的物体（从轮胎到牙刷、从房屋到纸巾）都可以通过互联网主动进行信息交换。

2009年，物联网被正式列为国家五大新兴战略性产业之一，物联网在中国受到了全社会极大的关注，甚至超过欧美等发达国家。

在网络强国、新基建等国家战略的推动下，我国加快推进IPv6、窄带物联网（NB-IoT）、5G等网络建设。2017年6月，工信部发布了《工业和信息化部办公厅关于全面推进移动物联网

（NB-IoT）建设发展的通知》。2018年11月，在决定全球通信技术标准的5G方案大战中，中国华为以绝对优势击败欧美各国的企业，其主推的PolarCode成为5G短码最终方案。在5G新空口标准的专利数量上，中国华为世界排名第一。2019年10月31日，我国三大运营商公布5G商用套餐，并于同年11月1日正式上线5G商用套餐，开启了我国5G时代。

伴随NB-IoT规模部署、5G商用进程加快，物联网与人工智能、大数据等的融合创新加速，同时设备连接增加驱动边缘计算需求增长；车联网、工业互联网、智慧医疗等应用领域逐步发展。2022年我国物联网产业规模突破3万亿元。2023年我国物联网连接数已突破23亿，设备连接量占全球比重超过71%，市场规模持续增长，消费物联网和产业物联网逐步开始规模化应用。

目前我国正从移动互联网阶段向万物互联阶段迈进。未来10年，物联网技术将会在智能家居、智能穿戴、智慧医疗、智慧办公、智慧城市、工业物联网、车联网及自动驾驶等领域得到广泛应用。

本章的重要概念

- 按作用范围的不同，计算机网络分为广域网（WAN）、城域网（MAN）、局域网（LAN）和个人区域网（PAN）。
- 计算机网络（可简称为网络）把许多计算机连接在一起，而互连网络则把许多网络连接在一起，联网是世界上最大的互连网络。
- 以小写字母i开始的internet（互连网络）是通用名词，它泛指由多个计算机网络互连而成的网络，这些网络之间的通信协议（即通信规则）可以是任意的。
- 以大写字母I开始的Internet（互联网或因特网）是专用名词，它指当前全球最大的、开放的、由众多网络相互连接而成的特定计算机网络，它采用TCP/IP协议簇作为通信规则，其前身是美国的ARPANET。
- 当有多台计算机需要通信时，通常需要利用交换技术实现它们之间一对一的通信。典型的网络交换方式主要有两种：电路交换与分组交换。计算机网络通常采用的是分组交换。
- 分组交换采用存储转发方式，当需要发送数据时，无须在源和目的地之间先建立一条物理通路，而是将要发送的报文分割为较小的数据段，将控制信息作为首部加在每个数据段前面（构成分组），一起发送给分组交换机。每一个分组的首部都含有目的地址等控制信息。分组交换网中的分组交换机根据分组首部中的控制信息，把分组转发到下一个分组交换机，用这种存储转发方式将分组转发至最终目的地。
- 计算机网络最常用的性能指标有速率、带宽、吞吐量、时延（包括发送时延、传播时延、处理时延、排队时延）、丢包率和信道（或网络）利用率。
- 网络协议简称协议，是为网络中的数据交换而建立的规则。计算机网络的各层及其协议的集合，称为网络的体系结构。
- 具有五层协议的原理体系结构由应用层、传输层、网络层、数据链路层（也称为链路层）和物理层组成。传输层最重要的协议是TCP和UDP，网络层最重要的协议是IP。

习题

1-1　计算机网络可以向用户提供哪些服务？

1-2　试简述分组交换的要点。

1-3　试从建立连接、何时需要地址、是否独占链路、网络拥塞、数据是否会失序、端到端时延的确定性、适用的数据传输类型等多个方面比较分组交换与电路交换的特点。

1-4　为什么说互联网是自印刷术以来人类通信方面最大的变革？

1-5　互联网结构的发展大致分为哪几个阶段？请指出这几个阶段最主要的特点。

1-6　试简述互联网标准制定的几个阶段。

1-7　小写和大写开头的英文单词 internet 和 Internet 在意思上有何重要区别？

1-8　计算机网络都有哪些类别？各种类别的网络都有哪些特点？

1-9　互联网的两大组成部分（边缘部分与核心部分）的特点是什么？它们的工作方式各有什么特点？

1-10　试在下列条件下比较电路交换和分组交换传送一个报文的时延。要传送的报文共 x（bit），从源点到终点共经过 k 段链路，每段链路的传播时延为 d（s），数据传输速率为 b（bit/s），在电路交换时电路的建立时间为 s（s），在分组交换时分组长度为 p（bit），假设 $x > p$ 且各节点的排队等待时间可忽略不计。问：在怎样的条件下，分组交换的时延比电路交换的要小（提示：画一下草图，观察 k 段链路共有几个节点）？

1-11　考虑分组交换网中传送一个报文的时延。设报文长度和分组长度分别为 x 和 $p + h$（bit），其中 p 为分组的数据部分的长度，而 h 为每个分组所带的控制信息的固定长度，与 p 的大小无关。从源点到终点共经过 k 段链路。链路的数据传输速率为 b（bit/s），节点的排队时间可忽略不计。若打算使传送报文的总时延最小，分组的数据部分长度 p 应取多大？

1-12　从差错控制、时延和资源共享 3 个方面分析，分组交换为什么要将长的报文划分为多个短的分组进行传输？

1-13　计算机网络有哪些常用的性能指标？

1-14　收发两端之间的传输距离为 1000 km，信号在媒体上的传播速率为 2×10^8 m/s。试计算以下两种情况的发送时延和传播时延。

（1）数据长度为 10^7 bit，数据发送速率为 100 kbit/s。

（2）数据长度为 10^3 bit，数据发送速率为 1 Gbit/s。

从以上计算结果可得出什么结论？

1-15　网络体系结构为什么要采用分层次的结构？试举出一些日常生活中与分层体系结构的思想相似的例子。

1-16　协议与服务有何区别？有何关系？

1-17　试述具有五层协议的网络体系结构的要点，包括各层的主要功能。

1-18　试解释以下名词：协议栈、实体、对等层、协议数据单元。

1-19　试解释 Everything Over IP 和 IP Over Everything 的含义。

1-20　判断以下说法的正误。

（1）提高链路速率意味着降低信道的传播时延。

（2）在链路上产生的传播时延与链路的带宽无关。

（3）跨越网络提供主机到主机的数据通信属于传输层的功能。

（4）发送时延是分组的第一个比特从发送方发出到该比特到达接收方所用的时间。

（5）由于动态分配通信带宽和其他通信资源，分组交换能更好更高效地共享资源。

（6）采用分组交换在发送数据前不必建立连接，发送突发数据更迅速，因此不会出现网络拥塞。

1-21　一个系统的协议结构有 N 层，应用程序产生 M 字节长的报文，网络软件在每层都加上 h 字节的首部，网络带宽中至少有多大比率用于首部信息的传输？

第2章
物理层

本章首先介绍物理层的基本概念；然后介绍有关数据通信的基础知识，以及各种传输媒体的主要特点（但传输媒体本身并不属于物理层的范围）；在讨论几种常用的信道复用技术后，对数字传输系统进行简单介绍；最后介绍几种常用的互联网接入技术。

对于已掌握一些必要的通信基础知识的读者，对本章可以有选择地学习。

本章的重点内容如下。

（1）物理层的任务。

（2）数据通信的基本概念。

（3）常用的信道复用技术。

（4）常用的互联网接入技术。

2.1 物理层的基本概念

首先要强调，物理层考虑的是怎样才能在连接各种计算机的传输媒体上传输数据比特流，而不是具体的传输媒体。现有的计算机网络中的硬件设备和传输媒体种类繁多，通信手段也五花八门。物理层的作用正是尽可能地屏蔽这些差异，使物理层上面的数据链路层只需要考虑如何完成本层的协议和服务，而不必考虑网络具体的传输媒体是什么。用于物理层的协议也常称为物理层规程（Procedure）。

物理层的基本
概念

物理层需要考虑的问题很多，举例如下。

（1）传输媒体的类型。规定传输媒体的类型，如铜线、光纤或无线电频段等。

（2）位的表示。规定如何用电磁等信号表示1或0，即如何编码。

（3）数据率。规定每秒发送的比特数。

（4）位同步。发送方与接收方不仅使用相同的比特率，还必须位同步，即发送方的时钟与接收方的时钟要保持一致。

（5）链路配置。在点到点配置中，两个设备通过一条专用链路连接，而在多点配置中，许多设备共享一条链路。

（6）**物理拓扑结构**。规定用什么拓扑结构将设备连接成网络，可以是星形拓扑、总线型拓扑、环形拓扑或网状结构等。

（7）**传输方式**。考虑采用串行传输还是并行传输，以及规定两台设备之间的传输方向等。

（8）**与传输媒体的接口特性**。规定传输设备与传输媒体之间的接口特性。

- **机械特性**：指明接口所用接线器的形状和尺寸、引脚数目和排列、固定和锁定装置等。
- **电气特性**：指明在接口电缆的各条线上出现的电压的范围及阻抗匹配等。
- **功能特性**：指明某条线上出现的某一电平的电压表示何种意义。
- **过程特性**：指明对应不同功能的各种可能事件的出现顺序。

具体的物理层协议种类较多。这是因为物理连接的方式很多，而传输媒体的种类也非常多。因此在学习物理层时，应将重点放在掌握基本概念上。

考虑到本书的一部分读者可能没有学过数据通信的相关课程，2.2节将简单地介绍有关数据通信的基础知识。已掌握这部分知识的读者可略过相关内容。

2.2 数据通信的基础知识

数据通信的基础知识

2.2.1 数据通信系统的模型

下面通过一个简单的例子来说明数据通信系统的模型。这个例子就是两台计算机通过公用电话网进行通信。

如图2-1所示，数据通信系统可划分为三大部分，即源系统（或发送端、发送方）、传输系统（或传输网络）和目的系统（或接收端、接收方）。

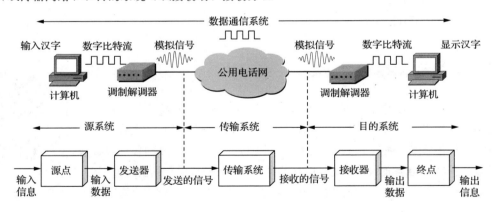

图2-1　数据通信系统的模型

源系统一般包括以下两个部分。

源点（Source）：源点设备产生要传输的数据，例如，从计算机的键盘输入汉字，计算机产生输出的数字比特流。源点又称为源站或信源。

发送器：通常源点生成的数字比特流要通过发送器编码后才能够在传输系统中进行传输。典型的发送器是调制器。

目的系统一般包括以下两个部分。

接收器：接收传输系统传送过来的信号，并把它转换为能够被目的设备处理的信息。典型的接收器是解调器，它对来自传输线路的模拟信号进行解调，提取出在源点置入的消息，还原出源点产生的数字比特流。

终点（Destination）：终点设备从接收器获取传送过来的数字比特流，然后进行信息输出（例如把汉字在计算机屏幕上显示出来）。终点又称为**目的站**或**信宿**。

在源系统和目的系统之间的传输系统可以是简单的传输线路，也可以是连接源系统和目的系统的复杂网络系统。

可以称图2-1所示的数据通信系统为计算机网络。这里我们使用数据通信系统这个名词，主要是为了从通信的角度来介绍数据通信系统中的基本要素，其中一些要素在计算机网络中可能不会去讨论。

下面先介绍一些常用术语。

通信的目的是传送**消息**（Message）。例如，语音、文字、图像等都是消息。**数据**（Data）是运送消息的实体。**信号**（Signal）则是数据的电气或电磁表现。

根据信号中代表消息的参数的取值方式不同，信号可分为两大类。

模拟信号，或**连续信号**——消息的参数的取值是连续的。

数字信号，或**离散信号**——消息的参数的取值是离散的。在使用时间域（或简称为时域）的波形表示数字信号时，代表不同离散数值的基本波形就称为**码元**。在使用二进制编码时，只有两种不同的码元，一种代表0，另一种代表1。

在许多情况下，我们要使用"**信道**"（Channel）这一名词。信道和电路并不等同。信道一般用来表示向某一个方向传送信息的媒体。因此，一条通信线路往往包含一条发送信道和一条接收信道，但也可以包含许多条信道。

2.2.2　编码与调制

要利用信道传输数据，必须将数据转换为能在传输媒体上传送的信号。信道可以分为传送模拟信号的**模拟信道**和传送数字信号的**数字信道**两大类。通常将数字数据转换成数字信号的过程称为**编码**（Coding），而将数字数据转换成模拟信号的过程称为**调制**（Modulation）。

（1）常用编码方式。

数字信号的常用编码方式如图2-2所示。

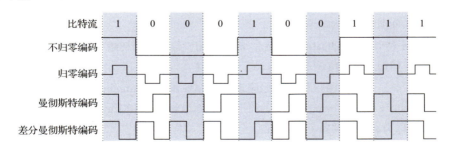

图2-2　数字信号的常用编码方式

归零编码：正脉冲代表1，负脉冲代表0。

不归零编码：正电平代表1，负电平代表0。

曼彻斯特编码：位周期中心的上跳变代表0，位周期中心的下跳变代表1。

差分曼彻斯特编码：每一位的中心处都有跳变。位开始边界有跳变代表0，位开始边界没有跳变代表1。

从信号波形可以看出，曼彻斯特编码产生的信号频率比不归零编码高，每个比特包含一次跳变。比特1从高电平变为低电平，而比特0从低电平变为高电平（也可采用相反的约定，即1是"前低后高"，0是"前高后低"）。接收端很容易利用比特信号的电平跳变来提取信号时钟频率，并与发送方保持时钟同步。但是曼彻斯特编码的缺点是它所占的频带宽度比原始信号增加了一倍（因为信号变化的频率加倍了）。这种能从信号波形本身提取信号时钟频率的能力称为**自同步能力**。显然不归零编码没有自同步能力，而曼彻斯特编码具有自同步能力。

（2）**基本的调制方法**。

矩形脉冲波形的数字信号包含从直流开始的低频分量，被称为**基带信号**（即基本频带信号），在数字信道上直接传输基带信号的方法称为**基带传输**。基带信号往往包含较多的低频成分甚至直流成分，而许多模拟信道仅能通过某一频率范围的信号，不能直接传输这种基带信号。因此必须对基带信号进行**调制**，使它能够在模拟信道中传输。在很多情况下，需要使用**载波**（Carrier）进行调制，把基带信号的频率范围搬移到较高的频段以便其在信道中传输，这种传输方法称为**频带传输**。经过载波调制后的信号称为**频带信号**或**带通信号**（即仅在一段频率范围内能够通过信道），而使用载波的调制称为**带通调制**。

最基本的带通调制方法有以下3种，如图2-3所示。

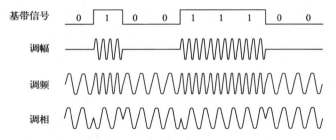

图2-3　常用的3种带通调制方法

① **振幅调制**（Amplitude Modulation，AM），简称调幅，即载波的振幅随基带数字信号而变化。例如，0和1分别对应无载波输出和有载波输出。

② **频率调制**（Frequency Modulation，FM），简称调频，即载波的频率随基带数字信号而变化。例如，0和1分别对应频率f_1和频率f_2。

③ **相位调制**（Phase Modulation，PM），简称调相，即载波的初始相位随基带数字信号而变化。例如，0和1分别对应相位0°和相位180°。

在数字通信中，调幅、调频和调相相应地称为**幅移键控**（Amplitude-Shift Keying，ASK）、**频移键控**（Frequency-Shift Keying，FSK）和**相移键控**（Phase-Shift Keying，PSK）。实现调制和解调功能的设备称为**调制解调器**（Modem）。

为了达到更高的信息传输速率，必须采用技术上更为复杂的多元制的振幅相位混合调制方法，如**正交振幅调制**（Quadrature Amplitude Modulation，QAM），这里从略。

掌握上述基本概念之后，我们再讨论如何提高数据传输速率。

2.2.3 信道的极限容量

几十年来，通信领域的学者一直在努力寻找提高数据传输速率的途径。这个问题很复杂，因为任何信道都不是理想的，在传输信号时会产生各种失真。我们知道，数字通信的优点是，只要能在接收端从失真的波形识别出原来的信号，那么这种失真对通信质量就没有影响。例如，图2-4所示为数字信号通过实际的信道引起输出波形失真的示意。可以看出，当失真不严重时，如图2-4（a）所示，在输出端还可根据已失真的输出波形还原出发送的码元；但当失真严重时，如图2-4（b）所示，在输出端就很难判断这个信号在什么时候是1、在什么时候是0。**码元是承载信息的基本信号单位**，一个码元能够承载的信息量的多少，是由码元信号所能表示的数据有效值状态数决定的。**单位时间内通过信道传输的码元数称为码元传输速率**。为了提高信息的传输效率，我们总是希望在一定的时间内能够传输尽可能多的码元。但实际上，码元传输的速率越高，信号传输的距离越远，噪声干扰越大，或传输媒体质量越差，在信道输出端的波形的失真就会越严重。

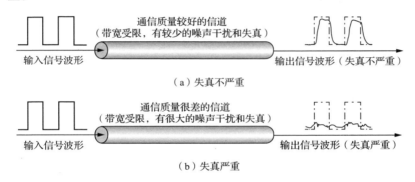

（a）失真不严重

（b）失真严重

图2-4 数字信号通过实际的信道

从概念上讲，限制码元在信道上的传输速率的因素有以下两个。

（1）信道能够通过的频率范围。

具体的信道所能通过的频率范围总是有限的，信号中的许多高频分量往往不能通过信道。图2-4所示的发送信号是一种典型的矩形脉冲信号，它包含很丰富的高频分量。如果信号中的高频分量在传输时发生衰减，那么在接收端收到的波形的前沿和后沿就变得不那么陡峭了，扩散了的码元波形所占的时间变得更宽了。这样，在接收端收到的信号波形就失去了码元之间的清晰界限，这种现象叫作**码间串扰**。严重的码间串扰会使本来分得很清楚的一串码元变得很模糊而无法识别。早在1924年，奈奎斯特（Nyquist）就推导出了著名的**奈氏准则**。他给出了在假定的理想条件下，为了避免码间串扰，码元传输速率的上限为

$$\text{理想低通信道}^{①}\text{的最高码元传输速率} = 2W\text{（波特）} \qquad (2-1)$$

这里的 W 是信道带宽，单位为赫兹（Hz）；**波特**（Baud）是**码元传输速率的单位**，1波特表示每秒传送1个码元。

通过奈氏准则我们知道：在任何信道中，码元的传输速率都是有上限的，如果传输速率超过此上限，就会出现严重的码间串扰问题，以致接收端无法正确识别发送端所发送的码元。另

---

① "理想低通信道"就是信号的所有低频分量，只要其频率不超过某个上限值，就能够不失真地通过此信道。而频率超过该上限值的所有高频分量都不能通过该信道。

外，信道的频带越宽，也就是能通过的信号频率范围越大，就可以用越高的速率传送码元而不出现码间串扰。

这里要强调以下两点。

① 上面所说的具有理想低通特性的信道是**理想化的信道**，它和实际上所使用的信道有相当大的差别。所以一个实际的信道的最高码元传输速率要明显低于奈氏准则给出的这个上限数值。

② 波特和比特是两个不同的概念。

波特是**码元传输速率的单位**，它说明每秒传多少个码元。码元传输速率也称为**调制速率、波形速率或符号速率**。

比特是**信息量的单位**，与码元传输速率的单位波特是两个完全不同的概念。

但是，信息传输速率（单位为 bit/s）与码元传输速率（单位为 Baud）在数值上却有一定的关系。若 1 个码元只携带 1 bit 的信息量，则信息传输速率和码元传输速率在数值上是相等的。但若使 1 个码元携带 n bit 的信息量，则 M Baud 的码元传输速率所对应的信息传输速率为 $M \times n$ bit/s。由于码元传输速率受奈氏准则的制约，因此要提高信息传输速率，**就必须设法使每一个码元携带更多个比特的信息量**。这就需要采用**多元调制**（又称为多进制调制）方法。假定有一个带宽为 3 kHz 的理想低通信道，其最高码元传输速率为 6000 Baud。若采用 8 元制（如采用 8 种不同电平的不归零编码方式），每一个码元可携带 3 bit 的信息，则最高信息传输速率为 18000 bit/s。那是不是采用多元调制就能无限制地提高信息传输速率呢？答案是否定的。因为信道的极限信息传输速率还受限于实际的信号在信道中传输时的信噪比。

（2）**信噪比**。

虽然通过采用多元调制能提高信息传输速率，但并不能无限制地提高，因为信道中的噪声也会影响接收端对码元的识别，并且噪声功率相对信号功率越大，影响就越大。1948 年，香农（Shannon）用信息论的理论推导出了带宽受限且有高斯白噪声干扰的信道的极限信息传输速率。**信道的极限信息传输速率 C 用公式可表示为**

$$C = W \log_2(1+S/N) \ (\text{bit/s}) \qquad (2\text{-}2)$$

式（2-2）中，W 为信道的带宽（以 Hz 为单位），S 为信道内所传信号的平均功率，N 为信道内部的高斯噪声功率。

式（2-2）就是著名的**香农公式**。香农公式表明，**信道的带宽或信道中的信噪比越大，信息的极限传输速率就越高**。

根据奈氏准则和香农公式，在信道带宽一定的情况下，要想提高信息传输速率就必须采用多元调制并努力提高信道中的信噪比。自从香农公式发表后，各种新的信号处理和调制方法不断出现，其目的都是尽可能地接近香农公式给出的传输速率极限。在实际信道上能够达到的信息传输速率要比香农公式的极限传输速率低不少，这是因为在实际信道中，信号还受到其他一些因素的干扰，如各种脉冲干扰、信号在传输中的衰减和失真等，这些因素在香农公式中并未考虑。

2.2.4 传输方式

数字传输有各种不同的方式，例如并行传输和串行传输、异步传输和同步传输，以及单工通信、半双工通信和全双工通信。

1. 并行传输和串行传输

并行传输是指一次发送 n 个比特而不是一个比特，为此，发送端和接收端之间需要有 n 条传输线路。

串行传输是指数据是一个比特一个比特依次发送的，因此发送端和接收端之间只需要一条传输线路。

并行传输的优点是，其速度为串行传输的 n 倍，但也存在一个严重的缺点，即成本高。因此并行传输通常仅用于短距离传输，如计算机内部的数据传输。常见的数据总线宽度有8位、16位、32位和64位。而长距离传输一般采用串行传输方式。因此，计算机将数据发送到传输线路上时需要进行并/串转换，而计算机从传输线路上接收数据时要进行串/并转换。

2. 异步传输和同步传输

在传输时，收发双方必须就每一个比特在线路上持续的时间达成一致，这样接收端才能正确地接收数据。**同步**是指收发双方在时间基准上保持一致的过程。同步是数字通信中必须解决的一个重要问题。异步传输和同步传输采用不同的同步方式。

异步传输以字节为独立的传输单位，字节之间的时间间隔不是固定的，接收端仅在每个字节的起始处对字节内的比特实现同步。为此，通常要在每个字节前后分别加上起始位和结束位。这里的异步是指在字节级上的异步，但是字节中的每个比特仍然要同步，它们的持续时间是相同的。

采用**同步传输**方式时，数据块以稳定的比特流的形式传输，字节之间没有间隔，也没有起始位和结束位。由于不同设备的时钟频率存在一定差异，为避免在传输大量数据的过程中累积误差所导致的错误，要采取一定技术使收发双方的时钟保持同步。实现收发双方时钟同步的方法主要有两种，即外同步和内同步。外同步方法是在发送端和接收端之间提供一条单独的时钟线，接收端根据发送端发送的时钟同步信号来校正时间基准，或收发双方接收同一时钟源的时钟信号来实现同步。内同步方法是发送端将时钟同步信号编码到发送数据中一起传输，如曼彻斯特编码与差分曼彻斯特编码都自含时钟编码，具有自同步能力。

3. 单工通信、半双工通信和全双工通信

通信双方的信息交互有以下3种基本方式。

（1）**单向通信**，又称为单工通信，即只能有一个方向的通信而没有反方向的交互。无线电广播、有线电广播以及电视广播就属于这种类型。

（2）**双向交替通信**，又称为半双工通信，即通信的双方都可以发送信息，但不能双方同时发送（当然也就不能同时接收）。这种通信方式是一方发送另一方接收，过一段时间再反过来。

（3）**双向同时通信**，又称为全双工通信，即通信的双方可以同时发送和接收信息。

单向通信只需要一条信道，而双向交替通信和双向同时通信都需要两条信道（每个方向各一条）。这里要注意，有时人们也用"单工"这个名词表示"双向交替通信"。例如，常说的"单工电台"并不是只能进行单向通信。

2.3 物理层下面的传输媒体

物理层下面的
传输媒体

传输媒体也称为传输介质或传输媒介，它是数据传输系统中发送器和接收器之间的物理通路。传输媒体可分为两大类，即**导引型传输媒体**和**非导引型传输媒体**。在导引型传输媒体中，电磁波被导引沿着固态媒体（铜线或光纤）传播；而非导引型传输媒体就是指自由空间，电磁波在自由空间中传播。图2-5所示为电信领域使用的电磁波频谱。

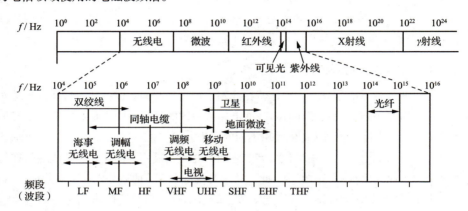

图2-5 电信领域使用的电磁波频谱

2.3.1 导引型传输媒体

1. 双绞线

双绞线（Twisted Pair）也称为双扭线，它是"古老"但又常用的传输媒体。把两根互相绝缘的铜导线并排放在一起，然后按照一定规则**绞合**（Twist）起来就构成了双绞线。绞合可减小对相邻导线的电磁干扰。电话系统中大量使用了双绞线，曾经几乎所有的电话机都用双绞线连接到电话交换机。这段从用户电话机到交换机的双绞线称为**用户线或用户环路**（Subscriber Loop）。通常将一定数量的这种双绞线捆成电缆，在其外面包上护套。

模拟传输和数字传输都可以使用双绞线，其通信距离一般为几千米到十几千米。距离太远时就要加放大器，以便将衰减了的信号放大到合适的数值（对于模拟传输）；或者加上中继器，以便对失真了的数字信号进行整形（对于数字传输）。导线越粗，其通信距离就越远，但价格也越高。在数字传输时，若传输速率为每秒几兆比特，则传输距离可达几千米。由于双绞线便宜且性能也不错，因此使用十分广泛，例如，局域网中就主要使用双绞线作为传输媒体。

为了提高双绞线抗电磁干扰的能力，可以在双绞线的外面再加上一层金属屏蔽层，这就是**屏蔽双绞线**（Shielded Twisted Pair，STP）。它的价格当然比**无屏蔽双绞线**（Unshielded Twisted Pair，UTP）高。图2-6是双绞线的示意图。

1991年，美国电子工业协会（Electronic Industries Association，EIA）和电信工业协会（Telecommunications Industries Association，TIA）联合发布了EIA/TIA-568标准，它的名称是"商用建筑物电信布线标准"（Commercial Building Telecommunications Cabling Standard），规定了用

于室内传送数据的无屏蔽双绞线和屏蔽双绞线的标准。为了适应技术的发展，每隔数年就要更新一次标准。2015年美国国家标准协会（American National Standards Institute，ANSI）认可并发布了 ANSI/TIA-568-D，之后又进行了多次补充。表2-1给出了常用的绞合线的类别、带宽和典型应用。现在最新的八类线的带宽已达到2000 MHz，可用于40吉比特以太网。

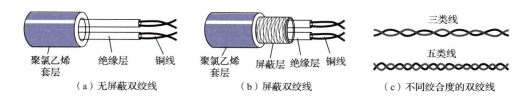

（a）无屏蔽双绞线　　　　（b）屏蔽双绞线　　　　（c）不同绞合度的双绞线

图2-6　双绞线

表2-1　常用的绞合线的类别、带宽和典型应用

绞合线类别	带宽	典型应用
三类线（Cat3）	16 MHz	低速网络、模拟电话
四类线（Cat4）	20 MHz	短距离的10BASE-T以太网
五类线（Cat5）	100 MHz	10BASE-T以太网、某些100BASE-T快速以太网
超五类线（Cat5e）	100 MHz	100BASE-T快速以太网、某些1000BASE-T吉比特以太网
六类线（Cat6）	250 MHz	1000BASE-T吉比特以太网、ATM（Asynchronous Transfer Mode，异步传输方式）网络
超六类线（Cat6a）	500 MHz	可用于10吉比特以太网
七类线（Cat7）	600 MHz	只使用屏蔽双绞线，可用于10吉比特以太网
八类线（Cat8）	2000 MHz	只使用屏蔽双绞线，可用于40吉比特以太网

无论是哪种类别的双绞线，衰减都随频率的升高而增大。使用更粗的导线可以降低衰减，但增加了导线的价格和重量。信号应当有足够大的振幅，以便在噪声干扰下能够在接收端正确地被检测出来。双绞线的最高速率还与数字信号的编码方法有很大的关系。

2. 同轴电缆

同轴电缆由内导体铜质芯线（单股实心线或多股绞合线）、绝缘层、网状编织的（也可以是单股的）外导体屏蔽层及绝缘保护套层组成，如图2-7所示。由于有外导体屏蔽层，同轴电缆具有很好的抗干扰特性，被广泛用于传输数据。

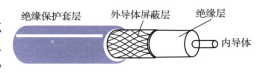

图2-7　同轴电缆

过去，同轴电缆在电话系统中广泛应用于长途线路，但是现在，长途干线上大部分同轴电缆已经被带宽更高的光纤所取代。在局域网发展的初期，同轴电缆曾广泛用作传输媒体。但由于同轴电缆价格较高且布线不够灵活和方便，随着集线器的出现，局域网领域基本上都改用双绞线作为传输媒体了。目前同轴电缆主要用于居民小区的有线电视网。

3. 光纤

从20世纪70年代开始，通信和计算机技术都发展得非常快。近30多年来，计算机的运行速度大约每10年提高10倍。但在通信领域里，信息的传输速率则提高得更快，从20世纪70年代的 56 kbit/s（使用铜线）提高到现在的数百 Gbit/s（使用光纤），而且还在不断提高。因此光纤通信成为现代通信技术中的一个十分重要的领域。

光纤通信就是利用光纤传递光脉冲来进行通信。有光脉冲相当于 1，而没有光脉冲相当于 0。由于可见光的频率非常高，约为 10^5 GHz 的量级，因此光纤通信系统的传输带宽远远大于目前其他各种传输媒体的带宽。

光纤是光纤通信的传输媒体。发送端光源可以采用发光二极管或半导体激光器，它们在电脉冲的作用下产生光脉冲。接收端利用光电二极管做成光检测器，在检测到光脉冲时还原出电脉冲。

光纤通常由透明度很高的拉成细丝的石英玻璃构成，主要由纤芯和包层构成双层圆柱体。纤芯很细，其直径只有 8 ～ 100 μm（1 μm =1×10⁻⁶ m）。光波正是通过纤芯进行传导的。包层较纤芯有较低的折射率。当光线从高折射率的媒体射向低折射率的媒体时，其折射角将大于入射角，如图 2-8 所示。因此，如果入射角足够大，就会出现全反射，即光线碰到包层时就会折射回纤芯。这个过程不断重复，光也就沿着光纤传输下去。

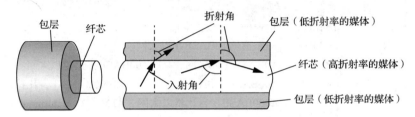

图 2-8　光线在光纤中的折射

图 2-9 所示为光波在纤芯中的传播。现代的生产工艺可以制造出超低损耗的光纤，即做到光线在纤芯中传输数千米而基本上没有什么损耗。这一点是光纤通信飞速发展的最关键因素。

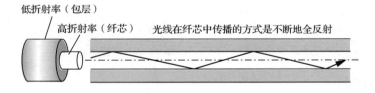

图 2-9　光波在纤芯中的传播

图 2-9 中只画了一条光线。实际上，只要从纤芯中射到纤芯表面的光线的入射角大于某一个临界角度，就可产生全反射。因此，可以存在许多条不同角度入射的光线在一条光纤中传播，这种光纤称为**多模光纤**，如图 2-10（a）所示。光脉冲在多模光纤中沿不同路径传播时会逐渐被展宽，造成失真，因此多模光纤只适合近距离传输。若光纤的直径减小到等于光的波长，则光纤就像一根波导那样，可使光线一直向前传播，而不会产生多次反射。这样的光纤称为**单模光纤**，如图 2-10（b）所示。单模光纤的纤芯很细，其直径只有几微米，制造成本较高。同时单模光纤的光源要使用昂贵的半导体激光器，而不能使用较便宜的发光二极管。但单模光纤的衰减较小，光线在 2.5 Gbit/s 或 10 Gbit/s 的高速率下可传输数十千米而不必采用中继器。

在光纤通信中，常用的 3 个波段的中心分别位于 0.85 μm、1.30 μm 和 1.55 μm。后两个波段的衰减较小，0.85 μm 波段的衰减较大，但在此波段其他特性均较好。这 3 个波段都具有25000 ～ 30000 GHz 的带宽，可见光纤的通信容量非常大。

由于光纤非常细，算上包层直径也不到 0.2 mm，因此必须将光纤做成很结实的光缆。一根

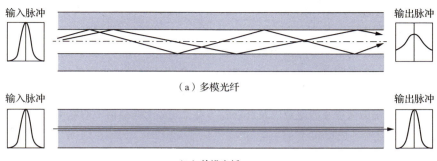

（a）多模光纤

（b）单模光纤

图2-10 多模光纤和单模光纤

光缆少则只有一根光纤，多则包括数十至数百根光纤，再加上加强芯和填充物，可以大大提高其机械强度，必要时还可放入远供电源线。最后加上包带层和外护套，光缆就可以承受几十到上百千克的拉力，完全可以满足工程施工的强度要求。图2-11所示为四芯光缆剖面。

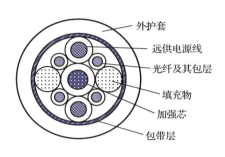

图2-11 四芯光缆剖面

光纤不仅具有通信容量非常大的优点，而且具有以下特点。

（1）传输损耗小，远距离传输时更加经济。

（2）抗雷电和电磁干扰性能好。这在有大电流脉冲干扰的环境下尤为重要。

（3）无串音干扰，保密性好，也不易被窃听或截取数据。

（4）体积小，重量轻。这在现有电缆管道已拥塞不堪的情况下特别有利。例如，1 km长的1000对双绞线电缆约重8000 kg，而同样长度但容量大得多的一对两芯光缆仅重100 kg。

但光纤也有缺点：将两根光纤精确地连接需要专用设备。

随着生产工艺的进步，光纤通信的成本不断下降，现在已经非常广泛地应用在计算机网络、电信网络和有线电视网络的主干网络中，以及高速局域网中。

2.3.2 非导引型传输媒体

前面介绍了3种导引型传输媒体。但是，当通信距离很远时，敷设线缆既昂贵又费时。利用电磁波在自由空间的传播可较快地实现多种通信，但其最大的缺点是容易被干扰，保密性差。由于这种通信方式不使用导引型传输媒体，因此就将自由空间称为"非导引型传输媒体"，利用非导引型传输媒体的传输方式通常称为**无线传输**。

特别要指出的是，由于信息技术的发展，社会各方面的节奏变快了，人们不仅要求能够在运动中进行电话通信（即移动电话通信），还要求能够在运动中进行计算机数据通信（俗称上网）。近年来无线通信发展得特别快，原因之一是，利用无线信道进行信息的传输是在运动中通信的唯一手段。

无线传输可使用的频段很广。从图2-5可以看出，人们现在已经利用了好几个频段进行通信，紫外线和更高的频段目前还不能用于通信。图2-5的最下面还给出了**ITU**给频段取的正式名称。例如，LF频段的波长是从1 km到10 km（对应30 kHz到300 kHz）。LF、MF和HF分别表示低频、中频和高频。更高的频段中的V、U、S、E和T分别对应Very、Ultra、Super、Extremely和Tremendously，相应频段的中文名字分别是**甚高频、特高频、超高频、极高频和至高频**。在低频LF的下面其实还有几个更低的频段，如甚低频VLF、特低频ULF、超低频SLF和极低频ELF等，因不用于一般的通信，故未画在图中。由于使用不同频段电磁波进行无线通信时，穿越障碍物、传输距离和传输带宽的能力有所不同，因此不同的应用场合需要使用不同频段的电磁波。下面简单介绍微波等无线电波以及红外线与可见光在无线通信中的应用。

1. 微波

微波是无线数据通信主要使用的频段，其频率范围为300 MHz ～ 300 GHz（波长为1 mm ～ 1 m），但目前使用最多的是2 ～ 40 GHz的频率范围。微波频段频率很高，频率范围也很广，因此其通信信道的容量很大。由于微波会穿透电离层进入宇宙空间，因此它不像短波那样可以经电离层反射传播到地面上很远的地方。微波在空间中主要是直线传播。远距离微波通信主要有两种方式，即**地面微波接力通信**和**卫星通信**。

由于微波在空间中是直线传播的，而地球表面是曲面，因此其传播距离受到限制，一般只有50 km左右。但若采用100 m高的天线塔，则传播距离可增大到100 km。为实现远距离通信，必须在一条无线电通信信道的两个终端之间建立若干个中继站。中继站把前一站送来的信号放大后发送到下一站，故称为"**接力**"。微波接力通信可传输电话、电报、图像、数据等信息。但微波接力通信的相邻站之间必须能够直视，不能有障碍物。微波的传播有时也会受到恶劣气候的影响。

常用的卫星通信方法是，在地球站之间利用位于约3.6万千米高空的人造同步地球卫星作为无人值守的中继站来接力通信。

卫星通信的最大特点是通信距离远，且通信费用与通信距离无关。同步地球卫星发射出的电磁波辐射到地球上的通信覆盖区的跨度达1.8万千米，面积约占全球的三分之一。只要在地球赤道上空的同步轨道上等距离地放置3颗相隔120°的卫星，就能基本上实现全球的通信。

卫星通信的另一个特点是具有**较大的传播时延**，而且不管两个地球站之间的地面距离是多少（相隔一条街或相隔上万千米），从一个地球站经卫星到另一地球站的传播时延均在250 ～ 300 ms。这和其他的通信有较大差别。

除上述同步地球卫星外，低轨道卫星通信系统已开始使用。低轨道卫星相对于地球不是静止的，而是不停地围绕地球旋转，为了提供对一个区域的连续覆盖，需要在轨道上放置多颗卫星。由于低轨道卫星离地球很近，因此轻便的手持通信设备都能够利用卫星进行通信。2015年1月，美国太空探索技术公司SpaceX提出了一个宏大的"星链"（Starlink）计划，要在太空搭建由约1.2万颗卫星组成的"星链"网络来提供互联网服务，其中1584颗卫星将部署在地球上空550km处的近地轨道。2019年5月23日，SpaceX利用"猎鹰9号"运载火箭成功将"星链"首批60颗卫星送入轨道。截至2024年10月19日，SpaceX已发射了7105颗卫星，全球用户数突破400万。

我国也正在大力发展低轨道卫星通信系统，并推出了多项计划。2023年启动的"千帆星座"计划是中国版"星链"计划的重要组成部分，其目标是在未来打造一个由1.4万多颗低轨卫星构成的庞大星座，为全球用户提供低时延、高速率及高可靠性的卫星宽带互联网服务。2024年8月6日，长征六号改运载火箭在太原卫星发射中心升空，将"千帆星座"首批01组18颗卫星送入预定轨道。2024年10月15日，又成功发射02组卫星，"千帆星座"在轨卫星数量增至36颗。

实际上，现在的无线局域网和蜂窝网主要使用的也是微波频段。我们知道，要使用某一段无线电频谱进行通信，如各无线蜂窝网所使用的频段，通常必须得到本国政府无线电频谱管理机构的许可证。但是，也有一些无线电频段是可以自由使用的（只要不干扰他人在这个频段中的通信），这正好满足计算机无线局域网的需求，例如，不需要许可证的ISM频段。ISM是Industrial、Scientific and Medical（工业、科学和医疗）的缩写，即所谓的"工、科、医频段"，各国略有不同。图2-12给出了美国的ISM频段，现在的无线局域网就使用其中的2.4 GHz频段和5.8 GHz频段（5.8 GHz频段有时也可简称为5 GHz频段）。

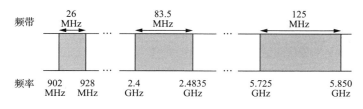

图2-12　美国的ISM频段

2. 其他无线电波

无线电波通常指频率低于300 GHz的电磁波（也有书将微波与无线电波分为两类），除了微波外，主要还包括频率比微波更低的长波、中波、短波和超短波。长波和中波有较强的绕射能力，主要沿着地球表面传播，并且不容易被建筑物遮挡，但通信带宽太低，用于特殊通信场景。

短波（即高频，HF）的频率范围为3～30 MHz，波长短，沿地球表面传播时，由于绕射能力差，传播的有效距离短，但是在电离层中所受到的吸收作用小，有利于电离层的反射，因此主要靠电离层反射进行通信，经过一次反射可以得到100～4000 km的跳跃距离，经过电离层和大地的几次连续反射，传播的距离更远。但短波信道频带窄，传输速率不高，而且电离层的不稳定所产生的衰落现象和电离层反射所产生的**多径效应**（同一个信号经过不同的反射路径到达同一个接收点，但各反射路径的衰减和时延都不相同，使最后得到的合成信号失真很大）使短波信道的通信质量较差。短波通信由于通信距离远、电台机动性高，在军事通信领域中具有重要的应用价值。

超短波在传输特性上与短波有很大差别。由于频率较高，不能被电离层反射，因此超短波主要依靠空间直线传播（只有有限的绕射能力），也可通过电离层散射通信。超短波电台与短波电台相比，具有通信频带宽、信号稳定等优点，是军队近距离无线电通信的主要装备。

3. 红外线与可见光

红外线与可见光由于不能绕过或穿透障碍物，在自由空间中主要利用直线传播实现通信。使用红外线与可见光进行通信具有不受电磁干扰、传输带宽高的特点，且使用频段无须向管理机构申请。

红外线通信广泛应用于家电遥控器、手机、笔记本电脑等短距离通信领域。近几年，可见光通信也受到业界广泛关注，已开始在新一代无线局域网、第五代（5G）蜂窝移动通信以及物联网中得到应用。大气激光通信是利用大气作为传输媒体的激光通信，具有通信容量大、保密性强的优点，但通信距离限于视距，易受天气影响。大气层外的激光通信称为空间激光通信，由于传输损耗小、传输距离远、通信质量高，因此被用于卫星间通信。

2.4 信道复用技术

复用（Multiplexing）是通信技术中的一个重要概念。当网络中传输媒体的传输容量大于多条单一信道的总通信量时，可利用复用技术在一条物理线路上建立多条通信信道来充分利用传输媒体的带宽。

图2-13（a）表示A_1、B_1和C_1分别使用单独的信道与A_2、B_2和C_2进行通信，总共需要3个信道。但如果在发送端使用一个复用器（Multiplexer），就可以让大家使用一个共享信道进行通信。共享信道的具体方法则取决于所使用的复用技术（不是简单地相加）。在接收端再使用分用器（Demultiplexer），把合起来传输的信息分别送到相应的终点。图2-13（b）所示为使用共享信道进行复用，表示在共享信道上传送的是复用的信号。当然，复用要付出一定代价（使用带宽较大的共享信道，增加复用器和分用器，费用更高）。但如果复用的信道数量较多，那么在经济上还是合算的。

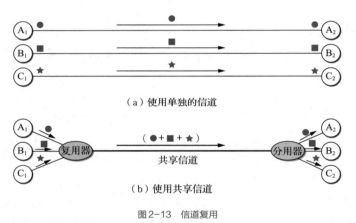

（a）使用单独的信道

（b）使用共享信道

图2-13　信道复用

2.4.1 频分复用

频分复用（Frequency Division Multiplexing，FDM）就是将传输线路的频带资源划分成多个子频带，形成多个子信道。每个子频带的中心频率不相同且频率范围互不重叠，当多路信号输入一个多路复用器时，这个复用器将每一路信号调制到不同频带的载波上，在同一传输线路的不同信道中传输。接收端由相应的分用器通过滤波将各路信号分别过滤出来，将合成的复用信号恢复成原始的多路信号。

频分复用要求总频带宽度大于各个子信道频带宽度之和，一般为了保证各子信道中所传输的信号互不干扰，会在各子信道之间设立隔离带。频分复用技术的特点是所有子信道传输的信号以并行的方式工作。如图2-14所示，用户在分配到一定的频带后，在通信过程中自始至终都占用这个频带。

在使用频分复用时，若每一个用户占用的带宽不变，则当复用的用户数增加时，复用后的信道的总带宽会跟着变宽。例如，传统的电话通信每一个标准话路的带宽是4 kHz（即通信用的3.1 kHz加上两边的保护频带），那么若有1000个用户进行频分复用，则复用后的总带宽就是4 MHz。

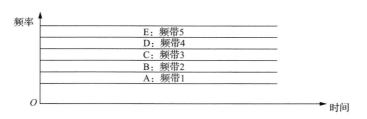

图2-14 频分复用

2.4.2 时分复用

时分复用（Time Division Multiplexing，TDM）技术将传输线路的带宽资源按时间轮流分配给不同的用户，每个用户只能在分配的时间里使用线路传输数据。当多个低速设备产生的信号输入一个多路复用器时，复用器按照一定的周期顺序将这些信号依次发送到一条高速复用链路上。在接收端再由相应分用器按同样的顺序将这些信号分离出来，恢复成原始的多路信号。

与频分复用中所有用户在同样的时间占用不同的频带资源不同，时分复用将时间划分为一段段等长的时分复用帧（TDM帧），每一个时分复用的用户在每一个TDM帧中占用固定序号的时隙。时分复用如图2-15所示。简单起见，图2-15中只画出了4个用户A、B、C和D。每一个用户所占用的时隙是周期性出现的（其周期就是TDM帧的长度），因此TDM信号也称为等时（Isochronous）信号。可以看出，时分复用的所有用户在不同的时间占用同样的频带宽度。

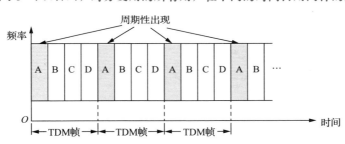

图2-15 时分复用

在使用时分复用时，每一个TDM帧的长度是不变的，如125 μs。若有1000个用户进行时分复用，则每一个用户分配到的时隙宽度就是125 μs的千分之一，即0.125 μs，时隙宽度变得非常窄。值得注意的是，时隙宽度非常窄的脉冲信号所占的频谱范围也是非常宽的。

在进行通信时，复用器（Multiplexer）总是和分用器（Demultiplexer）成对使用。复用器和分用器之间是用户共享的高速信道。分用器的作用正好和复用器的相反，它对高速信道传送过来的数据进行分用，分别送交相应的用户。

当使用时分复用系统传送计算机数据时，由于计算机数据的突发性质，一个用户对已经分配到的子信道的利用率一般是不高的。当用户在某一段时间暂时无数据传输时（如用户正在键盘上输入数据或正在浏览屏幕上的信息），只能让他已经分配到的子信道空闲着，而其他用户也无法使用这个暂时空闲的线路资源。图2-16说明了这一概念。这里假定有4个用户A、B、C和D进行时分复用，复用器按A→B→C→D的顺序依次对用户的时隙进行扫描，然后构成一个个TDM帧。图中共画出了4个TDM帧，每个TDM帧有4个时隙。可以看出，当某用户暂时无数据发送时，在TDM帧中分配给该用户的时隙只能处于空闲状态，其他用户即使一直有数据要发送，也不能使用这些空闲的时隙。这就导致复用后的信道利用率不高。

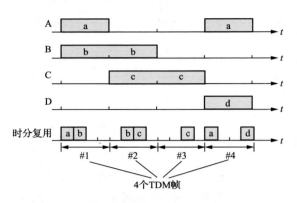

图2-16　时分复用可能会造成线路资源的浪费

统计时分复用（Statistic TDM，STDM）是一种改进的时分复用，它能明显地提高信道的利用率。**集中器**（Concentrator）常使用统计时分复用。图2-17所示为统计时分复用的工作原理。一个使用统计时分复用的集中器连接4个低速用户，然后将它们的数据集中起来通过高速线路发送到远地计算机。

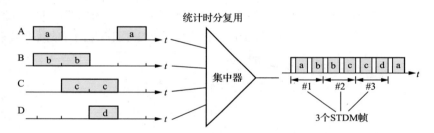

图2-17　统计时分复用的工作原理

统计时分复用使用STDM帧来传送复用的数据。但每一个STDM帧中的时隙数小于连接在集中器上的用户数。各用户有了数据就将其发往集中器的输入缓存，然后集中器按顺序依次扫描输入缓存，把缓存中的输入数据放入STDM帧，对没有数据的缓存就跳过去。当一个帧的数据放满了，就把数据发送出去。STDM帧不是固定分配时隙，而是按需动态地分配时隙，因此统计时分复用可以提高线路的利用率。还可看出，在输出线路上，某一个用户所占用的时隙并不是周期性地出现的。因此统计时分复用又称为**异步时分复用**，而普通的时分复用称为**同步时分复用**。这里应注意的是，虽然统计时分复用的输出线路上的数据率小于各输入线路数据率的总和，但从**平均的角度来看，这二者是平衡的**。假定所有的用户都不间断地向集中器发送数据，那么集中器肯定无法应付，它内部设置的缓存将溢出。因此集中器能够正常工作的前提是假定各用户都是间歇地工作。由于STDM帧中的时隙并不是固定地分给某个用户的，因此每个时隙中还必须有用户的地址信息，这是统计时分复用不可避免的一些开销。在图2-17的输出线路上，每个时隙之前的短时隙（白色）就是用来放入地址信息的。

最后要强调一下，TDM帧和STDM帧都是在物理层传送的比特流中所划分的帧。这种"帧"和我们以后要讨论的数据链路层的"帧"是完全不同的概念，不可弄混。

2.4.3　波分复用

波分复用（Wavelength Division Multiplexing，WDM）就是光的频分复用。光纤技术的应用使得数据的传输速率空前提高。现在人们借用传统的载波电话的频分复用的概念，就能做到使用一根光纤来同时传输多个频率很接近的光载波信号，这样就使光纤的传输能力成倍地提高。由于光载波的频率很高，习惯上用波长而不用频率来表示所使用的光载波，因此使用波分复用这一名词。最初，人们只能在一根光纤上复用两路光载波信号。随着技术的发展，在一根光纤上复用的光载波信号的路数越来越多，现在已能做到在一根光纤上复用几十路或更多路数的光载波信号，于是出现了密集波分复用（Dense Wavelength Division Multiplexing，DWDM）。例如，每路光载波的数据率为40 Gbit/s，一根光纤上复用64路光载波信号，其数据率就可以达到2.56 Tbit/s。

尽管波分复用技术非常复杂，但其基本原理是非常简单的。普通物理知识告诉我们，棱镜或光栅可以根据入射角和波长将几束光合成一道光，也可以将合成光分离成多束不同波长的光。波分复用的基本原理如图2-18所示。

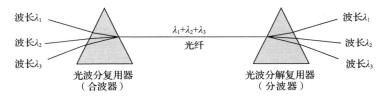

图2-18　波分复用的基本原理

在地下铺设光缆的工程耗资很大，因此人们总是在一根光缆中放入尽可能多的光纤（例如放入100根以上的光纤），然后对每一根光纤使用密集波分复用技术。对于具有100根速率为2.5 Gbit/s的光纤的光缆，采用40倍的密集波分复用，得到一根光缆的总数据率为100 × 100 Gbit/s，或10 Tbit/s。

2.4.4　码分复用

码分复用（Code Division Multiplexing，CDM）是另一种共享信道的方法。实际上，由于该技术主要用于无线多址（本书中不严格区分多址与复用）接入，因此人们更常用的名词是码分多址（Code Division Multiple Access，CDMA）。CDMA使每一个用户可以在同样的时间使用同样的频带进行通信。由于各用户使用的是经过特殊挑选的不同码型，因此各用户之间不会造成干扰。CDMA最初是用于军事通信的，因为这种系统发送的信号有很强的抗干扰能力，其频谱类似于白噪声，不易被敌人发现。随着技术的进步，CDMA设备的价格和体积都大幅度下降，因而现在已广泛应用于民用的移动通信中。采用CDMA可提高通信的话音质量和数据传输的可靠性、减小干扰对通信的影响、增大通信系统的容量（是使用GSM[①]的4 ～ 5倍）、降低手机的平均发射功率等。下面简述其工作原理。

在CDMA中，每一个比特时间（发送1比特需要的时间）被划分为m个短的间隔，称为码片（Chip）。通常m的值是64或128。在下面的原理说明中，为简单起见，我们设m为8。

---

　① GSM（Global System for Mobile Communications，全球移动通信系统）是欧洲和我国现在广泛使用的移动通信体制。

使用CDMA的每一个站被指派唯一的 m bit 码片序列（Chip Sequence）。一个站如果要发送比特1，则发送它自己的 m bit 码片序列。如果要发送比特0，则发送该码片序列的二进制反码。例如，指派给S站的8 bit码片序列是00011011。当S需要发送比特1时，它就发送序列00011011，而当S需要发送比特0时，它就发送11100100。为了方便，我们按惯例将码片中0的信号表示为−1，将1的信号表示为+1。因此S站的码片序列表示为码片向量−1 −1 −1 +1 +1 −1 +1 +1）。

现假定S站要发送信息的数据率为 b bit/s。由于每一个比特要转换成 m bit 的码片序列，因此S站实际上发送的数据率提高到 mb bit/s，同时S站所占用的频带宽度也提高到原来数值的 m 倍。这种通信方式是**扩频**（Spread Spectrum）通信的一种。扩频通信通常有两大类：一类是**直接序列**（Direct Sequence），如上面讲的使用码片序列，记为DS-CDMA；另一类是**跳频**（Frequency Hopping），记为FH-CDMA。

CDMA系统的一个重要特点就是分配给每一个站的码片序列不仅必须各不相同，还必须**正交**。

用数学公式可以很清楚地表示码片序列的这种正交关系。令向量 S 表示S站的码片向量，再令 T 表示其他任何站的码片向量。两个不同站的码片序列正交，就是向量 S 和 T 的规格化内积都是0：

$$S \cdot T \equiv \frac{1}{m} \sum_{i=1}^{m} S_i T_i = 0 \qquad (2\text{-}3)$$

例如，向量 S 为 $(-1,-1,-1,+1,+1,-1,+1,+1)$，同时设向量 T 为 $(-1,-1,+1,-1,+1,+1,+1,-1)$，这相当于T站的码片序列为00101110。将向量 S 和 T 的各分量值代入式（2-3）就可看出这两个码片序列是正交的。不仅如此，向量 S 和各站码片反码的向量的内积也是0。另外一点也很重要，即任何一个码片向量和该码片向量自己的规格化内积都是1：

$$S \cdot S = \frac{1}{m} \sum_{i=1}^{m} S_i S_i = \frac{1}{m} \sum_{i=1}^{m} S_i^2 = \frac{1}{m} \sum_{i=1}^{m} (\pm 1)^2 = 1 \qquad (2\text{-}4)$$

而一个码片向量和该码片反码的向量的规格化内积是−1。这从式（2-4）可以很清楚地看出，因为求和的各项都变成了−1。

现在假定一个CDMA系统中有很多站在相互通信，每一个站所发送的是数据比特和本站的码片序列的乘积，即本站的码片序列（相当于发送比特1）和该码片序列的二进制反码（相当于发送比特0）的组合序列，或什么也不发送（相当于没有数据发送）。我们还假定所有的站所发送的码片序列都是同步的，即所有的码片序列都在同一个时刻开始。利用GPS就不难做到这点。

现假定X站要接收S站发送的数据，X站就必须知道S站的码片序列。X站使用它得到的码片向量 S 与接收到的未知信号进行求内积的运算。X站接收到的信号是各个站发送的码片序列之和。根据式（2-3）和式（2-4），再根据叠加原理（假定各种信号经过信道到达接收端是叠加的关系），那么求内积得到的结果是，所有其他站的信号都被过滤掉（其内积的相关项都是0），而只剩下S站发送的信号。当S站发送比特1时，在X站计算内积的结果是+1，当S站发送比特0时，计算内积的结果是−1。

图2-19所示为CDMA的工作原理。设S站要发送的数据是1、1、0这3个码元。再设CDMA将每一个码元扩展为8个码片，而S站选择的码片序列为−1 −1 −1 +1 +1 −1 +1 +1。S站发送的扩频信号为 S_x。我们应当注意到，S站发送的扩频信号 S_x 只包含互为反码的两种码片序列。T站选

择的码片序列为 −1 −1 +1 −1 +1 +1 +1 −1，T 站也发送 1、1、0 这 3 个码元，而 T 站的扩频信号为 T_x。因所有的站都使用相同的频率，故每一个站都能够收到所有的站发送的扩频信号。对于本例，所有的站收到的都是叠加的信号 $S_x + T_x$。

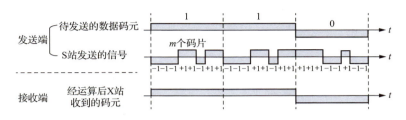

图 2-19　CDMA 的工作原理

当接收站打算接收 S 站发送的信号时，就用 S 站的码片序列与收到的信号求规格化内积。这相当于分别计算 $S \cdot S_x$ 和 $S \cdot T_x$，然后求它们的和。显然，后者是零，而前者就是 S 站发送的数据。

2.5　数字传输系统

2.5.1　PCM 速率体制

数字传输系统

在早期电话网中，从市话局到用户电话机的用户线采用的是最廉价的双绞线电缆，而长途干线采用的是频分复用的模拟传输方式。数字通信与模拟通信相比，无论是在传输质量上还是在经济上都有明显的优势。目前，长途干线大都采用时分复用的数字传输方式。因此，现在的模拟线路基本上只存在于从用户电话机到市话交换机之间的这一段几千米长的用户线上。

目前一般采用**脉冲编码调制**（Pulse Code Modulation，PCM）技术将模拟电话信号转换为数字信号，它可将一路模拟电话信号转换为 64 kbit/s 的 PCM 数字脉冲信号。为了充分利用高速传输线路的带宽，通常将多路 PCM 信号用时分复用方法汇集成 TDM 帧，按某种固定的复用结构进行长途传输。由于历史遗留问题，国际上存在两个互不兼容的 PCM 复用速率标准，即北美的 24 路 PCM（简称为 T1）和欧洲的 30 路 PCM（简称为 E1）。我国采用的是欧洲的 E1 标准。T1 的速率是 1.544 Mbit/s，E1 的速率是 2.048 Mbit/s。

当需要有更高的数据率时，可以采用多次复用的方法。例如，4 个一次群（第一次复用）就可以构成一个二次群（第二次复用）。当然，一个二次群的数据率比 4 个一次群的数据率的总和还要多一些，因为复用后还需要有一些用于同步的码元。表 2-2 给出了欧洲和北美数字传输系统的高次群的话路数和数据率。日本的一次群用 T1 标准，但还有一套高次群的标准。虽然 PCM 复用体制最初是用来复用多路 PCM 数字话音信号的，但它同样可以为各种业务的数据传输提供不同速率的传输电路。

表2-2　数字传输系统的高次群的话路数和数据率

系统类型		一次群	二次群	三次群	四次群	五次群
欧洲体制	符号	E1	E2	E3	E4	E5
	话路数	30	120	480	1920	7680
	数据率（Mbit/s）	2.048	8.448	34.368	139.264	565.148

续表

系统类型		一次群	二次群	三次群	四次群	五次群
北美体制	符号	T1	T2	T3	T4	
	话路数	24	96	672	4032	
	数据率（Mbit/s）	1.544	6.312	44.736	274.176	

2.5.2　SDH

现代电信网早已不止话音这一种业务，还有视频、图像和各种数据业务，因此需要一种能承载来自其他各种业务网络数据的传输网络。在数字化的同时，光纤开始成为长途干线最主要的传输媒体。光纤的高带宽适用于承载今天的高速率业务（如视频会议）和大量复用的低速率业务（如话音）。基于这个原因，光纤和要求高带宽传输的技术同步发展。虽然PCM复用体制可以为各种业务的数据传输提供不同速率的传输电路，但早期的数字传输系统存在着许多缺点，其中最主要的缺点有以下两个。

（1）**速率标准不统一**。前面说过，多路复用的速率体系有两个互不兼容的国际标准，一个是北美的T1标准，另一个是欧洲的E1标准。到了高次群，日本又提出第三种不兼容的标准。基于光纤的高速率通信应用越来越普遍，如果不对高次群的数字传输速率进行标准化，国际范围的高速数据传输就很难实现。

（2）**不是同步传输**。在过去很长一段时间内，为了节约经费，各国的数字网主要采用**准同步**方式。在准同步系统中，各支路信号的时钟频率有一定的偏差，给时分复用和分用带来了许多麻烦。当数据传输的速率较低时，各路信号的时钟频率的微小差异并不会带来严重的不良影响；但是当数据传输的速率不断提高时，时钟同步的问题就成为迫切需要解决的问题。

为了解决上述问题，美国在1988年首先推出了一个在光纤传输基础上的数字传输标准，即**同步光纤网**（Synchronous Optical Network，SONET）。整个同步网络的各级时钟都来自一个非常精确的主时钟。SONET为光纤传输系统定义了同步传输的线路速率等级结构，其传输速率以51.84 Mbit/s为基础。

国际电信联盟电信标准化部门（ITU Telecommunication Standardization Sector，ITU-T）以美国标准SONET为基础，制定出国际标准**同步数字体系**（Synchronous Digital Hierarchy，SDH），即1988年通过的G.707～G.709这3个建议书。到1992年又增加了十几个建议书，使它不仅适用于光纤，也适用于微波和卫星传输。SDH的基本速率为155.52 Mbit/s，称为**第1级同步传递模块**（Synchronous Transfer Module），即STM-1。表2-3所示为SDH定义的速率等级。方便起见，在谈到SDH的常用速率时，往往不使用速率的精确数值，而使用表中第二列给出的近似值。

表2-3　SDH速率等级

线路速率（Mbit/s）	线路速率的近似值	ITU-T符号	相当的话路数（每个话路64 kbit/s）
155.520	155 Mbit/s	STM-1	2430
622.080	622 Mbit/s	STM-4	9720
1244.160	—	STM-8	19440
2488.320	2.5 Gbit/s	STM-16	38880
976.640	—	STM-32	77760
9953.280	10 Gbit/s	STM-64	155520
39813.120	40 Gbit/s	STM-256	622080

SDH定义了标准光信号，规定了波长为1310 nm和1550 nm的激光源，在物理层定义了帧结构。SDH的帧结构是以STM-1为基础的，更高的等级是用N个STM-1组成STM-N，如4个STM-1构成STM-4，16个STM-1构成STM-16。

SDH传输网是一种基于SDH标准的同步时分复用多路复用网络，可以方便地为其他业务网络提供各种带宽的电路，并复用底层传输媒体的带宽，其中最典型的传输媒体就是光纤。例如，SDH传输网可以很方便地为两个互联网主干路由器提供一条点对点的高速链路。

SDH标准的制定使北美、日本和欧洲这3个地区的3种不同数字传输体制在STM-1等级上获得了统一。各国都同意将这一速率，以及在此基础上的更高的数字传输速率作为国际标准。这是第一次真正实现了数字传输体制上的世界性标准。现在SDH已成为全球公认的数字传输体制标准，是为当前互联网提供点对点远程高速链路的重要技术。

2.5.3　光网络

传统的SDH传输网络由光传输系统和交换节点的电子设备组成。光纤用于两个交换节点之间的点对点的数据传输。在每个交换节点中，光信号都被转换成电信号，再进行交换处理。随着波分复用和光交换技术的发展，人们提出**全光网**（All-Optical Network，AON）的概念，用光网络节点代替原来交换节点的电子设备，组成以端到端光通道为基础的全光传输网，避免光/电转换带来的带宽瓶颈，充分发挥光传输系统的容量和光节点的巨大处理能力，而路由器等电信号处理设备在边缘网络连接用户终端设备。网络应用对传输带宽的需求是永无止境的，近年来一些发达国家都在对全光网的关键技术（光复用、光再生、光放大、光交叉连接、光交换、光路由、光存储等）开展研究，追求更高的传输速率，国际上形成了对高速宽带光网络的研究热潮。由于实现计算机网络真正的全光处理非常困难，1998年，ITU-T提出了**光传送网**（Optical Transport Network，OTN）的概念，作为向全光网演进的过渡技术。OTN以光波分复用技术为基础，直接在光域上对不同波长的信号实现交叉连接和分插复用，以波长级业务为处理单位，支持多种上层业务，如SONET/SDH、ATM、IP、MPLS（Multi-Protocol Label Switching，多协议标记交换）等。2000年以后，**自动交换光网络**（Automatic Switched Optical Network，ASON）在光传送网的基础上引入了智能控制的很多方法，可以根据业务需求进行光通路的动态建立和拆除，实现光网络资源的动态按需分配和自动调度与管理。目前，结合ASON的OTN正在成为新一代的数字传输网络。

2.6　互联网接入技术

第1章已讲过，用户要连接到互联网，必须先连接到某个ISP。接入技术解决的就是最终用户接入本地ISP"最后一公里"的问题。通常将用户设备（或用户驻地网络）连接到ISP边缘路由器的物理链路及相关设备的集合称为**接入网**（Access Network）。接入网的传输距离虽然不长，但要面对成千上万的住

互联网接入技术

宅、机构、企业和移动用户的各种不同接入需求，涉及的用户数量巨大且接入方式非常复杂，因此接入网在网络投资中所占比重很大，是各大运营商竞相争夺的巨大市场，接入技术也已成为当前网络技术研究、应用与产业发展的热点问题。从实现技术的角度来看，目前的接入技术主要有电话网拨号接入、非对称数字用户线接入、混合光纤同轴网接入、光纤接入、以太网接入和无线接入。

2.6.1　电话网拨号接入

电话网拨号接入利用早已覆盖千家万户的通信基础设施来提供互联网的接入服务，具有简单易行、成本低的优点，是住宅用户早期接入互联网的主要方式。这种方式通过**拨号调制解调器**在用户计算机与电话网另一端的ISP接入路由器之间建立一条语音信道，基本原理如图2-20所示。虽然电话网本身早已数字化，但目前大多数住宅用户的电话到本地电话交换中心还使用模拟电话用户线，调制解调器必须将计算机输出的数字信号转换为类似音频的模拟信号，使其能在用户线中传输并通过电话网。为提高速率，ISP路由器通常使用数字专线直接接入电话交换机（不再通过模拟电话用户线），以减少ISP一侧的模/数转换。由于电话网将标准语音的带宽限制在4 kHz内，再加上各种噪声因素，利用各种技术，拨号调制解调器能达到的最高上网速率不超过56 kbit/s。因此，虽然通过电话网拨号接入互联网非常方便，但上网速率太低，远不能满足人们日益增长的上网需求。另外，用户通过电话网拨号上网就等同于打电话，上网需要按时间交付电话费，并且不能同时打电话和上网，难以满足持续接入的需求。虽然现在很少有人使用这种方式上网，但这种方式作为临时的接入手段有时还是需要的。

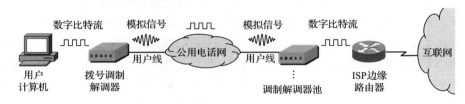

图2-20　电话网拨号接入的基本原理

2.6.2　非对称数字用户线接入

为了提高用户的上网速率，现在已有多种宽带技术进入用户的家庭。实际上目前"宽带"尚无统一的定义，主要还是一种商业用语。有人认为只要接入速率超过56 kbit/s就是宽带；美国联邦通信委员会（Federal Communications Commission，FCC）认为只要双向速率之和超过200 kbit/s就是宽带；也有人认为数据率要在1 Mbit/s以上才能算是宽带。**非对称数字用户线**（Asymmetric Digital Subscriber Line，ADSL）就是电话运营商提供的一种住宅宽带接入业务。

虽然标准模拟电话信号的频带被限制在300 ～ 3400 Hz（这是电话局的交换机设置的标准话路频带），但用户线本身实际可通过的信号频率范围却超过1 MHz。数字用户线（Digital Subscriber Line，DSL）技术通过对现有模拟电话用户线进行改造，使用频分复用技术把0 ～ 4 kHz的低端频谱留给传统电话使用，而把原来没有被利用的高端频谱留给用户上网使用。由于用户在上网时主要是从互联网下载各种文档，而向互联网发送的信息量一般都不太大，因此ADSL的下行（从ISP到用户）带宽远远大于上行（从用户到ISP）带宽。"非对称"这个名词就是这样得出的。

ADSL在用户线（铜线）的两端各安装一个ADSL**调制解调器**，采用频分复用的方法，把40 kHz以上的高端频谱用于数字调制。由于用户线的具体条件往往相差很大（距离、线径、受到相邻用户线的干扰程度等都不同），ADSL采用自适应调制技术使用户线能够达到尽可能高的数据率。当ADSL启动时，用户线两端的ADSL调制解调器测试可用的频率、各子信道受到的干扰情况，以及信号的传输质量，选择合适的调制方案以获得尽可能高的数据率。可见ADSL不

能保证固定的数据率，质量很差的用户线甚至无法开通 ADSL。

基于 ADSL 的接入网由三大部分组成：**数字用户线接入复用器**（DSL Access Multiplexer，DSLAM）、用户线和用户家中的一些设施，如图 2-21 所示。DSLAM 包括许多 ADSL 调制解调器，ADSL 调制解调器又称为**接入端接单元**（Access Termination Unit，ATU）。由于 ADSL 调制解调器必须成对使用，因此将在电话中心局和用户家中所用的 ADSL 调制解调器分别记为 ATU-C 和 ATU-R，C 代表**中心局**（Central Office），R 代表**远端**（Remote）。用户电话通过电话**分离器**（Splitter）和 ATU-R 连在一起，经用户线到中心局，并再次经过一个电话分离器连到本地电话交换机。电话分离器是无源的，它利用低通滤波器将电话信号与数字信号分开。将电话分离器做成无源的是为了在停电时不影响传统电话的使用。

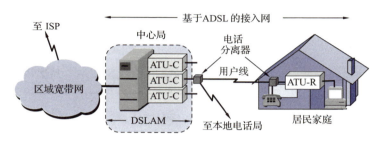

图 2-21　基于 ADSL 的接入网的组成

ADSL 最大的好处就是可以利用现有电话网中的用户线，不需要重新布线。2006 年，全世界的 ADSL 用户就已超过 1.5 亿户。ADSL 调制解调器（如图 2-22 所示）有两个插口。较大的一个是 RJ-45 插口，用来和计算机相连；较小的是 RJ-11 插口，用来和电话分离器相连。电话分离器很小巧，如图 2-23 所示，用户只需要用 3 个带有 RJ-11 插头的连线就可以连接好，使用起来非常方便。

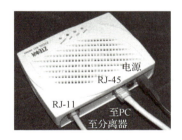

图 2-22　ADSL 调制解调器（ADSL ATU-R）

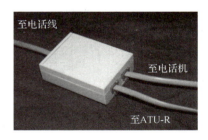

图 2-23　电话分离器（有 3 个 RJ-11 插口）

最后要指出的是，ADSL 借助在用户线两端安装的 ADSL 调制解调器（ATU-R 和 ATU-C）对数字信号进行调制，使调制后的数字信号的频谱适合在原来的用户线上传输，用户线本身并没有发生变化。但给用户的感觉是，加上 ADSL 调制解调器的用户线好像能够直接把用户计算机产生的数字信号传送到远方的 ISP。正因为这样，原来的用户线加上两端的调制解调器就变成了可以传送数字信号的数字用户线。要注意的是，ADSL 技术和电话网拨号接入技术虽然都使用现有的电话用户线接入互联网，但通过拨号建立的链路要通过电话交换机，而 ADSL 链路仅利用从用户到电话局之间的这段电话用户线，并不通过电话交换机。因此 ADSL 链路的带宽不受话音带宽的限制，仅与线路质量、干扰和距离等因素有关。

2.6.3 混合光纤同轴网接入

混合光纤同轴（Hybrid Fiber Coax，HFC）网是在目前覆盖面很广的有线电视（Cable Television，CATV）网的基础上开发的一种居民宽带接入网，除可传送电视节目外，还能提供电话、数据和其他宽带交互型业务。最早的CATV网是树形拓扑结构的同轴电缆网络，它采用模拟技术的频分复用对电视节目进行单向广播传输。但后来CATV网经过改造，变成了现在的HFC网。

为了提高传输的可靠性和电视信号的质量，HFC网把原CATV网中的电缆主干部分换为光纤，如图2-24所示。光纤从头端连接到**光纤节点**（Fiber Node），光纤节点又称为**光分配节点**（Optical Distribution Node，ODN）。光信号在光纤节点被转换为电信号，然后通过同轴电缆传送到每个用户家庭。连接到一个光纤节点的典型用户数是500左右，最多不超过2000。

HFC网还要在头端增加一些功能，以便实现计费管理和安全管理，以及用选择性的寻址方法进行点对点的路由选择。此外，头端还要具有接入互联网的功能。

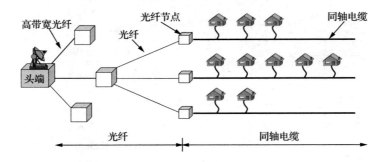

图2-24 HFC网的结构

光纤节点与头端的典型距离为25 km，而从光纤节点到其用户的距离则不超过3 km。

原来的CATV网的最高传输频率是450 MHz，并且仅用于电视信号的下行传输。但HFC网具有双向传输功能，而且扩展了传输频带。根据有线电视频率配置标准GB/T 17786—1999，目前我国HFC网的频谱划分如图2-25所示。

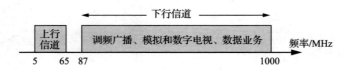

图2-25 我国HFC网的频谱划分

为了使现有的模拟电视机能够接收数字电视信号，目前广泛使用叫作机顶盒（Set-Top Box）的设备，它被连接在同轴电缆和用户的电视机之间。但为了使用户能够利用HFC网接入互联网，以及在上行信道中传送交互数字电视所需的一些信息，还需要增加一个为HFC网使用的调制解调器，它又称为**电缆调制解调器**（Cable Modem，CM）。电缆调制解调器可以做成单独的设备（类似于ADSL的调制解调器），也可以做成内置式的，安装在电视机的机顶盒里面。用户只要把自己的计算机连接到电缆调制解调器，就可方便地上网了。

电缆调制解调器只安装在用户端，安装在HFC网头端的**电缆调制解调器端接系统**（Cable Modem Termination System，CMTS）与互联网连接。电缆调制解调器比ADSL使用的调制解调器复杂得多，因为它必须解决共享信道中可能出现的冲突问题。在使用ADSL调制解调器时，用户计算机所连接的电话用户线是该用户专用的，因此在用户线上所能达到的最高数据率是确定的，与其他 ADSL 用户是否在上网无关。但在使用 HFC 的电缆调制解调器时，在同轴电缆这一段的用户所享用的最高数据率是不确定的，因为某个用户所能享用的数据率取决于这段电缆上现在有多少个用户正在传送数据。

2.6.4　光纤接入

由于互联网上已经有大量的视频信息资源，因此近年来宽带上网的普及率增长得很快。但是为了更快地下载视频文件，以及更加流畅地欣赏网上的各种高清视频节目，最理想的住宅接入方式是直接通过光纤接入，即光纤到户（Fiber To The Home，FTTH）。所谓光纤到户，就是把光纤一直铺设到用户家庭。光信号通过光纤进入用户的家门后，才转换为电信号。光纤巨大的带宽不仅可以为用户提供高速的互联网业务，还能提供电话、可视电话、有线电视、视频点播、视频监控等多种业务。

为了降低成本，可以采用多种变通的光纤宽带接入方式，称为 FTTx（即光纤到……）。这里字母 x 可代表不同的光纤接入地点，实际上就是把光电转换的地方，从用户家中（这时 x 就是 H）向外延伸到离用户家门口有一定距离的地方。

其实，现在陆地上长距离的信号传输基本上都已经实现了光纤化。前面介绍的 HFC 宽带接入方式中，用于远距离传输的媒体也都是光缆。只是到了临近用户家庭的地方，才转为铜线（双绞线或同轴电缆）。FTTx 接入方式也是这样。光信号从中心局的光线路终端（Optical Line Terminal，OLT）传输到最后，要设置一个叫作用户端的光网络单元（Optical Network Unit，ONU），用来把光信号转换为电信号。FTTx 中的 x 就表示不同的 ONU 位置。

根据 ONU 的位置的不同，现在已有很多种光纤接入方式，如光纤到路边（FTTC，C 表示 Curb）、光纤到小区（FTTZ，Z 表示 Zone）、光纤到大楼（FTTB，B 表示 Building）、光纤到楼层（FTTF，F 表示 Floor）、光纤到办公室（FTTO，O 表示 Office）、光纤到桌面（FTTD，D 表示 Desk）等，如图 2-26 所示。由于光纤的带宽非常高，因此可以使用同一条光纤上网、打电话和收看有线电视。从 ONU 到用户的个人计算机一般使用以太网，以双绞线作为传输媒体。ONU 离用户越近，成本越高，但用户所获得的带宽也越高。因此，究竟选择何种接入方式，应当视具体情况而定。

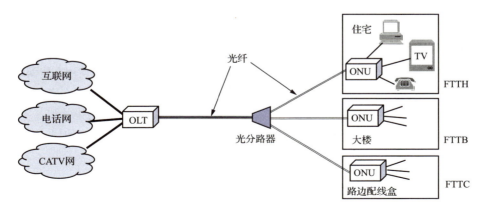

图 2-26　光纤接入

FTTx 的实现有两种方式：有源光网络和无源光网络。有源光网络具有传输距离远的特点，但是设备专用程度高，不适合用户密集的区域，而且端口价格相对较高。另外，有源的特点也使设备安装受到很大限制，而且容易受到周围环境中的电磁干扰影响，这样就增加了网络的故障点，并导致了维护成本较高。无源光网络采用**无源光分路器**（Passive Optical Splitter，POS）与ONU连接，是纯光纤网络。无源光分路器是一种能将光信号从一条光纤中分至多条光纤中的无源光器件。无源光网络具有天然的抗电磁干扰的能力，减少了接入网的故障点，系统可靠性较高，维护成本较低，是目前FTTx的主流技术。

无源光网络通常采用波分复用，上行和下行分别使用不同的波长。下行，OLT采用广播方式将数据发送给各用户ONU。上行，各用户ONU通常采用时分多址（Time Division Multiple Access，TDMA）方式共享上行信道，将数据发送给OLT。

随着我国网络基础设施的不断建设和升级，光纤接入已经成为主流的宽带接入方式。截至2024年8月，我国光纤接入（FTTH/O）的用户已占互联网宽带接入用户总数的96.6%，已高于多数欧美发达国家水平。

2.6.5　以太网接入

各种政府机构、大型企业和大学校园的用户通常通过内部的局域网接入互联网。这些单位的路由器往往通过租用电信运营商的公共传输网络连接到互联网核心路由器。实际上这些单位相当于ISP，并为其用户提供接入服务。有线局域网目前基本上都是以太网，我们将在第3章详细讨论局域网技术。

2.6.6　无线接入

以上介绍的几种接入方法都属于有线接入。但在生活和工作节奏都加快了的今天，人们希望随时随地能访问互联网。虽然用户可以携带笔记本电脑四处移动，但并不是在所有地方都有条件通过有线接入的手段连接到互联网。现在移动无线通信技术的迅速发展使得用户利用无线接入的手段随时上网已成为现实，无线接入已成为人们最喜爱的互联网接入方式。

目前有多种设备可以进行无线接入，大到台式计算机，小到手机。当前最常用的无线接入技术有两种，一种是通过**无线局域网**接入互联网的局域无线接入方式，另一种是通过**蜂窝移动通信系统**接入互联网的广域无线接入方式。

1.　无线局域网接入

无线局域网是使用无线电波作为数据传输的媒体的局域网，一般覆盖半径只有几十米。在无线局域网环境中，无线用户通过无线接入点收发分组，而无线接入点一般使用有线网络与互联网相连。基于IEEE 802.11技术的无线局域网（俗称Wi-Fi）现在已广泛应用在家庭及校园、商店、机场、餐馆等公共区域。现在各种便携式智能终端（如笔记本电脑、平板电脑、手机等）都内置有无线局域网网卡，可方便地连接无线局域网。我们将在3.7节具体讨论无线局域网技术。

2.　蜂窝移动通信系统接入

我们知道，蜂窝移动通信经历了多次的更新换代。最初的第一代（1G[①]）移动通信只能够提

[①] G代表Generation，是"代"的意思。

供模拟话音通信，现已被淘汰。经过第二代（2G）、第三代（3G），目前世界上部署最多的是第四代（4G）移动通信技术，至此，蜂窝移动通信已具有与无线局域网相当的数据传输速率，可满足普通用户大多数的上网业务需求。最新一代蜂窝移动通信技术为第五代（5G），具有更高速率、更大容量和更低时延。2019 年 11 月 1 日，我国三大运营商已正式上线 5G 商用套餐。目前我国已建成全球规模最大的 5G 网络。2024 年 2 月，我国 5G 用户规模首次超过 4G 用户总数。

据统计，2024 年我国互联网上网人数为 10.92 亿人，其中手机上网人数为 10.91 亿人，通过蜂窝移动通信系统上网已成为我国网民上网的主要方式。我们将在 3.8 节具体讨论蜂窝移动通信系统。

本章的重要概念

- 物理层考虑的是怎样才能在连接各种计算机的传输媒体上传输数据比特流，而不是具体的传输媒体。
- 物理层协议的一个重要任务就是确定与传输媒体的接口有关的一些特性，如机械特性、电气特性、功能特性和过程特性。
- 数据通信系统可划分为三大部分，即源系统、传输系统和目的系统。源系统包括源点（或源站、信源）和发送器，目的系统包括接收器和终点（或目的站、信宿）。
- 通信的目的是传送消息，话音、文字、图像等都是消息。数据是运送消息的实体，信号则是数据的电气或电磁表现。
- 根据信号中代表消息的参数的取值方式不同，信号可分为模拟信号（或连续信号）和数字信号（或离散信号）。代表数字信号不同离散数值的基本波形称为码元。
- 通信双方信息交互的方式有单向通信（或单工通信）、双向交替通信（或半双工通信）和双向同时通信（或全双工通信）。
- 通常将数字数据转换成数字信号的过程称为编码，而将数字数据转换成模拟信号的过程称为调制。
- 来自信源的信号叫作基带信号。在数字信道上直接传输基带信号的方法称为基带传输。在很多情况下，需要使用载波进行调制，把基带信号的频率范围搬移到较高的频段以便其在信道中传输，这种传输方法称为频带传输。经过载波调制后的信号称为频带信号或带通信号。
- 最基本的带通调制方法有调幅、调频和调相。实现调制和解调功能的设备称为调制解调器。
- 要提高数据在信道上的传输速率，可以使用更好的传输媒体，或使用先进的调制技术。但数据传输速率不可能被无限制地提高，任何信道都有其极限传输速率。
- 信道的带宽或信道中的信噪比越大，信息的极限传输速率就越高。
- 传输媒体可分为两大类，即导引型传输媒体（如双绞线、同轴电缆和光纤等）和非导引型传输媒体（如无线电波、红外线和可见光等）。
- 常用的信道复用技术有频分复用、时分复用、统计时分复用、码分复用和波分复用（光的频分复用）。
- 最初在数字传输系统中使用的传输标准是 PCM 复用速率体制，现在高速的数字传输系统使用同步数字体系（SDH）。
- 互联网接入技术主要有非对称数字用户线（ADSL，用数字技术对现有的模拟电话用户线进行改造）、光纤同轴混合网（HFC，在有线电视网的基础上开发的），FTTx（即光纤到……），以及无线宽带上网。

习题

2-1 物理层要解决哪些典型问题？

2-2 规程与协议有什么区别？

2-3 物理层规定了传输设备与传输媒体之间接口的哪些特性？各包含什么内容？

2-4 试给出数据通信系统的模型，并说明其主要组成构件的作用。

2-5 请画出数据流10100011的不归零编码、曼彻斯特编码和差分曼彻斯特编码的波形（从高电平开始）。

2-6 "比特每秒"和"码元每秒"有何区别？

2-7 假定某信道受奈氏准则限制的最高码元传输速率为20000码元每秒。如果采用幅移键控，把码元的振幅划分为16个不同等级来传送，那么可以获得多高的数据率（bit/s）？

2-8 假定用3 kHz带宽的电话信道传送64 kbit/s的数据，试问这个信道应具有多高的信噪比？

2-9 试解释以下名词：数据、信号、模拟信号、基带信号、带通信号、数字信号、码元、单工通信、半双工通信、全双工通信、串行传输、并行传输。

2-10 常用的传输媒体有哪几种？各有何特点？

2-11 为什么要使用信道复用技术？常用的信道复用技术有哪些？

2-12 试写出下列英文缩写的全称，并进行简单解释：FDM、TDM、STDM、WDM、DWDM、CDMA、SDH、STM-1。

2-13 CDMA有何优缺点？

2-14 共有4个用户进行CDMA通信，他们的码片序列如下。

      A: −1 −1 −1 +1 +1 −1 +1 +1   B: −1 −1 +1 −1 +1 +1 +1 −1

      C: −1 +1 −1 +1 +1 +1 −1 −1   D: −1 +1 −1 −1 −1 −1 +1 −1

现收到码片序列−1 +1 −3 +1 −1 −3 +1 +1。问：是哪些用户发送了数据？发送的是1还是0？

2-15 试比较ADSL、HFC及FTTx接入技术的特点。

2-16 为什么在ADSL技术中，在不到1 MHz的带宽中传送的速率却可以高达每秒几兆比特？

2-17 判断以下说法的正误。

（1）DSL和电话网拨号接入技术都要通过电话网经过电话交换机连接到ISP的路由器。

（2）通过ADSL上网的同时可以利用同一条电话线打电话。

（3）双绞线由两根具有绝缘保护层的铜导线按一定密度互相绞在一起组成，这样不容易被拉断。

（4）信道复用技术可以将多路信号复用到同一条传输线路上进行传输，而不会混淆，因此能使该传输线路的带宽成倍增加。

2-18 请简述通过电话网拨号上网和通过ADSL上网的区别。

2-19 有源光网络和无源光网络哪个是目前FTTx的主流技术？简述原因。

第3章
数据链路层

数据链路层属于计算机网络的低层，其使用的信道主要有以下两种类型。

（1）**点对点信道**。这种信道使用一对一的点对点通信方式。

（2）**广播信道**。这种信道使用一对多的广播通信方式，因此过程比较复杂。广播信道上可以连接多台计算机，因此必须使用共享信道协议来协调这些计算机的数据发送。

本章首先介绍使用点对点信道的数据链路层，以及在这种信道上最常用的点对点协议（Point-to-Point Protocol，PPP）；然后介绍使用广播信道的数据链路层和共享式以太网，以及数据链路层的分组交换设备网桥和以太网交换机；最后介绍以太网的演进、无线局域网的基本原理，并对蜂窝移动通信系统进行简要介绍。

本章的重点内容如下。

（1）数据链路层的3个重要问题：封装成帧、差错检测和可靠传输。

（2）互联网点对点数据链路层协议PPP实例。

（3）广播信道的特点和媒体接入控制的概念，以及以太网的媒体接入控制协议CSMA/CD。

（4）适配器、转发器、集线器、网桥、以太网交换机的作用及使用场合，以及网桥和以太网交换机的工作原理。

（5）无线局域网的媒体接入控制协议CSMA/CA。

3.1　使用点对点信道的数据链路层

本节讨论使用点对点信道的数据链路层，其中的某些基本概念对使用广播信道的数据链路层也是适用的。

数据链路层的
基本概念

3.1.1　数据链路层所处的地位

两台主机通过互联网进行通信时数据链路层所处的地位如图3-1所示。

图3-1（a）表示用户主机 H_1 通过电话线上网，中间经过3个路由器（R_1、R_2 和 R_3）连接到远程主机 H_2。所经过的网络有多种，如电话网、局域网和广域网。当主机 H_1 向 H_2 发送数据时，从协议的层次上看，数据的流动如图3-1（b）所示。主机 H_1 和 H_2 都有完整的5层协议栈，但路由器在转发分组时只用到下面的3层协议栈。数据进入路由器后先从物理层上到网络层，在转发表中找到下一跳的地址后，再下到物理层转发出去。因此，数据从主机 H_1 传送到主机 H_2 需要在路径中各节点的协议栈中向上和向下流动多次，如图3-1中的粗箭头所示。

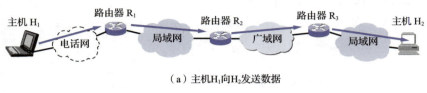

（a）主机 H_1 向 H_2 发送数据

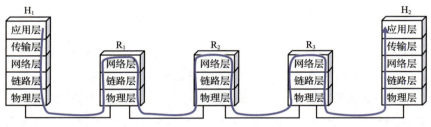

（b）从协议的层次上看数据的流动

图3-1　数据链路层的地位

然而当我们专门研究数据链路层的问题时，在许多情况下我们可以只关心协议栈中水平方向的各数据链路层。于是，当主机 H_1 向主机 H_2 发送数据时，我们可以想象数据就是在数据链路层从左向右水平传送的，如图3-2中从左到右的粗箭头所示，即通过以下链路：

H_1 的链路层 →R_1 的链路层 →R_2 的链路层 →R_3 的链路层 →H_2 的链路层

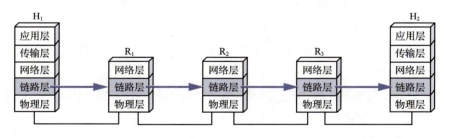

图3-2　只考虑数据在数据链路层的流动

从数据链路层来看，主机 H_1 到 H_2 的通信可以看成由4段不同的链路层通信组成，即 $H_1→R_1$、$R_1→R_2$、$R_2→R_3$ 和 $R_3→H_2$。这4段不同的链路层通信可能采用不同的数据链路层协议。

3.1.2　数据链路和帧

在这里要明确一下，"链路"和"数据链路"并不是一回事。

链路就是从一个节点**到相邻节点**的一段物理线路，中间没有任何其他的交换节点。在进行数据通信时，两台计算机之间的通信路径往往包含许多段这样的链路。可见链路只是一条路径的组成部分。

数据链路（Data Link）则是另一个概念。当需要在一条线路上传送数据时，除了必须有一条物理线路外，还必须有一些通信协议来控制这些数据的传输（将在后面几节讨论）。把实现这些协议的硬件和软件加到链路上，就构成了数据链路。这样的数据链路就不再是简单的物理链路而是逻辑链路了。现在最常用的方法是使用网络适配器（如以太网的局域网适配器）来实现这些协议。一般的适配器都包括数据链路层和物理层这两层的功能。

早期的数据通信协议叫作通信规程。因此在数据链路层，规程和协议是同义语。

下面介绍数据链路层的协议数据单元——帧。

数据链路层把网络层交下来的数据构成帧发送到链路上，以及把接收到的帧中的数据取出并上交给网络层。在互联网中，网络层协议数据单元是IP数据报（也称为数据报、分组或包）。

为了把主要精力放在点对点信道的数据链路层协议上，我们采用图3-3（a）所示的3层模型。在这种3层模型中，不管在哪一段链路上的通信（主机和路由器之间或两个路由器之间），我们都将其看成节点和节点的通信，如图3-3（a）中的节点A和节点B，而每个节点只考虑下3层——网络层、数据链路层和物理层。

点对点信道的数据链路层通信的主要步骤如下。

（1）节点A的数据链路层在网络层交下来的IP数据报中添加首部和尾部，将其封装成帧。

（2）节点A把封装好的帧发送给节点B的数据链路层。

（3）若节点B的数据链路层收到的帧无差错，则节点B的数据链路层从收到的帧中提取出IP数据报，上交给上面的网络层，否则丢弃这个帧。

数据链路层不必考虑物理层实现比特传输的细节。我们甚至可以更简单地设想好像是沿着两个数据链路层之间的水平方向把帧直接发送给对方，如图3-3（b）所示。

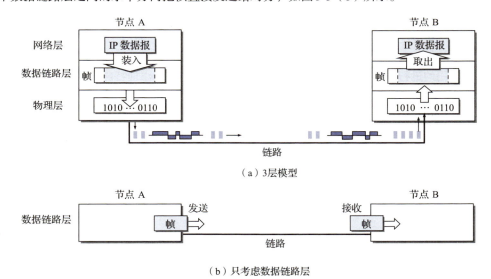

图3-3　使用点对点信道的数据链路层

3.1.3　封装成帧

数据链路层以帧为单位传输和处理数据。网络层的IP数据报必须向下传送到数据链路层，成为帧的数据部分，同时它的前面和后面分别被添加上首部和尾部，被封装成一个完整的帧，如图3-4所示。帧的长度等于帧的数据部分的长度加上帧首部和帧尾部的长度。数据链路层必须使用物理层提供的服务来传输帧，物理层将数据链路层交来的数据以比特流的形式在物理链路上传输。因此，为了能以帧为单位处理接收的数据，数据链路层的接收方必须正确识别每个帧的开始和结束，即进行**帧定界**。

首部和尾部的作用之一就是进行帧定界，同时它们包含其他必要的控制信息。在发送帧时，是从帧首部开始发送的。各种数据链路层协议都对帧首部和帧尾部的格式有明确的规定。虽然为了提高帧的传输效率，应当使帧的数据部分尽可能长一些，但考虑到差错控制等多种因素，每一种链路层协议都规定了帧的数据部分长度的上限，即**最大传输单元**（Maximum Transmission Unit，MTU）。

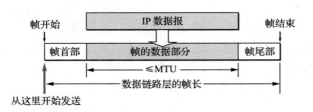

图3-4　封装成帧

进行帧定界有多种方法。一种简单的方法是在传输的帧和帧之间插入时间间隔，就好像在英文单词间插入空格一样。例如，我们后面将要讨论的以太网就采用了这种方法。不过并不是所有的物理层传输服务都会保证数据链路层发送帧的时间间隔。某些物理层会将传输的帧之间的间隔"挤掉"，也有可能在一个帧的中间插入时间间隔。因此该方法不一定适用于所有场合。除此之外，还可以在帧的首部设一个帧长度字段来定位一个帧的结束和下一个帧的开始。但如果帧长度字段在传输中出现差错，会导致后面一系列帧无法正确定界，因此该方法在数据链路层较少使用。

一种常用的进行帧定界的方法是在每个帧的开始处和结束处添加特殊的帧定界符来标记一个帧的开始和结束。帧开始标志和帧结束标志可以不同也可以相同，如图3-5所示。

图3-5　用帧定界符进行帧定界

当物理链路提供的是面向字符的传输服务时（物理链路以字符为单位传输数据），可以使用某个特殊的不可打印的控制字符作为**帧定界符**。我们知道，ASCII是7位编码，128个ASCII字符中可打印的有95个，而不可打印的控制字符有33个。

由于帧开始标志和帧结束标志使用专门的控制字符，因此所传输的数据中不能出现与之相同的字节，否则就会出现帧定界错误。当传送的是文本文件中的数据时（文本文件中的字符都是从键盘上输入的），帧的数据部分显然不会出现不可打印的帧定界符。但当数据部分是非ASCII文本的数据时（如二进制代码的计算机程序或图像等），情况就不同了。如果数据中的某个字节的二进制代码恰好和帧定界符一样，如图3-6所示，接收方的数据链路层就会错误地"找到帧的边界"，而收下不完整的帧。

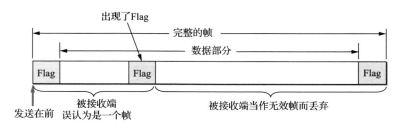

图3-6　数据部分恰好出现与帧定界符一样的代码

我们希望数据链路层提供的是一种"透明传输"服务，即对上层交付的传输数据没有任何限制，就好像数据链路层不存在一样。图3-6所示的帧的传输显然就不是透明传输，因为要求发送的数据中不能出现帧定界符。

为了解决透明传输问题，对于面向字符的物理链路，可以使用一种称为**字节填充**（Byte Stuffing）或**字符填充**（Character Stuffing）的方法。该方法的基本原理如图3-7所示，发送端的数据链路层在数据中出现的标记字符（与帧定界符相同的字符）前面插入一个**转义字符**（如特殊的控制字符ESC），而接收端的数据链路层不会将转义字符后的标记字符解释为帧定界符，并且会在将数据送往网络层之前删除这个插入的转义字符。如果转义字符也出现在数据中，那么解决方法仍然是在转义字符的前面插入一个转义字符。因此，当接收端收到连续的两个转义字符时，就删除前面的一个。

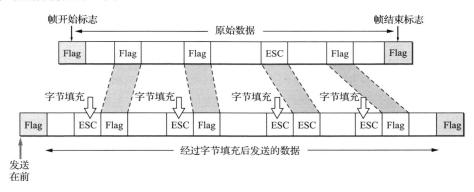

图3-7　用字节填充法解决透明传输问题

当物理链路提供的是面向比特的传输服务时（物理链路传送连续的比特流），帧定界符可以为某个特殊的比特组合，如PPP所使用的01111110。由于不再要求帧的长度必须是整数个字节，因此可以采用开销更小的**比特填充**（Bit Stuffing）来实现透明传输。

图3-8以PPP采用的**零比特填充法**来说明比特填充是如何实现透明传输的。在发送端，先扫描整个信息字段（通常是用硬件实现，但也可用软件实现，只是会慢一些）。只要发现有5个连续的1，则立即填入一个0。使用这种零比特填充法可以保证在信息字段中不会出现6个连续的1。接收端在收到一个帧时，先找到帧定界符以确定一个帧的边界，再用硬件对其中的比特流进行扫描。每当发现5个连续的1时，就把这5个连续的1后的一个0删除，以还原数据比特流。这样就保证了透明传输：所传送的数据比特流可以包含任意组合的比特模式，而不会引起对帧边界的错误判断。

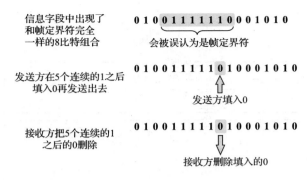

信息字段中出现了和帧定界符完全一样的8比特组合

0 1 0 0 1 1 1 1 1 1 0 0 0 1 0 1 0

会被误认为是帧定界符

发送方在5个连续的1之后填入0再发送出去

0 1 0 0 1 1 1 1 1 0 1 0 0 0 1 0 1 0

发送方填入0

接收方把5个连续的1之后的0删除

0 1 0 0 1 1 1 1 1 0 1 0 0 0 1 0 1 0

接收方删除填入的0

图3-8 零比特填充法

3.1.4 差错检测

差错检测

现实中的通信链路都不会是理想的，比特在传输过程中可能会产生差错：1可能会变成0，而0也可能变成1，这就叫作**比特差错**。比特差错是传输差错的一种。本小节所说的"差错"，如无特殊说明，都是指比特差错。在一段时间内，传输错误的比特数与所传输比特总数的比率称为**误码率**（Bit Error Rate，BER）。例如，误码率为10^{-10}，表示平均每传送10^{10}个比特就会出现一个比特的差错。误码率与信噪比有很大的关系。如果设法提高信噪比，就可以使误码率降低。实际的通信链路并非理想的，不可能使误码率降低到零。因此，为了保证接收到的数据是正确的，在传输数据时，必须采用某种差错检测措施。虽然各种差错检测技术的具体方法差别很大，但它们的基本原理是一样的。图3-9所示为利用**差错检测码**（Error Detection Code，EDC）实现差错检测的基本原理。为了使接收方能检测出接收的数据中是否出现了差错，发送方需要采用某种差错检测算法f，用发送的数据D计算出差错检测码$EDC=f(D)$，并将EDC随数据一起发送给接收方。接收方通过同样的算法计算接收数据D'的差错检测码$f(D')$，如果接收到的差错检测码$EDC'\neq f(D')$，则可以判断传输的数据中出现了差错，即检测出差错[1]。要注意的是，接收方未检测出差错并不代表传输的数据中一定没有出现差错，但出现差错的概率非常小。一般而言，为了提高差错检测的检错率，可以使用更长的差错检测码和更复杂的算法，当然这也会导致更大的开销。

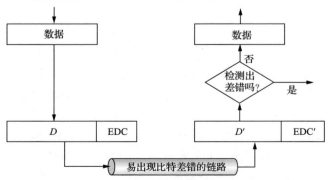

图3-9 利用差错检测码实现差错检测的基本原理

在数据链路层，为了便于硬件检测差错，通常会在帧的尾部设置一个差错检测字段来存放整个帧（包含首部和数据）的差错检测码，这个差错检测字段常称为**帧校验序列**（Frame Check

---

[1] 在实际的实现中，接收方不一定要用与发送方同样的算法来生成差错检测码。

Sequence，FCS）。因此，要在数据链路层进行差错检测，就必须把数据划分为帧，每一帧都加上差错检测码，一帧接一帧地传送，然后在接收方逐帧进行差错检测。

在数据链路层通常使用**循环冗余校验**（Cyclic Redundancy Check，CRC）技术进行差错检测。CRC编码的基本原理如图3-10所示。发送方和接收方首先必须协商一个$r+1$比特的生成式G。算法要求G的最高位和最低位为1。考虑d比特的数据D，发送方要选择一个合适的r比特**冗余码R**（即检错码），并将它附加到D上，使得到的$d+r$比特模式用模2算术恰好能被G整除。接收方进行差错检测时，用G去除接收到的$d+r$比特，如果余数非零则检测出差错，否则认为数据正确。

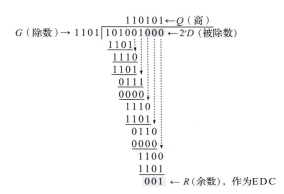

图3-10　CRC编码的基本原理

在模2算术中，加法不进位，减法不借位，等价于按位异或（XOR），乘以2和除以2等价于左/右移位。

由于$D \cdot 2^r \text{XOR} R = n \cdot G$，即$D \cdot 2^r = n \cdot G \text{XOR} R$，因此可以利用式（3-1）来计算冗余码$R$。

$$R = \frac{D \cdot 2^r}{G} \text{的余数} \tag{3-1}$$

下面通过一个简单的例子来说明进行CRC过程。现假定待传送的数据$D = 101001$（$d = 6$），$G = 1101$（即$r = 3$）。经模2除法运算后的结果：$Q = 110101$（这个商并没有什么用处），而$R = 001$。R作为冗余码拼接在D的后面发送出去。因此加上冗余码后发送的帧是101001001，共有$d+r$比特。

接收端把接收到的数据除以同样的除数生成式G（模2算术），然后检查得到的余数。如果在传输过程中无差错，那么经过CRC后得出的余数肯定是0（读者可以自己验算一下，被除数现在是101001001，而除数是1101，看余数是否为0）。

但如果出现误码，那么余数仍等于零的概率是非常非常小的。

总之，接收端对收到的每一帧进行CRC后，有以下两种结果。

（1）若得出的$R = 0$，则判定这个帧没有差错，接受。

（2）若$R \neq 0$，则判定这个帧有差错（但无法确定究竟是哪一位或哪几位出现了差错），丢弃。

CRC编码也称为**多项式编码**，因为该编码能够将要发送的比特串看作系数为0或1的一个多项式，对比特串的模2算术被解释为多项式算术。在上面的例子中，可以用多项式$G(X) = X^3 + X^2 + 1$表示生成式1101（最高位对应X^3，最低位对应X^0）。多项式$G(X)$称为**生成多项式**。现在广泛使用的生成多项式$G(X)$有以下几种：

CRC-16 = $X^{16} + X^{15} + X^2 + 1$

$$CRC-CCITT = X^{16} + X^{12} + X^5 + 1$$

$$CRC-32 = X^{32} + X^{26} + X^{23} + X^{22} + X^{16} + X^{12} + X^{11} + X^{10} + X^8 + X^7 + X^5 + X^4 + X^2 + X + 1$$

CRC有很好的检错能力，虽然计算比较复杂，但非常易于用硬件实现，因此被广泛应用于现代计算机网络的数据链路层。在数据链路层，发送端FCS的生成和接收端的CRC完全用硬件完成，处理很快，对数据传输的延误非常小。

最后需要强调的是，使用CRC这样的差错检测技术只能检测出帧在传输中出现了差错，并不能纠正错误。虽然任何差错检测技术都无法做到检测出所有差错，但通常认为：**凡是被接收端数据链路层接受的帧，我们都能以非常接近于1的概率认为这些帧在传输过程中没有产生差错**。被接收端丢弃的帧虽然曾**收到**，但最终还是因为有差错被丢弃，即没有被**接受**。上述原则可以**近似地**表述为，**凡是接收端数据链路层接受的帧均无差错**。

要想纠正传输中的差错，可以使用冗余信息更多的**纠错码**（Error Correcting Code）进行**前向纠错**（Forward Error Correction，FEC）。通过纠错码能检测出数据出现差错的具体位置，从而纠正错误。由于纠错码要发送更多的冗余信息，开销非常大，在计算机网络中较少使用。在计算机网络中通常采用检错重传方式来纠正传输中的差错，或者丢弃检测到差错的帧，由上层协议解决数据丢失的问题。

3.1.5　可靠传输

在某些情况下，我们需要数据链路层向上面的网络层提供"**可靠传输**"的服务。可靠传输就是要做到**发送端发送什么，对应的接收端就收到什么**。事实上，保证数据传输的可靠性是计算机网络中的一个非常重要的任务，也是各层协议均可选择的一个重要功能。本小节所讨论的可靠传输基本原理并不局限于数据链路层，可以应用到计算机网络体系结构的各层协议中。无线局域网和TCP都用到了这些原理和方法来实现它们的可靠传输服务。

图3-11所示为可靠传输的基本模型。可靠传输协议为上层的对等实体间提供一条可靠信道（这里指的是广义的信道），即发送方上层实体通过该信道发送的分组都会正确地到达接收方上层实体，不会出现比特差错、分组丢失、分组重复，也不会出现分组失序。可靠传输协议实体间的底层信道却是不可靠的，即分组可能出现差错、丢失、重复和失序。可靠传输协议用于在不可靠的信道上实现可靠的数据传输服务。简单起见，这里仅讨论单向的可靠传输，读者很容易将其扩展到双向可靠传输。要注意的是，为实现可靠的单向数据传输，可靠传输协议需要进行双向通信，因此底层的不可靠信道必须是双向的。

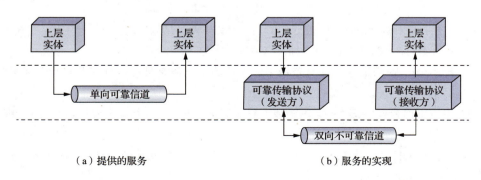

（a）提供的服务　　　　　　　　　　　　（b）服务的实现

图3-11　可靠传输的基本模型

1. 停止等待协议

在计算机网络中实现可靠传输的基本方法是，如果发现错误就**重传**。因此，首先要解决的问题就是如何知道分组在传输过程中出现了差错。接收方可使用3.1.4小节讨论的**差错检测**技术识别接收的分组中是否存在比特差错。为了让发送方知道是否出现了差错，接收方必须将是否正确接收分组的信息反馈给发送方。如图3-12（a）所示（DATA表示数据分组），当正确接收到一个分组时，接收方向发送方发送一个**确认**分组ACK（Acknowledgment），当接收到的分组出现比特差错时，接收方丢弃该分组并发送一个**否认**分组NAK（Negative Acknowledgment）。发送方收到ACK则可以发送下一个分组，而收到NAK则要重传原来的分组，直到收到ACK为止。由于发送方每发送完一个分组必须停下来等待确认，因此该协议被称为**停止等待**（Stop-and-Wait，SW）协议。

停止等待协议

如果底层的信道会丢失分组，当数据分组或确认分组丢失时，发送方将会一直等待接收方的确认分组。为解决该问题，可以在发送方发送完一个数据分组时，启动一个**超时计时器**（Timeout Timer）。若到了超时计时器所设置的超时重传时间t_{out}，发送方仍收不到接收方的任何确认分组，则重传原来的分组，这叫作**超时重传**，如图3-12（b）所示。显然，应合理设置超时重传时间。若超时重传时间太短，则在正常情况下发送方也可能在对方的确认分组到达之前就过早地重传数据。若超时重传时间太长，则往往要白白等待很长时间。一般可将超时重传时间设为略大于"从发送方到接收方的平均往返时间"。在数据链路层，点对点的往返时间比较确定，超时重传时间比较好设定。然而在传输层，由于端到端往返时间非常不确定，设置合适的超时重传时间有时并不容易，在学习TCP时我们将会仔细讨论该问题。

为了使协议实现起来更加简单，可以用超时重传来解决比特差错问题而完全不使用NAK。接收方收到有比特差错的分组时，仅仅将其丢弃，而发送方不是通过接收NAK而是通过超时来进行重传。不过使用NAK可以使发送方及时地重传。

然而问题并没有完全解决。当确认分组丢失时，接收方会收到两个同样的数据分组，即**重复分组**。若接收方不能识别重复分组，则会导致另一种差错——**数据重复**，这也是一种不允许出现的差错。为了解决该问题，必须使每个数据分组带上不同的发送序号，每发送一个新的数据分组就把发送序号加1。若接收方连续收到发送序号相同的数据分组，就表明出现了重复分组，这时应当丢弃重复的分组。但应注意，此时接收方还必须向发送方再补发一个确认分组ACK，如图3-12（c）所示。

我们知道，任何一个编号系统的序号所占用的比特数一定是有限的。因此，经过一段时间后，发送序号就会重复使用。例如，当发送序号占用3 bit时，有8个不同的发送序号。因此，要进行编号就要考虑序号到底要占用多少个比特。序号占用的比特数越少，数据传输的额外开销就越少。若不考虑失序情况（后发送的分组比先发送的分组先到达），对于停止等待协议，由于每发送一个数据分组，发送方就停止等待，只要保证发送的新数据分组的序号与上次发送的分组的序号不同就可以了，因此用1bit来编号就够了。数据链路层下面的物理链路一般不会导致分组失序，但高层（如传输层）协议下面的分组交换网可能导致分组失序。关于分组失序对停止等待协议的影响作为习题留给大家思考（见习题3-8）。

那么确认分组需不需要编号呢？如图3-12（d）所示，由于往返时间的不确定性，有可能一个迟到的确认导致发送方"过早超时"。过早超时会使发送方收到重复的确认分组，发送方应该丢弃重复的确认分组，针对这种情况确认分组也应该使用序号。由于数据链路层点对点的往返时间比较确定，不太可能出现过早超时情况，在数据链路层实现停止等待协议也可以不对确认分组进行编号。

停止等待协议
（动画演示）

使用上述确认和重传机制，我们就可以在不可靠的信道上实现可靠的数据传输。这类通过确认和重传实现的可靠传输协议常称为**自动重传请求**（Automatic Repeat reQuest，ARQ）协议，意思是重传的请求是自动进行的。这里要注意的是，发送方发送完一个分组后，必须暂时保留已发送的分组的副本（重传时使用），只有在收到相应的确认后才能清除该分组副本。保留副本、重传、确认和编号都是可靠传输协议实体自己的行为，而上层实体完全感觉不到这些。

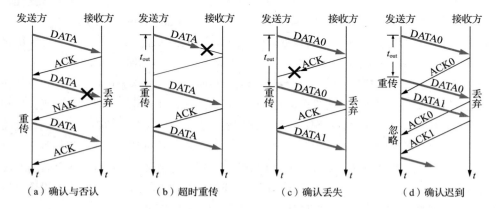

图3-12　不断完善的停止等待协议

2. 停止等待协议的算法描述

为了使读者对停止等待协议有完整而准确的理解，下面给出此协议的算法，读者应弄清算法中的每一个步骤。

在发送方：

（1）从主机取一个数据帧；

（2）$V(S)\leftarrow0$，　　　　　　　　　　{发送状态变量初始化}；

（3）$N(S)\leftarrow V(S)$，　　　　　　　　{将发送状态变量的数值写入发送序号$N(S)$}，
　　　　将数据帧送交发送缓存；

（4）将发送缓存中的数据帧发送出去；

（5）设置超时计时器，　　　　　　　　{选择适当的超时重传时间t_{out}}；

（6）等待，　　　　　　　　　　　　{等待（7）～（9）这3个事件中最先出现的一个}；

（7）若收到ACK，且确认序号$A(R)=V(S)$，则
　　　　从主机取一个新的数据帧，
　　　　$V(S)\leftarrow[V(S)+1]\bmod 2^N$，　{更新发送状态变量，$N$为序号字段位数}，
　　　　转到（3）；

（8）若收到ACK，且确认序号$A(R)\neq V(S)$，则
　　　　转到（6），　　　　　　　　　{重复确认，忽略}；

（9）若超时计时器时间到，则转到（4），　　　　　　　{重传数据帧}。

在接收方：

（1）$V(R)\leftarrow 0$，　　　　　　　{接收状态变量初始化，其数值等于欲接收的数据帧序号}；

（2）等待；

（3）当收到一个数据帧时，检查有无产生传输差错（如用CRC），

若检查结果正确无误，则执行后续算法，

否则丢弃此数据帧，然后转到（2）；

（4）若$N(S)= V(R)$，则执行后续算法，　　　　{收到发送序号正确的数据帧}，

否则丢弃此数据帧，然后转到（8），　　{收到重复数据帧，重发确认帧}；

（5）将收到的数据帧中的数据部分送交主机；

（6）生成新的ACK，

$A(R)\leftarrow V(R)$，　　　　　　　{将接收状态变量的数值写入确认序号$A(R)$}；

（7）$V(R)\leftarrow [V(R)+ 1]$ mod 2^N，{更新接收状态变量，准备接收下一个数据帧}；

（8）发送已生成的ACK，并转到（2）。

从以上算法可知，停止等待协议中需要特别注意的地方，就是在收发两端各设置一个本地状态变量记录当前的发送序号或接收序号。状态变量很重要，一定要弄清以下几点。

（1）每发送一个数据帧，都必须将发送状态变量$V(S)$的值写入数据帧的发送序号$N(S)$。但只有收到一个序号正确的ACK后，才更新发送状态变量$V(S)$并发送新的数据帧。

（2）在接收端，每接收到一个数据帧，就要将发送方在数据帧中设置的发送序号$N(S)$与本地的接收状态变量$V(R)$相比较。若二者相等就表明该数据帧是新的数据帧（更新状态变量，生成并发送ACK），否则为重复帧。

（3）在接收端，若收到一个重复帧，则丢弃它（即不做任何处理），且接收状态变量不变，但此时需向发送端重发上次的ACK（序号不变）。

（4）发送方在发送完数据帧时，必须在其发送缓存中保留此数据帧的副本，这样才能在出差错时进行重传。只有在收到对方发来的ACK时，方可清除此副本。

（5）这里为了协议的简单性没有使用NAK，但对于误码率比较高的点对点链路，使用NAK可以使发送方及时地进行重传而不需要等待超时。

3. 停止等待协议的信道利用率

停止等待协议的优点是简单，缺点是信道利用率太低。我们可以用图3-13来说明这个问题。简单起见，假定A和B之间有一条直通的信道来传送分组，T_p是该信道的往返传播时间。

假定A发送分组需要的时间是T_D，显然，T_D等于分组长度除以数据率。再假定分组正确到达B后，B处理分组的时间可以忽略不计，同时立即发回确认分组。假定B发送确认分组需要时间T_A。如果A处理确认分组的时间也可以忽略不计，那么A在经过RTT = $T_D + T_p + T_A$后就可以发送下一个分组，这里的RTT（Round-Trip Time）表示往返时间。因为仅时间T_D被用来传送有用的数据（忽略分组首部），因此信道的利用率U可用式（3-2）计算：

$$U=\frac{T_D}{RTT} \tag{3-2}$$

注意，要进行更细致的计算可以在式（3-2）分子的时间T_D内扣除传送控制信息（如分组首部）所花费的时间。但在进行粗略计算时，用近似的式（3-2）就可以了。

我们知道，式（3-2）中的RTT取决于所使用的信道。例如，假定1200 km的信道的往返传

播时间 T_P=20 ms，分组长度是1200 bit，发送速率是1 Mbit/s。若忽略处理时间和 T_A（ T_A 一般都远小于 T_D），则可算出信道的利用率 $U \approx 5.66\%$。但若把发送速率提高到10 Mbit/s，则 $U \approx 5.96 \times 10^{-3}$。信道在绝大多数时间内都是空闲的。

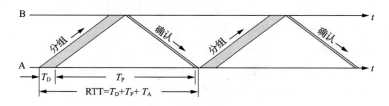

图3-13　停止等待协议的信道利用率太低

从图3-13可看出，当RTT远大于分组发送时间 T_D 时，信道的利用率就会非常低。还应注意的是，这里还没有考虑出现差错后的分组重传。若出现重传，则信道的利用率还要降低。但是，当RTT远小于分组发送时间 T_D 时，信道的利用率还是非常高的，因此停止等待协议常应用于无线局域网。

在RTT相对较大的情况下，为了提高传输效率，发送方可以不使用低效率的停止等待协议，而采用**流水线传输方式**，如图3-14所示。使用流水线传输方式时，发送方可连续发送多个分组，不必每发完一个分组就停顿下来等待对方的确认。这样可使信道上一直有数据在传送。显然，这种传输方式可以提高信道的利用率。

4. 回退 N 帧协议

回退 N 帧协议

当使用流水线传输方式时，发送方不间断地发送分组可能会使接收方或网络来不及处理这些分组，从而导致分组的丢失。发送方发送的分组在接收方或网络中被丢弃，这实际上是对通信资源的严重浪费。此外，考虑到分组序号重用的问题，发送方不能无限制地一直发送分组，必须采取措施限制发送方连续发送分组的个数。回退 N 帧（Go-Back-N，GBN）协议在流水线传输的基础上利用发送窗口来限制发送方连续发送分组的个数，是一种连续 ARQ 协议。为此，在发送方要维持一个发送窗口。**发送窗口是允许发送方已发送但还没有收到确认的分组序号的范围，窗口大小就是发送方已发送但还没有收到确认的最大分组数**。实际上，发送窗口大小为1的GBN协议就是我们刚刚讨论过的停止等待协议。

回退 N 帧协议（动画演示）

下面介绍滑动窗口的概念。以图3-15（a）为例，发送窗口大小为5，位于发送窗口内的5个分组都可连续发送出去，而不需要等待对方的确认。GBN协议规定，发送方每收到一个确认，就把发送窗口向前滑动一个分组。图3-15（b）表示发送方收到了对第1个分组的确认，于是把发送窗口向前移动一个分组。如果原来已经发送了前5个分组，那么现在就可以发送窗口内的第6个分组了。在协议的工作过程中发送窗口不断向前滑动，因此这类协议又称为**滑动窗口协议**。

图3-16所示为当发送窗口大小为4时GBN协议的工作过程。

这里要注意以下3点。

（1）接收方只按序接收分组。如图3-16（b）所示，虽然在出现差错的数据分组DATA2之后接收方收到了正确的分组DATA3、DATA4和DATA5，但都必须将它们丢弃，因为在没有正确接收到DATA2之前，这些分组都是失序到达的分组。**当收到序号错误的分组时，接收方除了将**

它们丢弃外，**还要对最近按序接收的分组进行确认**。如果将接收方允许接收的分组序号的范围定义为**接收窗口**，GBN协议的接收窗口的大小为1。接收方只接收序号落在接收窗口内的分组并向前滑动接收窗口。

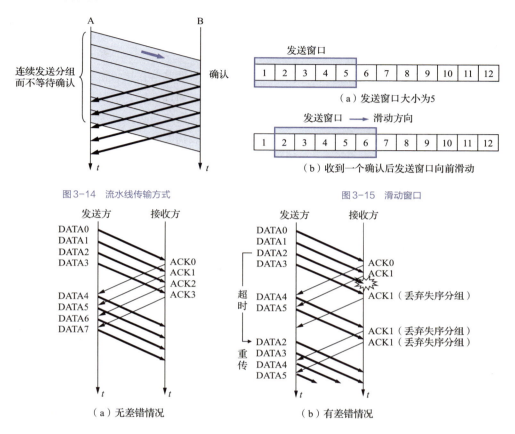

图3-14 流水线传输方式

图3-15 滑动窗口

（a）无差错情况

（b）有差错情况

图3-16 GBN协议的工作过程

（2）发送方依然采用超时机制来重传出现差错或丢失的分组。由于接收方只接收按序到达的分组，一旦某个分组出现差错，其后连续发送的所有分组都要重传，如图3-16（b）所示，最多会重传窗口大小个分组。因此，GBN协议规定：**一旦发送方超时，则立即重传发送窗口内所有已发送的分组**。这就是GBN协议名称的由来，即一旦出错就需要退回去重传已发送的N个分组。

（3）接收方采用**累积确认**的方式。接收方对分组n的确认，表明接收方已正确接收到分组n及以前的所有分组。因此，接收方不一定要对收到的分组逐个发送确认，而是可以在收到几个分组后，对按序到达的最后一个分组发送确认，即使确认丢失也有可能不必重传。累积确认的优点是容易实现，缺点是不能向发送方准确反映接收方已经正确收到的所有分组的信息。

从以上3点可以看出，GBN协议在SW协议的基础上只修改了发送方算法，而接收方算法基本没变化。

5. 选择重传协议

GBN协议存在一个缺点：一个分组的传输出现差错可能引起大量分组的重传，这些分组可能已经被接收方正确接收了，但由于未按序到达而被丢弃。显然这些分组的重传是对通信资源的极大浪费。为进一步提高性能，可设法只

选择重传协议

重传出现差错的分组，但这时**接收窗口大小不再为1**，以便先收下失序到达但仍然处在接收窗口中的那些分组，等到所缺分组收齐后再一并送交上层，这就是**选择重传**（Selective Repeat，SR）协议。注意，为了使发送方仅重传出现差错的分组，接收方不能再采用累积确认的方式，而需要对每个正确接收到的分组进行单独确认（**选择确认**）。显然，SR协议比GBN协议要复杂，并且接收方需要有足够的缓存来暂存失序到达的分组。图3-17所示为当发送窗口和接收窗口大小均为4时的SR协议的工作过程。

从图3-17可以看出，接收方正确收到失序的分组时，只要其落在接收窗口内就先将其缓存起来并发回确认分组，如DATA3、DATA4和DATA5，但是这些分组不能交付给上层。发送方在收到ACK2之前，发送窗口一直保持为2～5，因此在发送完DATA5后只能暂停发送分组。发送方收到失序的ACK3、ACK4和ACK5后并不改变发送窗口，但要记录DATA3、DATA4和DATA5已被确认，因此只有DATA2被重传。注意，在SR协议中，ACKn仅表示对分组DATAn的确认。接收方收到重传的DATA2后，将其和已缓存的DATA3、DATA4和DATA5一起交付给上层，并将接收窗口改为6～9。发送方接收到盼望已久的ACK2后，将发送窗口改为6～9，并继续发送分组DATA6～DATA9。将图3-16与图3-17进行比较，很容易发现，后者只重传了DATA2一个分组，而前者重传了DATA2～DATA5这4个分组。

选择重传协议
（动画演示）

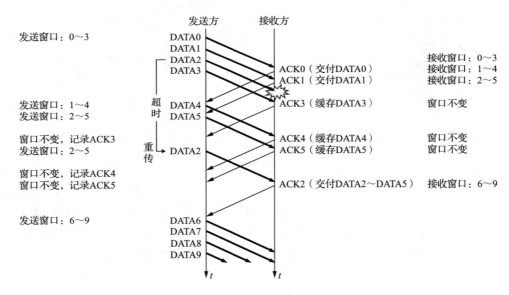

图3-17　SR协议的工作过程

图3-17中没有出现接收方收到序号落在接收窗口之外的数据分组的情况，这种情况作为习题留给读者思考（见习题3-13）。

我们总是希望序号字段尽可能短，但为了避免序号重用所带来的序号混乱问题，滑动窗口协议（包括SW协议、GNB协议和SR协议）序号空间的大小必须大于等于发送窗口大小和接收窗口大小之和。

6. 数据链路层的可靠传输

从以上讨论可以看出，不可靠的链路加上适当的协议（如SW协议）就可以使链路层向上提供可靠传输服务。但付出的代价是数据的传输效率降低了，而且增加了协议的复杂性。因此，应当根据链路的具体情况来决定是否需要让链路层向上提供可靠传输服务。

由于过去的通信链路质量不好（表现为误码率高），在数据链路层曾广泛使用可靠传输协议，但随着技术的发展，现在的有线通信链路的质量已经非常好了。因通信链路质量不好而引起差错的概率已大大降低，因此，现在有线网络广泛使用的数据链路层协议一般都不采用确认和重传机制，即不要求数据链路层向上提供可靠传输服务。若数据链路层传输数据偶尔出现了差错，并且需要进行改正，则改正差错的任务由上层协议（如传输层的TCP）来完成。实践证明，这样做可以提高通信效率，降低设备成本。但是在使用无线信道传输数据时，由于无线信道误码率较高，往往需要在数据链路层实现可靠传输服务以尽快改正差错，为上层提供较好的传输服务。

3.2 点对点协议

点对点协议

在通信线路质量较差的年代，能实现可靠传输的**高级数据链路控制**（High Level Data Link Control，HDLC）协议是比较流行的数据链路层协议。HDLC是一个比较复杂的协议，实现了滑动窗口协议，并支持点对点和点对多点两种连接方式。对于现在误码率已非常低的点对点有线链路，HDLC协议已较少使用，而简单得多的**点对点协议**（PPP）则是目前使用最广泛的点对点数据链路层协议。

我们知道，互联网用户通常都要连接到某个ISP才能接入互联网。用户计算机和ISP进行通信时，所使用的数据链路层协议通常就是PPP，如图3-18所示。PPP是IETF在1992年制定的，在1993年和1994年被修订，现在PPP已成为互联网的正式标准（RFC 1661、RFC 1662）。

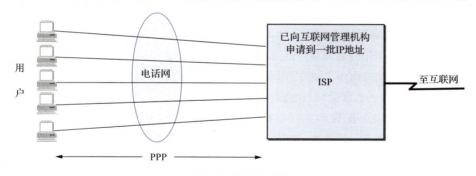

图3-18　PPP的应用

3.2.1 PPP的特点

PPP的主要特点如下。

（1）**简单**。数据链路层的PPP非常简单：接收方每收到一个帧，就进行差错检测。如通过检测，就收下这个帧；反之，就丢弃这个帧。使用PPP的数据链路层向上不提供可靠传输服务。如需要可靠传输，则由传输层来完成。

（2）**封装成帧**。PPP规定了特殊的字符作为**帧定界符**，使接收端能从收到的比特流中准确地找出帧的开始和结束位置。

（3）**透明性**。PPP提供透明传输服务。

（4）**多种网络层协议和多种类型的链路**。PPP能够**在同一条物理链路上同时支持多种网络**

层协议（如IP和IPX[①]等）的运行，并能够在多种类型的点对点链路上运行。例如，一条拨号电话线路，一条SDH链路，一条X.25连接或者一条ISDN电路，这些链路可能是同步的或异步的，低速的或高速的，电的或光的。PPP可以用于用户计算机到ISP接入服务器间的点对点接入链路，也可以用于路由器之间的专用线路。

这里特别要提到的是1999年公布的在以太网上运行的PPP，即PPP over Ethernet（PPPoE），这是PPP能够适应多种类型链路的一个典型例子。PPPoE使ISP可以通过ADSL、HFC、FTTx等宽带接入技术以以太网接口的形式为用户（一个或多个用户）提供接入服务。我们将在3.4节讨论以太网。

（5）差错检测。PPP能够对接收端收到的帧进行差错检测（但不进行纠错），并立即丢弃有差错的帧。若在数据链路层不进行差错检测，那么已出现差错的无用帧就还要在网络中继续向前转发，白白浪费网络资源。

（6）检测连接状态。PPP能够及时（几分钟以内）自动检测出链路是否处于正常工作状态。当出现故障的链路隔了一段时间后又恢复正常工作时，这种及时检测功能就显得很有必要。

（7）最大传输单元（MTU）。PPP对每一种类型的点对点链路设置MTU的标准默认值[②]。如果高层协议发送的分组过长并超过MTU的值，PPP就要丢弃这样的帧，并返回差错。需要强调的是，MTU是数据链路层的帧可以承载的数据部分的最大长度，而不是帧的总长度。

（8）网络层地址协商。PPP提供了一种机制，使通信的两个网络层实体能够通过协商知道或配置彼此的网络层地址。这对拨号连接的链路特别重要，因为在链路层建立了连接后，用户需要配置一个网络层地址，才能在网络层传送分组。

3.2.2 PPP 的组成

PPP有以下3个组成部分。

（1）一个将IP数据报封装到串行链路的方法。PPP既支持面向字符的异步链路（无奇偶校验的8比特数据），也支持面向比特的同步链路。IP数据报在PPP帧中作为数据部分（信息字段）被传输，这个数据部分的长度受MTU的限制。

（2）一个用来建立、配置和测试数据链路连接的链路控制协议（Link Control Protocol，LCP）。通信的双方可协商一些选项。RFC 1661中定义了11种类型的LCP分组。

（3）一套网络控制协议（Network Control Protocol，NCP）[③]，其中的每一个协议支持不同的网络层协议，如IP、OSI的网络层协议、DECnet，以及AppleTalk等。

3.2.3 PPP 的帧格式

1. 各字段的意义

PPP的帧格式如图3-19所示。PPP帧的首部和尾部分别有4个字段和2个字段。

首部的第1个字段和尾部的第2个字段都是标志字段F（Flag），规定为0x7E（符号0x表示它后面的字符是用十六进制表示的，其二进制表示是01111110）。标志字段表示一个帧的开始或结

[①] IPX（Internet Packet Exchange）是Novell公司的一种连网协议。

[②] MTU的默认值至少是1500字节。在RFC 1661中，MTU又称为最大接收单元（Maximum Receive Unit，MRU）。

[③] TCP的早期版本也叫作NCP，但它和这里所讨论的NCP没有关系。

束。因此标志字段就是PPP帧的帧定界符。连续两帧之间只需要用一个标志字段。如果出现连续两个标志字段，就表示这是一个空帧，应当丢弃。

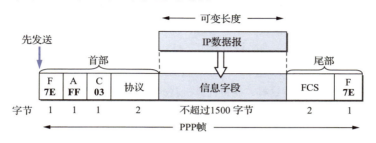

图3-19　PPP的帧格式

首部中的地址字段A规定为0xFF（即11111111），控制字段C规定为0x03（即00000011）。IETF最初曾考虑以后再对这两个字段的值进行其他定义，但至今也没有给出。可见这两个字段实际上并没有携带PPP帧的信息。

PPP首部的第4个字段是2字节的协议字段，指明信息字段承载的是哪个协议的分组。当协议字段为0x0021时，PPP帧的信息字段就是IP数据报；0xC021表示信息字段是LCP的分组；0x8021表示信息字段是NCP的分组[①]。

信息字段的长度是可变的，不超过1500字节，承载上层协议的分组。

尾部中的第1个字段（2字节）是使用CRC的帧校验序列（FCS）。

2．透明传输

当信息字段中出现和标志字段一样的比特组合（0x7E）时，就必须采取一些措施使这种形式上和标志字段一样的比特组合不出现在信息字段中。

当PPP用在面向字符的异步传输链路时，使用**字节填充**法实现透明传输，其转义字符为0x7D，并且在进行转义操作时，被转义的字符要与0x20进行异或操作。RFC 1662规定了填充方法，具体如下。

（1）把信息字段中出现的每一个0x7E转变为2字节序列(0x7D, 0x5E)。

（2）若信息字段中出现一个0x7D（即出现了和转义字符一样的比特组合），则把0x7D转变为2字节序列(0x7D, 0x5D)。

（3）若信息字段中出现ASCII控制字符（即数值小于0x20的字符），则在该字符前面添加0x7D，同时对该字符与0x20进行异或操作。例如，如果出现0x03（在控制字符中是"传输结束"，即ETX），就要把它转变为2字节序列(0x7D, 0x23)。

由于在发送端进行了字节填充，因此在链路上传送的信息字节数大于原来的信息字节数。接收端在收到数据后进行与发送端字节填充相反的变换，就可以正确地恢复出原来的信息。

PPP用在SDH等面向比特的同步传输链路时，采用3.1.3小节介绍的**零比特填充**法来实现透明传输。

---

① 在2002年1月以前，可以在RFC 1700中查出这些字段的值，但现在RFC 3232已把RFC 1700划为陈旧的RFC，读者可在互联网数字分配机构官网上找到有关字段的值。

3.2.4 PPP 的工作状态

3.2.3小节介绍了PPP帧格式。但PPP链路一开始是怎样被初始化的？这里以拨号接入为例简要介绍其过程。用户拨号接通ISP拨号服务器后，就建立了一条从用户计算机到ISP的物理连接。这时，用户计算机向ISP发送一系列的LCP分组（封装成多个PPP帧），以便建立LCP连接，这些分组及其响应选择了将要使用的一些PPP参数。接着还要进行网络层配置，NCP给新接入的用户计算机分配一个临时的IP地址。这样，用户计算机就成为互联网上的一个有IP地址的主机了。

当用户通信完毕时，NCP释放网络层连接，收回原来分配出去的IP地址。接着，LCP释放数据链路层连接。最后释放物理层的连接。

上述过程如图3-20所示。

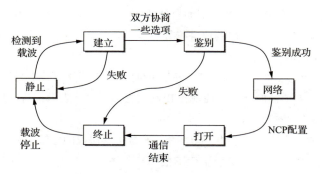

图3-20　PPP 的工作状态

PPP链路的起始和终止状态永远是图3-20中的"**静止**"状态，这时并不存在物理层的连接。在检测到调制解调器的载波信号，并建立物理层连接后，PPP就进入链路的"**建立**"状态。这时LCP开始协商一些**配置选项**，即发送LCP的**配置请求帧（Configure-Request）**。这是一个PPP帧，其协议字段配置为LCP对应的代码，而信息字段包含特定的配置请求。链路的另一端可以发送以下几种响应。

（1）**配置确认帧（Configure-Ack）**：所有选项都接受。

（2）**配置否认帧（Configure-Nak）**：所有选项都理解但不能接受。

（3）**配置拒绝帧（Configure-Reject）**：有的选项无法识别或不能接受，需要协商。

LCP配置选项包括链路上的最大帧长、所使用的**鉴别协议**（Authentication Protocol）的规约（如果有的话），以及不使用PPP帧中的地址和控制字段（因为这两个字段的值是固定的，没有任何信息量，可以在PPP帧的首部中省略这两个字节）。

协商结束后进入"**鉴别**"状态。若通信的双方鉴别身份成功，则链路进入"**网络**"状态，即PPP链路的两端互相交换网络层特定的网络控制分组。如果在PPP链路上运行的是IP，则使用IP**控制协议**（IP Control Protocol, IPCP）来对PPP链路的每一端配置IP模块（如分配IP地址）。和LCP分组封装成PPP帧一样，IPCP分组也封装成PPP帧（其中的协议字段为0x8021）在PPP链路上传送。在网络层配置完毕后，链路进入可进行数据通信的"**打开**"状态。两个PPP端点还可发送**回送请求LCP分组**（Echo-Request）和**回送回答LCP分组**（Echo-Reply），以检查链路的状态。数据传输结束后，链路的一端发出**终止请求LCP分组**（Terminate-Request），请求终止链路连接，而在收到对方发来的**终止确认LCP分组**（Terminate-Ack）后，链路就转到"**终止**"状态。载波停止后链路则回到"**静止**"状态。

3.3 使用广播信道的数据链路层

广播信道可以进行一对多的通信，能很方便且廉价地连接多个邻近的计算机，因此曾经被广泛应用于局域网中。由于用广播信道连接的计算机共享同一传输媒体，因此使用广播信道的局域网被称为共享式局域网。虽然随着交换技术的成熟和成本的降低，具有更高性能的使用点对点链路和链路层交换机的交换式局域网在有线领域已完全取代了共享式局域网，但由于无线信道的广播天性，无线局域网仍然使用的是共享媒体技术。实际上共享媒体技术最初就用于无线通信领域。

使用广播信道的数据链路层

3.3.1 媒体接入控制

用广播信道连接多个站点（可以是主机或路由器）时，一个站点可以方便地给任何其他站点发送数据，但必须解决两个以上的站点同时发送数据时共享信道上信号冲突的问题。因此共享信道要着重考虑的一个问题就是如何协调多个站点对一个共享传输媒体的占用，即**媒体接入控制**（Medium Access Control，MAC）或**多址接入**（Multiple Access）[①]问题。

媒体接入控制或多址接入主要有以下两大类方法。

（1）**静态划分信道**。静态划分信道的典型技术主要有FDMA（Frequency Division Multiple Access，频分多址）、TDMA（Time Division Multiple Access，时分多址接入）和CDMA（Code Division Muttiple Access，码分多址接入）。这些技术利用2.4节介绍的频分复用、时分复用和码分复用方法将共享信道划分为 N 个独立的子信道，每个站点分配一个专用的信道用于发送数据，并可在所有的信道上接收数据，从而保证站点无冲突地发送数据。显然这种固定划分信道的方法非常不灵活，对于突发性数据，传输信道利用率会很低。该方法通常在无线网络的物理层中使用，而不在数据链路层中使用。

（2）**动态接入控制**。动态接入控制的特点是各站点动态占用信道发送数据，而不是使用预先固定分配好的信道。动态接入控制又分为以下两类。

① **随机接入**。随机接入的特点是所有站点通过竞争，随机地在信道上发送数据。如果恰巧有两个或更多的站点在同一时刻发送数据，那么信号在共享媒体上就要产生**碰撞**（即发生**冲突**），使这些站点的发送都失败。因此，这类协议要解决的关键问题是如何尽量避免冲突及在发生冲突后如何尽快恢复通信。著名的共享式以太网采用的就是随机接入。

② **受控接入**。受控接入的特点是站点不能随机地发送信息而必须服从一定的控制，这类协议的典型代表有集中控制的多点轮询协议和分散控制的令牌传递协议。集中控制的多点轮询协议中有一个主站以循环方式询问每个站点有无数据发送，只有被询问到的站点才能发送数据。集中控制的最大缺点在于存在单点故障问题。而在分散控制的令牌传递协议中各站点是平等的，并连接成一个环形网络。令牌（一个特殊的控制帧）沿环形逐站传递，接收到令牌的站点才有权发送数据，并且在发送完数据后将令牌传递给下一个站点。采用令牌传递协议的典型网络有令牌环网（IEEE 802.5）、令牌总线网（IEEE 802.4）和光纤分布式数据接口（Fiber Distributed Data Interface，FDDI）。不过这些网络已逐步退出了历史舞台。

---

① 也可翻译成"多点接入""多路访问"或"多址访问"等。

3.3.2 局域网

　　局域网是在20世纪70年代末发展起来的。局域网技术在计算机网络中占有非常重要的地位。局域网最主要的特点是，**网络为一个单位所拥有，且地理范围和站点数目均有限**。在局域网刚刚出现时，局域网比广域网具有更高的数据率、更低的时延和误码率。但随着光纤技术在广域网中普遍使用，现在广域网也具有很高的数据率和很低的误码率。

　　最初，局域网主要用来连接单位内部的计算机，使它们能够方便地共享各种硬件、软件和数据资源。现在，局域网将企业、机构、校园中的大量用户接入互联网，并且网络中大部分的信息资源都集中在这些局域网中，广域网往往只是充当连接众多局域网的远程链路。

1. 局域网拓扑

　　局域网可按网络拓扑进行分类。图3-21（a）所示为**星形网**，由于集线器（Hub）的出现和双绞线大量用于局域网中，星形以太网及多级星形结构的以太网获得了非常广泛的应用。图3-21（b）所示为**环形网**，如前面介绍的令牌环网。图3-21（c）所示为**总线网**，各站点直接连在总线上，总线两端的匹配电阻吸收在总线上传播的电磁波信号的能量，避免在总线上产生有害的电磁波反射。总线网以传统以太网最为著名。局域网经过了几十年的发展，在快速（100 Mbit/s）以太网、吉比特（1 Gbit/s）以太网和10吉比特（10 Gbit/s）以太网相继进入市场后，以太网已经在有线局域网市场中占据了绝对优势。

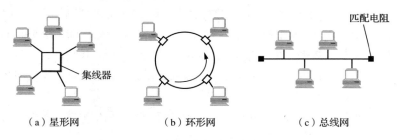

（a）星形网　　　　　　（b）环形网　　　　　　（c）总线网

图3-21　局域网拓扑

　　局域网可使用多种传输媒体，其中双绞线最便宜，现在10 Mbit/s、100 Mbit/s乃至1 Gbit/s的局域网都可使用双绞线。双绞线已成为局域网中的主流传输媒体。当数据率很高时，往往需要使用光纤作为传输媒体。

　　必须指出，局域网工作的层次跨越了数据链路层和物理层。由于局域网技术中有关数据链路层的内容比较丰富，因此把局域网的内容放在数据链路层这一章中讲解，但这并不表示局域网仅仅和数据链路层有关。

2. 局域网体系结构

　　在局域网发展的初期，各种类型的网络相继出现，并且各自采用不同的网络拓扑和媒体接入控制技术。由于有关厂商在商业上的激烈竞争，IEEE 802委员会[①]未能形成一个统一的、"最

---

　　① IEEE 802委员会是专门制定局域网和城域网标准的机构。目前其下属的活跃工作组如下：802.1——局域网高层协议；802.3——以太网；802.11——无线局域网；802.15——无线个人区域网；802.16——宽带无线接入；802.17——弹性分组环（Resilient Packet Ring）；802.20——移动宽带无线接入（Mobile Broadband Wireless Access，MBWA）；802.21——媒体无关切换（Media Independent Handoff）。其余的都已经暂时或完全停止了活动。所有802标准都可从互联网下载。

佳的"局域网标准，而是被迫制定了几个不同的局域网标准。为了使数据链路层能更好地适应多种局域网标准，IEEE 802委员会把局域网的数据链路层拆成两个子层，即**逻辑链路控制**（Logical Link Control，LLC）子层和**媒体接入控制**（Medium Access Control，MAC）子层。与接入传输媒体有关的内容都放在MAC子层，而LLC子层与传输媒体无关，局域网不管采用何种传输媒体和MAC子层，对LLC子层来说都是透明的，如图3-22所示。LLC子层可以为不同类型的网络层协议提供不同类型的数据传输服务，如无确认无连接服务、面向连接的可靠传输服务、带确认的无连接服务等。

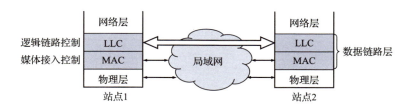

图 3-22　局域网对 LLC 子层是透明的

　　然而20世纪90年代以后，以太网在有线局域网市场中已取得了垄断地位，并且几乎成了有线局域网的代名词，TCP/IP体系经常使用的有线局域网只剩下 DIX Ethernet V2。因此对有线局域网来说，现在IEEE 802委员会制定的LLC子层（即IEEE 802.2标准）的作用已经基本消失，很多厂商生产的适配器上就仅装有MAC协议而没有LLC协议。本章在介绍以太网时不再考虑LLC子层。

3. 网络适配器

　　我们从一般的概念上讨论一下计算机是怎样连接到局域网上的。

　　计算机与外界局域网通过通信**适配器**（Adapter）相连。适配器本来是在主机箱内插入的一块网络接口板，这种接口板又称为**网络接口卡**（Network Interface Card，NIC）或简称为"**网卡**"。由于目前多数计算机主板上都已经嵌入了这种适配器，不再使用单独的网卡了，因此本书使用适配器这个更准确的术语。适配器有自己的处理器和存储器（包括RAM和ROM），是一个半自治的设备。适配器和局域网之间的通信是通过电缆或双绞线以串行传输方式进行的，而适配器和计算机之间的通信则是通过计算机主板上的I/O总线以并行传输方式进行的。因此，适配器的一个重要功能就是进行数据串行传输和并行传输的转换。由于网络上的数据率和计算机总线上的数据率并不相同，因此在适配器中必须装有对数据进行缓存的存储芯片。要想使适配器能正常工作，还必须把管理该适配器的设备驱动程序安装在计算机的操作系统中。这个驱动程序以后就会告诉适配器，应当从存储器的什么位置上把多长的数据块发送到局域网，或者应当在存储器的什么位置把局域网传送过来的数据块存储下来。适配器还要能够实现局域网数据链路层和物理层的协议。

　　适配器接收和发送各种帧时不使用计算机的CPU，这时CPU可以处理其他任务。适配器收到有差错的帧时，就把这个帧丢弃而不必通知计算机。当适配器收到正确的帧时，它就使用中断来通知计算机并将帧交付给协议栈中的网络层。当计算机要发送IP数据报时，就由协议栈把IP数据报向下交给适配器，组装成帧后发送到局域网。图3-23所示为计算机通过适配器和局域网进行通信。要特别注意，计算机的硬件地址就在适配器的ROM中，而计算机的软件地址——

IP地址（在4.2.2小节讨论），则在计算机的存储器中。

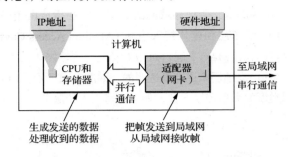

图3-23　计算机通过适配器和局域网进行通信

4. MAC 地址

前面我们讨论过，使用点对点信道的数据链路层不需要使用地址，这是因为连接在信道上的只有两个站点。但当多个站点连接在同一个广播信道上时，要想实现两个站点的通信，则每个站点都必须有唯一的标识，即一个**数据链路层地址**，每个发送的帧必须携带标识接收站点和发送站点的地址。由于该地址用于媒体接入控制，因此被称为**MAC地址**。

802标准为局域网规定了一种48位的全球地址（一般简称为"地址"），这是局域网上的每一台计算机固化在适配器ROM中的地址。实际上这个地址仅仅是一个适配器的标识符，它并不能告诉我们计算机所在的位置。因此，有以下两种情况。

（1）假定连接在局域网上的一台计算机的适配器坏了，而我们更换了一个新的适配器，那么这台计算机的局域网"地址"也就改变了，虽然这台计算机的地理位置一点也没有变化，接入的局域网也没有任何改变。

（2）假定我们把位于南京的某局域网上的一台笔记本电脑携带到北京，并连接在北京的某局域网上。虽然这台计算机的地理位置改变了，但只要计算机中的适配器不变，那么该计算机在北京的局域网中的"地址"和它在南京的局域网中的"地址"一样。

请注意，如果连接在局域网上的主机或路由器安装有多个适配器，那么这样的主机或路由器就有多个"地址"。更准确地说，这种48位"地址"应当是某个网络接口的标识符。

现在IEEE的**注册管理机构**（Registration Authority，RA）是局域网全球地址的法定管理机构，它负责分配地址字段的6个字节中的前3个字节（即高24位）。凡是要生产局域网适配器的厂家都必须向IEEE购买由这3个字节构成的号（即地址块），这个号的正式名称是**组织唯一标识符**（Organizationally Unique Identifier，OUI），通常也叫作**公司标识符**。例如，3Com公司生产的适配器的MAC地址的前3个字节是02-60-8C[①]。地址字段中的后3个字节（即低24位）则由厂家自行指派，称为**扩展标识符**（Extended Identifier），只要保证生产出的适配器没有重复地址即可。可见，用一个地址块可以生成2^{24}个不同的地址。在生产适配器时，这种6个字节的MAC地址已被固化在适配器的ROM中。因此，MAC地址也叫作**硬件地址**或**物理地址**，是一种平面结构的

---

① 这里的02-60-8C是十六进制数字在局域网地址中的一种标准记法。每4个二进制数字用一个十六进制数字表示，而每两个十六进制数字与它后面两个十六进制数字之间用连字符隔开。另一种记法是在0x后面写上一连串的十六进制数字，如0x02608C。

地址（即没有层次结构）①，不论适配器移动到哪里都不会改变。

IEEE规定地址字段的第一字节的最低位为I/G（Individual/Group）位。当I/G位为0时，地址字段表示单个站地址。当I/G位为1时，地址字段表示组地址，用来进行多播。

IEEE还考虑到可能有人并不愿意向IEEE的RA购买OUI，为此，IEEE把地址字段第一字节的次低位规定为G/L（Global/Local）位。G/L位为0表示全球管理（保证在全球没有相同的地址），厂商向IEEE购买的OUI都属于全球管理。G/L位为1表示本地管理，这时用户可任意分配网络上的地址。

这样，在全球管理时，每一个站点的地址可用46位的二进制数字来表示（最低位为0和次低位为1时）。剩下的46位组成的地址空间可以有2^{46}个地址，已经超过70万亿个，可保证世界上的每一个适配器都有唯一的地址。

当路由器通过适配器连接到局域网时，适配器上的硬件地址就用来标志路由器的某个接口。路由器如果同时连接到两个网络上，那么它就需要两个适配器和两个硬件地址。

适配器有过滤功能，它从网络上每收到一个MAC帧，就先用硬件检查MAC帧中的目的地址。如果是发往本站的帧则收下，然后进行其他处理；否则就将此帧丢弃，不再进行其他处理。这样做就不会浪费主机的处理器和内存资源。这里"发往本站的帧"包括以下3种。

（1）单播（Unicast）帧（一对一），即收到的帧的MAC地址与本站的MAC地址相同。

（2）广播（Broadcast）帧（一对全体），即发送给本局域网上所有站点的帧（全1地址）。

（3）多播（Multicast）帧（一对多），即发送给本局域网上一部分站点的帧。

所有的适配器都至少应当能够识别前两种帧，即能够识别单播地址和广播地址，有的适配器可用编程方法识别多播地址。当操作系统启动时，它就把适配器初始化，使适配器能够识别某些多播地址。显然，只有目的地址才能使用广播地址和多播地址。

通常适配器还有一种特殊的工作方式，即混杂方式（Promiscuous Mode）。工作在混杂方式的适配器只要"听到"有帧在共享媒体上传输就悄悄地将其接收，而不管这些帧是发往哪个站点的。请注意，这样做实际上是在"窃听"其他站点的通信，而并不中断其他站点的通信。网络上的"黑客"（Hacker）常利用这种方法非法获取网上用户的口令。

但混杂方式有时非常有用。例如，网络维护和管理人员需要用这种方式来监视和分析局域网上的流量，以便找出提高网络性能的具体措施。有一种很有用的网络工具叫作嗅探器（Sniffer），它就使用了设置为混杂方式的网络适配器。此外，这种嗅探器还可帮助学习网络的人员更好地理解各种网络协议的工作原理。因此，混杂方式就像一把"双刃剑"，是利是弊要看你怎样使用它。

3.4 共享式以太网

以太网是美国施乐（Xerox）公司的Palo Alto研究中心（简称为PARC）于1975年研制成功的。那时，以太网是一种基带总线局域网，数据率为

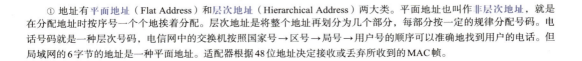

共享式以太网

① 地址有平面地址（Flat Address）和层次地址（Hierarchical Address）两大类。平面地址也叫作非层次地址，就是在分配地址时按序号一个一个地挨着分配。层次地址是将整个地址再划分为几个部分，每部分按一定的规律分配号码。电话号码就是一种层次号码，电信网中的交换机按照国家号→区号→局号→用户号的顺序可以准确地找到用户的电话。但局域网的6字节的地址是一种平面地址。适配器根据48位地址决定接收或丢弃所收到的MAC帧。

2.94 Mbit/s。以太网用无源电缆作为总线来传送数据帧，并以曾用来表示假想的电磁波传播媒体的**以太**（Ether）来命名。1976年7月，梅特卡夫（Metcalfe）和博格斯（Boggs）发表了具有里程碑意义的以太网论文。1980年9月，DEC公司、英特尔（Intel）公司和施乐公司联合提出了10 Mbit/s以太网规约的第一个版本DIX V1（DIX是这3个公司名称的缩写），1982年又提出了第二版（实际上也就是最后的版本），即DIX Ethernet V2，这是世界上第一个局域网产品的规约。

在此基础上，IEEE 802委员会的802.3工作组于1983年制定了IEEE的第一个以太网标准IEEE 802.3，数据率为10 Mbit/s。802.3局域网对以太网标准中的帧格式做了很小的改动，但允许基于这两种标准的硬件在同一个局域网上互操作。以太网的两个标准DIX Ethernet V2与IEEE 802.3只有很小的差别，因此很多人也常把802.3局域网简称为"以太网"。但由于在IEEE 802.3标准公布之前，DIX Ethernet V2标准已被大量使用，因此最后IEEE 802.3标准并没有被广泛应用。本书仅讨论DIX Ethernet V2标准。

以太网目前已从传统的共享式以太网发展到交换式以太网，数据率已演进到每秒百兆比特、吉比特甚至10吉比特。本节先介绍最早流行的速率为10 Mbit/s的共享式以太网。

最早的以太网是将许多站点都连接到一根总线上，当一个站点发送数据时，总线上的所有站点都能检测并接收到数据，这就是广播通信方式。但我们并不总是要在局域网上进行一对多的广播通信。为了在总线上实现一对一的通信，可以使每个站点的适配器拥有一个与其他适配器都不同的地址。在发送数据帧时，在帧的首部写明接收站的地址。仅当数据帧中的目的地址与适配器ROM中存放的硬件地址一致时，该适配器才能接收这个数据帧。适配器收到不是发送给自己的数据帧就丢弃，这样，在具有广播特性的总线上就实现了一对一的通信。

为了通信的简便，以太网采取了以下两种措施。

（1）采用较为灵活的**无连接**的工作方式，即不必先建立连接就可以直接发送数据。适配器对发送的数据帧不进行编号，**也不要求对方发回确认帧**。这样做的理由是局域网信道的质量很好，因通信质量不好而产生差错的概率是很低的。因此，**以太网提供的服务是不可靠的交付**，即**尽力而为**服务。目的站收到有差错的数据帧时（例如用CRC查出有差错），就把帧丢弃，其他什么也不做。是否需要重传有差错的帧则由高层来决定。但以太网并不知道这是重传帧，而是**将其当作新的数据帧来发送**。

（2）以太网采用基带传输，发送的数据都使用曼彻斯特编码（见图2-2）。曼彻斯特编码在每一个比特信号的正中间都有一次电平的跳变，接收站很容易利用这个比特信号的电平跳变来提取信号时钟频率，并与发送站保持时钟同步。

剩下的一个重要问题就是如何协调总线上各站点的工作。我们知道，总线上只要有一个站点在发送数据，总线的传输资源就被占用。因此，**在同一时间只能允许一个站点发送数据**，否则各站点就会互相干扰，导致大家都无法正常发送数据。要解决这个问题，就需要使用媒体接入控制协议。

3.4.1 CSMA/CD 协议

以太网采用的媒体接入控制协议是载波监听多址接入/冲突检测（Carrier Sense Multiple Access with Collision Detection，CSMA/CD）协议。这里以10 Mbit/s总线型以太网为例，讨论以太网的媒体接入控制协议CSMA/CD的基本原理。下面是CSMA/CD协议的要点。

CSMA/CD 协议

"**多址接入**"说明这是一种多址接入协议，许多站点以多址接入的方式连接在一根总线上。协议的实质是"载波监听"和"冲突检测"。

"**载波监听**"就是"发送前先监听"，即每一个站点在发送数据之前要检测一下总线上是否有其他站点在发送数据，如果有，则暂时不发送数据，等待信道变为空闲时再发送。其实总线上并没有什么"载波"①，"载波监听"就是用电子技术检测总线上有没有其他站点发送的数据信号。

"**冲突检测**"就是"边发送边监听"，即适配器边发送数据边检测信道上的信号电压的变化情况，以判断自己在发送数据时其他站是否也在发送数据。当几个站点同时在总线上发送数据时，总线上各站点发送的信号脉冲互相叠加会导致信号脉冲的异常；适配器检测到总线上信号异常，或发现接收信号与发送信号明显不一致时，就认为总线上至少有两个站点同时在发送数据，信号发生了"碰撞"，即产生了冲突。因此"冲突检测"也称为"**碰撞检测**"。发生冲突时，总线上传输的信号会产生严重的失真，无法从中恢复出有用的信息。因此，一旦发现总线上出现了冲突，在发送数据的站点的适配器就要立即停止发送，以免浪费网络资源，等待一段随机时间后再次发送。

既然每一个站点在发送数据之前已经监听到信道"**空闲**"，那么为什么还会出现数据在总线上的冲突呢？这是因为电磁波在总线上总是以有限的速率传播的。因此当某个站点监听到总线空闲时，总线并非一定是空闲的。图3-24所示的例子可以说明这种情况。设图中的局域网两端的站点A和B相距1 km，用同轴电缆相连，**电磁波在1 km电缆中的传播时延约为5 μs**（这个数字应当记住）。因此，A向B发出的信号，在约5 μs后才能传送到B。换言之，B若在A发送的信号到达B之前发送自己的帧（因为这时B的载波监听检测不到A所发送的信号），则必然会在某个时间和A发送的信号发生冲突，冲突的结果是两个帧都变得无用。在局域网的分析中，常把总线上的**单程端到端传播时延**记为τ。发送数据的站点希望尽早知道是否发生冲突。那么，A发送数据后，**最迟**要经过多长时间才能知道自己发送的数据和其他站点发送的数据有没有发生冲突呢？从图3-24中不难看出，这个时间最长是**两倍的总线端到端的传播时延**（2τ），或总线的**端到端往返传播时延**。由于局域网上任意两个站点之间的传播时延有长有短，因此局域网必须按最坏情况设计，即取总线两端的两个站点之间的传播时延（这两个站点之间的距离最远）为端到端传播时延。

显然，在使用CSMA/CD协议时，一个站点**不可能同时进行发送和接收**，因此使用CSMA/CD协议的以太网不可能进行全双工通信，而只能进行**双向交替通信（半双工通信）**。

下面是图3-24中的一些重要的时刻。

在$t=0$时，A发送数据。B检测到信道空闲。

在$t=\tau-\delta$时（这里$\tau>\delta>0$），A发送的数据还没有到达B，由于B检测到信道空闲，因此B发送数据。

经过时间$\delta/2$后，即在$t=\tau-\delta/2$时，A发送的数据和B发送的数据发生了冲突，但这时A和B都不知道发生了冲突。

在$t=\tau$时，B检测到发生了冲突，于是停止发送数据。

在$t=2\tau-\delta$时，A也检测到发生了冲突，因而也停止发送数据。

A和B发送数据均失败，它们都要等待一段时间再重新发送。

从图3-24可看出，最先发送数据帧的站点A，在发送数据帧后**至多**经过时间2τ就可知道

---

① CSMA最初用于无线通信，无线通信是有载波的。这里"载波监听"泛指监听信道上的信号。

所发送的数据帧是否发生了冲突，这就是 $\delta \to 0$ 的情况。因此以太网的端到端往返时间 2τ 称为**争用期**（Contention Period），它是一个很重要的参数。争用期又称为**冲突窗口**（Collision Window），这是因为一个站点在发送完数据后，只有通过争用期的"考验"，即**经过争用期这段时间还没有检测到冲突，才能肯定这次发送不会发生冲突**。

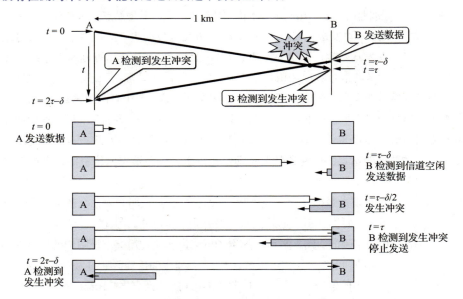

图3-24 传播时延对载波监听的影响

由此可见，**每一个站点在自己发送数据之后的一小段时间内，存在着遭遇冲突的可能性**。这一小段时间是**不确定的**，它取决于另一个发送数据的站点到本站的距离，但不会超过总线的端到端往返传播时延，即一个争用期。显然，在以太网中发送数据的站点越多，端到端往返传播时延越大，发生冲突的概率就越高，即以太网不能连接太多的站点，使用的总线也不能太长。**10 Mbit/s 以太网把争用期定为 512 比特时间，即 51.2 μs**，因此其总线长度不能超过 5120 m。但考虑到其他一些因素，如信号衰减等，以太网规定总线长度不能超过 2500 m。

CSMA/CD协议
（动画演示）

发生冲突的站点不能在信道变为空闲后就立即再发送数据，否则可能再次导致冲突。以太网使用**截断二进制指数退避**（Truncated Binary Exponential Backoff）算法（简称退避算法）来解决冲突后何时进行重传的问题。这种算法让发生冲突的站点在停止发送数据后，**推迟**（也叫作**退避**）一段随机的时间再监听信道并进行重传。如果重传又发生了冲突，可能是因为有比较多的站点参与竞争信道，则将随机选择退避时间的范围扩大一倍以降低重传时再次发生冲突的概率。具体的退避算法如下。

（1）重传应推后 r 倍的争用期。

争用期就是前面讲过的 2τ，即 512 比特时间。10 Mbit/s 以太网的争用期是 51.2 μs。

r 是个随机数，它是从离散的整数集合 $\{0, 1, \cdots, (2^k - 1)\}$ 中随机取出的一个数。这里的参数 k 按式（3-3）计算：

$$k = \mathrm{Min}(\text{重传次数}, 10) \qquad (3\text{-}3)$$

可见，当重传次数 $\leqslant 10$ 时，参数 $k =$ 重传次数。

但是，当重传次数 > 10 时，$k = 10$。

（2）当重传达16次仍不能成功时（这表明同时打算发送数据的站太多，以致连续发生冲突），则丢弃该帧，并向高层报告。

例如，在第1次重传时，$k = 1$，随机数r从整数$\{0, 1\}$中选择。因此重传的站点可选择的重传推迟时间是0或2τ，在这两个时间中随机选择一个。

若再发生冲突，则在第2次重传时，$k = 2$，随机数r就从整数$\{0, 1, 2, 3\}$中选择。因此重传推迟时间为0、2τ、4τ或6τ。

同样，若再发生冲突，则重传时$k = 3$，随机数r从整数$\{0, 1, 2, 3, 4, 5, 6, 7\}$中选择，以此类推。

若连续多次发生冲突，就表明可能有较多的站点参与争用信道，需要在比较大的范围内选择退避时间才能将各站点选择的发送时间错开，避免再次发生冲突。但在发生冲突时各站点并不知道到底有多少站点参与了竞争，如果退避时间范围太大会导致平均的重传推迟时间太长，而使用上述动态退避算法能适应各种不同情况，在较短的时间内找到合适的退避时间范围。

我们还应注意到，适配器发送一个新的帧时，并不执行退避算法，因此，当好几个适配器正在执行退避算法时，很可能有某一个适配器发送的新帧能够碰巧立即成功地插入信道，得到发送权。

为了保证所有站点在发送完一个帧之前能够检测出是否发生了冲突，帧的发送时延不能小于2倍的网络最大传播时延，即一个争用期，以太网规定**最短有效帧长**为64字节。因此，以太网站点在发送数据时，如果帧的前64字节没有发生冲突，那么后续的数据就不会发生冲突。换句话说，如果发生冲突，就一定是在发送的前64字节之内。由于一检测到冲突就立即中止发送，这时已经发送出去的数据一定小于64字节，所以**凡长度小于64字节的帧都是由于冲突而异常中止的无效帧**，收到这种无效帧就应当立即丢弃。

需要指出的是，以太网的端到端时延实际上小于争用期的一半（即25.6 μs）。争用期被规定为51.2 μs，不仅考虑了以太网的端到端时延，还考虑了其他的许多因素，如可能存在的转发器所增加的时延，以及下面要讲到的强化冲突的干扰信号的持续时间等。

以太网还采取一种叫作**强化冲突**的措施。发送数据的站点一旦发现发生了冲突，除了立即停止发送数据外，还会继续发送32比特或48比特的**人为干扰信号**（Jamming Signal），以便有足够多的冲突信号来保证所有站点都监测到冲突。对于10 Mbit/s以太网，发送32（或48）比特只需要3.2（或4.8）μs。

以太网还规定了**帧间最小间隔**为96比特时间（即9.6 μs），即所有站点在发送帧之前要等信道空闲96比特时间。这样做一方面可以使接收方检测到一个帧的结束，另一方面可以使所有其他站点都有机会平等竞争信道并发送数据。

根据以上所讨论的，可以把CSMA/CD协议的要点归纳如下，基本流程如图3-25所示。

（1）适配器从网络层获得一个分组，加上以太网的首部和尾部（见3.4.4小节），组成以太网帧，放入适配器的缓存，准备发送。

（2）若适配器检测到信道空闲96比特时间，就发送这个帧；若检测到信道忙，则继续检测并等待信道转为空闲96比特时间，然后发送这个帧。

（3）在发送过程中继续检测信道，若一直未检测到冲突，就顺利把这个帧发送完毕；若检测到冲突，则中止数据的发送，并发送人为干扰信号强化冲突。

（4）在中止发送后，适配器执行退避算法，随机等待r倍512比特时间后，返回（2）。

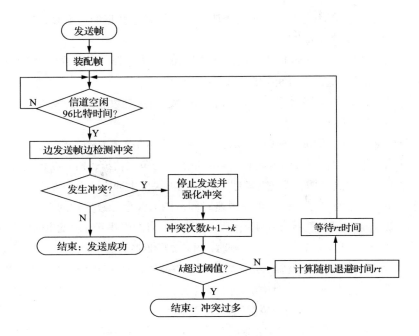

图3-25　CSMA/CD的基本流程

3.4.2　共享式以太网的信道利用率

共享式以太网
的信道利用率

下面我们讨论一下共享式以太网的信道利用率。

假定一个10 Mbit/s以太网中同时有10个站点在工作，那么每一个站点发送数据的平均速率似乎应当是总数据率的1/10（即1 Mbit/s）。其实不然，因为多个站点在以太网中同时工作就可能发生冲突。当发生冲突时，信道资源实际上是被浪费了。

图3-26所示为以太网信道被占用的例子。一个站点在发送帧时出现了冲突，经过一个争用期2τ后（τ是以太网单程端到端传播时延），可能又出现了冲突。这样经过若干个争用期后，一个站点发送成功了。假定发送帧需要的时间是T_0，它等于帧长除以发送速率。

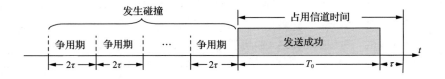

图3-26　以太网信道被占用

我们应当注意到，成功发送一个帧需要占用信道的时间是$T_0 + \tau$，比这个帧的发送时间要多一个单程端到端传播时延τ。这是因为在一个站点发送完最后一个比特后，这个比特还要在以太网上传播。在最极端的情况下，发送站在传输媒体的一端，而这个比特在媒体上传输到另一端所需的时间是τ。因此，经过时间$T_0 + \tau$后，以太网的传输媒体才完全进入空闲状态，才能允许其他站点发送数据。

从图3-26可看出，要提高以太网的信道利用率，就必须减小τ与T_0之比。以太网中定义了参数a，它是以太网**单程端到端传播时延τ**与**帧的发送时间**T_0之比：

$$a = \frac{\tau}{T_0} \qquad\qquad (3\text{-}4)$$

当$a \to 0$时，表示只要一发生冲突，就立即可以检测出来，并立即停止发送数据，因而信道资源被浪费的时间非常非常少。反之，参数a越大，表明争用期所占的比例越大，这使得每发生一次冲突就会浪费不少的信道资源，信道利用率明显降低。因此，以太网的**参数a的值应当尽可能小**，即式（3-4）中分子τ的数值要小，而分母T_0的数值要大。这就是说，当数据率一定时，**以太网的连线的长度受到限制**（否则τ的数值会太大），同时**以太网的帧长不能太短**（否则T_0的值会太小，使a值太大）。

现在考虑一种极端**理想化**的情况。假定以太网上的各站点发送数据碰巧都不会产生冲突，并且总线一旦空闲就有某一个站点立即发送数据（显然出现这种理想情况的概率几乎为零，这是以太网信道资源得到充分利用的极限情况）。这样，发送一个帧占用线路的时间是$T_0 + \tau$，而帧本身的发送时间是T_0。于是我们可计算出极限信道利用率$S_{\max}$为

$$S_{\max} = \frac{T_0}{T_0 + \tau} = \frac{1}{1+a} \qquad\qquad (3\text{-}5)$$

虽然实际的以太网不可能有这样高的极限信道利用率，但式（3-5）指出了**只有参数a远小于1才能得到尽可能高的极限信道利用率**。反之，若参数a远大于1（即每发生一次冲突，就要浪费相对较多的传输数据的时间），则极限信道利用率就远小于1，而这时实际的信道利用率就更低了。

通过以上对共享式以太网性能的分析，我们知道，网络覆盖范围越大，即端到端时延越大，极限信道利用率越低，即网络性能越差。另外，端到端时延越大或连接的站点越多，发生冲突的概率越大，网络性能也会进一步降低。可见，共享式以太网只能作为一种局域网技术。

3.4.3 使用集线器的星形拓扑

使用集线器的
星形拓扑

传统以太网最初使用粗同轴电缆，后来演进到使用比较便宜的细同轴电缆，最后发展为使用更便宜和更灵活的双绞线。这种双绞线以太网采用星形拓扑，在星形的中心则增加了一种可靠性非常高的设备，叫作**集线器**，如图3-27所示。每个站点需要用两对无屏蔽双绞线（做在一根电缆内），分别用于发送和接收。双绞线的两端使用RJ-45插头。1990年，IEEE制定出星形以太网10BASE-T的标准802.3i，10代表10 Mbit/s的数据率，BASE表示连接线上的信号是基带信号，T代表双绞线。10BASE-T以太网的通信距离稍短，每个站点到集线器的距离不超过100 m。这种性价比很高的**10BASE-T双绞线以太网的出现是局域网发展史上的一座非常重要的里程碑**，它为以太网在局域网中的统治地位奠定了牢固的基础。

集线器的一些特点如下。

（1）从表面上看，使用集线器的局域网在物理上是一个星形网，但由于集线器使用电子器件来模拟实际电缆线的工作，因此整个系统仍像传统以太网那样运行。也就是说，**使用集线器的以太网在逻辑上仍是一个总线网，各站点共享逻辑上的总线，使用的还是 CSMA/CD 协议**（更具体些，是各站点中的**适配**

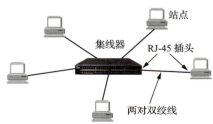

图3-27 使用集线器的双绞线以太网

器执行CSMA/CD协议）。网络中的各站点必须竞争对传输媒体的控制，并且在同一时刻至多只允许一个站点发送数据。因此这种10BASE-T以太网又称为星形总线（Star-Shaped Bus）或盒中总线（Bus in a Box）。

（2）一个集线器有许多接口[①]，例如，8～16个，每个接口通过RJ-45插头（与电话机使用的插头RJ-11相似，但略大一些）用两对双绞线与一个站点上的适配器相连（这种插座可连接4对双绞线，实际上只用2对，即发送和接收各使用一对双绞线）。因此，一个集线器很像一个多接口的转发器。

（3）集线器工作在物理层，它的每个接口仅仅转发比特——收到1就转发1，收到0就转发0，不进行冲突检测（每个比特的信号在转发之前会进行再生整形并重新定时）。若两个接口同时有信号输入（即发生冲突），那么所有的接口都将收不到正确的帧。图3-28所示为具有3个接口的集线器。

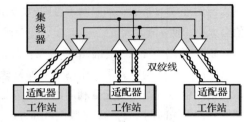

图3-28　具有3个接口的集线器

3.4.4　以太网的帧格式

常用的以太网MAC帧格式有两种标准，一种是DIX Ethernet V2标准（即以太网V2标准），另一种是IEEE 802.3标准。这里只介绍使用得最多的以太网V2标准的MAC帧格式，如图3-29所示。图中假定上层协议使用的是IP，实际上使用其他的协议也是可以的。

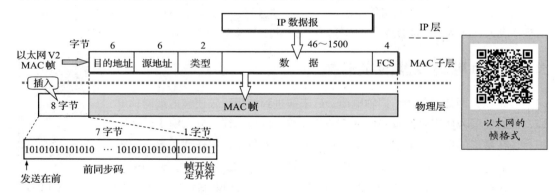

图3-29　以太网V2标准的MAC帧格式

以太网V2标准的MAC帧比较简单，由5个字段组成。前两个字段分别为6字节的目的地址和源地址字段。第3个字段是2字节的类型字段，用来标志上一层使用的是什么协议，以便把收到的MAC帧的数据上交给上一层的这个协议。例如，当类型字段的值是0x0800时，表示上层使用的是IPv4数据报；若类型字段的值为0x0806，则表示上层使用ARP（将在4.2.4小节讨论）。第4个字段是数据字段，其长度在46～1500字节（46字节是这样得出的：最短有效帧长64字节减去18字节的首部和尾部即为数据字段的最小长度）。最后一个字段是4字节的FCS（帧校验序列使用CRC）。

当数据字段的长度小于46字节时，MAC子层就会在数据字段的后面加上整数字节的填充字段，以保证以太网的MAC帧长不小于64字节。我们应当注意到，MAC帧的首部并没有指出数据

---

① 集线器的接口又称为端口（Port）。传输层经常使用软件端口，它和集线器的端口是两回事。由于集线器的端口就是接口，为了避免混淆，使用接口这个名词。

字段的长度是多少。在有填充字段的情况下，接收端的 MAC 子层在剥去首部和尾部后，把数据字段和填充字段一起交给上层协议。现在的问题是，上层协议如何知道填充字段的长度呢？可见，上层协议必须具有识别有效的数据字段长度的功能。我们在第 4 章将会知道，当上层使用 IP 协议时，其首部就有一个"总长度"字段。因此，"总长度"加上填充字段的长度，应当等于 MAC 帧数据字段的长度。例如，当 IP 数据报的总长度为 42 字节时，填充字段共有 4 字节，MAC 帧把 46 字节的数据上交给 IP 层，IP 层把其中最后 4 字节的填充字段丢弃。

从图 3-29 可看出，在传输媒体上实际传送的数据比 MAC 帧还多 8 个字节。这是因为当一个站点刚开始接收 MAC 帧时，由于适配器的时钟尚未与到达的比特流达成同步，因此 MAC 帧的最前面的若干位无法接收，使整个 MAC 帧成为无用的帧。为了使接收端迅速实现位同步，数据从 MAC 子层向下传到物理层时还要在帧的前面插入 8 字节（由硬件生成），它由两个字段构成：第一个字段是 7 字节的**前同步码**（1 和 0 交替码），它的作用是使接收端的适配器在接收 MAC 帧时能够迅速调整时钟频率，以和发送端的时钟同步，也就是"实现位同步"；第二个字段是**帧开始定界符**，定义为 10101011。它的前 6 位的作用和前同步码一样，最后的两个连续的 1 告诉接收端适配器"MAC 帧的信息马上就要来了，请适配器注意接收。"MAC 帧的 FCS 字段的校验范围不包括前同步码和帧开始定界符。

以太网传送数据以帧为单位。以太网在传送帧时，各帧之间必须有一定的间隔（96 比特时间）。因此，只要接收端找到帧开始定界符，其后面的连续到达的比特流就都属于同一个 MAC 帧。可见以太网不需要使用帧结束定界符，也不需要使用字节填充或比特填充技术来保证透明传输。帧间间隔除了用于接收方检测一个帧的结束，同时也使得所有其他站点都有机会平等竞争信道并发送数据。

最后要提一下，IEEE 802.3 标准规定的 MAC 帧格式与上面所讲的以太网 V2 标准的 MAC 帧格式的区别主要有以下两点。

第一，IEEE 802.3 标准规定的 MAC 帧的第 3 个字段是"长度/类型"。这个字段值大于 0x0600（相当于十进制的 1536）时，就表示"类型"。这样的帧和以太网 V2 标准的 MAC 帧完全相同。这个字段值小于 0x0600 时表示"长度"，即 MAC 帧的数据部分长度。

第二，当"长度/类型"字段值小于 0x0600 时，数据字段必须装入上面的 LLC 子层的 LLC 帧。

虽然现在市场上流行的都是以太网 V2 标准的 MAC 帧，但大家也常常不严格地称它为 IEEE 802.3 MAC 帧。

3.5 网桥和以太网交换机

在传统的共享式局域网中，所有站点共享传输媒体。随着局域网规模的扩大、网络中站点数目的不断增加，网络通信负载加重，网络效率急剧下降。随着技术的发展、交换技术的成熟和成本的降低，具有更高性能的交换式局域网在有线领域已完全取代了传统的共享式局域网。本节先从扩展局域网的角度，讨论在物理层扩展以太网存在的问题和在数据链路层扩展以太网的分组交换设备——网桥，然后讨论使用以太网交换机的全双工交换式以太网和虚拟局域网。

3.5.1 在物理层扩展以太网

以太网两站点之间的距离不能太远（例如，10BASE-T 以太网每个站点到集线器的距离不能超过100 m），否则站点发送的信号经过铜线的传输就会衰减到使CSMA/CD协议无法正常工作。可以使用工作在物理层的转发器或使用光纤增大站点到集线器的距离来扩展以太网的地理覆盖范围。

单个集线器能连接的站点数非常有限，如果使用多个集线器，就可以得到覆盖更大范围、连接更多站点的多级星形结构的以太网。例如，一个学院的3个系各有一个10BASE-T以太网，如图3-30（a）所示。可通过一个主干集线器把各系的以太网连接起来，成为一个更大的以太网，如图3-30（b）所示。

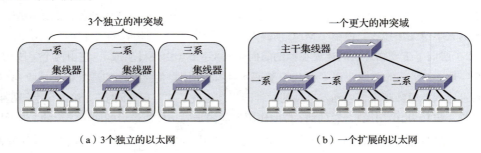

图3-30　用多个集线器连成更大的以太网

但这种多级结构的集线器以太网有如下一些缺点。

（1）如图3-30（a）所示，在3个系的以太网互连起来之前，每一个系的10BASE-T以太网是独立的**冲突域**（Collision Domain，又称为**碰撞域**），即在任一时刻，在每一个冲突域中只能有一个站点在发送数据。每一个系的以太网的最大吞吐量是10 Mbit/s，因此3个系总的最大吞吐量为30 Mbit/s。3个系的以太网通过集线器互连起来后，3个冲突域变成了一个冲突域（范围扩大到3个系），如图3-30（b）所示，而这时的最大吞吐量仍然等于一个系的最大吞吐量10 Mbit/s。也就是说，当某个系的两个站点在通信时，所传送的数据会通过所有的集线器进行转发，使其他系的内部在这时都不能通信（一发送数据就会产生冲突）。

（2）如果不同的系使用不同的以太网技术（如数据率不同），那么就不可能用集线器将它们互连起来。在图3-30中，如果一个系使用10 Mbit/s的适配器，而另外两个系使用10/100 Mbit/s（10 Mbit/s和100 Mbit/s速率自适应）的适配器，那么用集线器连接起来后，大家都只能工作在10 Mbit/s的速率。集线器相当于多接口（即多端口）的转发器，它并不能对帧进行缓存。

总之，**在物理层扩展的以太网仍然是一个冲突域**，不能连接过多的站点，否则平均吞吐量太低，且会导致大量的冲突。同时，不论是利用转发器、集线器还是光纤在物理层扩展以太网，都仅仅相当于延长了共享的传输媒体，由于以太网有争用期对端到端时延的限制，因此并不能无限扩大地理覆盖范围。

3.5.2　在数据链路层扩展以太网

用网桥可以在数据链路层扩展以太网。**网桥工作在数据链路层，采用存储转发方式**，它根据MAC帧的目的地址对收到的帧进行**转发**和**过滤**。网桥收到一个帧时，并不会向所有的接口转发此帧，而是先检查此帧的目的MAC地址，然后确定将该帧转发到哪一个接口，或者把它丢弃（即过滤）。可见，网桥就是一种数据链路层的分组交换机。

1. 网桥的内部结构

图 3-31 所示为网桥的内部结构。最简单的网桥有两个接口[①]，复杂的网桥可以有更多的接口。两个以太网通过网桥连接起来后，就成为一个覆盖范围更大的以太网，而原来的每个以太网可以称为一个**网段**（Segment）。图 3-31 所示的网桥的接口 1 和接口 2 各连接一个网段。

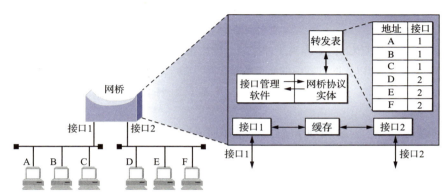

图 3-31　网桥的内部结构

网桥依靠**转发表**来转发帧。转发表也叫作 MAC **地址表**，记录了每个接口所能到达（直接连接或间接连接）的各站点的 MAC 地址。至于转发表如何得出，将在后面介绍。在图 3-31 中，网桥若从接口 1 收到 A 发给 E 的帧，则在查找转发表后，把这个帧送到接口 2，转发到另一个网段，使 E 能够收到这个帧；网桥若从接口 1 收到 A 发给 B 的帧，就丢弃这个帧，因为转发表指出，转发给 B 的帧应当从接口 1 转发出去，而现在正是从接口 1 收到这个帧，这说明 B 和 A 处在同一个网段上，B 能够直接收到这个帧而不需要借助网桥的转发。网桥收到一个广播帧（目的 MAC 地址为全 1 的广播地址）时，会向除了接收接口以外的其他接口转发该帧。

需要注意的是，网桥的接口在向某个网段转发帧时，就像一个站点的适配器向这个网段发送帧一样，要执行相应的媒体接入控制协议，对于以太网就是 CSMA/CD 协议。请注意，网桥在转发帧时，**不改变帧的源地址**。

网桥是通过内部的接口管理软件和网桥协议实体来完成上述操作的。

使用网桥可以带来以下好处。

（1）**过滤通信量，增大吞吐量**。网桥工作在数据链路层的 MAC 子层，可以使以太网各网段成为隔离开的冲突域。如果把网桥换成工作在物理层的转发器，那就没有这种过滤通信量的功能。图 3-32 说明了这一概念，网桥 B_1 和 B_2 把 3 个网段连接成一个以太网，但它具有 3 个隔离开的冲突域。

可以看到，不同网段上的通信不会相互干扰。例如，A 和 B 正在通信，但其他网段上的 C 和 D，以及 E 和 F 也都可以同时通信。但如果 A 要和另一个网段上的 C 通信，就必须经过网桥 B_1 的转发，那么这两个网段上就不能再有其他的站点进行通信（但这时 E 和 F 仍然可以通信）。因此，若每一个网段的数据率都是 10 Mbit/s，那么 3 个网段合起来的最大吞吐量就变成 30 Mbit/s。如果把两个网桥换成集线器或转发器，那么整个网络仍然是一个冲突域，当 A 和 B 通信时，所有其

[①] 网桥的接口也常常称为**端口**，但这和传输层的端口是两个不同的概念。

他站点都不能够通信。整个冲突域的最大吞吐量只有 10 Mbit/s。

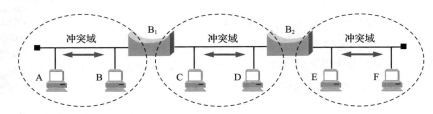

图 3-32　网桥使各网段成为隔离开的冲突域

（2）扩大了物理范围。由于隔离了冲突域，网络覆盖范围不受争用期对端到端传播时延的限制，同时增加了整个以太网可容纳的站点数目。

（3）提高了可靠性。当网络出现故障时，一般只影响个别网段，网桥不会转发无效的 MAC 帧。

（4）可互连不同物理层、不同 MAC 子层和不同速率（如 10 Mbit/s 和 100 Mbit/s）的以太网。

不过，用网桥扩展以太网也有以下不足。

（1）由于网桥对接收的帧要先存储和查找转发表然后才转发，而转发之前，还必须执行 CSMA/CD 协议（发生冲突时要退避），因此增加了时延。

（2）MAC 子层并没有流量控制（Flow Control）功能。当网络上的负荷很重时，网桥中的缓存可能因存储空间不够而发生溢出，以致产生帧丢失的现象。

（3）由于网桥会转发所有广播帧，因此只适用于扩展用户数不太多（不超过几百个）和通信量不太大的以太网，否则可能因传播过多的广播信息而产生网络拥塞。这就是所谓的广播风暴。

2. 透明网桥

目前使用得最多的网桥是**透明网桥**（Transparent Bridge），本书之后提到的网桥都指的是透明网桥。"透明"是指局域网上的站点并不知道所发送的帧将经过哪几个网桥，因为网桥对各站点来说是看不见的，站点不需要做任何配置和修改。使用透明网桥连接各局域网，无须人工配置转发表，因此透明网桥是一种即插即用设备，其标准是 IEEE 802.1D。

透明网桥

透明网桥通过自学习算法来逐步建立起自己的转发表。其基本思想是，如果网桥现在能够从接口 x 收到从站点 A 发来的帧，那么以后就可以从接口 x 将一个目的地址为 A 的帧转发到站点 A。或者说，如果网桥能够从接口 x 收到从站点 A 发来的帧，那么就说明站点 A 连接（或间接连接）在网桥的接口 x 上。所以透明网桥每收到一个帧，就将其源地址和进入网桥的接口号记录到转发表中。当下次网桥接收到以该源地址为目的地址的帧时，就将其从相应接口转发出去。但是，在学习到转发表各项之前，透明网桥是如何完成转发工作的呢？当透明网桥接收到一个帧时，如果该帧的目的地址不在转发表中，则网桥向其他所有接口（所有非接收该帧的接口）转发该帧。

透明网桥的自学习（动画演示）

透明网桥处理该帧和建立转发表的算法具体如下。

（1）从接口 x 收到无差错的帧（如有差错即丢弃），在转发表中查找目的站 MAC 地址。

（2）如有，则查找出此 MAC 地址对应的接口 d，然后进行（3）。否则向除 x 以外的所有接口转发此帧（这样做可保证到达目的站），然后转到（4）。

（3）如这个MAC地址的接口 $d = x$，则丢弃此帧（因为这表示不需要经过网桥进行转发），否则从接口 d 转发此帧。

（4）如源站不在转发表中，则将源站MAC地址添加到转发表，登记该帧进入网桥的接口号和当前时间，然后转到（6）。如源站在转发表中，则执行（5）。

（5）更新转发表该项记录的时间。

（6）等待新的数据帧，转到（1）。

这时，网桥已在转发表中登记以下3个信息。

（1）**地址**：收到的帧的源MAC地址。

（2）**接口**：收到的帧进入该网桥的接口号。

（3）**时间**：收到的帧进入该网桥的时间（图3-31中的转发表省略了这一项）。

网桥在这样的转发过程中就可逐渐将转发表建立起来。这里特别要注意的是，转发表中的MAC地址是根据源MAC地址写入的，但在进行转发时将此MAC地址当作目的地址。

在上述算法中，为什么网桥要记录帧进入该网桥的时间呢？因为局域网的拓扑经常会发生变化，例如，一个站点从一个网段移至另一个网段，站点更换网卡，等等。为了使转发表能反映出整个网络的最新拓扑，网桥将每个帧到达网桥的时间记录下来，每经过一段时间就将转发表中陈旧的记录删除，以便在转发表中保留网络拓扑的最新状态信息。

3. 生成树协议

生成树协议

透明网桥即插即用，使用起来非常方便，但根据以上透明网桥学习转发表的工作原理，用透明网桥互连多个局域网时不能出现环路，否则帧有可能在环路中不断地<u>兜圈子</u>。请看图3-33所示的简单例子，这里用两个网桥将两个局域网LAN$_1$和LAN$_2$互连起来。设站点A发送一个帧F，它经过网桥B$_1$和B$_2$（见箭头❶和箭头❷）。假定帧F的目的地址均不在这两个网桥的转发表中，因此B$_1$和B$_2$都转发帧F（见箭头❸和箭头❹）。经B$_1$和B$_2$转发的帧F到达LAN$_2$，我们将其分别记为F$_1$和F$_2$。接着F$_1$传到网桥B$_2$（见箭头❺），而F$_2$传到网桥B$_1$（见箭头❻）。网桥B$_2$和网桥B$_1$分别收到F$_1$和F$_2$后，又将其转发到LAN$_1$。结果，帧在网络中不停地兜圈子，从而使网络资源不断地被白白消耗。

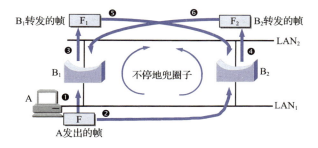

图3-33 网桥引起的帧兜圈子

当网络比较复杂时，很容易因误配导致网络中出现以上环路。更重要的是，有时需要在两个局域网之间使用多个网桥形成冗余链路以增强网络的可靠性。为了避免帧在网络中不断地<u>兜圈子</u>，透明网桥使用了<u>生成树协议</u>（Spanning Tree Protocol，STP），通过互连在一起的网桥间的通信，找出原来网络拓扑的一个连通子集（生成树），这个子集里不存在环路，即任何两个站点之间有且只有一条路径。一旦生成树确定了，网桥就会关闭不在生成树链路上的那些接口（这些接口不再接收和转发帧），以确保不存在环路。

为了使生成树能够反映网络拓扑发生的最新变化，各网桥要定期检查所有链路的状态。一旦网络中某条链路的状态发生变化，网桥就会重新开始生成树的构造过程，形成新的生成树，保证网络的连通。

可见，用透明网桥互连的网络中的冗余链路可以增强网络的可靠性，但并不能充分利用这些冗余链路（为的是消除兜圈子现象），同时每一个帧也不一定都能沿最佳路由传送（因为网络的逻辑拓扑被限定为一棵树）。当互连的局域网的数目非常大时，生成树算法可能要花费很多时间，因此用透明网桥互连的网络规模不宜太大。

3.5.3 以太网交换机

以太网交换机

1990年问世的**交换式集线器**（Switching Hub）可明显地提高以太网的性能。交换式集线器常称为**以太网交换机**（Switch）、**二层交换机**或**局域网交换机**，表明这种交换机**工作在数据链路层**。

交换机并无准确的定义和明确的概念，而现在的很多交换机已混合了网桥和路由器的功能。著名网络专家珀尔曼（Perlman）认为，"交换机"应当是一个**市场名词**，通常指用硬件实现转发功能的分组交换设备，其转发速度比用软件实现更快。目前使用的有线局域网基本上都是以太网，在局域网上下文中，人们通常所说的"交换机"是局域网交换机的简称，并且指的就是以太网交换机。在本书中如果不特别说明，"交换机"就是指以太网交换机。下面简单地介绍其特点。

从技术上讲，网桥的接口数很少，一般只有2～4个，而交换机通常都有十几到几十个接口。对于交换机，人们更喜欢将接口称为"端口"。图3-34所示为一台具有26个端口的华为二层交换机S2700。**交换机实质上就是一个多接口的网桥**，每个交换机维护一个**MAC地址表**并在数据链路层根据帧中的目的MAC地址转发帧，和工作在物理层的转发器和集线器有很大的差别。此外，交换机的每个接口既可以直接连接计算机，也可以连接一个集线器或另一个交换机。交换机直接与计算机或交换机连接时可以**全双工方式工作**，并能同时连通许多对接口，使每一对相互通信的计算机都能像独占传输媒体那样，**无冲突地传输数据**，这时已无须使用CSMA/CD协议了。当交换机的接口连接共享媒体的集线器时，交换机仍需以半双工方式工作并要使用CSMA/CD协议。现在的交换机接口和计算机适配器都能自动识别这两种情况并切换到相应的方式。交换机和透明网桥一样，是一种即插即用设备，其内部的MAC地址表也是通过自学习算法自动地逐渐建立起来的。交换机由于使用了专用的交换结构芯片，能实现多对接口的高速并行交换，可以大大提高网络性能。在逻辑上，我们认为网桥和交换机是等价的。

图3-34　华为二层交换机S2700

对于普通的10 Mbit/s共享式以太网，若共有N个用户，则每个用户占有的平均带宽只有总带宽（10 Mbit/s）的N分之一。在使用交换机时，虽然每个接口的带宽还是10 Mbit/s，但由于一个用户在通信时是独占而不是和其他网络用户共享传输媒体的带宽,因此拥有 N 对接口的交换机的总容量为 $N×10$ Mbit/s。这正是交换机的最大优点。

从共享式 10BASE-T 以太网转到交换式以太网(全部使用以太网交换机的网络)时,所有接入设备的软件和硬件、适配器等都不需要做任何改动。也就是说,所有接入的设备可以继续使用 CSMA/CD 协议。此外,只要增大交换机的容量,整个系统的容量就很容易扩充。

以太网交换机一般都具有多种速率的接口,例如,具有 10 Mbit/s、100 Mbit/s 和 1 Gbit/s 的接口,以及多速率自适应接口,这大大方便了各种不同情况的用户。

图 3-35 所示为一个简单的例子。图中的以太网交换机有 3 个 10 Mbit/s 接口分别和学院 3 个系的 10BASE-T 以太网相连,还有 3 个 100 Mbit/s 的接口分别和电子邮件服务器、万维网服务器及一个连接互联网的路由器相连。

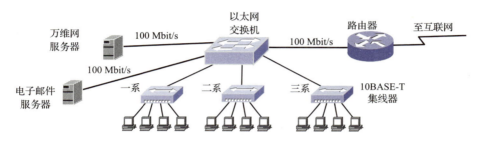

图 3-35　用交换机扩展以太网

为了提高交换机的转发速度,减小转发时延,一些交换机采用直通(Cut-Through)的交换方式。直通交换不必把整个帧先缓存再进行处理,而是在接收帧的同时就立即按帧的目的 MAC 地址决定该帧的转发接口,因而提高了帧的转发速度。如果在这种交换机的内部采用基于硬件的交叉矩阵,交换时延就非常小。直通交换的一个缺点是它不检查差错就直接将帧转发出去,因此有可能会将一些无效帧转发给其他的站点。要注意的是,当交换机的输出接口有帧排队时,仍然要将帧先缓存起来,等输出接口空闲时再进行转发,即仍然需要进行存储转发。因此,**我们说一个交换机采用的是直通交换方式,并不表示它不会进行存储转发,而说一个交换机采用的是存储转发交换方式,是指该交换机仅采用存储转发方式进行交换**。另外,还有一些情况仍需要采用基于软件的存储转发方式进行交换。例如,当需要进行线路速率匹配、协议转换或差错检测时,有的交换机支持两种交换方式,用户可以设置其工作的方式,或让交换机根据情况自动切换交换方式。

随着交换机成本的降低,由于其性能上的明显优势,交换式以太网已取代传统的共享式以太网。由于不再使用集线器,全部使用交换机的交换式以太网工作在无冲突的全双工方式下。

3.5.4　虚拟局域网

以太网交换机取代集线器连接计算机,由于采用的是数据链路层的分组交换技术,不需要使用 CSMA/CD 共享媒体,因此交换式以太网可以工作在无冲突的全双工方式下,且不受 CSMA/CD 端到端传播时延的限制,比共享式以太网能够连接更多的计算机。实际上用交换机连接太多计算机也会带来性能问题。交

虚拟局域网

换机虽然隔离了冲突域,但并不隔离广播域,一个由多个交换机互连而成的交换式以太网仍然是一个广播域。交换机在学习地址表的过程中会对所有目的 MAC 地址未知的帧进行广播,并且后面我们将要讨论的 ARP 和 DHCP(Dynamic Host Configuration Protocol,动态主机配置协议)等协议

也会产生很多的广播帧。因此，当以太网中连接的计算机太多时会产生大量的广播帧，甚至导致"广播风暴"，使整个网络瘫痪。

另外，一个单位的所有计算机都连接在一个局域网中可能带来安全问题。一些部门或工作组因为安全保密的需求，不希望自己的计算机与其他部门或工作组的计算机直接进行通信。然而，一个单位建立多个物理上独立的局域网需要投入更多的经济成本和管理成本。

虚拟局域网（Virtual LAN，VLAN）技术的出现正好解决了上述两个问题。利用VLAN技术，管理员可以在一个物理局域网上通过逻辑配置来建立多个逻辑上独立的虚拟网络。利用交换机就可以很方便地实现VLAN。管理员可以将连接在交换机上的站点按需要划分为多个与物理位置无关的逻辑组，每个逻辑组就是一个VLAN。属于同一VLAN的站点之间可以直接通信，而不属于同一VLAN的站点之间不能直接通信，连接在同一交换机上的两个站点可以属于不同的VLAN，而属于同一VLAN的两个站点可能连接在不同的交换机上。注意，VLAN只是局域网**给用户提供的一种服务**，而不是一种**新型局域网**。

如图3-36所示，设有10个站点分布在3个楼层，分别连接各自所在楼层的交换机，但这10个站点根据工作需要被划分为3个工作组，即划分为3个VLAN，每个VLAN的成员分布在不同的楼层。

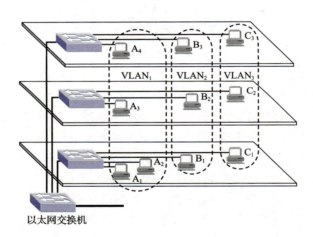

图3-36　3个虚拟局域网VLAN$_1$、VLAN$_2$和VLAN$_3$的构成

$VLAN_1$: (A_1, A_2, A_3, A_4)。 $VLAN_2$: (B_1, B_2, B_3)。 $VLAN_3$: (C_1, C_2, C_3)。

每个VLAN在逻辑上就如同一个物理上独立的局域网，VLAN中的站点仅能与同一VLAN中的站点通信。例如，站点$B_1 \sim B_3$同属于虚拟局域网VLAN$_2$。B_1仅能接收到工作组内成员（B_2和B_3）发送的帧，虽然它们没有和B_1连在同一个交换机上。相反，B_1接收不到与B_1连接在同一个交换机上的其他工作组的成员（A_1、A_2和C_1）发送的帧，即使这些帧的目的MAC地址是B_1或广播地址。

VLAN具有以下优点。

（1）简化网络管理。由于站点物理位置与逻辑分组无关，当站点从一个工作组迁移到另一个工作组时，网络管理员仅需调整VLAN配置，无须改变网络布线或将站点搬移到新的物理位置。

（2）控制广播风暴。当用交换机构建较大局域网时，大量的广播报文会导致网络性能下降，甚至会引发**广播风暴**。VLAN将广播报文限制在本VLAN之内，将大的局域网分隔成多个独立的广播域，可有效防止出现或控制广播风暴，提高网络整体性能。

（3）增强网络的安全性，便于管理员根据用户的安全需要隔离VLAN间的通信。

VLAN可以根据交换机的接口、MAC地址、IP地址与网络层协议等进行划分。这里仅介绍其中最常用的方法，即基于交换机接口的VLAN划分。如图3-37所示，管理员可以将交换机的接口1、3、5配置为属于$VLAN_1$，而将接口2、4、6配置为属于$VLAN_2$。为此，交换机的MAC地址表中除了MAC地址和对应接口号外，还有VLAN号。在逻辑上，可以认为交换机为每个VLAN维护一个转发表，并且仅同一VLAN内的接口间能转发帧，从而将一个物理的交换机划分成多个逻辑上独立的交换机。

如果某些VLAN要跨越多个交换机，最简单的方法是将两个交换机中属于同一VLAN的接口用网线连接起来。但这需要用网线连接多对接口，即n个VLAN就需要连接n对接口。一种更好的互连VLAN交换机的方法是使用VLAN中继（Trunk）技术。如图3-38所示，管理员可以将交换机的某个接口配置为Trunk接口，将两个VLAN交换机用一对Trunk接口互连，由于Trunk接口可以同时属于多个VLAN，因此多个VLAN可以共享同一条中继链路来传输各自的帧。问题是交换机如何知道从一个Trunk接口上接收到的一个帧是属于哪个VLAN的呢？ IEEE定义的802.1Q标准对以太网帧进行了扩展，允许交换机在以太网帧中插入一个4字节的标识符，称为VLAN标记（Tag），用来指明该帧来自哪一个VLAN，如图3-39所示。当交换机需要将帧从Trunk接口转发出去时，VLAN标记被插入帧；当插入VLAN标记的帧要从非Trunk接口转发出去时，要将该VLAN标记删除。因此，802.1Q标准虽然修改了以太网的帧格式，但对所有连接非Trunk接口的用户站点是完全透明的，802.1Q标记帧仅在交换机间各VLAN复用的Trunk链路上使用。

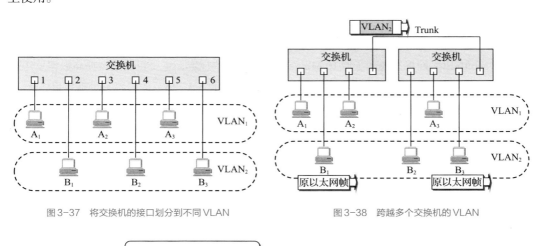

图3-37　将交换机的接口划分到不同VLAN　　　图3-38　跨越多个交换机的VLAN

图3-39　插入VLAN标记的802.1Q帧格式

要注意的是，在各站点被划分到不同的VLAN后，它们是不能直接进行通信的。因为每个VLAN在逻辑上都是独立的局域网。要想使这些站点能够互相通信，需要使用路由器将这些VLAN在第3层（即IP层）互连起来。这时，虽然不同VLAN的站点之间通过路由器的转发能够在IP层互相通信，但它们在数据链路层是不能直接通信的，并且处于不同的广播域中。

3.6　以太网的演进

以太网的演进

最初的以太网是由美国施乐公司的Palo Alto研究中心于1975年研制成功的。以太网从标准以太网（速率为10 Mbit/s，也称为传统以太网）开始逐步在有线局域网市场中占据了统治地位，如今其数据率已演进到每秒百兆比特、吉比特、10吉比特，甚至100吉比特。由于历史原因，速率达到或超过100 Mbit/s的以太网被称为**高速以太网**，虽然现在100 Mbit/s对大多数用户来说已不算是高速了。下面简单介绍高速以太网的发展。

3.6.1　100BASE-T 以太网

1992年9月，100 Mbit/s以太网的设想提出后仅13个月，100 Mbit/s以太网的产品就问世了。100BASE-T是在双绞线上传送100 Mbit/s基带信号的星形拓扑以太网，仍使用IEEE 802.3的CSMA/CD协议，它又称为**快速以太网**（Fast Ethernet）。用户只要更换一台适配器，再配上一个100 Mbit/s的集线器，就可很方便地将10BASE-T以太网直接升级到100 Mbit/s，而不必改变网络的拓扑结构。所有在10BASE-T上的应用软件和网络软件都可保持不变。100BASE-T的适配器有很强的自适应性，能够自动识别10 Mbit/s和100 Mbit/s。1995年IEEE把100BASE-T的快速以太网定为正式标准，其代号为IEEE 802.3u。

100BASE-T可使用以太网交换机在无冲突的全双工方式下工作，在全双工方式下不再使用CSMA/CD协议，但以半双工方式工作时则一定要使用CSMA/CD协议。快速以太网使用的MAC帧格式仍然是IEEE 802.3标准规定的帧格式。

100 Mbit/s以太网标准改动了原10 Mbit/s以太网的某些规定，主要目的是在提高数据发送速率的同时，使参数 a 保持不变（或保持为较小的数值）。根据3.4.2小节的内容不难推导出：

$$a=\frac{\tau}{T_0}=\frac{\tau}{L/C}=\frac{\tau C}{L}$$

可以看出，当数据率 C（Mbit/s）提高到原来的10倍时，为了保持参数 a 不变，可以将帧长 L（Bit）也增大到原来的10倍，或将网络电缆长度（因而使 τ）减小到原来的十分之一。

在100 Mbit/s以太网中采用的方法是保持最短帧长不变，但把一个网段的最大电缆长度减小到100 m。最短帧长仍为64字节，即512比特。因此100 Mbit/s以太网的争用期是5.12 μs，帧间最小间隔是0.96 s，都是10 Mbit/s以太网的1/10。

100 Mbit/s以太网标准规定了以下3种不同的物理层标准。

（1）100BASE-TX：使用两对五类UTP或STP，其中一对用于发送，另一对用于接收。

（2）100BASE-FX：使用两根光纤，其中一根用于发送，另一根用于接收。

在标准中，把上述100BASE-TX和100BASE-FX合在一起称为100BASE-X。

（3）100BASE-T4：使用4对三类或五类UTP，这是为已使用三类UTP的大量用户而设计的。它使用3对线同时传送数据（每一对线以 $33\frac{1}{3}$ Mbit/s的速率传送数据），用1对线作为冲突检测的接收信道。

3.6.2　吉比特以太网

1996年夏季，吉比特以太网（又称为千兆以太网）的产品问世。IEEE在1997年通过了吉比特以太网的标准802.3z，它在1998年成为正式标准。

吉比特以太网的标准IEEE 802.3z有以下几个特点。

（1）允许在1 Gbit/s下以全双工和半双工两种方式工作。

（2）使用IEEE 802.3标准规定的帧格式。

（3）在半双工方式下使用CSMA/CD协议（全双工方式不需要使用CSMA/CD协议）。

（4）与10BASE-T和100BASE-T技术向后兼容。

吉比特以太网的物理层共有以下两个标准。

（1）**1000BASE-X（IEEE 802.3z标准）**。1000BASE-X使用的传输媒体有以下3种。

1000BASE-SX：使用850 nm激光器和纤芯直径为62.5 μm和50 μm的多模光纤时，传输距离分别为275 m和550 m。

1000BASE-LX：使用1300 nm激光器和纤芯直径为62.5 μm和50 μm的多模光纤时，传输距离为550 m；使用纤芯直径为10 μm的单模光纤时，传输距离为5 km。

1000BASE-CX：使用两对短距离的STP电缆，传输距离为25 m。

（2）**1000BASE-T（802.3ab标准）**。1000BASE-T使用4对五类UTP时，传送距离为100 m。

吉比特以太网工作在半双工方式下时，必须进行冲突检测。由于数据率提高了，因此只有减小最大电缆长度或增大最短帧长，才能使参数 a 保持较小的数值。若将吉比特以太网最大电缆长度减小到10 m，那么网络的实际价值就大大降低。而若将最短帧长增大到640字节，则在发送短数据时开销又太大。因此，吉比特以太网仍然保持一个网段的最大长度为100 m，但采用了**载波延伸**（Carrier Extension）的办法，使最短帧长仍为64字节（这样可以保持兼容性），同时将争用期增大为512字节。凡发送的MAC帧长不足512字节时，就用一些特殊字符填充在帧的后面，使MAC帧的发送长度增大到512字节，这对有效载荷并无影响。接收端在收到以太网的MAC帧后，要把所填充的特殊字符删除后才向高层交付。当原来仅64字节长的短帧填充到512字节时，所填充的448字节就造成了很大的开销。

为此，吉比特以太网增加了一种功能，称为**分组突发**（Packet Bursting）。当要发送很多短帧时，第一个短帧采用上面所说的载波延伸的方法进行填充。随后的一些短帧则可一个接一个地发送，它们之间只需留有必要的帧间最小间隔。这样就形成一串分组的突发，直到达到1500字节或稍多一些为止。当吉比特以太网工作在全双工方式下时，不使用载波延伸和分组突发。

3.6.3　10 吉比特及更高速率的以太网

10GbE（10 Gigabit Ethernet）标准由IEEE 802.3ae委员会制定，已在2002年6月完成，也称万兆以太网。10GbE并非将吉比特以太网的速率简单地提高到10倍，这里有许多技术上的问题要解决。下面是10GbE的主要特点。

10GbE的帧格式与10 Mbit/s、100 Mbit/s和1 Gbit/s 以太网的**帧格式完全相同**，它还保留了802.3标准规定的**以太网最小和最大帧长**。这使用户在将其已有的以太网升级后，仍能和较低速率的以太网很方便地通信。

注意，**从10GbE开始，以太网就只支持全双工方式**，因此**不存在争用问题，也不使用**

CSMA/CD 协议。这使得10GbE的传输距离不再受冲突检测的限制，也就是说10GbE已不再仅仅是一种局域网技术，它可以用于广域连接。

10GbE物理层标准可分为3类：基于光纤的局域网标准、基于双绞线的局域网标准和基于光纤的广域网标准。

（1）基于光纤的局域网10GbE物理层标准。

10GBASE-SR：使用850 nm激光器的多模光纤，传输距离不超过300 m。

10GBASE-LR：使用1300 nm激光器的单模光纤，传输距离不超过10 km。

10GBASE-ER：使用1500 nm激光器的单模光纤，传输距离不超过40 km。

10GBASE-ZR：使用1550 nm激光器的单模光纤，传输距离不超过80 km。

（2）基于双绞线（铜线）的局域网10GbE物理层标准。

10GBASE-CX4：使用4对双芯屏蔽铜缆（Twinax），传输距离不超过15 m。

10GBASE-KX4和10GBASE-KR：传输距离不超过1 m，主要用于设备背板连接，如刀片服务器、路由器和交换机的集群线路卡，所以又称为背板以太网。

10GBASE-T：使用4对无屏蔽超六类双绞线，传输距离不超过100 m。

（3）基于光纤的广域网10GbE物理层标准。

10GbE一个最大的改变就是它不仅可以在局域网中使用，还可应用于广域网中，其对应的标准包括10GBASE-SW、10GBASE-LW、10GBASE-EW、10GBASE-ZW（Cisco公司私有标准）。这4个广域网10GbE物理层标准专为工作在OC-192/STM-64 SONET/SDH环境中而设置，使用SONET/SDH帧，传输速率为9.953 Gbit/s。它们所使用的光纤类型和有效传输距离分别对应前面介绍的应用于局域网中的10GBASE-SR、10GBASE-LR、10GBASE-ER、10GBASE-ZR。

在10GbE标准问世后不久，有关40GbE/100GbE（40吉比特以太网和100吉比特以太网）的标准IEEE 802.3ba在2010年6月公布了。每一种传输速率都有4种不同的传输媒体。100GbE在使用单模光纤传输时，传输距离可以达到40 km。2017年12月，200GbE/400GbE标准IEEE 802.3bs公布，全部用光纤传输。今后还会不断有更高速率的以太网问世。

现在以太网的工作范围实际上已经从局域网（校园网、企业网）扩大到城域网和广域网，从而实现了端到端的以太网传输。这种工作方式的好处如下所述。

（1）以太网是一种经过实践证明的成熟技术，无论是ISP还是终端用户都很愿意使用以太网。

（2）以太网的互操作性很好，不同厂商生产的以太网都能可靠地进行互操作。

（3）在广域网中使用以太网时，其价格大约只有SONET的五分之一和ATM的十分之一。以太网还能够适应多种传输媒体，如铜缆、双绞线及各种光缆，这使具有不同传输媒体的用户在进行通信时不必重新布线。

（4）端到端的以太网连接使帧的格式全都是以太网的格式，而不需要再进行帧的格式转换，这简化了操作和管理。但是，以太网和现有的其他网络（如帧中继网络或ATM网络）仍然需要通过相应的接口进行互连。

以太网从10 Mbit/s到10 Gbit/s甚至100Gbit/s的演进证明了以太网的以下优点。

（1）可扩展。

（2）灵活（多种媒体、全/半双工、共享/交换）。

（3）易于安装。

（4）稳健性好。

表3-1对常用高速以太网标准进行了比较。

表3-1　常用高速以太网标准的比较

标准	传输媒体	传输速率	单段传输距离
100BASE-TX	2对五类UTP或STP	100 Mbit/s	100 m
100BASE-FX	多模或单模光纤	100 Mbit/s	2 km
100BASE-T4	4对三类UTP或五类UTP	100 Mbit/s	100 m
1000BASE-SX	多模光纤	1000 Mbit/s	550 m
1000BASE-LX	单模光纤	1000 Mbit/s	5 km
1000BASE-CX	2对STP	1000 Mbit/s	25 m
1000BASE-T	4对五类UTP	1000 Mbit/s	100 m
10GBASE-SR	多模光纤	10 Gbit/s	300 m
10GBASE-LR	单模光纤	10 Gbit/s	25 km
10GBASE-ER	单模光纤	10 Gbit/s	40 km
10GBASE-ZR	单模光纤	10 Gbit/s	80 km
10GBASE-CX4	4对双芯屏蔽铜缆	10 Gbit/s	15 m
10GBASE-T	4对超六类UTP	10 Gbit/s	100 m

3.6.4　使用以太网进行宽带接入

现在人们也在使用以太网进行互联网宽带接入。为此，IEEE在2001年初成立了802.3EFM工作组[1]，专门研究以太网的宽带接入技术。

以太网接入的一个重要特点是它可以提供双向的宽带通信，并且可以根据用户对带宽的需求灵活地进行带宽升级（例如，把10 Mbit/s的以太网交换机更新为100 Mbit/s甚至1 Gbit/s的以太网交换机）。当城域网和广域网都采用吉比特以太网或10吉比特以太网时，采用以太网接入可以实现端到端的以太网传输，中间不需要再进行帧格式的转换。这提高了数据的传输效率且降低了传输的成本。

然而以太网的帧格式标准中只有源地址字段而没有用户名字段，也没有让用户输入密码来鉴别用户身份的过程。任何带有内置网络适配器的计算机，只要用网线接入一个以太网，就可以自由访问连接在这个以太网中的其他主机。这对使用以太网接入需要收费的互联网来说，显然是不行的。

于是有人就想办法把数据链路层的两个成功的协议结合起来，把PPP帧封装到以太网中传输，即PPPoE。现在的FTTx都使用PPPoE的方式接入。

例如，如果使用光纤到大楼的方案，就在每个大楼安装一个ONU（实际上就是一个以太网交换机），然后根据用户所申请的带宽，用五类线（这里已经变为铜线了）接到用户家中。如果上网的用户很多，那么还可以在每一个楼层再安装一个100 Mbit/s的以太网交换机。各大楼的以

---

[1] 通信网的数字化是从主干网开始的，最后剩下的一段模拟线路是用户线，因此，这一段用户线常被称为通信线路数字化过程中的"最后一英里"。802.3EFM中的EFM表示"Ethernet in the First Mile"，意思是从用户端开始算，"第一英里采用以太网"，也就是说，EFM表示"采用以太网接入"。

太网交换机通过光缆汇接到ONU，然后通过城域网连接到互联网的主干网。

使用这种方式接入互联网时，用户家中不再需要使用任何调制解调器，只需要有一个RJ-45的插口。用户把自己的PC通过五类线连接到墙上的RJ-45插口中，然后在PPPoE弹出的窗口中输入用户名和密码，就可以实现宽带上网了。请注意，使用这种以太网进行宽带接入时，从用户家中的PC到户外的第一个以太网交换机的带宽是能够得到保证的。因为这个带宽是用户独占的，没有和其他用户共享，但这个以太网交换机到上一级的交换机的带宽是由许多用户共享的。因此，如果过多的用户同时上网，每一个用户分配到的带宽就会减少。这时，网络运营商就应当及时进行扩容，以保证用户的利益不受损伤。

顺便指出，当用户利用ADSL进行宽带上网时，从用户PC到家中的ADSL调制解调器也是使用RJ-45插口和五类线连接的，并且也是使用PPPoE弹出的窗口进行拨号的。但是用户PC发送的以太网帧到了ADSL调制解调器中，就转换为ADSL使用的PPP帧。PPP帧通过用户家中墙上的RJ-11插口和普通的电话线传送，这已经和以太网没有关系了。因此这种上网方式不能称为以太网上网，而是利用电话线宽带接入互联网。

3.7 无线局域网

在局域网刚刚问世的一段时间内，无线局域网的发展比较缓慢，原因是无线局域网价格高、数据传输速率低、安全性较差。但自20世纪80年代末以来，由于人们工作和生活节奏的加快，以及移动通信技术的飞速发展，无线局域网逐步进入市场。无线局域网提供了移动接入的功能，这就给许多需要发送数据但又不能坐在办公室的工作人员提供了方便。当一个工厂跨越的面积很大时，若要将各个部门用电缆连接成网，费用可能很高。但若使用无线局域网，不仅节省了投资，而且建网的速度也会较快。另外，当大量持有便携式计算机的用户在一个地方同时要求上网时（如在图书馆或购买股票的大厅里），若用电缆连网，恐怕连铺设电缆的位置都很难找到，而用无线局域网则比较容易。

请读者注意，**便携站**（Portable Station）和**移动站**（Mobile Station）的意思并不一样。便携站当然是便于移动的，但便携站在工作时位置是固定不变的。而移动站不仅能够移动，还可以在移动的过程中进行通信（正在运行的应用程序感觉不到计算机位置的变化，也不因计算机位置的移动而中断运行）。移动站一般都使用电池供电。

3.7.1 无线局域网的组成

无线局域网可分为两大类，第一类是**有固定基础设施的**，第二类是**无固定基础设施的**。"固定基础设施"是指预先建立起来的、能够覆盖一定地理范围的一批固定基站（Base Station）。大家经常使用的蜂窝移动电话就是利用电信公司预先建立的、覆盖全国的大量固定基站来接通用户手机拨打的电话。

无线局域网的
组成

1. 有固定基础设施的无线局域网

有固定基础设施的无线局域网中，最有名的就是IEEE 802.11无线局域网。实际上802.11既支持有固定基础设施的网络，也支持无固定基础设施的网络，但使用最多的是它的有固定基础设施的组网方式。由于绝大多数人使用的无线局域网都是802.11无线局域网，若不特别指出，本书中"无线局域网"就指的是802.11无线局域网。

1997年IEEE制定出无线局域网的协议标准802.11，ISO/IEC也批准了这一标准，其编号为ISO/IEC 8802-11。802.11是一个非常复杂的标准，在MAC层使用CSMA/CA协议（在3.7.3小节讨论）。由于标准在实现的技术细节上的微小偏差可能导致产品的不兼容性，因此1999年成立了一个非营利性国际组织，即Wi-Fi联盟（Wi-Fi Alliance），对无线局域网产品进行无线兼容性认证，发给通过其测试的产品"Wi-Fi"这样的商业认证标记。尽管Wi-Fi只是厂商联盟在推广802.11标准时使用的标记，但人们习惯将Wi-Fi作为802.11无线局域网的名称。由于802.11无线局域网的广泛应用，现在Wi-Fi几乎成了无线局域网的同义词。

在有固定基础设施的组网方式中，802.11无线局域网使用星形拓扑，其中心的**基站**被称为**接入点**（Access Point，AP）。802.11标准规定无线局域网的最小构件是**基本服务集**（Basic Service Set，BSS）。一个BSS包括一个AP和若干个移动站，站点和本BSS内的站点相互通信及和本BSS以外的站点通信时，都必须通过本BSS的AP。网络管理员安装AP时，必须为AP分配一个不超过32字节的**服务集标识符**（Service Set Identifier，SSID）和一个无线信道。SSID其实就是使用该AP的无线局域网的名字。一个BSS所覆盖的地理范围叫作一个**基本服务区**（Basic Service Area，BSA）。BSA和无线移动通信的蜂窝小区相似。在无线局域网中，一个BSA的直径不超过100 m。

一个BSS集可以是孤立的，也可通过AP连接到一个**分配系统**（Distribution System，DS），然后连接到另一个BSS集，这样就构成了一个**扩展服务集**（Extended Service Set，ESS），如图3-40所示。DS的作用是使ESS对上层的表现就像一个BSS一样，因此ESS仍然是一个局域网。DS可以使用以太网（这是最常用的）、点对点链路或其他无线网络。ESS还可为无线用户提供到非802.11无线局域网（例如到有线连接的互联网）的接入。在一个ESS内的几个不同的BSS也可能有相交的部分。图3-40中的移动站A如果要和另一个BSS中的移动站B通信，就必须经过AP_1和AP_2，即A→AP_1→AP_2→B。

图3-40还给出了移动站A从一个BSS漫游到另一个BSS而仍然保持与移动站B的通信的例子，但A在不同的BSS所使用的AP改变了。BSS的服务范围是由移动站所发射的电磁波的辐射范围确定的，图3-40用椭圆形来表示BSS的服务范围，当然实际上的服务范围可能是很不规则的几何形状。

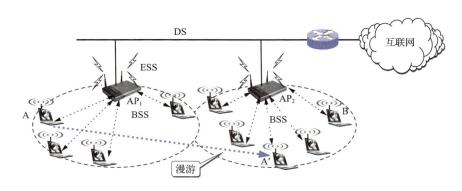

图3-40　IEEE 802.11的BSS和ESS

802.11标准并没有定义如何实现漫游，但定义了一些基本的工具。例如，一个移动站若要加入一个BSS，就必须先选择一个AP，并与此AP建立**关联**（Association）。此后，这个移动站就可以通过该AP来发送和接收数据。若移动站使用**重建关联**（Reassociation）服务，就可把这种关联转移到另一个AP。若要终止这种关联服务，应使用**分离**（Dissociation）服务。移动站与AP建立关联的方法有两种：一种是被动扫描，即移动站等待接收AP周期性发出的**信标帧**（Beacon Frame），信标帧包含若干系统参数（如SSID、AP的MAC地址及所支持的速率等）；另一种是主动扫描，即移动站主动发出**探测请求帧**（Probe Request Frame），然后等待从AP发回的**探测响应帧**（Probe Response Frame）。当在操作系统中查看可用网络时，将显示所在区域内每个AP的SSID，用户可以选择其中的一个并与之建立关联。现在许多地方（如办公室、机场、快餐店、旅馆、购物中心等）都能够向公众提供有偿或无偿的互联网Wi-Fi接入服务，人们将互联网公众无线AP称为**热点**（Hot Spot）。

由于无线局域网已非常普及，因此现在无论是笔记本电脑、平板电脑还是智能手机，都已经内置了无线局域网适配器（也就是无线网卡），不需要再插入外置的无线网卡了。无线局域网的适配器能够实现802.11的物理层和MAC层的功能，只要在无线局域网信号覆盖的地方，用户就能够通过AP连接到互联网。

当用户与AP建立关联时，一般都需要输入用户口令（这时的通信是加密的）。只有输入正确，才能和该网络中的AP建立关联。在无线局域网发展初期，这种接入加密方案称为WEP（Wired Equivalent Privacy，有线等效保密），它曾经是1999年通过的IEEE 802.11b标准中的一部分。然而WEP相对比较容易被破译，因此现在的无线局域网普遍采用保密性更好的加密方案WPA（Wi-Fi Protected Access，Wi-Fi保护接入）或其第二个版本WPA2。WPA2是2004年颁布的802.11n标准中强制执行的加密方案。

2. 无固定基础设施的无线局域网

另一类无线局域网是无固定基础设施的无线局域网，又叫作**自组网络**（ad hoc Network）[①]。这种自组网络没有上述BSS中的AP，而是由一些处于平等状态的移动站相互通信组成的临时网络。802.11的ad hoc模式允许在通信范围内的各站点直接进行通信，组成一个无中心、不与外界网络连接的自组网络，即独立基本服务集（independent BSS，iBSS），它支持节点间的单跳通信。复杂的自组网络支持节点间的多跳存储转发，如图3-41所示。图中移动站A和E通信时，经过了A→B、B→C、C→D和D→E这样一连串的存储转发过程。因此，在从源节点A到目的节点E的路径中，移动站B、C和D都是转发节点，这些节点都具有路由功能。

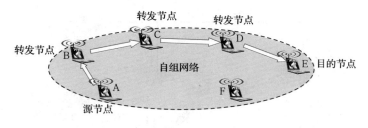

图3-41 具有多跳路由功能的自组网络

① 拉丁语ad hoc本来的意思是"仅为此目的"（for this purpose only），并且通常还有"临时的"含义，译成中文就是"特定的"。直译ad hoc Network就是"特定网络"，但由于这种网络的组成并不需要使用固定的基础设施，因此可意译为"自组网络"，表明仅靠移动站自身而不需要固定基站就能组成网络。

自组网络通常是这样构成的：一些可移动的设备发现在它们附近还有其他可移动设备，并且要求和其他移动设备通信。由于便携式计算机的普及，自组网络的组网方式已受到人们的广泛关注。

移动自组网络更强调站点的能动性，在军用和民用领域都有很好的应用前景。在军事领域中，战场上往往没有预先建好的固定 AP，携带移动站的战士可以利用临时建立的移动自组网络进行通信。这种组网方式也能够应用到作战的地面车辆群和坦克群，以及海上的舰艇群、空中的机群。由于每一个移动设备都具有路由器的转发分组的功能，因此，分布式的移动自组网络的生存性非常好。在民用领域，开会时持有笔记本电脑的人可以利用这种移动自组网络方便地交换信息，而不受附近没有电话线插头的限制。进行抢险救灾时，也可利用移动自组网络进行及时的通信，因为这时事先建好的固定网络基础设施（基站）可能已经被破坏了。

顺便指出，**移动自组网络和移动 IP（Mobile IP）并不相同**。移动 IP 技术使漫游的主机可以用多种方式连接到互联网。漫游的主机可以直接连接到或通过无线链路连接到固定网络上的另一个子网。为了支持这种形式的主机移动性，移动 IP 需要具有地址管理功能和协议的互操作性，但移动 IP 的核心网络功能仍然基于在固定互联网中一直使用的各种路由选择协议。移动自组网络是将移动性扩展到无线领域中的自治系统，它具有自己特定的路由选择协议，并且可以不和互联网相连。即使在和互联网相连时，移动自组网络也是以**残桩网络**（Stub Network）方式工作的。通信量可以进入残桩网络，也可以从残桩网络发出，但不允许外部的通信量穿越残桩网络。

3.7.2　802.11 无线局域网的物理层

802.11 标准中的物理层相当复杂，这里仅做简单介绍。根据物理层工作频段、数据传输速率、调制方式等的不同，802.11 无线局域网可再细分为不同的类型。很多无线网卡和 AP 支持多种标准，用户可根据需要自行选择。表 3-2 所示为 7 种常用的 802.11 无线局域网的物理层。

802.11 无线局域网的物理层

表3-2　7种常用的802.11无线局域网的物理层

别名	标准	频段	最高数据传输速率	物理层	特点
Wi-Fi 1	802.11b	2.4 GHz	11 Mbit/s	DSSS[①]	价格最低，信号传播距离最远，且不易受阻碍，最高数据传输速率较低
Wi-Fi 2	802.11a	5 GHz	54 Mbit/s	OFDM[②]	最高数据传输速率较高，支持更多用户同时上网，价格最高，信号传播距离较短，且易受阻碍
Wi-Fi 3	802.11g	2.4 GHz	54 Mbit/s	OFDM	最高数据传输速率较高，支持更多用户同时上网，信号传播距离最远，且不易受阻碍，价格比 802.11b 高

① DSSS 表示 Direct Sequence Spread Spectrum（直接序列扩频）。

② OFDM 表示 Orthogonal Frequency Division Multiplexing（正交频分复用，一种多载波并行调制技术）。

续表

别名	标准	频段	最高数据传输速率	物理层	特点
Wi-Fi 4	802.11n	2.4 GHz 5 GHz	600 Mbit/s	MIMO[1] OFDM	使用多个发射和接收天线来获得更高的数据传输速率，当使用双倍带宽（40 MHz）时速率可达600 Mbit/s
Wi-Fi 5	802.11ac	5 GHz	3.5 Gbit/s	MU-MIMO[2] OFDM	比802.11n使用更高阶数的调制技术，支持下行MU-MIMO和更多的MIMO空间流
Wi-Fi 6	802.11ax	2.4 GHz 5 GHz	9.6 Gbit/s	MU-MIMO OFDMA[3]	同时支持上下行MU-MIMO，使用OFDMA技术，提高了频谱利用率，引入节能技术，增强移动设备续航能力
Wi-Fi 7	802.11be	2.4 GHz 5 GHz 6 GHz	30 Gbit/s	MU-MIMO OFDMA	同时支持3个频段，将最大带宽增加到320 MHz，调制阶数升级到4096-QAM，具有更高的频谱利用率和更低的时延

为了便于推广，2018年Wi-Fi联盟决定使用Wi-Fi 4/5/6作为802.11n/ac/ax的别名，之后人们也就非正式地将Wi-Fi 1/2/3作为802.11b/a/g这3个早期无线局域网的别名。

在2022年世界移动通信大会上，中兴推出Wi-Fi 7标准的产品。截至2023年12月，华为Wi-Fi 7标准专利贡献全球第一。2024年1月8日，Wi-Fi联盟正式宣布推出Wi-Fi Certified 7™认证计划，这意味着Wi-Fi 7开始正式落地，为Wi-Fi 7设备的兼容性和连接性提供了保障，也标志着Wi-Fi 7技术进入实际应用的阶段。

以上7种标准使用基本相同的媒体接入控制协议，下面简要讨论802.11无线局域网的MAC协议。

3.7.3 802.11 无线局域网的 MAC 协议

1. CSMA/CA 协议

CSMA/CA 协议

既然CSMA/CD协议已成功地应用于有线局域网，无线局域网能不能也使用CSMA/CD协议呢？在无线局域网中，仍然可以用CSMA"发送前先监听"的方法避免冲突，即在发送数据之前对传输媒体进行载波监听。如发现有其他站在发送数据，就推迟发送以免发生冲突。但在无线局域网中进行"冲突检测"存在以下问题。

（1）冲突检测要求一个站点在发送本站数据的同时不间断地检测信道，一旦检测到冲突，就立即停止发送。但由于无线信道的传输条件特殊，无线信号衰减非常快，其信号强度的动态范围非常大，在802.11适配器上接收到的信号强度往往会远远小于发送信号的强度（信号强度可能相差百万倍）。要在无线局域网的适配器上实现冲突检测，对硬件的要求非常高。

（2）更重要的是，即使我们能够在硬件上实现无线局域网的冲突检测功能，由于无线电波

---

① MIMO 表示 Multiple-Input Multiple-Output（多输入多输出，在接收端和发送端采用多天线系统）。

② MU-MIMO 表示 Multi-User Multiple-Input Multiple-Output（多用户-多输入多输出，基站可充分利用天线的空域资源与多个用户同时进行通信）。

③ OFDMA 表示 Orthogonal Frequency Division Multiple Access（正交频分多址，基于多载波动态分配的多址接入技术）。

传播的特殊性（下面将要讨论的隐蔽站问题），仍然有可能检测不出所发生的冲突。也就是说，实现了冲突检测也意义不大。

我们知道，无线电波能够向所有的方向传播，信号衰减非常快，传播距离有限。当电磁波在传播过程中遇到障碍物时，其传播还会受到阻碍。图3-42所示的例子表示了无线局域网的特殊问题。图中给出两个无线移动站 A 和 B，以及接入点 AP。我们假定无线信号传播的范围是以发送站为圆心的一个圆。

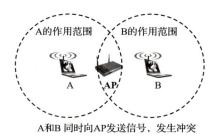

A 和 B 同时向 AP 发送信号，发生冲突

图3-42 无线局域网的隐蔽站问题

图3-42表示 A 和 B 同时向 AP 发送数据，但 A 和 B 相距较远或有物体遮挡，彼此都接收不到对方发送的信号。当 A 和 B 都检测不到对方的无线信号时，它们认为现在无线信道是空闲的，因而都向 AP 发送数据。结果 AP 同时收到 A 和 B 发来的数据，发生了冲突，但 A 和 B 都检测不到这种冲突。这就是所谓的**隐蔽站问题**（Hidden Station Problem）。图3-42中 A 和 B 互为隐蔽站，因为它们都检测不到对方发送的信号。有时，虽然 A 和 B 相距很近，但它们之间有障碍物，也有可能出现上述问题。

既然不能有效检测冲突，就要尽可能避免冲突。802.11标准没有简单照搬有线局域网使用的 CSMA/CD 协议，而是使用**载波监听多址接入/冲突避免**（Carrier Sense Multiple Access with Collision Avoidance，CSMA/CA）协议。该协议在 CSMA 的基础上增加了**冲突避免**（Collision Avoidance）功能，而没有实现冲突检测功能。由于不可能避免所有的冲突，且无线信道误码率较高，802.11标准还使用了数据链路层确认机制来保证数据被正确接收。

CSMA/CA 协议
（动画演示）

实际上，802.11标准的 MAC 层标准定义了两种不同的媒体接入控制方式：**分布式协调功能**（Distributed Coordination Function，DCF）和**点协调功能**（Point Coordination Function，PCF）。在 DCF 方式下，没有中心控制站点，每个站点使用 CSMA/CA 协议通过争用信道来获取发送权，这是802.11标准定义的默认方式。而 PCF 方式使用集中控制的接入算法（一般在 AP 实现集中控制），是802.11标准定义的可选方式，在实际中很少使用，这里不进行介绍。

2. 确认机制和帧间间隔

在考虑如何避免冲突之前，介绍802.11标准中的确认机制和帧间间隔。802.11标准规定，所有的站点必须在持续检测到信道空闲一段指定时间后才能发送帧，这段时间称为**帧间间隔**（Inter-Frame Space，IFS）。帧间间隔的长短取决于该站点要发送的帧的类型。高优先级帧需要等待的时间较短，因此可优先获得发送权，低优先级帧就必须等待较长的时间。若低优先级帧还没来得及发送，而其他站的高优先级帧已发送到信道上，则信道变为忙态，低优先级帧就只能推迟发送了，这样就减少了发生冲突的机会。以下是常用的两种帧间间隔。

（1）**SIFS**（Short Inter-Frame Space，短帧间间隔）是最短的帧间间隔，用来分隔开属于一次对话的各帧，一个站点应当能够在这段时间内从发送方式切换到接收方式。使用 SIFS 的帧类型有 ACK 帧、CTS 帧（在本节后面有介绍）、将过长的 MAC 帧分片后的数据帧[①]，以及所有回答

---

① 因为无线信道的误码率比有线信道高得多，所以，无线局域网的 MAC 帧应当短一些，以便减小出错重传时的开销。因此必须对太长的帧进行分片。

AP探询的帧和在PCF方式中AP发送出的任何帧。

（2）DIFS（Distributed Inter-Frame Space，分布式帧间间隔）比SIFS长得多，在DCF方式中用来发送数据帧和管理帧。

CSMA/CA协议的确认机制如图3-43所示。源站先检测信道，若检测到信道空闲，则在等待DIFS时间后发送。目的站若正确收到此帧，则经过SIFS时间后，向源站发送ACK（但对于接收到的广播帧不发送ACK）。若源站在规定时间内没有收到ACK（由超时计时器控制这段时间），就必须重传此帧，直到收到ACK为止，或者经过若干次的重传失败后放弃发送。可以认为CSMA/CA协议的确认机制是一种"间接冲突检测"机制。

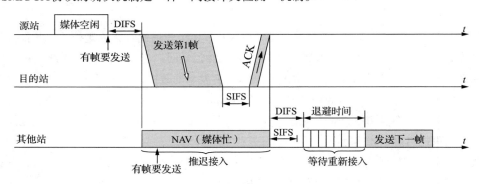

图3-43　CSMA/CA协议的确认机制

为什么信道空闲还要再等待呢？这是考虑到可能其他站有高优先级的帧要发送。如有，就要让高优先级帧先发送。例如，这里的ACK就是一种高优先级帧，需确保其发送不被其他站发送的数据帧打断。

可以看出，802.11无线局域网采用了停止等待协议来提供可靠传输服务（但对广播帧不进行确认）。但802.3有线局域网的传输是不可靠的，发送方把数据发送出去就不管了（当然，若检测到冲突是必须重传的），至于可靠传输则由高层负责。

3．退避算法

为了尽可能避免各种可能的冲突，CSMA/CA采用了一种不同于CSMA/CD的退避算法。图3-43指出，当信道从忙态变为空闲时，任何一个站要发送数据帧，不仅都必须等待一个DIFS时间，而且还要退避一段随机的时间以后再次重新试图接入信道。请读者注意，在以太网的CSMA/CD协议中，要发送数据的站点在监听到信道变为空闲时，等待一个帧间最小间隔就立即发送数据，同时进行冲突检测。如果发生了冲突，才执行退避算法。当一个站点在发送数据时，很可能有多个站点都在监听信道并等待发送数据，一旦信道空闲，如果不执行退避算法必然会有多个站点几乎同时发送数据而发生冲突。CSMA/CD通过冲突检测能及时停止发送冲突了的无效帧，而CSMA/CA并没有像以太网那样的冲突检测机制。为降低发生冲突的概率，在802.11标准的CSMA/CA协议中，当要发送帧的站点检测到信道从忙态转为空闲时，就要执行退避算法。在执行退避算法时，站点为退避计时器（Backoff Timer）设置一个随机的退避时间，当退避计时器的时间减小到零时，就开始发送数据（图3-43所示的情况）。若退避计时器的时间还未减小到零信道又转变为忙态，这时就冻结退避计时器，重新等待信道变为空闲，再经过DIFS时间后，继续启动退避计时器（从剩下的时间开始，图3-43中没有画出这种情况）。显然，当退避计时器的时间减小到零时，信道一定处于空闲状态。

当发送站点因没有接收到ACK而重传帧时，也要执行退避算法。

为了避免一个站点独占信道，一个站点在成功发送完一个数据帧后（收到ACK后），如果要连续发送下一个数据帧也要执行退避算法。

因此，当一个站点要发送数据帧时，仅在这样的情况下才不使用退避算法：检测到信道是空闲的，并且这个数据帧不是成功发送完上一个数据帧之后立即连续发送的数据帧。除此以外的以下情况，都必须使用退避算法。

（1）在发送帧之前检测到信道处于忙态时。

（2）在每一次重传一个帧时。

（3）在每一次成功发送后要连续发送下一个帧时。

4．信道预约和虚拟载波监听

为尽可能降低发生冲突的概率和减少冲突的影响，802.11标准允许要发送数据的站点对信道进行预约。如图3-44所示，源站在发送数据帧之前先发送一个短的控制帧，叫作请求发送（Request To Send，RTS）帧，它包含源地址、目的地址和这次通信（包括相应的确认帧）所需的持续时间。当然，源站在发送RTS帧之前，必须监听信道。若信道空闲，则等待DIFS时间后，就能够发送RTS帧了。若目的站正确收到源站发来的RTS帧，且信道空闲，就发送一个响应控制帧，叫作允许发送（Clear To Send，CTS）帧，它也包含这次通信所需的持续时间（从RTS帧中将此持续时间复制到CTS帧中）。源站收到CTS帧后，再等待SIFS时间，就可发送数据。若目的站正确收到了源站发来的数据帧，在等待SIFS时间后，就向源站发送ACK。

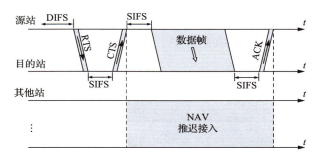

图3-44　发送RTS帧和CTS帧以避免碰撞

在图3-44中，除源站和目的站以外的其他各站监听到RTS帧或CTS帧后，根据帧中指明的持续时间推迟接入无线局域网，这样就保证了源站和目的站之间的通信不会受其他站的干扰。如果RTS帧发生冲突，源站就收不到CTS帧，需执行退避算法重传RTS帧。

由于RTS帧和CTS帧很短，发生冲突的概率、冲突产生的开销及本身的开销都很小，而一般的数据帧发送时延往往远大于传播时延（注意是在局域网中），发生冲突的概率很大，且一旦发生冲突就会导致数据帧重发，浪费的时间很多，因此，用很小的代价对信道进行预约往往是值得的。虽然如此，802.11标准还是设置了以下3种情况供用户选择。

（1）使用RTS帧和CTS帧。

（2）只有当数据帧的长度超过某一数值时才使用RTS帧和CTS帧（显然，当数据帧本身就很短时，使用RTS帧和CTS帧只会增加开销）。

（3）不使用RTS帧和CTS帧。

实际上，不仅RTS帧和CTS帧会携带通信所需的持续时间，数据帧也会携带通信所需的持续时间，这就是802.11无线局域网的**虚拟载波监听**（Virtual Carrier Sense）机制。802.11无线局域网的帧中有一个**持续时间字段**，允许发送帧的站点通知其他站点它要占用信道的时间（包括目的站发回确认帧所需的时间）。当一个站点检测到正在信道中传送的MAC帧首部的持续时间字段时，它就调整自己的**网络分配向量**（Network Allocation Vector，NAV）。NAV指出了信道将被占用的时间，即使站点（如隐蔽站）在这段时间内可能检测不到信道忙，也不能访问信道，就**好像**是监听到信道忙一样。由于利用虚拟载波监听机制的站点只要监听到RTS帧、CTS帧和数据帧中的任何一个，就能知道信道被占用的持续时间，而不需要真正监听到信道上的信号，**因此虚拟载波监听机制能减少隐蔽站带来的冲突**。例如，图3-42中的隐蔽站B虽然监听不到A发送给AP的RTS帧，却能监听到AP发送给A的CTS帧，B根据CTS帧中的持续时间修改自己的NAV，在NAV指示的时间内不会发送帧干扰A和AP的通信。

3.7.4　802.11 无线局域网的 MAC 帧

802.11 无线局域网的 MAC 帧

802.11无线局域网的MAC帧共有3种类型，即**控制帧**、**数据帧**和**管理帧**。802.11无线局域网的帧格式比较复杂，我们这里仅讨论其数据帧的一些重要字段。

从图3-45中可以看出，802.11无线局域网的数据帧由以下三大部分组成。

（1）MAC首部，共30字节。帧的复杂性体现在帧的首部。

（2）有效载荷，也就是帧的数据部分，最大长度为2312字节。但通常802.11数据帧的长度都不超过1500字节。

（3）FCS，帧校验序列，即帧的尾部，共4字节，使用CRC。

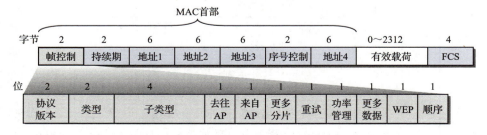

图3-45　802.11无线局域网的数据帧

1. 地址字段

802.11数据帧最特殊的地方就是有4个地址字段，这4个地址字段的内容取决于帧控制字段中的到DS（去往AP）和从DS（来自AP）这两个字段的值，如表3-3所示。

表3-3　802.11数据帧地址字段的4种使用情况

到DS	从DS	地址1	地址2	地址3	地址4
0	0	目的地址	源地址	BSSID	—
0	1	目的地址	发送AP地址	源地址	—
1	0	接收AP地址	源地址	目的地址	—
1	1	接收AP地址	发送AP地址	目的地址	源地址

最常用的是表 3-3 列出的中间两种情况，我们以图 3-46 为例来说明这两种情况。

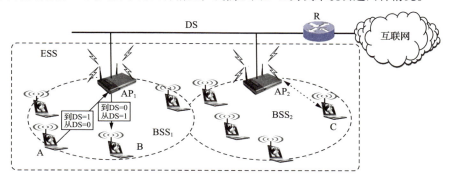

图 3-46　站点 A 通过 AP₁ 向 B 发送数据帧

在有固定基础设施 AP 的 BSS 中，站点要和本 BSS 以内或以外的站点通信，都必须通过本 BSS 的 AP。其实源站也并不知道要通信的站点是否在本 BSS 以内。

如果是和本 BSS 内的站点通信，如图 3-46 所示，站点 A 向 B 发送数据帧。首先 A 要把数据帧发送给 AP₁，帧控制字段中"到 DS = 1"而"从 DS = 0"，并且帧中地址 1 是 AP₁ 的 MAC 地址，地址 2 是 A 的 MAC 地址，地址 3 是 B 的 MAC 地址，而地址 4 没有被使用。

当 AP₁ 将数据帧转发给站点 B 时，帧控制字段中"到 DS = 0"而"从 DS = 1"，并且帧中地址 1 是 B 的 MAC 地址，地址 2 是 AP₁ 的 MAC 地址，地址 3 是 A 的 MAC 地址，也不使用地址 4。

如果站点要和本 BSS 以外的站点通信，例如，站点 A 向位于 DS 的路由器 R 发送数据帧，与以上类似。A 要把数据帧发送给 AP₁，如果 DS 是以太网，AP 会将 802.11 数据帧转换为以太网帧发送给 R。这时以太网帧中的源地址和目的地址就是 A 和 R 的 MAC 地址。反之，当 R 发送响应给 A 时，以太网帧中的源地址和目的地址分别是 R 和 A 的 MAC 地址（注意，没有 AP₁ 的 MAC 地址），AP₁ 收到后会将该帧转换为 802.11 数据帧发送给 A。因此，AP 具有网桥的功能。

读者可能会产生这样一个疑问：为什么 802.11 数据帧要携带 AP 的 MAC 地址，而以太网帧中没有 AP 的 MAC 地址也能正常工作呢？在以太网中，AP 与透明网桥一样，对各站点是透明的，在以太网帧中也不需要指出 AP 的 MAC 地址。在 802.11 无线局域网中，站点的信号覆盖范围内可能会有多个站点或 AP 共享同一物理信道，因此 MAC 帧需要携带 AP 的 MAC 地址以明确指出转发该帧的 AP（即接收 AP 或发送 AP）。

帧控制字段中"到 DS"和"从 DS"都为 0 的情况用于 802.11 无线局域网的**自组网络**模式。当通信的两个站点处于同一个独立 BSS 时，它们可以直接通信而不需要 AP 的转发，帧中的 BSSID 用于指出它们所在的 BSS。

帧控制字段中"到 DS"和"从 DS"都为 1 的情况用于连接多个 BSS 的 DS 也是 802.11 无线局域网的情况。例如，在图 3-46 中，如果 DS 也是 802.11 无线局域网，位于 BSS₁ 的站点 A 发送数据给位于 BSS₂ 的站点 C，当 AP₁ 通过无线 DS 将帧转发给 AP₂ 时，帧控制字段中的"到 DS"和

"从DS"都为1，并且帧中地址1是AP_2的MAC地址，地址2是AP_1的MAC地址，地址3是C的MAC地址，地址4是A的MAC地址。但如果DS是以太网，显然AP_1转发给AP_2的是以太网帧，帧中仅携带A和C的MAC地址。

2. 序号控制字段、持续期字段和帧控制字段

序号控制字段用来实现802.11无线局域网的可靠传输。在停止等待协议中，我们已经知道要对数据帧进行编号，当接收方的ACK丢失时，发送方会进行超时重传，接收方可以用序号来区分重复接收到的帧。

持续期字段用于实现3.7.3小节介绍的信道预约和虚拟载波监听功能。在RTS帧、CTS帧和数据帧中，该字段用于指出将要占用信道的时间。

帧控制字段是最复杂的字段。其中"到DS"和"从DS"字段已经介绍了。类型和子类型字段用于区分不同类型的帧。802.11数据帧共有3种类型：控制帧、数据帧和管理帧。每种类型又分为若干种子类型。例如，控制帧包括RTS、CTS和ACK等。控制帧和管理帧都有其特定的帧格式，这里从略。**WEP**（Wired Equivalent Privacy，有线等效保密）**字段**用于指示是否使用了加密算法来保护帧有效载荷的数据。

3.7.5 无线个域网

WPAN

无线个域网（Wireless Personal Area Network，WPAN）就是在个人工作的地方把个人使用的电子设备（如便携式计算机、蜂窝电话等）用无线技术连接起来的网络，整个网络的范围大约为10 m。WPAN可以供一个人使用，也可以供若干人共同使用。例如，一个外科手术小组的几位医生把几米范围内的一些电子设备组成一个WPAN，这些电子设备之间可以很方便地进行通信，就像用普通电缆连接一样。

WPAN的IEEE标准都由IEEE 802.15工作组制定。但近年来该工作组对研究范围进行了拓展，已将名称由原来的WPAN工作组改名为WSN（Wireless Specialty Network，无线特种网）工作组。WSN是指为特定环境、特殊需求或专业应用而设计的无线网络系统，除了考虑原来WPAN的应用场景外，通常还需要应对恶劣环境条件、满足特殊性能要求，并适应非常规应用场景。这类网络在军事、应急救援、工业监控、科学研究等领域具有广泛应用。

1. 蓝牙

最早流行的WPAN是1994年爱立信公司推出的**蓝牙**（Bluetooth）系统。该系统工作在2.4 GHz频段，通信范围为10～30 m，IEEE 802.15工作组曾把蓝牙技术标准化为IEEE 802.15.1，但目前由蓝牙技术联盟负责维护和更新其技术标准。现在几乎所有消费类电子设备都支持蓝牙，从手机和笔记本电脑到耳机、打印机、键盘、鼠标、游戏机、音乐播放器、汽车导航仪等。蓝牙协议使这些设备能彼此发现并进行连接，使人们摆脱了传统电缆连接的烦琐。蓝牙技术发展很快，第一代蓝牙的数据率仅为720 kbit/s，2010年发布的蓝牙4.0数据率可达到1 Mbit/s，2016年发布的蓝牙5.0的数据率上限已达24 Mbit/s，并且有效传输距离最高可达300 m。目前最新的版本是2020年发布的蓝牙5.2。

2. 低速 WPAN

2000年IEEE成立802.15.4工作组，致力于定义一种供廉价的固定、便携或移动设备使用的

低成本、低功耗的低速无线连接技术。ZigBee是这种技术的商业化名称，该名称来源于蜂群使用的通信方式。在标准化方面，IEEE 802.15.4工作组主要负责物理层和MAC层协议，ZigBee联盟负责高层协议及应用、测试和市场推广等方面的工作。ZigBee比蓝牙更简单，数据率更低，功耗及成本也更低。ZigBee的基本数据率是250 kbit/s，当数据率降低到28 kbit/s时传输距离可扩大到134 m，并具有更高的可靠性。ZigBee节点在工作时信号收发时间很短，而在非工作时间都处于休眠状态，占空比（工作时间与总时间之比）可小于1%，因此功耗非常低，电池寿命甚至可以超过10年。ZigBee支持大规模组网，其应用已超出了个人区域网的范围，多用于传感器网络等物联网，在数字家庭、工业控制、智能交通、环境监测等领域有很好的应用前景。

3. 高速 WPAN

IEEE 802.15.3是针对高速WPAN制定的无线MAC层和物理层标准，用于便携式多媒体设备之间短距离传送数据，支持11 Mbit/s ～ 55 Mbit/s的数据率。在现代社会，人们的个人数码设备日益增多，使用高速WPAN不用连线就能把计算机和在同一房间内的打印机、扫描仪、摄像机、电视机、投影仪、MP3播放器等电子设备连接起来，实现多媒体数据复制和在线播放。IEEE 802.15.3a工作组还提出了更高数据率物理层标准的超高速WPAN，采用超宽带（Ultra-WideBand，UWB）技术，可支持高达480 Mbit/s的数据率，传输距离达10 m，允许小范围内传送DVD质量的多媒体视频信号。UWB 技术工作在 3.1 ～ 10.6 GHz 微波频段，有非常大的信道带宽。一般UWB信号的带宽应在信号中心频率25%以上，或者信号的绝对带宽超过500 MHz。UWB技术使用极窄的高速脉冲（一种脉冲调制技术）作为数据信号，虽然信号频带很宽，但带内发射功率极低，由于其信号能量分散在极宽的频带范围内，对一般通信系统而言，UWB信号相当于白噪声，因此不会干扰授权频段及其他重要的无线设备。

3.8　蜂窝移动通信系统

通过Wi-Fi，人们可以方便地接入互联网，但无线局域网的覆盖范围通常只有10 ～ 100 m。当我们携带笔记本电脑在外面四处移动时，并不是在所有地方都能找到可接入互联网的Wi-Fi热点，这时候蜂窝移动通信系统可以为我们提供广域无线接入服务。蜂窝移动通信系统非常复杂，详细讨论该系统已超出本书的范围，在此仅从通过蜂窝移动通信系统接入互联网的角度对该系统进行简要介绍。实际上，本节内容还涉及网络层和传输层的一些知识，但从互联网的角度看，蜂窝移动通信系统是作为一个物理网络接入互联网的，因此将这些内容放在第3章，但建议读者学完本书其他部分内容再来学习本节。

3.8.1　蜂窝移动通信系统概述

蜂窝移动通信系统将整个地理覆盖区域划分成许多被称为小区（Cell）的小块区域，典型的小区为图3-47所示的六边形，形状类似"蜂窝"，因此而得名。每个小区由一个小功率收发基站为本小区内的用户服务。为避免同频率信号间的干扰，每个小区可以使用同一信道频率，相邻小区使用不同频率，相距较远的若干不相邻小区可复用同一频率。基站的功能类似无线局域网中的AP，负责向位于小区内的移动终端（如手机等）发送或接收信号，并将移动终端连接到蜂窝移动通信

蜂窝移动通信
系统概述

系统的核心网络。由于移动终端与基站通过空间无线电进行通信，因此它们之间的无线电接口也被称为**空中接口**。需要说明的是，图3-47仅是一个逻辑示意图，实际的小区因受地形等条件限制，并非严格的六边形。而且，基站也不一定放置在小区中央，例如，很多系统将基站放置在3个小区的交叉处，使得具有多个定向天线的单个基站能够为3个小区提供服务。

蜂窝移动通信经历了多次更新换代，其技术发展主要体现在空中接口无线通信技术和系统体系结构两个方面。最初的第一代（1G）蜂窝移动通信采用FDMA模拟调制方式，这种系统的主要缺点是频谱利用率低，信令干扰话音业务，只能够提供模拟话音通信，现已被淘汰。第二代（2G）蜂窝移动通信采用数字化技术，主要提供数字话音和短信服务，标准主要有两种，一种是GSM，另一种是CDMA（严格来说是IS-95 CDMA）。GSM是2G蜂窝通信的代表技术，在FDMA的基础上引入了TDMA数字调制方式，提高了系统容量，并采用独立信道传送信令。2G系统最初仅仅是为话音通信而设计的，但后来扩展出了对分组数据（即互联网业务）的支持（2.5G），可进行收发邮件和浏览网页等低速率数据通信。

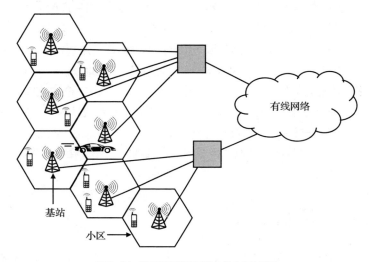

图3-47　蜂窝移动通信系统中的小区与基站

第三代（3G）蜂窝移动通信能够提供话音和数据通信，具有比2G高得多的数据率，能够处理图像、视频流等多种媒体形式，并提供电话会议、电子商务等多种信息服务。3G系统的空中接口采用了CDMA技术，主要有3个标准：欧洲的WCDMA（W表示宽带，Wideband）、美国的CDMA2000和我国提出的时分同步码分多址（Time Division-Synchronous Code Division Multiple Access，TD-SCDMA）。CDMA技术具有频率规划简单、系统容量大、频率复用系数高、抗多径能力强、通信质量高、软容量、软切换等优点。在系统体系结构方面，3G通过在核心网增加与原有蜂窝语音网电路交换域平行的分组交换域来专门支持互联网数据业务。

第四代（4G）移动通信主要采用了OFDM、MIMO等无线电新技术，比3G具有更高的带宽、更大的容量、更高的频谱效率，可为用户提供高速数据传输服务，可满足普通用户大多数的上网业务需求。在系统体系结构方面，4G采用全IP网络结构，即语音和数据都承载在IP数据报中进行传输。4G主要有两个标准，即LTE（Long Term Evolution，长期演进技术）和LTE-A（LTE-Advanced），表明从3G到4G的过渡需要较长的时间。LTE是国际标准组织3GPP针对无线电接口方面的项目，在核心网方面配套的项目是**系统体系结构演进**（System Architecture Evolution，SAE），有时为了方便，常将这两部分合起来统称为LTE。

第五代（5G）移动通信是最新一代蜂窝移动通信技术，其主要性能目标是超高速、大容量、低时延和大规模设备连接，已不再仅仅是满足普通用户的上网需求，而是要满足移动环境下高清视频、虚拟现实等数据传输需求（增强型移动宽带），满足自动驾驶、远程手术等实时应用需求（超高可靠超低时延通信），以及提供千亿设备的连接能力，满足物联网万物互联的通信需求（大规模机器类型通信）。增强型移动宽带（Enhanced Mobile Broadband，eMBB）、超高可靠超低时延通信（Ultra-Reliable Low-Latency Communication，uRLLC）和大规模机器类型通信（Massive Machine Type Communication，mMTC）是ITU定义的5G三大应用场景。在技术方面，5G在空中接口方面采用大规模MIMO、天线波束赋形、先进的多址技术和信道编码技术提高频谱效率，并开发使用了新的频谱资源——毫米波。在系统体系结构方面，5G引入云计算、软件定义网络、网络功能虚拟化等先进网络技术，采用云无线电接入网和基于微服务的核心网功能架构，具有灵活、高效、支持多样化业务等特点。

2019年6月6日，工信部发布了4张5G牌照，标志着中国进入5G时代。近几年，全球5G网络快速发展。根据TD产业联盟报告，截至2024年第二季度末，全球已有119个国家和地区的320个运营商推出商用5G网络，全球5G基站部署总量达到594万个，其中中国5G基站数量在全球占比高达66%，中国建成了全球最大规模的5G网络。中国企业在5G标准必要专利声明中占比超过42%，位居全球首位，标志着中国在全球通信技术发展中已占据主导地位。

3.8.2 5G网络体系结构

蜂窝移动通信系统的体系结构主要包括3个功能子系统：**用户设备**（User Equipment，UE）、**无线电接入网**（Radio Access Network，RAN）和**核心网**（Core Network，CN）。5G的接入网通常称为NG-RAN（Next Generation Radio Access Network），其核心网通常称为5GC或者5GCN（5G Core Network）。由于目前还存在大量的4G网络，5G网络的结构主要有两种选择：非独立（Non-Stand Alone，NSA）结构和独立（Stand-Alone，SA）结构。NSA结构中，5G接入网和4G接入网、4G核心网结合使用，这种结构下只支持4G网络服务。SA结构中，5G接入网与5G核心网连接，5G网络完全独立部署，如图3-48所示。

5G网络体系结构

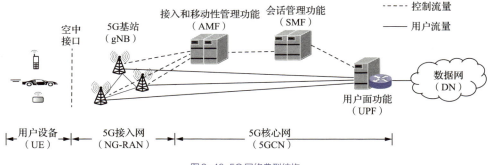

图3-48 5G网络典型结构

5GUE包含各种终端设备，例如智能手机、平板电脑、物联网设备等，这些设备通过NG-RAN接入网络。NG-RAN包含5G基站，5G基站称为gNB（next Generation Node B）。

gNB负责所在小区的所有无线相关功能，包括接入控制、无线资源分配、调度、数据路由、控制信息路由以及QoS（Quality of Service，服务质量）流量管理等。注意，gNB是一个逻辑节点而不是产品的物理实现。基站是gNB的一种实现，也可以将基带处理单元和射频单元分离，用一个基带处理单元连接多个射频拉远单元。

5G核心网与接入网一起为UE提供一个网络所需的完整功能，负责处理和管理网络中的信令、数据和会话等关键功能。5G核心网采用基于服务的体系结构（Service Based Architecture，SBA），如图3-49所示，以网络功能服务的方式重新定义了网络实体，把原来具有多个功能的实体拆分为多个粒度更小、具有独立功能、可重用的个体，即网络功能服务（微服务），这些网络功能服务能够独立运行、独立升级、自动化管理。对于具体应用，可以根据需要选择合适的网络功能服务，多个网络功能服务可以部署在同一个设备上，也可以独立部署。相比传统网络架构，SBA更加灵活、开放，能够迅速满足垂直行业的多样化业务需求。5G核心网定义了很多网络功能，但受篇幅限制，图3-49仅列出了比较重要的几个网络功能。

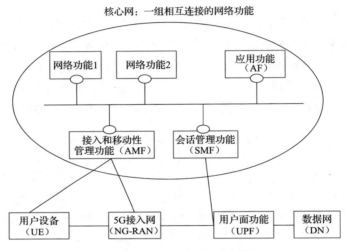

图3-49　基于SBA的5G网络架构

图3-49也体现了5G网络用户面和控制面分离的思想。用户面主要承载数据流量，实现数据高效传输，控制面主要负责处理网络控制信息，确保网络安全稳定运行。控制面的关键功能包括会话管理功能（Session Management Function，SMF）、接入和移动性管理功能（Access and Mobility management Function，AMF）等，用户面功能由部署在接入网和外部网络之间的UPF（User Plane Function）承担。

AMF主要负责接入控制、移动性管理等。接入控制对UE能否接入网络和使用网络中的特定资源进行控制。移动性管理保证UE在空闲态时能够主动接入网络，网络也应该能够主动地找到UE，当UE处于连接态时，网络应该能够保持业务的连续性。SMF主要负责会话的管理，具体功能包括会话的建立、维护和释放，UE IP地址的分配与管理，UPF的选择与控制等。AMF和SMF相互协作实现对用户连接的管理。例如，当UE接入网络时，AMF完成UE的注册、认证和接入，接着选择合适的SMF，并将用户的会话信息传递给SMF。当UE在不同的基站间切换时，AMF将UE的位置等信息发送给SMF，SMF更新其寻址和位置信息。

UPF主要负责用户面的功能，包括分组的路由与转发、策略的实施、流量报告以及QoS处理等。

3.8.3 移动终端接入互联网

5G网络中，UE要接入互联网需要建立PDU（Packet Data Unit，分组数据单元）会话。PDU会话是为了实现UE与数据网（典型的就是互联网）设备之间的交互，在UE与数据网之间建立的逻辑通道。PDU会话支持IPv4、IPv6、IPv4/IPv6双栈等类型。这里假设PDU会话类型为IPv4。

UE开机后首先找到一个gNB建立无线链路，然后向5G系统发起初始注册过程。gNB根据UE携带的参数选择合适的AMF，并将注册请求发送至选择的AMF。在AMF的控制下，完成鉴权等工作后，AMF回复注册接受后完成UE的初始注册过程。当UE需要向互联网发送数据时，需要发起PDU会话。PDU会话涉及多种网络功能服务，包括AMF、SMF和UPF等。由于5G控制面与用户面分离，在PDU会话中，AMF、SMF主要涉及控制面协议，而UPF主要涉及用户面协议。图3-50给出了PDU会话中的用户面协议栈。用户与互联网之间传送的IP数据报需要通过UE到gNB的无线电链路、gNB到UPF的GPRS隧道协议（GPRS[①] Tunnel Protocol，GTP）。

PDU会话由UE发起，AMF根据UE的PDU会话请求选择SMF。SMF根据UPF负载情况、UE所在gNB位置和UPF位置等信息，为PDU会话选择一个或者多个UPF，并为UE分配IP地址（UE的IP地址也可以在PDU会话建立后通过DHCP分配）。PDU会话建立后，UE就可以通过用户面与互联网进行通信了。PDU会话建立过程中，gNB与UPF之间要建立传输用户数据的GTP隧道。GTP隧道建立在UDP/IP之上，用于在核心网IP之上传送通用的用户数据分组和信令分组，如IPv4、IPv6、PPP等协议数据单元。由于gNB、

移动终端接入
互联网

UPF和互联网服务器之间通常并非通过物理链路直接连接（中间可能要经过多个路由器），它们的L1、L2协议也并不一定相同，因此在图3-50中，gNB和UPF的L1、L2之间的箭头用虚线表示。

我们以UE向互联网某服务器发送一个IP数据报为例，来说明UE通过PDU会话的用户面进行上行传输的基本过程。当UE发送一个IP数据报给互联网上的某个服务器时，IP数据报的源地址是SMF分配给UE的IP地址，目的地址为服务器的IP地址。IP数据报通过无线电链路发送给gNB，然后gNB将该IP数据报封装为GTP分组，在gNB到UPF的GTP隧道中传输，该GTP分组封装到一个新的IP数据报中，其源地址为gNB的IP地址，而目的地址则为UPF的IP地址。当该GTP分组到达UPF时，UPF将GTP分组中封装的IP数据报取出，根据其目的IP地址（即互联网服务器的IP地址）将IP数据报转发到所连接的互联网。这样，就完成了一个IP数据报从UE到互联网的上行传输。下行传输的过程与上行传输的过程正好相反。需要注意的是，gNB与UPF之间可能会经过其他UPF中转，它们之间都会建立GTP隧道。通常在PDU会话中会选定一个UPF作为PDU会话锚点，作为PDU会话锚点的UPF是连接UE和数据网络的端点，这里称为锚点UPF。

当UE位置发生变化时，可能会导致PDU会话中的gNB、UPF发生变化。若UE移动范围较小，只有gNB发生改变，要重建gNB到UPF的GTP隧道。若UE的移动范围超出原来UPF的服务范围，UPF可能也会发生变化。为了保持服务的连续性，PDU会话有3种服务连续性模式。第一种模式下，不管UE怎么移动，锚点UPF始终不变，这时IP地址也不会变化。该模式适用于视频会议、在线游戏等实时性强且对IP地址变化敏感的应用。第二种模式下，在UE移动过

---

① GPRS（General Packet Radio Service，通用分组无线业务）是2G迈向3G的过渡产业，目的是为GSM用户提供分组数据业务。GTP是GPRS中定义的一个隧道协议。

程中，当它离开当前 UPF 的服务区时，网络会触发释放当前 PDU 会话，并指示 UE 重新与同一个数据网络建立新的 PDU 会话。这时，UE 的 IP 地址会发生变化并且可能会选择一个新的锚点 UPF。该模式适用于非实时性的文件下载等可容忍短暂连接中断的业务。第三种模式下，当 UE 离开锚点 UPF 的服务区域时，原始 PDU 会话和锚点 UPF 保持不变，同时选择新的锚点 UPF 来建立新的 PDU 会话。在这种模式下，允许 UE 在释放旧的 PDU 会话前，通过新的 PDU 会话锚点建立连接，从而确保连接的连续性。这个过程中虽然 UE 的 IP 地址发生了变化，但是保证了服务的连续性。该模式适用于对服务连续性要求高，但可接受 IP 地址在切换过程中有短暂变化的业务，如流媒体业务等。此外，在 UE 的移动过程中，AMF、SMF 也可能进行切换。

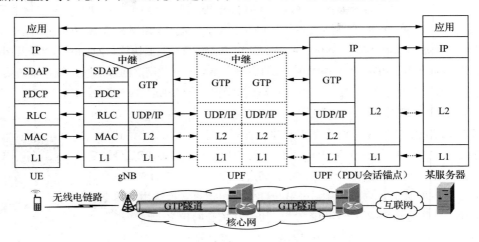

图 3-50　PDU 会话中的用户面协议栈[①]

　　要说明的是，当 UE 开机注册完成后，如果在一段时间内没有数据业务，为了节约宝贵的无线频率资源，会释放 UE 与 gNB 之间的空口链路，从而使 UE 进入空闲态。在没有数据业务时，UE 也可以暂时进入非激活态，减少信号开销，保持较低的功耗。与空闲态不同的是，这时会保留核心网的上下文，并且在有数据传输需求时可以快速恢复连接。当 UE 处于空闲态或者非激活态时，如果互联网需要与 UE 通信该怎么办呢？这就需要借助寻呼功能来唤醒 UE 接收来自网络的重要信息。UE 通过周期性监视寻呼信道来实现寻呼功能。

本章的重要概念

- 链路是从一个节点到相邻节点的一段物理线路，数据链路则是在链路的基础上增加了一些必要的硬件（如网络适配器）和软件（如协议的实现）的逻辑链路。
- 数据链路层使用的信道主要有点对点信道和广播信道两种。
- 数据链路层传送的协议数据单元是帧。数据链路层的 3 个重要问题是封装成帧、差错检测和可靠传输。

　　[①] 图中的 SDAP（Service Data Adaptation Protocol，业务数据适配协议）、PDCP（Packet Data Convergence Protocol，分组数据汇聚协议）、RLC（Radio Link Control，无线电链路控制协议）都是 5G 空中接口的数据链路层协议。L1 和 L2 表示物理层和数据链路层协议。

- 封装成帧要解决帧定界和透明传输问题。针对面向字符和面向比特的物理链路时，可以分别采用字符填充法和比特填充法来解决透明传输问题。

- 帧校验序列（FCS）是添加在数据后面的差错检测码，而循环冗余校验（CRC）是一种差错检测方法。仅使用差错检测还不能实现可靠传输。

- 通过确认和超时重传机制实现的可靠传输协议常称为自动重传请求（ARQ）协议，意思是重传的请求是自动进行的。因为不需要接收方显式地请求发送方重传某个出错的分组。

- 停止等待协议能够在不可靠的传输网络上实现可靠的通信。发送方每发送完一帧就停止发送，等待对方的确认；在收到确认后发送下一帧。若超过了一定时间仍然没有收到确认，就重传前面发送过的帧（认为刚才发送的帧丢失了），这就是超时重传。为了区分重复帧，需要对帧进行编号。

- 回退N帧（GBN）协议的在流水线传输的基础上利用发送窗口来限制发送方连续发送分组的个数，是一种连续ARQ协议。为此，在发送方要维持一个发送窗口。发送窗口是允许发送方已发送但还没有收到确认的分组序号的范围，窗口大小就是发送方已发送但还没有收到确认的最大分组数。

- GBN协议的发送窗口大小为N，接收窗口大小为1，使用累积确认。由于接收方只接收按序到达的分组，一旦某个分组出现差错，其后连续发送的所有分组都要重传。

- SR协议只重传出现差错的分组，因此其接收窗口大小不为1，以便先收下失序到达但仍然处在接收窗口中的那些分组，等到所缺分组收齐后一并送交上层。为了使发送方仅重传出现差错的分组，接收方不能采用累积确认，而需要对每个正确接收到的分组进行确认。

- 点对点协议（PPP）是互联网点对点数据链路层使用得最多的一种协议，它的特点：简单；只检测差错，而不纠正差错；不使用序号，也不进行流量控制；可同时支持多种网络层协议。

- 共享通信媒体的方法：静态划分信道（各种复用技术）和动态接入控制，包括随机接入和受控接入。共享通信媒体的问题又称为媒体接入控制或多址接入问题。

- IEEE 802委员会把局域网的数据链路层拆分成两个子层，即逻辑链路控制（LLC）子层（与传输媒体无关）和媒体接入控制（MAC）子层（与传输媒体有关）。但对于有线局域网，现在LLC子层已没有太大作用。

- 计算机与外界局域网的通信要通过通信适配器，它又称为网络接口卡或网卡。计算机的硬件地址就固化在适配器的ROM中。

- 以太网采用无连接的工作方式，对发送的数据帧不进行编号，也不要求对方发回确认帧。目的站收到有差错的帧就把它丢弃，其他什么也不做。

- 以太网采用的媒体接入控制协议是载波监听多址接入/冲突检测（CSMA/CD）。该协议的要点：发送前先监听，检测到信道空闲就发送数据，同时边发送边监听，一旦发现信道上出现了信号冲突，就立即停止发送；然后按照退避算法等待一段随机时间后再次发送。每一个站点在自己发送数据之后的一小段时间内，存在着遭遇冲突的可能性。以太网上各站点都平等地争用以太网信道。

- 使用集线器的双绞线以太网在物理上是星形网，在逻辑上则是总线网。集线器工作在物理层，它的每个接口仅仅转发比特，不进行载波监听和冲突检测。

- 以太网的硬件地址（即MAC地址）实际上就是适配器地址或适配器标识符，与主机所在的地点无关。源地址和目的地址都是48位长。

- 以太网的适配器有过滤功能。它只接收目的地址为本站MAC地址的单播帧、广播帧，以及目的地址为本站多播组地址的多播帧。

- 使用集线器、转发器可以在物理层扩展以太网（扩展后的以太网仍然是一个网络），在物理层扩展的以太网仍然是一个冲突域，不能连接过多的站点，否则平均吞吐量太低，且会导致大量的冲突。同时，其地理覆盖范围受以太网争用期对端到端时延的限制。

- 使用网桥可以在数据链路层扩展以太网（扩展后的以太网仍然是一个网络）。网桥在转发帧时，不改变帧的源地址。网桥的优点：对帧进行转发和过滤，增大了吞吐量；扩大了网络物理范围；提高了可靠性；可互连不同物理层、不同MAC子层和不同速率的以太网。网桥的缺点：增加了时延，可能会产生广播风暴。

- 交换式集线器常称为以太网交换机、二层交换机（工作在数据链路层）或简称为交换机。它是一个多接口的网桥，当每个接口都直接与某台主机或另一个交换机相连时，可工作在全双工方式。以太网交换机能同时连通许多对接口，使每一对相互通信的主机都能像独占通信媒体那样无冲突地传输数据。

- 高速以太网有100 Mbit/s的快速以太网、1 Gbit/s的吉比特以太网、10 Gbit/s的10吉比特以太网，以及40/100/200/400吉比特以太网等，这些以太网的帧格式完全相同。在宽带接入技术中，用高速以太网进行接入也是一种可供选择的方法。

- IEEE的802.11是无线局域网的标准，使用802.11标准的局域网又称为Wi-Fi。802.11无线局域网支持有固定基础设施和无固定基础设施两种模式。有固定基础设施模式使用星形拓扑，各站点需要通过叫作接入点（AP）的中心节点与外界互相通信。无固定基础设施模式（ad hoc模式）允许在通信范围内的各站点直接进行单跳通信，组成一个无中心、不与外界网络连接的自组网络。

- 802.11无线局域网在MAC层使用载波监听多址接入/冲突避免（CSMA/CA）协议，以尽量减小冲突发生的概率。不能使用CSMA/CD协议的原因是，在无线局域网中无法实现冲突检测。在使用CSMA/CA协议的同时，还使用停止等待协议。

- 为了尽可能地避免各种可能的冲突，CSMA/CA协议采用了一种不同于CSMA/CD协议的退避算法。当要发送帧的站点检测到信道从忙态转为空闲时，都要执行退避算法。

- 802.11标准规定，所有的站在完成发送后，必须再等待一段帧间隔时间才能发送下一帧。帧间间隔的长短取决于该站要发送的帧的优先级。

- 802.11无线局域网的MAC帧首部中有一个持续期字段，用来填入本次通信需要占用信道的时间，其他站点通过该字段可实现虚拟载波监听。

- 802.11标准允许要发送数据的站点对信道进行预约，即在发送数据帧之前先发送RTS帧。在收到CTS帧后，就可发送数据帧。RTS帧和CTS帧指明需要占用信道的持续时间，所有监听到这两个帧的站点都会相应地推迟接入信道。

- 蜂窝移动通信系统主要包括3个功能子系统：用户设备（UE）、无线电接入网（RAN）和核心网（CN）。

- 5G网络中，UE要接入互联网需要建立分组数据单元（PDU）会话。PDU会话是UE和数据网络（DN）之间建立的数据传输逻辑通道。

习题

3-1　数据链路（即逻辑链路）与链路（即物理链路）有何区别？"电路接通了"与"数据链路接通了"的区别何在？

3-2　数据链路层包括哪些功能？试讨论数据链路层做成可靠的链路层有哪些优点和缺点。

3-3　网络适配器的作用是什么？网络适配器工作在哪一层？

3-4　如果不解决透明传输问题会出现什么问题？

3-5　要发送的数据为1101011011，采用CRC的生成多项式是$P(X)=X^4+X+1$。试求应添加在数据后面的余数，并回答以下问题。

（1）数据在传输过程中最后一个1变成了0，接收端能否发现？

（2）数据在传输过程中最后两个1都变成了0，接收端能否发现？

（3）采用CRC后，数据链路层的传输是否就变成了可靠的传输？

3-6　要发送的数据为101110，采用CRC的生成多项式是$P(X)=X^3+1$。试求应添加在数据后面的余数。

3-7　停止等待协议需不需要为确认帧编号？试举例并画图说明理由。

3-8　考虑0/1比特交替停止等待协议（序号只有一位的停止等待协议），假定发送方和接收方之间的链路会造成帧失序。请画图说明该协议将不能应对所有出错情况（协议将错误地收下或丢弃数据）。

3-9　信道带宽是4 kbit/s，传播时延是20 ms，那么帧的大小在什么范围内时，停止等待协议才有至少50%的效率？

3-10　"由于GBN协议采用的是累积确认，因此当某个确认分组丢失时，不一定会导致发送方重传。"判断以上表述的正误，并画图举例说明。

3-11　考虑GBN协议，当收到序号不对的分组时，如果接收方仅仅将它们丢弃而不对最近按序接收的分组进行确认，会出现什么错误情况？请画图举例说明。

3-12　考虑GBN协议中帧序号的长度问题。假设帧序号用3 bit，而发送窗口大小为8。试找出一种情况，使得在此情况下协议不能正确工作（考虑序号重用时造成的混乱，但不考虑信道失序情况）。

3-13　考虑SR协议，接收方收到序号落在接收窗口之外的数据分组时如何处理？

3-14　考虑滑动窗口协议，若帧序号空间大小为N，发送窗口大小为W_T，接收窗口大小为W_R，$W_T \geqslant W_R$，试说明$W_T + W_R \leqslant N$。

3-15　一条链路的传输带宽为2 Mbit/s，长度为10000 km，信号传播速率为2.0×10^5 km/s，分组大小为100字节，忽略应答帧大小。如果采用停止等待协议，最大吞吐率（实际可达到的最高平均数据率）是多少？信道利用率是多少？如果采用滑动窗口协议，要想达到最高吞吐率，发送窗口最小是多少？

3-16　假定卫星信道的数据率为100 kbit/s，卫星信道的单程（即从发送方通过卫星到达接收方）传输时延为250 ms，每个数据帧长均为2000 bit，忽略误码、确认字长、首部和处理时间等开销，为达到传输的最大效率，帧的序号至少多少位？此时信道最高利用率是多少？

3-17　使用1个64 kbit/s的卫星通道（端到端的传输时延是270 ms）发送512字节的数据帧

（在一个方向上），而在另一方向上返回很短的确认帧。滑动窗口协议的窗口大小分别为1、7、15和127时的最大吞吐率是多少？

3-18 PPP的主要特点是什么？为什么PPP不使用帧的编号？PPP适用于什么情况？为什么PPP不能使数据链路层实现可靠传输？

3-19 当PPP使用面向字符的异步传输方式时，一个PPP帧的数据部分（用十六进制写出）是7D 5E FE 27 7D 5D 7D 5D 65 7D 5E。真正的数据是什么（用十六进制写出）？

3-20 PPP使用同步传输技术传送比特串0110111111111100。问：经过零比特填充后变成怎样的比特串？若接收端收到的PPP帧的数据部分是0001110111110111110110，问：删除发送端添加的零比特后变成怎样的比特串？

3-21 PPP的工作状态有哪几种？当用户使用PPP和ISP建立连接进行通信时，需要建立哪几种连接？每一种连接解决什么问题？

3-22 局域网的主要特点是什么？为什么局域网常采用广播通信方式而广域网不采用呢？

3-23 常用的局域网的网络拓扑有哪些？现在最流行的是哪种结构？

3-24 什么叫作传统以太网？以太网有哪两个主要标准？

3-25 试说明10BASE-T中的10、BASE和T所代表的意思。

3-26 以太网使用的CSMA/CD协议是以争用方式接入共享信道的，这与传统的时分复用相比有哪些优缺点？

3-27 在以太网帧中，为什么有最小帧长的限制？请画图举例说明。

3-28 假定总线长度为1 km，数据率为1 Gbit/s。设信号在总线上的传播速率为200000 km/s。求能够使用CSMA/CD协议的最短帧长。

3-29 假设两个节点在一个速率为R的广播信道上同时开始传输一个长度为L的分组，用t_{prop}表示这两个节点之间的传播时延。如果$t_{prop} > L/P$，会出现信号冲突（信号的叠加）吗？这两个节点能检测到冲突吗？为什么？通过该问题你能得出什么结论？

3-30 以太网不要求收到数据的目的站发回确认帧，为什么？

3-31 有10个站连接到以太网。试计算以下3种情况下，每一个站所能得到的带宽。

（1）10个站都连接到一个10 Mbit/s以太网集线器。

（2）10个站都连接到一个100 Mbit/s以太网集线器。

（3）10个站都连接到一个10 Mbit/s以太网交换机。

3-32 有一个使用集线器的以太网，每个站到集线器的距离为d，数据发送速率为C，帧长为12500字节，信号在线路上的传播速率为2.5×10^8 m/s。距离d为25 m或2500 m，发送速率为10 Mbit/s或10 Gbit/s，这样就有4种不同的组合。试利用式（3-4）分别计算这4种不同情况下参数a的数值，并进行简单讨论。

3-33 式（3-5）表示，以太网的极限信道利用率与连接在以太网上的站点数无关。能否由此推论出以太网的利用率也与连接在以太网上的站点数无关？请说明理由。

3-34 使用CSMA/CD协议时，若线路长度为100 m，信号在线路上的传播速率为2×10^8 m/s，数据的发送速率为1 Gbit/s。试计算帧长分别为512字节、1500字节和64000字节时的参数a的数值，并进行简单讨论。

3-35 在以太网中，两个站发送数据时发生冲突，不考虑其他站，它们再次冲突的概率是多少？最多两次重传就成功的概率是多少？

3-36 在 CSMA/CD 中，为什么在检测到冲突后要执行退避算法？再次重传后如果又发生冲突为何要把随机选择退避时间的范围增加一倍？

3-37 简述局域网交换机与集线器的区别。

3-38 为什么集线器不能互连工作在不同速率的 LAN 网段，而以太网交换机却可以？

3-39 10 Mbit/s 以太网升级到 100 Mbit/s、1 Gbit/s 甚至 40/100 Gbit/s 时，都需要解决哪些技术问题？为什么以太网能够在发展的过程中淘汰掉自己的竞争对手，并使自己的应用范围从局域网一直扩展到城域网和广域网？

3-40 以太网交换机有何特点？用它怎样组成虚拟局域网？

3-41 网桥的工作原理和特点是什么？网桥与转发器及以太网交换机有何异同？

3-42 如图 3-51 所示，某局域网有两台以太网交换机 S_1 和 S_2（假设每台交换机仅有 4 个接口，接口号为 1 ~ 4），它们共连接了 6 台 PC。一开始，每台交换机中的 MAC 地址表都是空的。随后以下各 PC 依次向其他 PC 发送 MAC 帧：A 发送给 D，E 发送给 F，D 发送给 A，F 发送给 E。试填写各交换机收到各帧后 MAC 地址表中的记录和交换机的处理动作（丢弃该帧，或从哪个接口转发出去，或没有收到该帧），如表 3-4 所示。

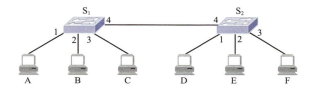

图 3-51　习题 3-42

表3-4　习题3-42

发送的帧	S_1的MAC地址表		S_2的MAC地址表		S_1的处理（转发/丢弃/无）	S_2的处理（转发/丢弃/无）
	地址	接口	地址	接口		
A → D						
E → F						
D → A						
F → E						

3-43 以太网交换机中的 MAC 地址表是用自学习算法建立的。如果有的站点总是不发送数据而仅仅接收数据，那么在地址表中是否就没有与这样的站点相对应的项目？如果要向这个站点发送数据帧，那么交换机能够把数据帧正确转发到目的地址吗？

3-44 假设节点 A、B 和 C 都连接到同一个共享式以太网上（通过它们的适配器）。如果 A 发送上千个 IP 数据报给 B（目的 IP 地址为 B），每个封装的帧的目的 MAC 地址都是 B 的 MAC 地址，C 的适配器会处理这些帧吗？如果会，C 的适配器会将这些帧中的 IP 数据报传递给 C 的 IP 软件吗？如果 A 用 MAC 广播地址来发送帧，你的答案会有怎样的变化？

3-45 以太网帧结构中有一个类型字段，简述其作用。在 PPP 帧的首部中，哪个字段的功能与类型字段最接近？

3-46 为什么在无线局域网中不能使用 CSMA/CD 协议而必须使用 CSMA/CA 协议？

3-47 与 CSMA/CD 协议相比，无线局域网的 MAC 协议有哪些特点？

3-48　结合隐蔽站问题说明802.11无线局域网的MAC协议中RTS帧和CTS帧的作用。

3-49　为什么在无线局域网上发送数据帧后对方必须发回确认帧，而以太网就不需要对方发回确认帧？

3-50　802.11无线局域网的MAC协议中的SIFS和DIFS的作用是什么？

3-51　试解释无线局域网中的名词：BSS、ESS、AP、DCF和NAV。

3-52　Wi-Fi和WLAN的意思完全相同吗？请简单说明一下。

3-53　5G网络体系结构包括哪几个功能子系统？各功能子系统的主要功能是什么？

3-54　5G网络中，PDU会话的作用是什么？为了保持服务的连续性，PDU会话有哪3种服务连续性模式？

第4章
网络层

本章讨论网络层及网络互连问题，也就是讨论多个网络通过路由器互连成为一个互连网络的各种问题。在介绍网络层提供的两种不同服务后，开始讲解本章的核心内容——互联网协议（IP），这是本书的重点内容。只有较深入地掌握了IP的相关知识，才能理解互联网是怎样工作的。本章讨论互联网几种常用的路由选择协议、路由器的工作原理、虚拟专用网（VPN）和网络地址转换（NAT），介绍IP多播、移动IP、下一代互联网协议IPv6等，最后简单介绍当前网络领域最热门和最具发展前途的技术之一——软件定义网络（SDN）的基本思想。

本章的重点内容如下。

（1）虚拟互连网络的概念。

（2）IP地址的编址方式，以及IP地址与物理地址的关系。

（3）IP数据报的转发流程。

（4）路由选择协议的工作原理。

4.1　网络层概述

网络层概述

网络层关注的是如何将分组从源主机沿着网络路径送达目的主机。为了将分组送达目的主机，可能沿路要经过许多跳（Hop）中间路由器。为此，网络层必须知道整个网络的拓扑结构，并且在拓扑结构中选择适当的转发路径。同时，网络层还必须仔细地选择路由器，以避免发生某些通信链路或路由器负载过重，而其他链路和路由器空闲的情况。因此，网络中的每台主机和路由器都必须具有网络层功能，而网络层最核心的功能就是**分组转发**和**路由选择**。

4.1.1　分组转发和路由选择

网络层的主要任务就是将分组从源主机传送到目的主机，可以将该任务细分为以下两个子任务。

1. 分组转发

当一个分组到达某路由器的一条输入链路时，该路由器必须将该分组转发到适当的输出链路。为此，每个路由器中都需要有一个**转发表**，路由器在转发分组时，要根据分组首部中的转发标识在转发表中查询。查询转发表的结果指出了该分组将被转发到的路由器的链路接口。分组首部中的转发标识可能是该分组的目的地址或该分组所属连接的指示，这取决于具体的网络层协议。

2. 路由选择

当分组从发送方流向接收方时，网络层必须决定这些分组所采用的路由或路径，这就是**路由选择**（Routing）。路由选择的结果就是生成供分组转发使用的转发表。图4-1揭示了路由选择和分组转发的关系。

路由选择可以是集中式的（例如，在某个网控中心执行，并向每个路由器下达选路信息），也可以是分布式的。路由选择可以是

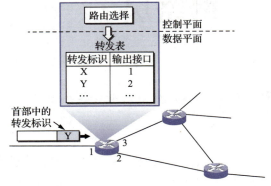

图4-1　路由选择和分组转发的关系

人工的（由网络操作员直接配置转发表），也可以是自动的。分布式自动路由选择要求在每台路由器上运行路由选择协议，每台路由器互相交换路由信息并各自计算路由。实际上，路由选择直接生成的是**路由表**（Routing Table），然后由路由表生成最终的转发表。路由表和转发表在用途和实现细节上略有不同，但我们在讨论路由选择的原理时不进行区分。

我们可以把网络层在逻辑上分解为两个互相作用的部分，即**数据平面**（也常被称为转发平面）和**控制平面**。分组转发直接作用于传输的数据，属于数据平面，而路由选择用来控制路由器的转发决策，属于控制平面。

4.1.2　虚电路和数据报服务

网络层可以为用户提供面向连接的服务，也可以提供无连接的服务，但在迄今为止的所有主要的计算机网络体系结构中，网络层或提供主机到主机的无连接服务，或提供主机到主机的面向连接服务，而不同时提供这两种服务。在网络层提供面向连接服务的计算机网络被称为**虚电路网络**（Virtual-Circuit Network），而在网络层提供无连接服务的计算机网络被称为**数据报网络**（Datagram Network）。在计算机网络领域，网络层应该向传输层提供怎样的服务（"面向连接"还是"无连接"）曾引起长期的争论。

有些人认为应当借鉴电信网的成功经验，让网络负责可靠交付。大家知道，传统电信网的主要业务是提供电话服务。电信网使用昂贵的程控交换机（其软件也非常复杂），用**面向连接**的通信方式，使电信网络能够向用户（实际上就是电话机）提供可靠传输服务。因此他们认为，计算机网络也应模仿打电话所使用的面向连接的通信方式。当两台计算机进行通信时，应当先建立连接（在分组交换中是建立一条**虚电路**①），以保证双方通信所需的一切网络资源。然后双

---

① 虚电路表示这只是一条逻辑上的连接，分组都沿着这条逻辑连接按照存储转发方式传送，而并不是真正建立了一条物理连接。请注意，电路交换的电话通信是先建立了一条真正的连接。因此分组交换的虚连接和电路交换的连接只是类似，并不是完全一样。

方沿着已建立的虚电路发送分组。不需要在这样的分组的首部填写完整的目的地址，而只需要填写这条虚电路的编号（一个不大的整数），因而减少了分组的开销。如果使用这种通信方式和可靠传输的网络协议，就可使所发送的分组无差错按序到达终点，当然也不丢失、不重复。在通信结束后要释放建立的虚电路。图4-2（a）所示为虚电路网络提供面向连接服务，主机H_1和H_2之间交换的分组都必须在事先建立的虚电路上传送。

电信网提供的端到端可靠传输服务对电话业务无疑是很合适的，因为电信网的终端（电话机）非常简单、没有智能、无差错处理能力，电信网必须负责把用户电话机产生的话音信号可靠地传送到对方的电话机，使还原后的话音质量符合技术规范的要求。但计算机网络的端系统是有智能的计算机。计算机有很强的差错处理能力（这点和电话机有本质的差别），因此，互联网在设计上就采用了和电信网完全不同的思路。

互联网采用的设计思路是这样的：**网络层向上只提供简单灵活的、无连接的尽力而为服务**[①]。网络在发送分组时不需要先建立连接。每一个分组（也就是IP数据报）独立发送，与其前后的分组无关（不进行编号）。**网络层不提供 QoS**（Quality of Service，服务质量）**的承诺**。也就是说，所传送的分组可能出错、丢失、重复和失序（即不按序到达终点），当然也不保证分组交付的时限。由于传输网络不提供端到端的可靠传输服务，因此网络中的路由器可以做得比较简单，而且价格低廉（与电信网的交换机相比较）。如果两台主机（即端系统）中的进程之间需要进行可靠通信，那么就由位于网络边缘的主机中的传输层负责（包括差错处理、流量控制等）。互联网的这种设计思想被称为**"端到端原则"**（End-to-End Arguments），即将复杂的网络处理功能置于互联网边缘，而将相对简单的、尽力而为服务的分组交付功能置于互联网核心。采用这种设计思路的好处是，网络的造价大大降低，运行方式灵活，能够适应多种应用。互联网能够发展到今日的规模，充分证明了当初采用这种设计思路的正确性。

图4-2（b）所示为数据报网络提供无连接服务。主机H_1向H_2发送的分组各自独立地选择路由，并且在传送的过程中可能丢失。每个分组携带目的主机完整的地址信息。

（a）虚电路网络提供面向连接服务

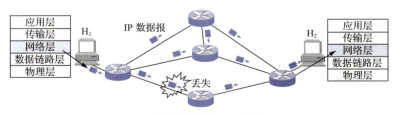

（b）数据报网络提供无连接服务

图4-2　网络层提供的两种服务

---

① 尽力而为服务虽然并不表示路由器可以任意丢弃分组，但在网络层上这种交付实质上就是不可靠交付。

表4-1归纳了虚电路网络与数据报网络的对比。

表4-1 虚电路网络与数据报网络的对比

对比的方面	虚电路网络	数据报网络
思路	可靠通信应当由网络来保证	可靠通信应当由用户主机来保证
连接的建立	必须有	不需要
终点地址	仅在连接建立阶段使用，每个分组使用短的虚电路号	每个分组都有终点的完整地址
分组的转发	属于同一条虚电路的分组均按照同一路由进行转发	每个分组独立选择路由进行转发
当节点出故障时	所有通过出故障的节点的虚电路均不能工作	出故障的节点可能会丢失分组，一些路由可能会发生变化
分组的顺序	总是按发送顺序到达终点	到达终点时不一定按发送顺序
服务质量保证	可以将通信资源提前分配给每一个虚电路，因此容易实现	较难实现

数据报网络在互联网中取得了巨大的成功，但作为互联网底层物理网络的很多广域分组交换网却都是虚电路网络，如曾经的X.25网络和逐渐过时的帧中继（Frame Relay，FR）网络、ATM（Asynchronous Transfer Mode，异步传输模式）网络。随着互联网多媒体应用需求的迅速增长，人们越来越关注如何让网络提供更好的服务质量，并且把目光再次投向了虚电路技术。例如，目前在互联网核心骨干网中广泛应用的MPLS（Multiprotocol Label Switching，多协议标签交换）技术将虚电路的一些特点与数据报的灵活性和健壮性进行了结合。鉴于TCP/IP体系结构的互联网是一种数据报网络，本章主要围绕网络层如何传送IP数据报进行讨论，但本节有必要简要介绍虚电路网络的基本原理。

4.1.3 虚电路网络

互联网是一个数据报网络，然而，也有许多其他类型的网络（包括ATM网络、帧中继网络和X.25网络）是虚电路网络，它们在网络层使用连接，这些网络层连接被称为虚电路（Virtual Circuit，VC）。我们现在考虑在计算机网络中如何实现虚电路服务。

一条虚电路的组成包括：源主机和目的主机之间的路径（即一系列链路和路由器）；VC号，该路径上的每段链路的号码；该路径上的每台路由器（即虚电路交换机，这里我们统一使用路由器这一名称）中的转发表表项。属于一条虚电路的分组将在它的首部携带一个VC字段。因为一条虚电路在每段链路上可能具有不同的VC号，每台中间路由器在转发分组时必须用一个新的VC字段替代原来的VC字段，该新的VC字段从转发表获得。

如图4-3所示，图中靠近路由器的号码是链路接口号。现在假定主机H_1请求该网络在它自己与主机H_2之间创建一条虚电路，同时假定该网络为该虚电路选择路径H_1—R_1—R_3—R_5—H_2，并为这条路径上的这4段链路分别分配VC号5、22、12和31。在这种情况下，当在这条虚电路中的分组离开主机H_1时，其首部中的VC字段的值是5；当它离开R_1时，该值是22；当它离开R_3时，该值是12；而当它离开R_5时，该值是31。

当分组通过某路由器时，该路由器怎样决定VC号的更换呢？对于虚电路网络，每台路由器的转发表包含了输入VC号和输出VC号的对应关系。表4-2所示为R_3的转发表示例。

当跨越一台路由器创建一条新的虚电路时，该路由器转发表中会增加新的表项。与之对应，终止一条虚电路时，要删除沿该路径每个路由器转发表中的相应表项。

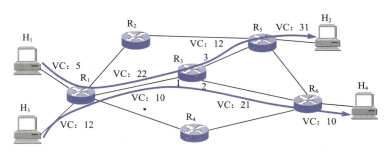

图4-3　一个简单的虚电路网络

表4-2　R3的转发表示例

入接口	入VC	出接口	出VC
1	22	3	12
1	10	2	21
...	...	...	...

你也许想知道为什么一个分组沿着其路由在每段链路上不能保持相同的VC号。其原因主要有两个：第一，逐段链路分配VC号减小了分组首部VC字段的长度；第二，允许虚电路路径上每段链路有不同的VC号，大大简化了虚电路的建立。路径上的每段链路可以在本地范围内选择唯一的VC号，独立于沿该路径的其他链路所选的号码。如果沿某路径的所有链路使用共同的VC号，路由器（不仅仅是路径上的路由器）将不得不交换并处理大量的报文，以认可一个共同的VC号用于这次连接（这个号码不能已被任何路由器的任何其他现有虚电路使用）。图4-3还画出了主机H3到主机H4的一条虚电路。可以看出，VC号不是全网唯一的，不同链路的VC号可以重复，因为它们是完全独立的。

在虚电路网络中，该网络的路由器必须为进行中的连接维持连接状态信息。特别是每当跨越一台路由器创建一个新连接时，一个新的连接项必须添加到该路由器的转发表中；每当释放一个连接时，必须从该表中删除该项。注意，即使没有VC号转换，仍有必要维持连接状态信息，该信息将VC号与输出接口号联系起来。

虚电路网络中的通信有3个明确的阶段。

1. 虚电路建立

在建立阶段，发送方传输层与网络层联系，指定接收方地址，等待该网络建立虚电路。该网络层决定发送方与接收方之间的路径，即该虚电路的所有分组要通过的一系列链路与路由器。网络层为沿该路径的每条链路决定一个VC号。最后，网络层在沿该路径的每台路由器的转发表中添加一个表项。在虚电路建立期间，网络层还可以预留虚电路路径上的资源（如带宽等）。

2. 数据传送

一旦创建了虚电路，分组就可以开始沿该虚电路传送了。对于从入接口收到的每一个分组，路由器根据分组首部中的VC号查找转发表，更改分组的VC号并从相应出接口将分组转发出去。

3. 虚电路拆除

当发送方（或接收方）通知网络层它想终止该虚电路时，就启动虚电路拆除阶段。此时网络层将通知网络另一侧的端系统结束呼叫，并更新路径上每台路由器中的转发表，以表明该虚电路已不存在了。

在虚电路建立和拆除过程中，端系统向网络发送的指示虚电路启动与终止的报文，以及路由器之间传递的用于建立虚电路（即修改转发表中的连接状态）的报文，被称为**信令报文**（Signaling Message），用来交换这些报文的协议常称为**信令协议**（Signaling Protocol）。

4.2 互联网协议

互联网协议（Internet Protocol，IP）又翻译为网际协议，是TCP/IP体系中最主要的协议之一，也是最重要的互联网标准协议之一。与IP配套使用的主要还有以下3个协议。

（1）**地址解析协议**（Address Resolution Protocol，**ARP**）。

（2）**互联网控制报文协议**（Internet Control Message Protocol，**ICMP**）。

（3）**互联网组管理协议**（Internet Group Management Protocol，**IGMP**）。

图4-4所示为这3个协议和IP的关系。在网络层中，ARP在最下面，因为IP经常要使用这个协议。ICMP和IGMP在这一层的上部，因为它们要使用IP。这3个协议将在后文陆续介绍。由于IP是用来使互连起来的许多计算机网络能够进行通信的，因此TCP/IP体系中的网络层也常称为**互联网层**（Internet Layer）或**IP层**。

在讨论IP之前，必须了解异构网络互连和虚拟互连网络的概念。

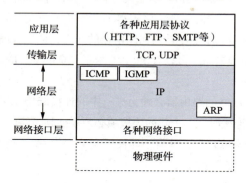

图4-4　IP及其配套协议

4.2.1 异构网络互连

在全世界范围内把数以百万计的网络互连起来，并使它们能够互相通信，这样的任务非常复杂，其中有许多问题需要解决，涉及不同的寻址方案、不同的最大分组长度、不同的网络接入机制、不同的超时控制、不同的差错恢复方法、不同的状态报告方法、不同的路由选择技术、不同的用户接入控制、不同的服务（面向连接服务和无连接服务）、不同的管理与控制方式等。

异构网络互连

能不能让大家都使用相同的网络，从而使网络互连变得比较简单？答案是不行。因为用户的需求是多种多样的，没有一种单一的网络能够适应所有用户的需求。另外，网络技术是不断发展的，网络的制造厂家也要经常推出新的网络，以在竞争中求生存。因此市场上总是有很多种不同性能、不同网络协议的网络，供不同的用户选用。

从一般的概念来讲，将网络互相连接起来要使用一些中间设备。根据中间设备所在的层次，可以将其分为以下4种。

（1）物理层使用的中间设备叫作转发器（Repeater）。

（2）数据链路层使用的中间设备叫作网桥（Bridge）。

（3）网络层使用的中间设备叫作路由器（Router）。

（4）在网络层以上使用的中间设备叫作网关（Gateway），用网关连接两个不兼容的系统需要在高层进行协议的转换。

当中间设备是转发器或网桥时，互连仅仅是把一个网络扩大了，从网络层的角度看，这仍然是一个网络，因此一般并不称之为网络互连。网关主要用于高层协议转换，比较复杂，使用场合较少。因此现在我们讨论网络互连时，都是指用路由器进行网络互连和路由选择。路由器其实就是一台专用计算机，用来在互联网中进行路由选择。由于历史的原因，许多有关TCP/IP的文献曾经把网络层使用的路由器称为网关（在本书中有时也这样用），对此请读者加以注意。

TCP/IP体系在网络互连上采用的做法是在网络层使用标准化协议，但相互连接的网络可以是异构的。图4-5（a）表示有许多计算机网络通过一些路由器互连。由于互连的计算机网络都使用相同的网络层协议IP，因此可以把互连以后的计算机网络看成图4-5（b）所示的虚拟互连网络。虚拟互连网络也就是逻辑互连网络，它的意思就是互连起来的各种物理网络的异构性是客观存在的，但是我们利用IP可以使这些性能各异的网络在网络层上看起来好像是一个统一的网络。有时，为了避免产生歧义，我们把互连的底层网络称为物理网络。这种使用IP的虚拟互连网络可简称为IP网（IP网是虚拟的，但平常不必每次都强调"虚拟"二字）。当今世界最大的IP网就是互联网。使用IP网的好处是，讨论在这种虚拟的IP网上的主机的通信，就好像讨论在单个网络上的通信一样，这些主机看不见互连的各网络的具体异构细节（如具体的编址方案、路由选择协议等），因而特别方便。

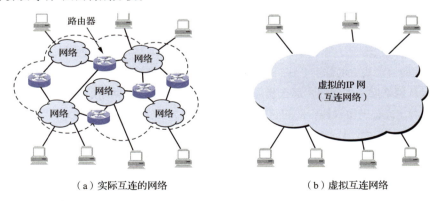

（a）实际互连的网络　　　　　　　　　（b）虚拟互连网络

图4-5　IP网的概念

当很多异构网络通过路由器互连起来时，如果所有的网络都使用相同的IP，那么在网络层讨论问题就很方便。下面用一个例子来说明。

在图4-6所示的互联网中的源主机H_1要把一个IP数据报发送给目的主机H_2。根据第1章讲过的分组交换的存储转发概念，主机H_1先要查找自己的路由表，看目的主机是否就在本网络中。如在本网络中，则不需要经过任何路由器，**直接交付**，任务就完成了。如不在，则必须把IP数据报发送给某个路由器（图4-6中的R_1）。R_1在查找了自己的路由表[①]后，知道应当把数据报转发给R_2进行**间接交付**。这样一直转发下去，最后路由器R_5知道自己和H_2连接在同一个网络上，不需要再使用别的路由器转发了，于是就把数据报**直接交付**目的主机H_2。图4-6中画出了源主机、目的主机及各路由器的协议栈。我们注意到，主机的协议栈共有5层，但路由器在转发数据报时仅用到协议栈的下3层。图4-6中还画出了数据在各协议栈中流动的方向（用粗箭头表示）。我们还可注意到，R_4和R_5之间使用了卫星链路，而R_5所连接的是无线局域网。在R_1到R_4之间的3个网络则可以是任意类型的网络。总之，这里强调的是，**互联网可以由多种异构网络互连组成**。

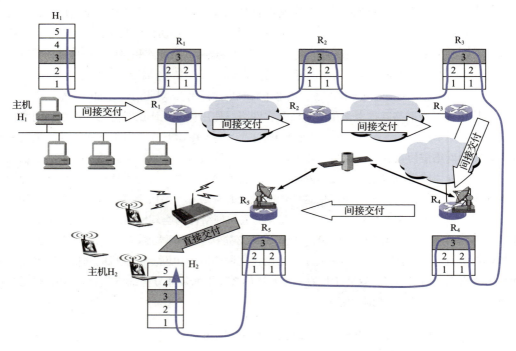

图4-6　分组在互联网中的传送

图4-6中的协议栈中的数字1～5分别表示物理层、数据链路层、网络层、传输层和应用层。如果我们只从网络层考虑问题，那么就可以把IP数据报想象成在网络层中传送，如图4-7所示。这样就不必画出完整的协议栈，使问题的讨论更加简单。

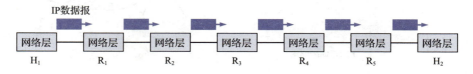

图4-7　从网络层看IP数据报的传送

了解了虚拟互连网络的概念后，接下来讨论在这样的虚拟网络上如何寻址。

① 准确地说是转发表。路由表和转发表的区别见4.5节。

4.2.2　IP 地址及编址方式

IP 地址及编址方式

在 TCP/IP 体系中，IP 地址是最基本的概念。任何连接在互联网上的设备必须拥有 IP 地址才能和互联网上的其他设备通信。

整个互联网就是一个 单一的逻辑网络。IP 地址就是给互联网上的每一台主机（或路由器）的每一个接口分配的在全世界范围内唯一的 32 位标识符。IP 地址现在由 互联网名称与数字地址分配机构（Internet Corporation for Assigned Names and Numbers，ICANN）进行分配[①]。ICANN 是总部位于美国加利福尼亚州的一个非营利性国际组织，是在美国商务部的提议下于 1998 年 10 月成立的，负责 IP 地址的分配、协议标识符的指派、顶级域名的管理及根域名服务器的管理等。但美国政府机构于 2014 年 3 月 14 日宣布放弃对 ICANN 的管理权，这标志着互联网全球共治时代的到来。

为了提高可读性，我们常常把 32 位的 IP 地址中的每 8 位用相应的十进制数字表示，并在这些数字之间加上一个点。这叫作 点分十进制记法（Dotted Decimal Notation），如图 4-8 所示。显然，128.11.3.31 比 10000000 00001011 00000011 00011111 读起来要方便得多。

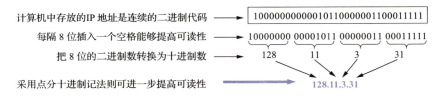

计算机中存放的 IP 地址是连续的二进制代码 ⟶ 10000000000010110000001100011111

每隔 8 位插入一个空格能够提高可读性 ⟶ 10000000　00001011　00000011　00011111

把 8 位的二进制数转换为十进制数 ⟶ 128　11　3　31

采用点分十进制记法则可进一步提高可读性 ⟹ **128.11.3.31**

图 4-8　点分十进制记法

结构化的 IP 地址使我们可以在互联网上很方便地寻址。IP 地址的编址方式决定了 IP 地址的结构，其编址方式共经历了 3 个历史阶段。这 3 个阶段如下。

（1）分类编址。这是最基本的编址方法，在 1981 年就通过了相应的标准协议。

（2）划分子网。这是对最基本的编址方法的改进，其标准 RFC 950 在 1985 年通过。

（3）无分类编址。这是目前互联网所使用的编址方法，在 1993 年被提出后很快就得到推广应用。

虽然前两种编址方式已成为历史（RFC 1812），但由于很多文献和资料都还使用传统的分类 IP 地址，因此我们在这里还要从分类编址讲起。

1.　分类编址

分类编址方式将 IP 地址划分为若干个固定类，每一类地址都由两个固定长度的字段组成。其中第一个字段是 网络号（Net-id），它用于标志主机（或路由器）所连接到的网络，一个网络号在整个互联网范围内必须是唯一的。第二个字段是 主机号（Host-id），它用于标志主机（或路由器），主机号在它前面的网络号所指明的网络范围内必须是唯一的。由此可见，一个 IP 地址在整个互联网范围内是唯一的。

这种两级的 IP 地址可以记为

---

① 我国的 ISP 可向 亚太网络信息中心（Asia Pacific Network Information Center，APNIC）申请 IP 地址（需缴费），用户再向 ISP 申请。

$$\text{IP 地址} ::= \{<\text{网络号}>, <\text{主机号}>\} \tag{4-1}$$

式（4-1）中的符号"::="表示"定义为"。

这种两级编址方式的好处是：第一，IP地址管理机构在分配IP地址时只分配网络号（第一级），而剩下的主机号（第二级）则由得到该网络号的单位自行分配，这样方便了IP地址的管理；第二，路由器仅根据目的主机所连接的网络号来转发分组（而不考虑目的主机号），这样就可以使路由表中的项目数大幅度减少，从而缩减了路由表所占的存储空间及查找路由表的时间。

但是总共32位的IP地址到底应该拿出多少位作为网络号呢？分类编址方式设计了适用于不同规模网络的编址方案。图4-9给出了各类IP地址的网络号字段和主机号字段，这里A类、B类和C类地址都是**单播地址**（用于一对一通信），是最常用的，分别用于大、中、小3种规模的网络。

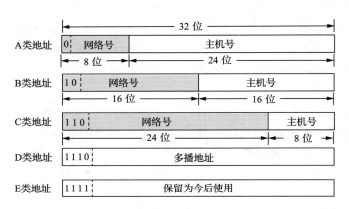

图4-9　IP地址中的网络号字段和主机号字段

从图4-9可以得出以下结论。

（1）A类、B类和C类地址的网络号字段分别为1、2和3字节长，而在网络号字段的最前面有1～3位的**类别位**，其数值分别规定为0、10和110。

（2）A类、B类和C类地址的主机号字段分别为3、2和1字节长。

（3）D类地址（前4位是1110）用于**多播**（一对多通信）。

（4）E类地址（前4位是1111）保留为今后使用。

对于任意一个给定的IP地址，我们都可以通过该地址的前几位判断其类别，并准确地计算出其网络号和主机号。这对路由器根据目的网络号转发IP数据报是非常重要的。

由于主机IP地址中的网络号由所连接的网络决定，因此**IP地址实际上标志的是主机（或路由器）和链路的接口**。当一台主机通过两个网卡同时连接到两个网络上时，该主机就必须同时具有两个相应的IP地址，其网络号必须是不同的。这种主机称为**多归属主机**（Multihomed Host）。由于一个路由器至少应当连接到两个网络，因此一个路由器至少应当有两个不同的IP地址。

2. 划分子网

分类编址方式表面上看起来非常合理，但在实际应用中随着中小规模网络的迅速增长暴露出了明显的问题。一个C类地址空间仅能容纳254台主机（有两个地址用于特殊目的），对许多组织的网络来说太小了。因此，很多组织申请B类地址。然而一个B类地址空间又太大了，可容纳65534台主机，导致大量的地址空间被浪费。例如，一个拥有1000台主机的组织，显然需要申请一个B类地址，这就会导致超过64000个地址不能被其他组织使用。随着加入互联网的组织数量的迅速增加，IP地址面临被分配完的危险。

为了解决上述问题，IETF提出了**划分子网**的编址改进方案。该方案从网络的主机号中借用不定长的若干位作为子网号（Subnet-id），当然主机号的位数也就相应减少。于是两级IP地址就变为**三级**IP地址：网络号、子网号和主机号。可以用以下记法来表示：

$$\text{IP地址} ::= \{ <网络号>,<子网号>,<主机号>\} \tag{4-2}$$

划分子网的编址方法大大减少了对A类、B类地址空间的浪费，因为可以将大的A类、B类地址空间划分给多个组织使用。

3. 无分类编址

划分子网在一定程度上缓解了互联网在发展中遇到的困难，但是数量巨大的C类地址因为地址空间太小并没有得到充分使用，而互联网的IP地址仍在加速消耗，整个IPv4的地址空间面临全部耗尽的威胁。为此，IETF又提出采用**无分类编址**的方法来解决IP地址紧张的问题，同时还专门成立IPv6工作组负责研究新版本IP以彻底解决IP地址耗尽问题。

1993年，IETF发布了**无类别域间路由选择**（Classless Inter-Domain Routing，CIDR）的RFC文档：RFC 1517 ～ 1519和RFC 1520。**CIDR消除了传统的A类、B类和C类地址，以及划分子网的概念**，因而可以更加有效地分配IPv4的地址空间，并且在新的IPv6使用之前允许互联网的规模继续增长。

CIDR把32位的IP地址划分为两个部分。前面的部分是不定长的"**网络前缀**"（Network-Prefix）（或简称为"**前缀**"），代替分类编址中的"网络号"来指明网络，后面的部分则用来指明主机。因此CIDR使IP地址从三级编址（划分子网）又回到了两级编址，但这已是**无分类的两级编址**。它的记法是：

$$\text{IP地址} ::= \{<网络前缀>,<主机号>\} \tag{4-3}$$

请注意，虽然无分类编址的IP地址形式上与分类编址的两级结构一样，但这里的网络前缀是不定长的。在分类编址中，给定一个IP地址，就确定了它的网络号和主机号。但在无分类编址中，由于网络前缀不定长，并不能由IP地址确定其网络前缀和主机号。为此，CIDR采用了与IP地址配合使用的32位**地址掩码**（Address Mask）。地址掩码由连续的一串1和连续的一串0组成，1的个数就是网络前缀的长度。最初，地址掩码被用于划分子网，用来表示可变长子网号部分的长度，被称为**子网掩码**。虽然CIDR已不再使用子网，但人们已习惯使用**子网掩码**这一名词，因此CIDR使用的地址掩码也可称为**子网掩码**。

对应分类IP地址中A类地址的默认地址掩码是255.0.0.0，B类地址的默认地址掩码是255.255.0.0，C类地址的默认地址掩码是255.255.255.0。

由路由器互连起来的每个网络有唯一的网络前缀（即网络号），并用主机号为全0的IP地址来表示该网络的IP地址。使用子网掩码的好处是计算机能非常方便地利用子网掩码计算出一个IP地址的网络地址：只要对子网掩码和IP地址进行逐位的**与**（AND）运算，就能立即得出其所在网络的地址（主机号全为0的地址）。

【**例4-1**】已知IP地址是141.14.72.24，所在网络的子网掩码是255.255.192.0。试求其网络地址。

解 子网掩码是11111111 11111111 11000000 00000000。请注意，掩码的前两个字节为全1，因此网络地址的前两个字节可写为141.14。子网掩码的第四字节是全0，因此网络地址的第四字节是0。可见本题仅需对地址中的第三字节进行计算。我们只要把IP地址和子网掩码的第三字节用二进制表示，就可以很容易地得出网络地址，如图4-10所示。

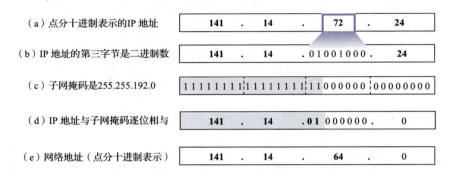

图4-10 网络前缀的计算

【例4-2】 在例4-1中，若子网掩码改为255.255.224.0，试求网络地址，并讨论所得结果。

解 用同样的方法，可以得出网络地址是141.14.64.0，和例4-1的结果完全一样，如图4-11所示。

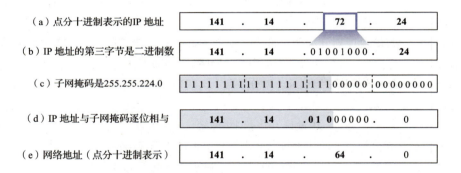

图4-11 不同的子网掩码得出相同的网络地址

例4-1和例4-2说明，同样的IP地址和不同的子网掩码可以得出相同的网络地址。但是，不同的子网掩码的效果是不同的。虽然这两个例子中的网络的地址空间起始地址是一样的，但最大地址是不一样的，各自容纳的最大主机数也是不一样的。因此，子网掩码是一个网络的重要属性。**在每台主机的网络连接属性中不仅要配置主机的IP地址，还要配置所在网络的子网掩码。**

CIDR还使用"**斜线记法**"（Slash Notation），或称为**CIDR记法**，即在IP地址后面加上斜线（/），然后写上网络前缀所占的位数。例如，/20表示IP地址的地址掩码是11111111 11111111 11110000 00000000（255.255.240.0）。**斜线记法中，斜线后面的数字就是地址掩码中1的个数。**

在CIDR中，网络前缀不仅可以用来表示某个网络的网络地址，还可以用来表示连续的IP地址块。这就是使用"网络前缀"这一名称而不继续使用"网络号"的原因。CIDR把**网络前缀都相同**的连续的IP地址组成一个**CIDR地址块**。我们只要知道CIDR地址块中的任何一个地址，就可以知道这个地址块的起始地址（即最小地址）和最大地址，以及地址块中的地址数。例如，已知IP地址128.14.35.7/20是某CIDR地址块中的一个地址，现在把它写成二进制表示，其中的前20位是网络前缀（用粗体和下画线表示），而后面的12位是主机号，如下所示。

128.14.35.7/20 = **10000000 00001110 0010**0011 00000111

可以很方便地得出这个地址所在的地址块中的最小地址和最大地址：

最小地址　　128.14.32.0　　　**10000000 00001110 0010**0000 00000000
最大地址　　128.14.47.255　　**10000000 00001110 0010**1111 11111111

不难看出，这个地址块共有2^{12}个地址（每一个CIDR地址块中的地址数一定是2的整数次幂）。我们可以用地址块中的最小地址和网络前缀的位数指明这个地址块。例如，上面的地址块可记为128.14.32.0/20。在不需要指出地址块的起始地址时，也可把这样的地址块简称为"/20地址块"。

因此斜线记法除了表示一个IP地址外，还提供了其他一些重要信息。例如，地址192.199.170.82/27不仅表示IP地址是192.199.170.82，还表示这个地址块的网络前缀有27位，地址块包含32个IP地址。通过简单计算还可得出，这个地址块的最小地址是192.199.170.64，最大地址是192.199.170.95。具体的计算方法是这样的：找出地址掩码中1和0的交界处在地址中的哪一个字节（现在是第四字节），把这一个字节用二进制表示（01010010），取其前3位（这3位加上前3个字节的24位等于前缀的27位），再把后面5位都写成0，即010**00000**，等于十进制的64，这样就找出了地址块的最小地址；再把地址的第四字节的最后5位都置1，即010**11111**，等于十进制的95，这样就找出了地址块中的最大地址。

4. 不能指派给接口的特殊IP地址

虽然CIDR废弃了分类编址中的A、B、C类地址，但D类和E类地址仍然用于特殊目的，不能指派给主机或路由器的接口。D类地址为多播地址，只能作为目的地址使用。而E类地址为保留地址，供日后使用。

除此之外，网络前缀和主机号全为0或全为1的地址一般也不能指派给接口，在分配地址时要特别注意这一点。通常全0表示"这个"（this），例如，网络前缀为全0的IP地址通常表示"本网络"。而全1往往表示"所有的"（all），例如，全1的主机号字段表示该网络上的所有主机。

另外，网络前缀为127（即01111111）的地址保留作为环回测试（Loopback Test）地址，用于本主机进程之间的通信。若主机发送一个目的地址为环回地址（如127.0.0.1）的IP数据报，则由本主机中的协议软件处理数据报中的数据，而不会把数据报发送到任何网络。目的地址为环回地址的IP数据报永远不会出现在任何网络上。

表4-3列出了不能指派给接口的特殊IP地址，这些地址只能在特定的情况下使用。

表4-3　不能指派给接口的特殊IP地址

网络前缀	主机号	源地址使用	目的地址使用	含义
全0	全0	可以	不可	0.0.0.0表示在本网络上的本主机
全0	Host-id	可以	不可	在本网络上的某个主机Host-id。例如，0.0.0.123/24表示本网络中主机号为123的主机
全1	全1	不可	可以	目的地址为255.255.255.255的IP数据报只在本网络上进行广播（受限广播，各路由器均不转发）

续表

网络前缀	主机号	源地址使用	目的地址使用	含义
Net-id	全1	不可	可以	对Net-id上的所有主机进行广播（定向广播）。例如，192.168.1.255/24是192.168.1.0/24网络上的广播地址
Net-id	全0	不可	不可	网络地址，用于标识网络前缀为Net-id的网络。例如，某网络的IP地址为192.168.1.0/24
127	非全0全1	可以	可以	用于本地软件环回测试。例如，127.0.0.1为最常用的环回地址

这里要说明的是，2000年，RFC 3021（建议标准）提出了一种仅用于点对点链路的31位网络前缀。为了节省IP地址资源，点对点链路（如使用PPP的串行线路）可以不受表4-3的限制，使用"/31"网络前缀（该网络仅有两个IP地址），主机号为0或1的IP地址可以指派给点对点链路两端的路由器接口。这个使用"/31"网络前缀的特殊网络不支持定向广播，即主机号为全1的IP地址不再表示该网络的广播地址。

5. IP地址的分配

图4-12所示为使用CIDR编址的互联网中的IP地址实例。在图中有以下几点需要注意。

（1）由路由器互连起来的每个网络都有唯一的网络前缀，网络前缀是由IP地址和子网掩码共同确定的，可以用简单明了的CIDR记法来表示。主机号为全0的IP地址常表示该网络的网络地址。

（2）各网络的子网掩码可以不同，即网络前缀的长度可以不同，因此各自的地址空间大小也不相同。图4-12中LAN_1、LAN_3的地址空间大小为256，LAN_2的地址空间大小为512，而N_1、N_2和N_3的地址空间大小只有4。

（3）连接在同一个网络上的主机或路由器的IP地址的网络前缀必须与该网络的网络前缀一样。主机号全为0和全为1的IP地址有特殊用途（后面将要介绍），不能分配给主机或路由器使用。

（4）用网桥（只在链路层工作）互连的网段仍然是一个物理网络，只能有一个网络地址或网络前缀。

（5）由于路由器总是连接多个网络，因此其具有两个或两个以上的IP地址，即路由器的每一个接口都有一个不同网络前缀的IP地址。

（6）为主机和路由器接口配置IP地址时，必须配置相应的子网掩码（图4-12中省略了）。

（7）当两个路由器通过点对点链路直接相连时（例如使用PPP的串行线路。注意，不是一条直接连接两个路由器以太网接口的以太网链路），在连线两端的接口处，可以分配也可以不分配IP地址。如分配了IP地址，则这一段连线就构成了一种只包含一段线路的特殊"网络"（如图中的N_1、N_2和N_3）。之所以叫作"网络"，是因为它有IP地址。过去最常用的方法是使用"/30"网络前缀，但这样就需要占用4个IP地址。对于这种仅由一段连线构成的特殊"网络"，为了节省IP地址资源，现在可以采用两种方法：一是使用"/31"，即仅用于点对点链路的31位网络前缀；二是不分配IP地址，这样的特殊网络称为无编号网络（Unnumbered Network）或匿名网络（Anonymous Network）。但这两种方法目前并不是所有设备都支持。

使用CIDR的一个好处是可以更加有效地分配IPv4的地址空间，可根据客户的需要分配适当大小的CIDR地址块。然而在使用分类编址方式时，向一个组织分配IP地址只能以/8、/16或/24地址块为单位，很不灵活。

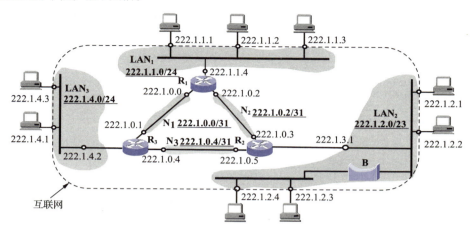

图4-12　互联网中的IP地址实例

【例4-3】假定某ISP已拥有地址块206.0.64.0/18。某大学从该ISP获得地址块206.0.68.0/22，并需要分配给各系。若一系有500台主机，二系有250台主机，三系和四系各有100台主机，试给每个系分配CIDR地址块。若一系和二系还需要将所得地址块各自平均分配给4个实验室，三系和四系需要将所得地址块各自平均分配给2个实验室，请给出最后各CIDR地址块的网络前缀。

IP地址的分配

解　在分配IP地址时，主机号全为0或全为1的特殊地址是不能分配给主机的，因此一系至少需要502个地址，而2的9次幂（即512）大于且最接近502，其地址块主机号需要9位，即需要一个网络前缀为23位的地址块（/23地址块）。同理，二系需要一个/24地址块，三系和四系各需要一个/25地址块。划分地址的方法并不唯一，答案也不唯一。这里以先划分大的地址块，再划分小的地址块为例求解。如图4-13所示，先将地址块206.0.68.0/22的第23位拿出来，将地址块划分为两个/23地址块，第23位为0的地址块206.0.68.0/23分配给一系，继续划分第23位为1的地址块206.0.70.0/23。将第23位和第24位为10的地址块206.0.70.0/24分配给二系，第23～25位为110的地址块206.0.71.0/25分配给三系，第23～25位为111的地址块206.0.71.128/25分配给四系。

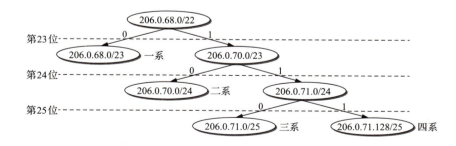

图4-13　CIDR地址块划分方法示例

若一系将所得地址块206.0.68.0/23再平均分配给4个实验室，则需要将地址块的第24位和第25位拿出来，用00、01、10、11将原来的/23地址块划分为4个/25地址块。其他系的地址块划分方法与此类似。最后结果如图4-14所示。

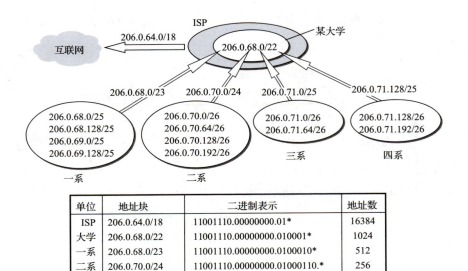

单位	地址块	二进制表示	地址数
ISP	206.0.64.0/18	11001110.00000000.01*	16384
大学	206.0.68.0/22	11001110.00000000.010001*	1024
一系	206.0.68.0/23	11001110.00000000.0100010*	512
二系	206.0.70.0/24	11001110.00000000.01000110.*	256
三系	206.0.71.0/25	11001110.00000000.01000111.0*	128
四系	206.0.71.128/25	11001110.00000000.01000111.1*	128

图4-14　CIDR地址块划分示例

4.2.3　IP 地址与物理地址

IP 地址与物理地址

在学习IP地址时，很重要的一点就是弄懂主机的IP地址与**物理地址**（也称为**硬件地址**或**MAC地址**）①的区别。

互联网是由路由器将一些物理网络互连而成的逻辑网络。从源主机发送的分组在到达目的主机之前可能要经过许多不同的物理网络，在逻辑的互联网层次上，主机和路由器使用它们的逻辑地址标识，而在具体的物理网络层次上，主机和路由器必须使用它们的物理地址标识。图4-15说明了IP地址与物理地址的区别。从层次的角度看，**物理地址是数据链路层或物理网络使用的地址，而IP地址是网络层及以上各层使用的地址，是一种逻辑地址**（称IP地址是逻辑地址是因为IP地址是用软件实现的）。下面以局域网为例来说明IP地址与物理地址的关系。

在发送数据时，数据从高层传递到低层，然后在通信链路上传输。使用IP地址的IP数据报一旦被交给数据链路层，就被封装成MAC帧。MAC帧在传送时使用的源地址和目的地址都是物理地址，这两个物理地址都写在MAC帧的首部中。

连接在通信链路上的设备（主机或路由器）在收到MAC帧时，根据MAC帧首部中的物理地址决定接受或丢弃。在数据链路层看不见隐藏在MAC帧的数据中的IP地址。只有在剥去MAC帧的首部和尾部，把MAC层的数据上交给网络层后，网络层才能在IP数据报的首部中找到源IP地址和目的IP地址。

总之，**IP地址放在IP数据报的首部，而物理地址则放在MAC帧的首部。在网络层和网络层以上使用的是IP地址，而数据链路层使用的是物理地址**。在图4-15中，在IP数据报被放入数

---

① 在局域网中，由于物理地址已固化在网卡的ROM中，因此常常将物理地址称为**硬件地址**。由于局域网的MAC帧中的源地址和目的地址都是硬件地址，因此硬件地址又称为**MAC地址**。在本书中，物理地址、硬件地址和MAC地址是同义词。但应注意，有时，如在X.25网络中，计算机的物理地址并不是固化在网卡的ROM中的。

据链路层的MAC帧中以后，整个IP数据报就成为MAC帧的数据，因而在**数据链路层看不见数据报的IP地址**。

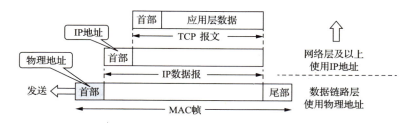

图4-15 IP地址与物理地址的区别

图4-16（a）所示的3个局域网用两个路由器R_1和R_2互连起来。现在主机H_1要和主机H_2通信。这两台主机的IP地址分别是IP_1和IP_2，而它们的物理地址分别为HA_1和HA_2（HA表示Hardware Address）。通信的路径是$H_1 \rightarrow R_1 \rightarrow R_2 \rightarrow H_2$。路由器$R_1$因同时连接到两个局域网上，因此有两个物理地址，即$HA_3$和$HA_4$。同理，路由器$R_2$也有两个物理地址$HA_5$和$HA_6$。

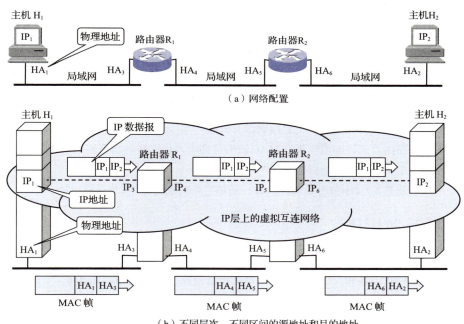

（a）网络配置

（b）不同层次、不同区间的源地址和目的地址

图4-16 从不同层次看IP地址和物理地址

图4-16（b）特别强调了IP地址与物理地址的区别。表4-4归纳了这种区别。

表4-4 图4-16（b）中不同层次、不同区间的源地址和目的地址

	在网络层写入IP数据报首部的地址		在数据链路层写入MAC帧首部的地址	
	源地址	目的地址	源地址	目的地址
从H_1到R_1	IP_1	IP_2	HA_1	HA_3
从R_1到R_2	IP_1	IP_2	HA_4	HA_5
从R_2到H_2	IP_1	IP_2	HA_6	HA_2

这里要强调以下几点。

（1）**在IP层抽象的互联网上只能看到IP数据报**。虽然IP数据报要经过路由器R_1和R_2的转发，但在它的首部中的源地址和目的地址**始终**分别是IP_1和IP_2。图4-16中的数据报上写的"从IP_1到IP_2"就表示前者是源地址而后者是目的地址。数据报经过的两个路由器的IP地址并不出现在IP数据报的首部中。

（2）虽然IP数据报首部有源IP地址，但**路由器只根据目的IP地址转发IP数据报**。

（3）**在局域网的链路层只能看见MAC帧**。IP数据报被封装在MAC帧中。MAC帧在不同网络上传送时，首部中的源地址和目的地址会发生变化。在H_1到R_1间传送时，MAC帧首部中写的是从物理地址HA_1发送到物理地址HA_3，路由器R_1收到此MAC帧后，在转发时要改变首部中的源地址和目的地址，将它们换成从物理地址HA_4发送到物理地址HA_5。路由器R_2收到此帧后，再改变MAC帧的首部，填入从HA_6发送到HA_2，然后在R_2到H_2之间传送。MAC帧的首部的这种变化，在上面的IP层上也是看不见的。

（4）尽管互连在一起的网络的物理地址体系可以各不相同，**但IP层抽象的互联网屏蔽了下层这些很复杂的细节。只要我们在网络层上讨论问题，就能够使用统一的、逻辑的IP地址研究主机和主机或路由器之间的通信**。上述的"屏蔽"概念是一个很有用、很普遍的基本概念。例如，计算机中广泛使用的图形用户界面（Graphical User Interface，GUI）使得用户只用鼠标就能让计算机完成很多任务。实际上计算机要完成这些任务必须执行很多条指令，但这些复杂的过程全都被设计良好的图形用户界面屏蔽掉了，用户看不见这些复杂过程。

以上这些概念是异构网络互连的精髓所在，读者务必仔细思考和掌握。

细心的读者会发现，还有两个重要问题没有解决。

（1）主机或路由器怎样知道应当在MAC帧的首部填入什么样的物理地址？

（2）路由器中的路由表是怎样得出的？

第一个问题就是4.2.4小节所要讲的内容，而第二个问题将在4.4节详细讨论。

4.2.4 地址解析协议

ARP

在实际应用中，我们经常会遇到这样的问题：已经知道了一个主机或路由器的IP地址，怎样找出其相应的物理地址？地址解析协议（Address Resolution Protocol，ARP）就是用来解决这样的问题的。

我们知道，网络层使用的是IP地址，但在具体物理网络的链路上传送数据帧时，最终还是必须使用该物理网络的物理地址。IP地址和下面物理网络的物理地址之间由于格式不同而不存在简单的映射关系（例如，IP地址有32位，而局域网的物理地址有48位）。此外，一个物理网络上可能经常会有新的主机加入，或撤走一些主机。更换网络适配器也会使主机的物理地址改变。在支持硬件广播的局域网中可以使用ARP来解决IP地址与物理地址的动态映射问题。

使用ARP的每台主机都设有一个ARP**高速缓存**（Cache），里面有**本局域网上**的各主机和路由器的IP地址到物理地址的映射表，这些都是该主机目前知道的一些地址。那么主机怎样知道这些地址呢？通过下面的例子来说明。

主机A要向**本局域网**上的主机B发送IP数据报时，会先在其ARP高速缓存中查看有无主机B的IP地址。如有，主机A就在ARP高速缓存中查出其对应的物理地址，再把这个物理地址写入MAC帧，然后通过局域网把该MAC帧发往此物理地址。

主机A也有可能查不到主机B的IP地址。原因可能是主机B才入网，也可能是主机A刚刚加电，其高速缓存还是空的。在这种情况下，主机A就自动运行ARP，然后按以下步骤找出主机B的物理地址。

（1）ARP进程在本局域网上广播发送一个ARP请求分组，该分组被直接封装在数据链路层广播帧中（具体格式可参阅RFC 826）。图4-17（a）所示为主机A广播发送ARP请求分组。ARP请求分组的主要内容是"我的IP地址是209.0.0.5，物理地址是00-00-C0-15-AD-18。我想知道IP地址为209.0.0.6的主机的物理地址"。

（2）在本局域网上的所有主机上运行的ARP进程都收到此ARP请求分组。

（3）主机B在ARP请求分组中见到自己的IP地址，就向主机A发送ARP响应分组，并写入自己的物理地址，而其余的主机都不理睬这个ARP请求分组，如图4-17（b）所示。ARP响应分组的主要内容是"我的IP地址是209.0.0.6，物理地址是08-00-2B-00-EE-0A"。请注意，虽然ARP请求分组是数据链路层的广播，但ARP响应分组是普通的数据链路层单播，即从一个源地址发送到一个目的地址。

ARP的工作过程
（动画演示）

（4）主机A收到主机B的ARP响应分组后，就在其ARP高速缓存中写入主机B的IP地址到物理地址的映射。

当主机A向B发送数据报时，很可能以后不久主机B还要向A发送数据报，因而主机B也可能要向A发送ARP请求分组。为了减少网络上的通信量，主机A在发送其ARP请求分组时，就把自己的IP地址到物理地址的映射写入ARP请求分组。主机B收到A的ARP请求分组时，就把主机A的这一地址映射写入自己的ARP高速缓存。以后主机B向A发送数据报时就很方便了。

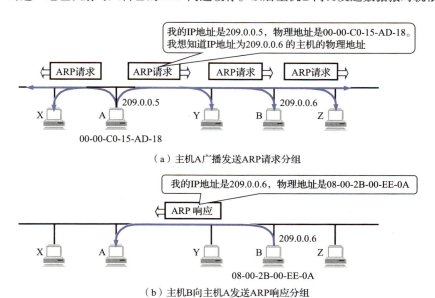

图4-17 ARP的工作原理

可见ARP高速缓存非常有用。如果不使用ARP高速缓存，那么任何主机只要进行一次通信，就必须在网络上用广播方式发送ARP请求分组，这就增大了网络的开销。ARP把已经得

计算机网络教程（第7版）（微课版）

到的地址映射保存在高速缓存中，这样主机下次再和具有同样目的地址的主机通信时，可以直接从高速缓存中找到所需的物理地址，而不必再用广播方式发送ARP请求分组。

ARP高速缓存中的每一个地址映射项目都设置有生存时间（如10～20 min），超过生存时间的项目会从高速缓存中被删除。设置地址映射项目的生存时间是很重要的。下面设想一种情况：主机A和B通信，A的ARP高速缓存里保存有B的物理地址，但B的网络适配器突然坏了，B立即更换了一块，因此B的物理地址就改变了。假定A还要和B继续通信。A在其ARP高速缓存中查找到B原先的物理地址，并使用该物理地址向B发送数据帧。但B原先的物理地址已经失效了，因此A无法找到B。过了一段不长的时间，A的ARP高速缓存中删除了B原先的物理地址（因为它的生存时间到了），于是A重新广播发送ARP请求分组，又找到了B。

请注意，ARP用于解决同一个局域网上的主机或路由器的IP地址和物理地址的映射问题。如果要找的主机和源主机不在同一个局域网上，例如，在图4-16中，主机H_1就无法解析出主机H_2的物理地址（实际上主机H_1也不需要知道主机H_2的物理地址）。主机H_1发送给H_2的IP数据报首先需要通过与主机H_1连接在同一个局域网上的路由器R_1来转发，因此主机H_1需要把路由器R_1的IP地址IP_3解析为物理地址HA_3，以便把IP数据报传送到路由器R_1。然后，R_1从转发表中找出了下一跳路由器R_2，同时使用ARP解析出R_2的物理地址HA_5，于是IP数据报被转发到路由器R_2。路由器R_2在转发这个IP数据报时用类似方法解析出目的主机H_2的物理地址HA_2，使IP数据报最终交付主机H_2。

从IP地址到物理地址的解析是自动进行的，主机的用户不知道这种地址解析过程。只要主机或路由器要和本网络上的另一个已知IP地址的主机或路由器通信，ARP就会自动地把这个IP地址解析为链路层所需的物理地址。

有的读者可能会有这样的疑问：既然在网络链路上传送的帧最终是按照物理地址找到目的主机的，那么为什么我们不直接使用物理地址进行通信，而是要使用逻辑的IP地址并调用ARP来寻找出相应的物理地址呢？

全世界存在着各式各样的网络，它们使用不同形式的物理地址。要使这些异构网络能够互相通信就必须进行非常复杂的物理地址转换工作，由用户或用户主机来完成这项工作几乎是不可能的。统一的IP地址把这个复杂问题解决了。连接到互联网的主机只需拥有统一的IP地址，它们之间的通信就像连接在同一个网络上那样简单方便。由于调用ARP的复杂过程都是由计算机软件自动进行的，并不需要用户参与，因此，在虚拟的IP网上用IP地址进行通信给广大的计算机用户带来了很大的便利。

实际上，ARP可用于不同类型的物理网络，支持不同类型的高层协议（不仅仅是IP）。ARP分组的格式如图4-18所示，可支持不同长度的硬件地址和协议地址。这里"发送方"是指发送请求分组或响应分组的一方，"目标"是指接收请求分组或响应分组的一方。对于ARP请求分组，目标硬件地址字段的值为0，表示发送方不知道目标的硬件地址。注意，ARP是被直接封装在数据链路层帧（如以太网帧）中进行传输的，而不经过IP的封装。

ARP除了能进行物理地址解析外，还可以用来在局域网中实现IP地址冲突检测。很多系统在配置完IP地址后，会自动向本网络广播目标协议地址为本主机IP地址的ARP请求分组。若收到了ARP响应分组，则说明IP地址产生了冲突（本网络中有其他主机已在使用该IP地址），系统会提示用户IP地址冲突，需要重新配置IP地址。

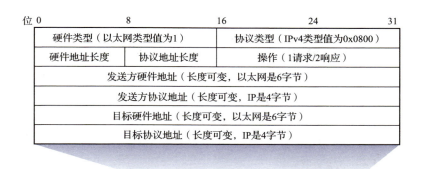

图4-18 ARP分组的格式

4.2.5 IP 数据报的格式

IP数据报的格式能够说明IP都具有什么功能。在TCP/IP的标准中，各种数据格式常常以32位（即4字节）来描述。图4-19所示为IP数据报的完整格式。

IP 数据报的格式

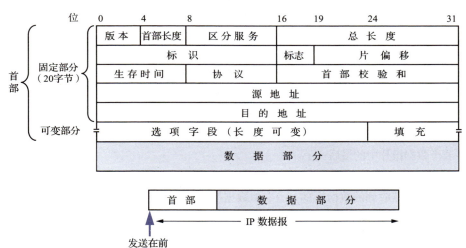

图4-19 IP数据报的完整格式

从图4-19中可以看出，一个IP数据报由首部和数据部分组成。首部的前一部分是固定部分，共20字节，是所有IP数据报必须具有的。首部的可变部分包含一些选项字段，其长度是可变的。下面介绍首部各字段的意义。

1. IP 数据报首部的固定部分中的各字段

（1）**版本**：占4位，指IP的版本。通信双方使用的IP的版本必须一致。目前广泛使用的IP版本号为4（即IPv4）。

（2）**首部长度**：占4位，可表示的最大十进制数值是15。请注意，这个字段的数值的单位是32位（4字节），因此，IP的首部长度为1111（即十进制的15）时，就达到最大值60字节。当IP

分组的首部长度不是4字节的整数倍时，必须利用最后的填充字段加以填充。因此数据部分总在4字节的整数倍处开始，这对实现IP较为方便。最常用的首部长度是20字节（即首部长度为0101），这时不使用任何选项。

（3）区分服务（Differentiated Services，DS）：占8位，用来获得更好的服务。这个字段在旧标准中叫作服务类型（Type Of Service，TOS），但实际上一直没有被使用过。1998年，IETF把这个字段改名为区分服务，一般情况下都不使用这个字段（RFC 2474、RFC 3168）。

（4）总长度：指首部和数据部分长度之和，单位为字节。总长度字段为16位，因此数据报的最大长度为 $2^{16} - 1 = 65535$ 字节。

在IP层下面的每一种数据链路层都有自己的帧格式，包括帧格式中的数据字段的最大长度，称为MTU。当一个IP数据报被封装成链路层的帧时，此数据报的总长度（即首部加上数据部分）一定不能超过下面的数据链路层的MTU。

虽然使用尽可能长的数据报能使传输效率提高，但由于以太网的普遍应用，实际使用的数据报长度很少超过1500字节。为了不使IP数据报的传输效率降低，有关IP的标准文档规定，所有主机和路由器必须能够处理的IP数据报长度不得小于576字节。当数据报长度超过网络所容许的MTU时，过长的数据报要分片后才能在网络上传送（见后面的"片偏移"字段）。这时数据报首部中的总长度字段不是指未分片前的数据报长度，而是指分片后的每一个分片的首部长度与数据部分长度的总和。

（5）标识（Identification）：占16位。IP软件在存储器中维持一个计数器，每产生一个数据报，计数器就加1，并将此值赋给标识字段。但这个"标识"并不是序号，因为IP是无连接服务，数据报不存在按序接收的问题。当数据报由于长度超过网络的MTU而必须分片时，这个标识字段的值就被复制到所有的数据报片的标识字段中。相同的标识字段的值使分片后的各数据报片最后能在目的站被正确地重装成原来的数据报。

（6）标志（Flag）：占3位，但目前只有2位有意义。

标志字段中的最低位记为MF（More Fragment）。MF = 1表示后面"还有分片"。MF = 0表示这已是若干数据报片中的最后一个。

标志字段中间的一位记为DF（Don't Fragment），意思是"不能分片"。只有当DF = 0时才允许分片。若路由器收到的数据报DF = 1，但数据报长度大于输出链路的MTU，则路由器会丢弃该数据报，并向源点发送一个ICMP终点不可达差错报告（见4.3节）。

（7）片偏移：占13位。片偏移指出较长的分组分片后某片在原分组中的相对位置。也就是说，相对于用户数据字段的起点，该片从何处开始。片偏移以8字节为偏移单位。也就是说，每个分片的长度一定是8字节（64位）的整数倍。

下面举一个例子。

【例4-4】某数据报的总长度为3820字节，其数据部分长度为3800字节（使用固定首部），需要分片为长度不超过1420字节的数据报片。由于固定首部长度为20字节，因此每个数据报片的数据部分长度不能超过1400字节。于是分为3个数据报片，其数据部分的长度分别为1400、1400和1000字节。原始数据报的首部被复制到各数据报片的首部，但必须修改有关字段的值。图4-20所示为分片结果（注意片偏移的数值）。

表4-5列出了例4-4中数据报首部中与分片有关的字段的值，其中标识字段的值（12345）是任意给定的。具有相同标识的数据报片在目的站可无误地重装成原始数据报。

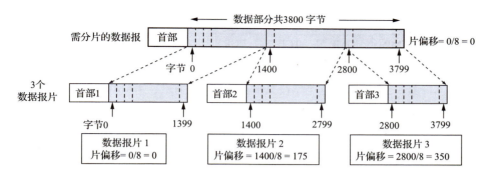

图4-20 数据报的分片结果

表4-5 IP数据报首部中与分片有关的字段中的数值

	总长度	标识	MF	DF	片偏移
原始数据报	3820	12345	0	0	0
数据报片1	1420	12345	1	0	0
数据报片2	1420	12345	1	0	175
数据报片3	1020	12345	0	0	350

现在假定数据报片2经过某个网络时还需要再进行分片，即划分为数据报片2-1（携带数据800字节）和数据报片2-2（携带数据600字节）。那么这两个数据报片的总长度、标识、MF、DF和片偏移的值分别为820, 12345, 1, 0, 175；620, 12345, 1, 0, 275。

注意

> IP数据报在传送中可能被多次分片，但分片的数据报仅在目的主机才被重装为原来的数据报。

（8）**生存时间**（Time to Live，TTL）：占8位，表示数据报在网络中的**寿命**。这个字段由发出数据报的源点设置，其目的是防止路由错误的数据报无限制地在互联网中兜圈子（例如，从路由器R_1转发到R_2，再转发到R_3，然后又转发回R_1），白白消耗网络资源。最初的设计是以秒作为TTL值的单位，每经过一个路由器，就把TTL值减去数据报在路由器消耗掉的一段时间。当TTL值减为零时，就丢弃这个数据报。

后来TTL字段的**功能**改为"**跳数限制**"（但名称不变）。路由器在转发数据报之前就把TTL值减1。若TTL值减小到零，就丢弃这个数据报，不再转发。因此，现在TTL值的单位不再是秒，而是**跳数**。TTL字段的意义是指明数据报在互联网中至多可经过多少个路由器。显然，数据报能在互联网中经过的路由器的最大数值是255。若把TTL字段的初始值设置为1，就表示这个数据报只能在本局域网中传送。因为这个数据报一传送到局域网上的某个路由器，在被转发之前TTL值就减为零，显然会被这个路由器丢弃。

（9）**协议**：占8位。协议字段指出此数据报携带的数据来自何种协议，使目的主机的IP层知道应将数据部分上交给哪个处理过程。

一些常用的协议和相应的协议字段值如下[①]。

协议	ICMP	IGMP	TCP	EGP	IGP	UDP	IPv6	OSPF
协议字段值	1	2	6	8	9	17	41	89

（10）**首部校验和：占16位。这个字段只检验数据报的首部，不检验数据部分。数据报每经过一个路由器，路由器都要重新计算一下首部校验和**（生存时间、标志、片偏移等字段都可能发生变化）。不检验数据部分可减少计算的工作量。为了进一步减小计算首部校验和的工作量，IP首部的校验和不采用复杂的CRC编码，而采用下面的简单计算方法。发送方先把IP数据报首部划分为许多16位字的序列，并把校验和字段置零。用反码算术运算[②]把所有16位字相加后，将得到的和的反码写入首部校验和字段。接收方收到数据报后，将首部的所有16位字再使用反码算术运算相加一次。将得到的和取反码，即得出接收方首部校验和的计算结果。若首部未发生任何变化，则此结果必为0，于是就保留这个数据报；否则即认为出差错，并将此数据报丢弃。图4-21说明了这一过程。

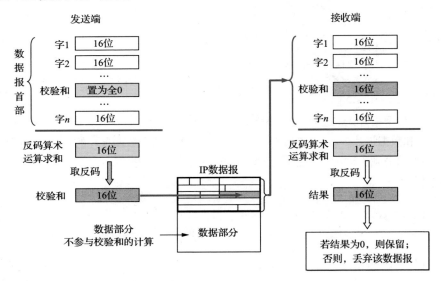

图4-21　IP对数据报首部进行差错检测的过程

该校验和的计算方法不仅用于IP，还用于后面将要介绍的UDP和TCP等协议，常被称为**互联网校验和**（Internet Checksum）。这种校验和的检错性能虽然不如CRC，但更易用软件实现。图4-22是一个计算互联网校验和的具体例子。

（11）**源地址**：占32位。

（12）**目的地址**：占32位。

---

① 过去协议字段值由互联网编号管理局（Internet Assigned Numbers Authority，IANA）负责制定，并公布在有关的RFC文档中。后来由于互联网的商业化和国际化，美国决定用一个新的、私营的、非营利的国际机构——ICANN取代IANA。但后来ICANN并没有取代IANA，而是和IANA进行了分工，因此就出现了IANA/ICANN或ICANN/IANA这样的写法。这两个机构都负责IP地址和一些重要参数的管理。现在互联网上的重要参数已经不以RFC文档形式公布，需查询IANA官网的联机数据库。

② 两个数进行二进制反码求和的运算很简单，它的规则是从低位到高位逐列进行计算。0和0相加是0，0和1相加是1，1和1相加是0，但要产生一个进位1，加到下一列。若最高位相加后产生进位，则最后得到的结果要加1。请注意，反码和补码是不一样的。

```
10011001 00010011
00001000 01101000
10101011 00000011
00001110 00001011
00000000 00010001
00000000 00001100
00000100 00111111
00000000 00001101
00000000 00001111
00000000 00000000
01010100 01000101
01010101 01010100
01001001 01001110
01000111 00000000
```
                        10 10010110 11101011 → 普通求和得出的结果
加上溢出的10   10010110 11101101 → 二进制反码求和得出的结果
将得出的结果取反码   01101001 00010010 → 校验和

图4-22 计算互联网校验和的一个例子

2. IP 数据报首部的可变部分

IP首部的可变部分包含选项字段。选项字段用来支持排错、测量及安全等措施，内容很丰富。此字段的长度可变，从1字节到40字节不等，取决于所选择的选项。某些选项只需要1字节，只包括1字节的选项代码，但还有一些选项需要多个字节。这些选项一个个拼接起来，中间不需要有分隔符，最后用全0的填充字段补齐为4字节的整数倍。

在首部增加可变部分是为了增加IP数据报的功能，但这也使IP数据报的首部长度成为可变的。这就增加了每一个路由器处理数据报的开销，实际上这些选项很少被使用。新的IP版本IPv6规定IP数据报的首部长度为固定的，因此，这里不再讨论这些选项的细节，有兴趣的读者可参阅RFC 791。

4.2.6 IP 数据报的转发

1. 路由表

我们知道路由器是根据路由表转发IP数据报的，一个IP路由表到底包含哪些主要的信息呢？图4-23是一个路由表的简单例子。

IP 数据报的
转发

有4个网络通过3个路由器连接在一起。每一个网络上都可能有成千上万台主机。可以想象，若按目的地址来制作路由表，则所得出的路由表就会过于庞大（如果每一个网络有1万台主机，4个网络就有4万台主机，因而每一个路由表就有4万个项目，也就是4万行。每一行对应一台主机）。但若按目的主机所在网络的地址来制作路由表，那么每一个路由器中的路由表就只包含4个项目（即只有4行，每一行对应一个网络）。以路由器R_2的路由表为例，由于R_2同时连接在网络2和网络3上，因此只要目的主机在这两个网络上，就可通过接口0或接口1由路由器R_2直接交付（当然还要利用ARP才能找到这些主机相应的物理地址），不需要下一跳路由器的地址。若目的主机在网络1中，则下一跳路由器应为R_1，其IP地址为128.0.2.7。由于路由器R_2和R_1同时连接在网络2上，因此从路由器R_2通过接口0把分组转发到路由器R_1是很容易的。同理，若目的主机在网络4中，则路由器R_2应把分组转发给IP地址为128.0.3.1的路由器R_3。注意，用一个IP地址并不能准确标识一个网络，因此路由表中除了目的网络地址外还要有地址掩码（合起来等价于网络前缀）。在不考虑一些细节时，本书常常将路由表的表项简化为"目的网络"（或网络前缀）与"下一跳"两项。

由于路由器是根据路由表中目的网络的网络前缀来确定下一跳路由器的，因此有以下结论。

（1）IP数据报最终一定可以到达目的主机所在目的网络上的路由器（可能要通过多次间接交付）。

（2）只有最后一个路由器才试图向目的主机进行直接交付。

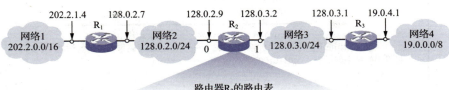

路由器R₂的路由表

目的网络地址	地址掩码	下一跳	接口
128.0.2.0	255.255.255.0	—	0
128.0.3.0	255.255.255.0	—	1
202.2.0.0	255.255.0.0	128.0.2.7	0
19.0.0.0	255.0.0.0	128.0.3.1	1

图4-23　路由表示例

路由器还可采用**默认路由**（Default Route），以减少路由表所占用的空间和搜索路由表所用的时间。这种转发方式在一个网络只有很少的对外连接时是很有用的（例如，在互联网的ISP层次结构的边缘），默认路由在主机发送IP数据报时往往更能显示出优点。前面已经讲过，主机在发送每一个IP数据报时都要查找自己的路由表。如果主机连接的网络只有一个路由器和互联网连接，那么在这种情况下使用默认路由是非常合适的。在图4-24所示的例子中，连接在网络N₁上的主机H的路由表只有3个项目。第一个项目就是到本网络主机的路由，其目的网络就是本网络N₁，因而不需要路由器转发，而是直接交付。第二个项目是到网络N₂的路由，对应的下一跳路由器是R₂。第三个项目就是**默认路由**（后文将介绍如何表示默认路由）。只要目的网络不是N₁和N₂，就一律选择默认路由，把数据报先间接交付路由器R₁，让R₁再转发给下一个路由器，一直转发到目的网络上的路由器，最后进行直接交付。实际上当我们在主机的网络连接属性中配置默认路由器时，就相当于是在主机的路由表中增加了默认路由。

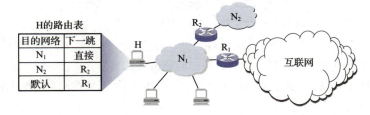

H的路由表

目的网络	下一跳
N₁	直接
N₂	R₂
默认	R₁

图4-24　路由器R₁充当主机H的默认路由器

2．IP 数据报的转发流程

我们用下面的例题来说明IP数据报是如何被转发到目的主机的。

【例4-5】 已知图4-25所示的互联网，以及路由器R_1的路由表。现在主机H_1发送IP数据报，其目的地址是128.30.33.138。试讨论路由器R_1收到此数据报后查找路由表的过程。

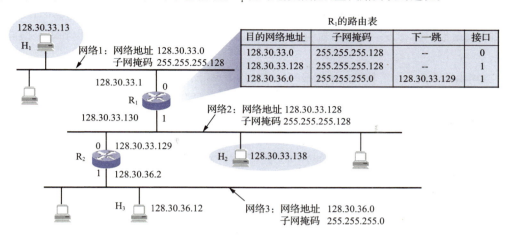

图4-25　主机H_1向H_2发送分组

解　主机H_1发送数据报的目的地址是H_2的IP地址128.30.33.138。主机H_1首先要进行的操作是把本网络的子网掩码255.255.255.128与该数据报的目的地址128.30.33.138逐位相**与**（即逐位进行AND操作），得出128.30.33.128，它不等于H_1的网络地址（128.30.33.0）。这说明H_2与H_1不在同一个网络上，因此H_1不能把数据报直接交付H_2，而必须先传送给网络上的默认路由器R_1，由R_1来转发。注意，主机H_1的网络配置信息中有IP地址、子网掩码和默认路由器等信息。

IP数据报的
转发过程
（动画演示）

路由器R_1在收到此数据报后，先查看路由表中的第一行，看看这一行的网络地址和该分组的网络地址是否匹配，也就是将这一行（网络1）的子网掩码255.255.255.128和收到的分组的目的地址128.30.33.138逐位相与，得出128.30.33.128，然后和这一行给出的目的网络地址进行比较。比较的结果是不一致（即不匹配）。

用同样的方法继续往下查看第二行。将第二行的子网掩码255.255.255.128和该分组的目的地址128.30.33.138逐位相与，结果也是128.30.33.128。但这个结果和第二行的目的网络地址相匹配，说明这个网络（网络2）就是收到的数据报所要寻找的目的网络。于是不需要再找下一个路由器进行间接交付了。R_1把分组从接口1直接交付主机H_2（它们在一个网络上）。

我们总结一下路由器转发IP数据报的基本过程。

（1）从收到的数据报首部提取目的IP地址D。

（2）先判断是否为直接交付。对与路由器直接相连的网络逐个进行检查：将各网络的掩码和D逐位相**与**，看结果是否和相应的网络地址匹配。若匹配，则把分组直接交付（当然还需要把D转换成物理地址，把数据报封装成帧发送出去），转发任务结束；否则间接交付，执行（3）。

（3）查看路由表中的每一行（目的网络地址、掩码、下一跳、接口），将其中的掩码和D逐位相**与**，其结果为N。若N与该行的网络地址匹配，则把数据报传送给该行指明的下一跳路由器；否则执行（4）。

（4）若路由表中有一条默认路由，则把数据报传送给路由表中所指明的默认路由器；否则执行（5）。

（5）报告转发数据报出错。

这里需注意，IP数据报的首部中没有地方可以用来指明"下一跳路由器的IP地址"。在IP数据报的首部写上的IP地址是源IP地址和目的IP地址，而没有中间经过的路由器的IP地址。既然IP数据报中没有下一跳路由器的IP地址，那么待转发的数据报又怎样找到下一跳路由器呢？

当路由器收到一个待转发的数据报时，在从路由表得出下一跳路由器的IP地址后，不会把这个地址填入IP数据报，而是送交下层的网络接口软件。网络接口软件负责把下一跳路由器的IP地址转换成物理地址（使用ARP），并将此物理地址放在链路层的MAC帧的首部，然后根据这个物理地址找到下一跳路由器。由此可见，当发送一连串的数据报时，上述查找路由表、计算物理地址、写入MAC帧的首部等过程将不断地重复进行，造成一定的开销。

那么，能不能在路由表中不使用IP地址而直接使用物理地址呢？不行。我们一定要清楚，使用逻辑的IP地址，本来就是为了隐蔽各种底层网络的复杂性，便于分析和研究问题，这就不可避免地要付出代价，例如，在选择路由时多了一些开销。反过来，如果在路由表中直接使用物理地址，会带来更多的麻烦。

3. 路由聚合

路由表的每一行对应一个网络，随着互联网的迅速发展，越来越多的网络连接到互联网，路由表的表项将会越来越多，路由器查找路由表的时间也会越来越长。采用**路由聚合**（Route Aggregation）可有效缓解这个问题。路由聚合又称为**地址聚合，**可以将路由表中的某些路由相同的表项合并。如图4-26所示，对路由器R_2来说，到网络1、网络2、网络3和网络4的下一跳路由器都是R_1，而这4个网络的地址空间正好可以合并成一个CIDR地址块，因此在路由表中完全可以用一个网络前缀140.23.7.0/24来指示这4个网络的路由。简洁起见，这里的路由表省略了接口，并用网络前缀的CIDR记法来代替目的网络地址与子网掩码。

实际上这种地址聚合可以不断进行下去，多个路由相同的小的CIDR地址块可以聚合成大的地址块，大的地址块还可以聚合成更大的地址块，如图4-26中的R_3路由表。如果合理地按照互联网ISP的层次结构来分配IP地址，利用路由聚合可以大大减少路由表的表项。靠近互联网边缘的路由器使用较长的网络前缀转发数据报，而靠近互联网核心的路由器使用较短的网络前缀

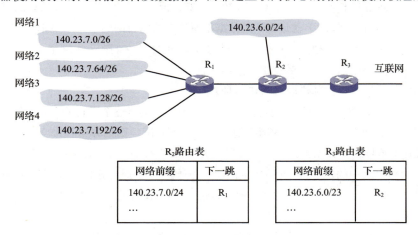

图4-26　路由聚合

转发数据报。在1994年和1995年，由于未使用CIDR，互联网核心路由器的一个路由表就会超过7万项，而使用CIDR后，在1996年，核心路由器的路由表项减少为3万多个。

4. 最长前缀匹配

在使用CIDR时，由于采用了路由聚合，路由表中可能存在多个有包含关系的地址块前缀，这时在查找路由表时**可能会得到不止一个匹配结果**。这就带来一个问题：我们应当从这些匹配结果中选择哪一条路由呢？

正确的答案是，**应当从匹配结果中选择具有最长网络前缀的路由**，这叫作**最长前缀匹配**（Longest Prefix Match）。这是因为网络前缀越长，其地址块就越小，因而路由就越具体。最长前缀匹配又称为**最长匹配**或**最佳匹配**。为了说明最长前缀匹配的概念，我们仍以图4-26为例。如果在网络4和路由器R_2之间存在一条直接连接的链路，则为了获得一条更近的路由，在R_2的路由表中可以增加一条直接到网络4的表项，其网络前缀为140.23.7.192/26。这时，到网络4的目的地址在路由表中就会有两个匹配项，路由器会选择最长匹配项，并将数据报直接转发到网络4。

另外，通过最长前缀匹配可以很方便地实现**特定主机路由**和**默认路由**。

虽然我们绝大多数情况下希望能根据大的目的地址块来转发IP数据报，但有时会有这样一种特殊情况，即需要对特定的目的主机指明一个路由，这种路由叫作**特定主机路由**。采用特定主机路由便于网络管理人员控制网络和测试网络。我们也可在需要考虑某种安全问题时采用这种特定主机路由。在对网络的连接或路由表进行排错时，指明到某台主机的特殊路由就十分有用。采用最长前缀匹配很容易实现特定主机路由，只需要在路由表中添加一条前缀为"特定主机IP地址/32"的表项，因为只有目的地址为该特定主机的数据报才能与该表项最长前缀匹配，所以不会影响任何其他数据报的转发。

采用最长前缀匹配，**默认路由**可以用网络前缀0.0.0.0/0来表示，因为该网络前缀的长度为0，任何IP地址都能和它匹配，前提是路由表中没有任何其他项目可以匹配。

但最长前缀匹配算法也有一个缺点，就是查找路由表花费的时间变长了，因为要遍历整个路由表才能找到最长匹配的前缀项。人们一直都在积极研究提高路由表查找速度的算法，并已提出了很多性能较好的算法。

4.3　互联网控制报文协议

为了更有效地转发IP数据报和提高交付成功率，网络层使用了**互联网控制报文协议**（Internet Resolution Protocol，ICMP）。ICMP是互联网的标准协议（RFC 792），它允许主机或路由器报告差错情况和提供有关异常情况的报告。ICMP报文作为IP数据报的数据部分，加上数据报的首部，组成IP数据报发送出去。但通常我们把ICMP作为IP层的协议，而不是高层协议，因为它配合IP一起实现网络层功能。ICMP报文的格式如图4-27所示。

ICMP

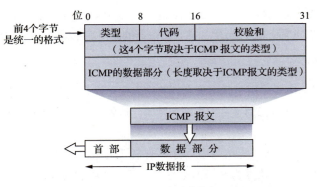

图4-27 ICMP报文的格式

4.3.1 ICMP 报文的种类

ICMP报文有两种，即**ICMP差错报告报文**和**ICMP询问报文**。

ICMP报文的前4个字节具有统一的格式，共有3个字段，即类型、代码和校验和。接着的4字节的内容与ICMP报文的类型有关。最后面是数据部分，其长度取决于ICMP报文的类型。表4-6列出了常用的ICMP报文类型。

表4-6 常用的ICMP报文类型

ICMP 报文	类型的值	ICMP报文类型
差错报告报文	3	终点不可达
	11	超时（TTL为零或分片重装超时）
	12	参数问题
	5	路由重定向（Redirect）
询问报文	8或0	回送（Echo）请求或应答
	13或14	时间戳（Timestamp）请求或应答

由于"信息请求与应答""地址掩码请求与应答""路由器请求与通告""源点抑制"已不再使用（RFC 6633），因此这些报文没有出现在表4-6中。

ICMP报文的代码字段用于进一步区分某种类型中的几种不同的情况。校验和字段用来检验整个ICMP报文。大家应当还记得，IP数据报的首部校验和并不检验IP数据报的内容，因此不能保证经过传输的ICMP报文无差错。

1. ICMP 差错报告报文

（1）**终点不可达**：路由器或主机不能交付数据报时，就向源点发送终点不可达报文。终点不可达可再根据ICMP的代码字段细分为目的网络不可达、目的主机不可达、目的协议不可达、目的端口不可达、目的网络未知、目的主机未知以及需要分片但DF置位等。

（2）**超时**：TTL为零或分片重装超时。路由器收到一个IP数据报时，若目的地址不是自己，会将其TTL值减1再转发出去，但当TTL值减为零时（收到TTL值为1的IP数据报），除丢弃该数据报外，还要向源点发送超时报文。另外，终点若在预先规定的时间内不能收到一个数据报的全部数据报片，就会把已收到的数据报片都丢弃，并向源点发送超时报文。

（3）**参数问题**：当路由器或目的主机收到的数据报的首部中有的字段的值不正确时，路由器或目的主机就丢弃该数据报，并向源点发送参数问题报文。

（4）**路由重定向**：路由器把路由重定向报文发送给主机，让主机知道下次应将数据报发送给另外的路由器（提供一条更好的路由）。

下面对路由重定向报文进行简短的解释。我们知道，互联网的主机也要有一个路由表，主机要发送数据报时，首先查找自己的路由表，看应当从哪一个接口把数据报发送出去。在互联网中，主机的数量远大于路由器的数量，出于效率考虑，这些主机不和连接在网络上的路由器定期交换路由信息。主机刚开始工作时，一般都会在路由表中设置一个默认路由器的IP地址。不管数据报要发送到哪个目的地址，一律先将数据报传送给网络上的这个默认路由器，而这个默认路由器知道到每一个目的网络的最佳路由（通过和其他路由器交换路由信息）。如果默认路由器发现主机发往某个目的地址的数据报的最佳路由不应当经过默认路由器而应当经过网络上的另一个路由器R，默认路由器就用路由重定向报文把这个情况告诉主机。于是，该主机在其路由表中增加一项：到某某目的地址应经过路由器R（而不是默认路由器）。

所有的ICMP差错报告报文中的数据部分都具有同样的格式，如图4-28所示。把收到的需要进行差错报告的IP数据报的首部和其数据部分的前8个字节提取出来，作为ICMP差错报告报文的数据部分，再加上相应的ICMP差错报告报文的前8个字节，就构成了ICMP差错报告报文。提取收到的IP数据报的数据部分的前8个字节是为了得到传输层的端口号（对于TCP和UDP），以及传输层报文的发送序号（对于TCP）。这些信息对源点通知高层协议是有用的。整个ICMP报文作为IP数据报的数据部分发送给源点。

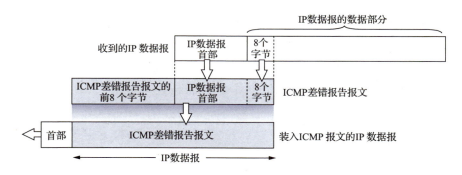

图4-28　ICMP差错报告报文的数据部分

下面是不应发送ICMP差错报告报文的几种情况。

- 对ICMP差错报告报文不再发送ICMP差错报告报文。
- 对第一个分片的数据报片的所有后续数据报片都不发送ICMP差错报告报文。
- 对具有多播地址的数据报都不发送ICMP差错报告报文。
- 对具有特殊地址（如127.0.0.0或0.0.0.0）的数据报不发送ICMP差错报告报文。

2. ICMP 询问报文

常用的ICMP询问报文有以下两类。

（1）**回送请求或应答**：ICMP回送请求报文是由主机或路由器向一个特定的目的主机发出的询问报文，收到此报文的主机必须向源主机或路由器发送ICMP回送应答报文，将ICMP回送请求报文携带的数据原封不动地送回去。这种报文用来测试目的站是否可达及了解其有关状态。

（2）时间戳请求或应答：ICMP时间戳请求报文用于请某台主机或路由器应答当前的日期和时间。ICMP时间戳应答报文中有一个32位的字段，其中写入的整数代表从1900年1月1日起到当前时刻一共有多少秒。这种报文可用来进行时钟同步和测量时间。

4.3.2　ICMP 的应用举例

ICMP的一个重要应用就是**互联网分组探测器**（Packet Internet Groper，PING），用来测试两台主机之间的连通性。PING使用了ICMP回送请求报文和回送应答报文。PING是应用层直接使用网络层ICMP的一个例子，没有通过传输层的TCP或UDP。

Windows操作系统的用户可在接入互联网后打开命令提字符窗口（右击"开始"→"运行"，再输入"cmd"并按Enter键），看见屏幕上的提示符后，输入"ping hostname"（这里的hostname是要测试连通性的主机名或它的IP地址），按Enter键后就可看到结果。

图4-29给出了从南京的一台PC到新浪网的邮件服务器的连通性的测试结果。PC一连发出4个ICMP回送请求报文。如果邮件服务器正常工作而且响应这个ICMP回送请求报文（有的主机为了防止恶意攻击会通过设置防火墙拒绝接收或响应这种报文），那么它就发回ICMP回送应答报文。通过记录发送报文和接收报文的时间，很容易得出往返时间。最后显示的是统计结果：发送到哪个IP地址，发送的、收到的和丢失的分组数（但不给出分组丢失的原因），往返时间的最小值、最大值和平均值。从得到的结果可以看出，第三个测试分组丢失了。

```
C:\Documents and Settings\XXR>ping mail.sina.com.cn

Pinging mail.sina.com.cn [202.108.43.230] with 32 bytes of data:

Reply from 202.108.43.230: bytes=32 time=368ms TTL=242
Reply from 202.108.43.230: bytes=32 time=374ms TTL=242
Request timed out.
Reply from 202.108.43.230: bytes=32 time=374ms TTL=242

Ping statistics for 202.108.43.230:
    Packets: Sent = 4, Received = 3, Lost = 1 <25% loss>,
Approximate round trip times in milli-seconds:
    Minimum = 368ms, Maximum = 374ms, Average = 372ms
```

图4-29　用PING测试主机的连通性

另一个非常有用的应用是traceroute（这是UNIX操作系统中的名字），它用来跟踪一个分组从源点到终点的路径，在Windows操作系统中这个命令是tracert。下面简单介绍它的工作原理。

traceroute从源主机向目的主机发送一连串IP数据报，数据报中封装的是无法交付的UDP用户数据报[①]。将第一个数据报P_1的TTL值设置为1。当P_1到达路径上的第一个路由器R_1时，路由器R_1先收下它，接着把TTL值减1。由于TTL值等于零，R_1就把P_1丢弃了，并向源主机发送一个ICMP超时差错报告报文。

源主机接着发送第二个数据报P_2，并把TTL值设置为2。P_2先到达路由器R_1，R_1收下后把TTL值减1再转发给路由器R_2。R_2收到P_2时TTL值为1，但减1后TTL值变为零了，R_2就丢弃P_2，并向源主机发送一个ICMP超时差错报告报文。这样一直继续下去，当最后一个数据报刚刚到达目的主机时，数据报的TTL值是1。主机不转发数据报，也不把TTL值减1。但因IP数据报中封装的是传输层的无法交付的UDP用户数据报，故目的主机要向源主机发送ICMP终点

---

① 无法交付的UDP用户数据报使用了非法的端口号，端口号将在5.2.2小节介绍。

不可达报文。当源主机收到ICMP终点不可达报文时，就知道数据报已到达目的主机，于是停止继续发送。

这样，源主机达到了自己的目的，因为这些路由器和最后目的主机发来的ICMP报文正好给出了源主机想知道的路由信息——到达目的主机所经过的路由器的IP地址，以及到达其中的每一个路由器的往返时间。与traceroute的实现稍有不同，Windows命令tracert在探测路由时发送的是ICMP回送请求报文而不是UDP用户数据报。图4-30所示为从南京的一台PC向新浪网的邮件服务器发出tracert命令后所获得的结果。图中每一行有3个时间，是因为对应每一个TTL值，源主机要发送3次同样的IP数据报。

从原则上讲，IP数据报经过的路由器越多，所花费的时间也会越多，但从图4-30可看出，有时正好相反。这是因为互联网的拥塞程度随时都在变化，也很难预料。因此，完全有这样的可能：经过更多的路由器反而花费更少的时间。

最后需要说明的是，为了防止网络设备被恶意用户探测或攻击，一些主机或路由器被设置为不接收或不响应ICMP回送请求报文，因此在互联网中使用ping命令或tracert命令测试目的主机连通性时有可能会超时，但并不代表网络不通。

```
C:\Documents and Settings\XXR>tracert mail.sina.com.cn

Tracing route to mail.sina.com.cn [202.108.43.230]
over a maximum of 30 hops:

  1    24 ms    24 ms    23 ms  222.95.172.1
  2    23 ms    24 ms    22 ms  221.231.204.129
  3    23 ms    22 ms    23 ms  221.231.206.9
  4    24 ms    23 ms    24 ms  202.97.27.37
  5    22 ms    23 ms    24 ms  202.97.41.226
  6    28 ms    28 ms    28 ms  202.97.35.25
  7    50 ms    50 ms    51 ms  202.97.36.86
  8   308 ms   311 ms   310 ms  219.158.32.1
  9   307 ms   305 ms   305 ms  219.158.13.17
 10   164 ms   164 ms   165 ms  202.96.12.154
 11   322 ms   320 ms  2988 ms  61.135.148.50
 12   321 ms   322 ms   320 ms  freemail43-230.sina.com [202.108.43.230]

Trace complete.
```

图4-30 用tracert命令获得目的主机的路由信息

4.4 互联网的路由选择协议

本节将讨论几种常用的路由选择协议及路由选择算法。

4.4.1 路由选择协议概述

1. 理想的路由选择算法

路由选择协议
概述

路由选择协议的核心就是路由选择算法，即用何种算法来获得路由表中的各项。理想的路由选择算法应具有如下特点。

（1）**算法必须是正确的和完整的**。这里"正确"的含义是，沿着各路由表所指引的路由，分组一定能够最终到达目的网络和目的主机。

（2）**算法在计算上应简单**。路由选择的计算不应使网络通信量增加太多的额外开销。

（3）算法应能适应通信量和网络拓扑的变化，也就是说，算法要有自适应性。当网络中的通信量发生变化时，算法能自适应地改变路由以均衡各链路的负载。当某个或某些节点、链路发生故障不能工作，或者修理好了再投入运行时，算法也能及时地改变路由。

（4）算法应具有稳定性。在网络通信量和网络拓扑相对稳定的情况下，路由选择算法应收敛于一个可以接受的解，而不应使得出的路由不停地变化。

（5）算法应是公平的。路由选择算法应对所有用户（除少数优先级高的用户）都是平等的。例如，若仅仅使某一对用户的端到端时延最小，却不考虑其他的广大用户，这就明显不符合公平性的要求。

（6）算法应是最佳的。路由选择算法应当能够找出最佳的路由，使得分组平均时延最小而网络的吞吐量最大。虽然我们希望得到"最佳"的算法，但这并不总是最重要的。对于某些网络，网络的可靠性有时要比最小的分组平均时延或最大吞吐量更加重要。因此，所谓"最佳"只是在特定要求下得出的较为合理的选择。

一个实际的路由选择算法，应尽可能接近于理想的算法。在不同的应用条件下，对以上提出的6个方面也可有不同的侧重。

为了研究路由选择算法，经常会利用图论将计算机网络抽象为一个由若干节点和边组成的图（Graph），节点表示路由器，而边表示路由器之间的链路，如图4-31所示。边的权值可用来表示费用、距离、时延、带宽等链路代价。路由选择算法的任务就是计算从某个节点到所有其他节点的最短路径。

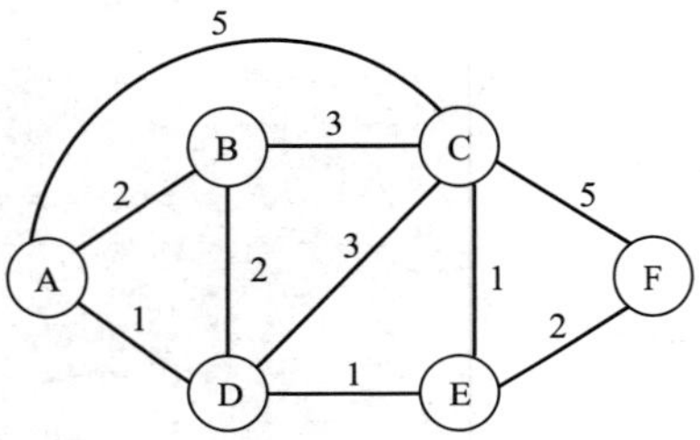

图4-31　将计算机网络抽象为图

应当指出，路由选择是一个非常复杂的问题，首先，它需要网络中的所有节点协调工作。其次，路由选择的环境往往是不断变化的，而这种变化有时无法事先知道，例如，网络中出了某些故障。此外，当网络发生拥塞时，就特别需要能缓解拥塞的路由选择算法，但恰在这种条件下，很难从网络中的各节点获得所需的路由选择信息。

根据路由选择算法能否随网络的通信量或拓扑自适应地进行调整变化来划分，可将路由选择划分为两大类，即静态路由选择与动态路由选择。静态路由选择也叫作非自适应路由选择，其特点是简单和开销较小，但不能及时适应网络状态的变化。对于很简单的小网络，完全可以采用静态路由选择，人工配置每一条路由。动态路由选择也叫作自适应路由选择，其特点是能较好地适应网络状态的变化，但实现起来较为复杂，开销也比较大。因此，动态路由选择适用于较复杂的大网络。

2. 分层次的路由选择协议

互联网采用分层次的路由选择协议，主要有以下两个原因。

（1）互联网的规模非常大，现在就已经有几百万个路由器互连在一起。如果让所有的路由器知道所有的网络应怎样到达，则路由表将非常大，处理起来太花时间。而所有这些路由器之间交换路由信息所需的带宽会使互联网的通信链路饱和。

（2）许多单位不愿意让外界了解自己单位网络的布局细节和本单位所采用的路由选择协议，但同时希望连接到互联网上。

为此，整个互联网被划分为许多较小的**自治系统**（Autonomous System，AS）。AS是在单一的技术管理下的一组路由器，而这些路由器使用一种AS内部的路由选择协议和共同的度量，以确定分组在该AS内的路由，同时还使用一种AS之间的路由选择协议，以确定分组在AS之间的路由。

在目前的互联网中，一个大的ISP就是一个AS。这样，互联网就把路由选择协议划分为两大类。

（1）**内部网关协议**（Interior Gateway Protocol，**IGP**）：在一个AS内部使用的路由选择协议，与互联网中的其他AS选用什么路由选择协议无关。目前这类路由选择协议很多，如**路由信息协议**（Routing Information Protocol，RIP）和**开放最短通路优先协议**（Open Shortest Path First，OSPF）等。

（2）**外部网关协议**（Exterior Gateway Protocol，**EGP**）：若源主机和目的主机处在不同的AS中（这两个AS可能使用不同的内部网关协议），就需要在AS之间进行路由选择，使用一种协议将路由信息从一个AS传递到另一个AS中，这样的协议就是外部网关协议。目前互联网使用的外部网关协议是BGP（Border Gateway Protocol，边界网关协议）的版本4（BGP-4）。

AS之间的路由选择也叫作**域间路由选择**（Interdomain Routing），而AS内部的路由选择叫作**域内路由选择**（Intradomain Routing）。

图4-32是两个AS互连在一起的示意图。每个AS自己决定在本AS内部运行哪一个内部路由选择协议（可以是RIP，也可以是OSPF）。但每个AS都有一个或多个路由器（图中的路由器R_1和R_2），除运行本系统的内部路由选择协议外，还要运行AS间的路由选择协议（如BGP-4）。

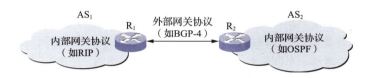

图4-32　AS和内部网关协议、外部网关协议

这里我们要指出，互联网的早期RFC文档中未使用"路由器"而是使用"网关"这一名词，但是在新的RFC文档中改为使用"路由器"这一名词。为便于读者查阅RFC文档，本书将根据情况使用"网关"这一名词，以便和RFC的提法一致。

总之，使用分层次的路由选择方法，可将互联网的路由选择协议划分如下。

内部网关协议：具体的协议有多种，如RIP和OSPF等。

外部网关协议：目前使用的协议是BGP。

下面对这两类协议分别进行介绍。

4.4.2　路由信息协议

RIP

路由信息协议（Routing Information Protocol，RIP）是内部网关协议中最先得到广泛使用的协议之一（RFC 1058）。RIP是一种分布式的**基于距离向量**（Distance Vector，DV）**的路由选择协议**，是互联网的标准协议，其最大优点就是简单。

1. 距离向量路由选择算法

距离向量路由选择算法的要点如下。

（1）每个节点维护一个**距离向量**（一组距离记录），记录本节点到所有目的节点的（最短）

距离（目前已知的最短路径长度）。初始每个节点仅知道与相邻节点之间的距离并建立距离向量，然后向相邻节点广播自己的距离向量。

（2）当与相邻节点的距离发生变化，或收到相邻节点发送的距离向量时，节点根据到相邻节点的距离以及相邻节点到目的节点的距离选择一条到目的节点距离最短的路径，计算到每个目的节点的最短距离，并更新自己的距离向量。

（3）当距离向量发生变化时，节点向相邻节点广播自己的距离向量。注意：后面的RIP的具体实现还会周期性广播距离向量。

由于每一个节点都要维护从它自己到每一个目的节点的距离向量，相邻节点间交换的也是各自的距离向量，最后各自根据相邻节点的距离向量来更新自己的距离向量，因此这类路由选择算法被称为**距离向量路由选择算法**（简称距离向量算法）。

这里要强调一点：每个节点在**刚刚开始工作时**，只知道到相邻节点的距离。每个节点也只和**数目非常有限的相邻节点**交换并更新路由信息。但经过若干次的更新后，所有的节点最终都会知道到达任何一个节点的最短距离，即算法得到**收敛**（Convergence）。这里"收敛"就是通过多次迭代所有的节点都得到正确的路由选择信息的过程。

上面给出的距离向量算法的基础是Bellman-Ford算法（或Ford-Fulkerson算法），算法的收敛性依赖于以下结论。

设X是节点A到B的最短路径上的一个节点。若把路径A→B拆成两段路径A→X和X→B，则A→X和X→B也分别是节点A到X和节点X到B的最短路径。

使用距离向量算法的每一个路由器都要维护从它自己到每一个目的网络的距离记录，具体方法就是在路由表中增加一个度量字段来记录到所有目的网络的"距离"。不同的路由选择协议对"距离"有各自的定义，但它总是表示到目的网络的最低路径代价。虽然使用距离向量算法的路由选择协议不只有RIP，但RIP是其中最著名的一个。下面介绍RIP的基本原理。

2. RIP的基本原理

首先，RIP将到某个网络的路径"距离"定义为该路径所经过的路由器数加1，即路由器到直接连接的网络的距离为1[①]，到非直接连接的网络的距离为到该网络最短路径的距离。例如，在图4-23中，路由器R_1到网络1和网络2的距离都是1（直接连接），而到网络3的距离是2，到网络4的距离是3。

RIP的"距离"也称为"跳数"（Hop Count），因为每经过一个路由器，跳数就加1。RIP认为好的路由就是通过的路由器的数目少，即"距离短"。RIP允许一条路径最多包含15个路由器，因此"距离"等于16即相当于不可达。可见RIP只适用于小型互联网。

RIP是一种迭代的分布式路由选择算法，每一个路由器都要不断地和其他路由器交换路由信息，其具有以下特点：**每个路由器仅向相邻路由器通告路由信息，通告的是每个路由器自己的路由表信息，并且要周期性（或当路由表发生变化时）通告**。

RIP的基本工作过程如下。

（1）路由器周期性（每隔大约30 s）地向所有相邻路由器发送路由更新报文（包含到所有已知网络的距离和下一跳路由器），并接收每一个相邻路由器发送过来的路由更新报文。

---

① 可以将路由器到直接连接的网络的距离定义为0，这两种定义本质上没有区别，不影响RIP的实现。

（2）对地址为 X 的相邻路由器发来的路由更新报文，先修改此报文中的所有项目：把"下一跳"字段中的地址都改为 X，并把所有的"距离"字段的值加 1（见解释 1）。每一个项目都有 3 个关键数据，即目的网络 N、距离 d、下一跳路由器 X。

（3）对修改后的路由更新报文中的每一个项目进行以下处理。

① 若原来的路由表中没有目的网络 N，则把该项目添加到路由表中（见解释 2）；否则，查看路由表中目的网络为 N 的表项的下一跳路由器地址。

② 若下一跳路由器地址是 X，则用收到的项目替换原路由表中的项目（见解释 3）；否则（即这个项目是到目的网络 N，但下一跳路由器不是 X）查看收到的项目的距离 d。

③ 若收到的项目中的距离 d 小于路由表中的距离，则进行更新（见解释 4）；否则什么也不做（见解释 5）。

（4）若一段时间（默认是 180 s）后没有收到某条路由项目的更新报文（见解释 6），则把该路由项目记为无效，即把距离置为 16（距离为 16 表示不可达）；再过一段时间，如 120 s，若还没有收到该路由项目的更新报文，则将该路由项目从路由表中删除。

（5）**若路由表发生变化，不必等到周期更新时间**，立即向所有相邻路由器发送路由更新报文（即**触发更新**，见解释 7）。

解释 1：这样做是为了便于进行本路由表的更新。假设从位于地址 X 的**相邻**路由器发来的 RIP 报文的某一个项目是"Net2, 3, Y"，意思是"我经过路由器 Y 到网络 Net2 的距离是 3"，那么本路由器就可推断出"我经过 X 到网络 Net2 的距离应为 3 + 1 = 4"。于是，本路由器就把收到的 RIP 报文的这一个项目修改为"Net2, 4, X"，在下一步和路由表中原有项目进行比较时使用（只有比较后才能知道是否需要更新）。可注意到，收到的项目中的 Y 对本路由器是没有用的，因为 Y 不是本路由器的下一跳路由器地址。

解释 2：表明这是新的目的网络，应当加入路由表。例如，本路由表中没有到目的网络 Net2 的路由，那么在路由表中就要添加新的项目"Net2, 4, X"。

解释 3：为什么要替换呢？因为这是最新的消息，要以最新的消息为准。到目的网络的距离有可能增大或减小，但也可能没有改变。例如，不管原来路由表中的项目是"Net2, 3, X"还是"Net2, 5, X"，都要更新为现在的"Net2, 4, X"。

解释 4：例如，若路由表中已有项目"Net2, 5, P"，就要将其更新为"Net2, 4, X"。因为到网络 Net2 的距离原来是 5，现在减到 4，更短了。

解释 5：若距离更大了，显然不应更新；若距离不变，更新后得不到好处，因此也不更新。

解释 6：通过与相邻路由器的周期性交互来发现网络拓扑的变化，如路由器或链路的失效。

解释 7：若仅是周期性发送更新报文，协议也可以收敛，但会增大出现循环路由问题的概率（将在后面讨论）。

RIP 让一个 AS 中的所有路由器都和自己的相邻路由器定期交换路由信息。路由器在刚刚开始工作时，只知道到直接连接的网络的距离，通过不断与相邻路由器交换路由信息并更新路由表，最终**每一个路由器到每一个目的网络的路由都是最短的**（即跳数最少）。

图 4-33 所示的例子说明了 RIP 的收敛过程。各路由器开始仅知道到直接连接的网络的距离。接着，各路由器都向其相邻路由器广播 RIP 报文，即广播路由表中的信息。假定路由器 R_2 先收到了路由器 R_1 和 R_3 的路由信息，然后就更新自己的路由表。R_2 将更新后的路由表再发送给路由器 R_1 和 R_3，路由器 R_1 和 R_3 分别再进行更新。这个例子非常简单，所以 3 个路由器中的路由表很

快就全部更新完毕。实际的更新过程可能和图4-33有所不同，因为RIP报文的交互具有随机性，但最终都能收敛到同样的结果。

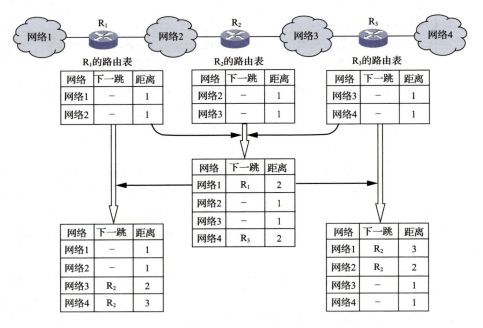

图4-33 使用RIP时路由表的建立过程

3. 坏消息传播得慢

RIP有一个特点，就是当一个路由器发现了更短的路由时，这种更新信息传播得很快，但是**当网络出现故障时，要经过比较长的时间才能将此信息传送到所有的路由器**。我们可以用一个简单例子来说明。设3个网络通过两个路由器互连起来：路由器R_1连接网络1和网络2，而路由器R_2连接网络2和网络3。假定各路由器都已建立了各自的路由表。

现在假定路由器R_1到网络1的链路出了故障，如图4-34所示。这时，网络2和网络3都无法通过R_1到达网络1。于是路由器R_1就把到网络1的距离改为16（表示网络1不可达），并把这个更新信息发送给R_2。但是，R_2收到这个更新信息之前可能已经将自己的路由表发送给了R_1，其中有一个项目是"我可以经过R_1到达网络1，距离是2"。得出这条项目的根据是R_1到网络1的距离是1，而R_2到R_1的距离是1。

RIP的交互过程（动画演示）

R_1收到R_2的更新报文后，误以为可经过R_2到达网络1，于是也错误地以为"我可以经过R_2到达网络1，距离是3"，然后把这个更新信息发送给R_2。

同理，R_2随后发布自己的路由更新信息：我可以经过R_1到达网络1，距离是4。这样不断更新下去，直到R_1和R_2到网络1的距离都增大到16时（如果RIP不定义16为无穷大，则该过程会一直进行下去），R_1和R_2才知道网络1是不可达的。RIP的这一特点叫作**好消息传播得快，而坏消息传播得慢**。网络故障信息的传播往往需要较长的时间（如数分钟），这是RIP的主要缺点之一。

该问题又称为**循环路由问题**或**无穷计数问题**，这是距离向量算法的一个固有问题。我们可以采取多种措施降低出现该问题的概率或减小该问题带来的危害。例如，限制最大距离为15（16表示不可达）；当路由表发生变化时就立即发送更新报文（即"触发更新"），而不仅是周期性发送；让路由器记录收到某特定路由信息的接口，不让同一路由信息再通过此接口向反方向传送（"水平分割"方法）等。但这些措施都无法彻底解决该问题，因为在距离向量算法中，每个路由器都缺少到目的网络的整条路径的完整信息，无法判断所选的路由是否出现了环路。

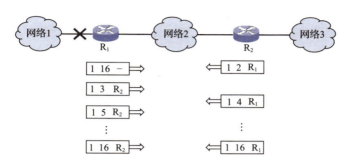

图4-34　坏消息传播得慢

总之，RIP最大的优点就是**实现简单，路由器开销较小**。但RIP的缺点也较多：首先，RIP限制了网络的规模，它能使用的最大距离为15（16表示不可达）；其次，路由器之间交换的路由信息是路由器中的完整路由表，因而随着网络规模的扩大，开销也会增加；最后，"坏消息传播得慢"，使更新过程的收敛时间过长。因此，规模较大的网络应当使用4.4.3小节介绍的协议。目前在规模较小的网络中，使用RIP的仍占多数。

RIP的第二个版本RIP 2（RFC 2453）支持可变长子网掩码和CIDR。此外，RIP 2还提供简单的鉴别过程并使用**多播**而不是**广播**向所有相邻路由器发送路由更新报文。

RIP和RIP 2都使用传输层的UDP进行传送（使用UDP的端口520）。

4.4.3　开放最短路径优先

OSPF

开放最短路径优先（Open Shortest Path First，OSPF）是为克服RIP的缺点在1989年被开发出来的。OSPF的基本原理很简单，但其具体实现却非常复杂。"开放"表明OSPF协议不是受某一家厂商控制，而是公开发表的。"最短路径优先"是因为使用了迪科斯彻（Diikstra）最短路径算法。OSPF的第二个版本OSPFv2已成为互联网标准协议（RFC 2328）。

请注意：OSPF只是协议的名字，**它并不表示其他的路由选择协议不是"最短路径优先"**。实际上，所有在AS内部使用的路由选择协议（包括RIP）都是要寻找一条"最短"的路径。

OSPF最主要的特征就是使用**链路状态**（Link State，LS）路由选择算法（简称链路状态算法）。

1. 链路状态算法

链路状态算法与距离向量算法的基本原理非常不同，其要点如下。

（1）每个路由器都能够感知它的本地链路状态，即本路由器都和哪些网络相连，与哪些路由器相邻，以及它们之间链路的"**度量**"（Metric）。这个"度量"作为链路的权值，可用来表示费用、距离、时延、带宽等链路代价。这些都由网络管理人员来决定，因此较为灵活。

（2）当本地链路状态**发生变化时**，路由器用**洪泛法**（Flooding）向**所有路由器**广播该链路状态变化信息。洪泛法就是路由器通过所有输出端口向所有相邻的路由器发送信息，而每一个相邻路由器又再将此信息发往其所有的相邻路由器（但不再发送给刚刚发来信息的那个路由器）。这样，最终整个区域中所有的路由器都得到了这个信息的副本。我们应注意，距离向量算法和RIP仅仅向自己的相邻路由器发送信息。

（3）每个路由器都可以收到所有其他路由器广播的链路状态信息并建立**全网的拓扑结构图**（在OSPF中被称为链路状态数据库）。因此，每一个路由器都知道全网共有多少个网络和路由器，以及哪些路由器是相连的、链路的度量是多少，等等。然后使用最短路径算法计算到所有目的网络的最短路径（最低代价路径），并以此生成自己的路由表。距离向量算法和RIP的每一个路由器虽然知道到所有网络的距离及下一跳路由器，但却**不知道全网的拓扑结构图**（只有到了下一跳路由器，才能知道再下一跳应当怎样走）。

（4）由于路由表是根据全网拓扑生成的，链路状态算法没有距离向量算法"坏消息传播得慢"的问题。

2. OSPF 的基本原理

链路状态算法既可以分布式实现，即每个路由器各自根据收集的全网拓扑生成自己的路由表，也可以采用集中方式，由专门的网络控制器收集全网拓扑生成路由表，再下发给各路由器。OSPF采用的是分布式方法，每个路由器各自收集全网拓扑并计算路由表。采用分布式链路状态算法的知名路由协议除OSPF外，还有IS-IS（Intermediate System to Intermediate System，中间系统到中间系统）内部网关路由协议，这里仅介绍OSPF的基本原理。

（1）在OSPF中，所有的路由器都需要维护一个**链路状态数据库**（Link-State Database），这个数据库实际上就是**全网的拓扑结构图**，这个拓扑结构图在全网范围内是**一致的**（称为**链路状态数据库的同步**）。一个路由器刚开始工作时，可以从相邻路由器批量快速获得初始的链路状态数据库，然后在网络运行的过程中，只要某个路由器的链路状态发生变化，它就用洪泛法向全网广播链路状态变化，因此OSPF的链路状态数据库能较快更新，OSPF的**更新过程收敛得快**是其重要优点。

（2）为保证协议的可靠性，除了链路状态**发生变化时**，OSPF路由器也会周期性地向AS中所有路由器洪泛链路状态信息，但周期要比RIP长得多（至少30min），更长的周期可确保洪泛不会在网络上产生太大的通信量。要知道，RIP必须依赖相邻路由器间周期性频繁地发送路由更新报文来及时发现网络拓扑的变化（如相邻路由器的失效）。

（3）OSPF允许同时使用到同一个目的网络的多条相同代价的路径，将流量分配给这几条路径，这叫作多路径间的**负载平衡**（Load Balancing）。在代价相同的多条路径上分配流量是流量工程中的简单形式。

（4）所有在OSPF路由器之间交换的分组（如链路状态更新分组）都具有**鉴别**的功能，因而保证了仅在可信赖的路由器之间交换链路状态信息。

（5）为了使OSPF能够用于规模很大的网络，OSPF可以把一个AS再划分为若干个更小的范围，即**区域**（Area），进行层次路由。划分区域的好处是把利用洪泛法交换链路状态信息的范围局限在每一个区域而不是整个AS，这减少了整个网络上的通信量。在一个区域内部的路由器只知道本区域的完整网络拓扑，而不知道其他区域的完整网络拓扑。图4-35将一个AS划分为4个区域，每一个区域都有一个32位的区域标识符（用点分十进制表示）。

为了使每一个区域都能够和本区域以外的区域进行通信，OSPF使用**层次结构的区域划分**。在上层的区域叫作**主干区域**（Backbone Area），其标识符为0.0.0.0。在主干区域内的路由器叫作**主干路由器**（Backbone Router），如R_3、R_4、R_5、R_6和R_7。有些主干路由器也是**区域边界路由器**（Area Border Router），如R_3、R_4和R_7。显然每一个区域至少应当有一个区域边界路由器。主干区域的作用是连通非主干区域，所有非主干区域之间的通信必须经过主干区域。**区域边界路由器**要对非主干区域内的路由信息进行**汇总**（Summary），再通告到主干区域中。例如，路由器R_3通过收集0.0.0.1区域的链路状态信息计算出到该区域中所有网络的最短路径及路径代价，然后将**网络汇总链路状态信息**（即到该区域所有网络的路径代价）洪泛到主干区域中，就好像这些网络直接连接在路由器R_3上一样。这样，主干路由器虽然不知道0.0.0.1区域内部的具体网络拓扑，但能够计算出通过主干区域到该区域网络的最短路径。同样，R_3也要把从主干区域获得的到其他区域的网络汇总链路状态信息通告到0.0.0.1区域的所有内部路由器。主干区域内还要有一个路由器专门和本AS外的其他AS交换路由信息。这样的路由器叫作**AS边界路由器**（如图4-35中的R_6），将在4.4.4小节介绍它的功能。

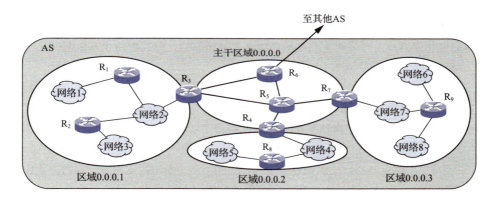

图4-35 AS被划分为不同的区域

采用层次结构的区域划分使交换的信息种类增多了，也使OSPF更加复杂了。另外，即使两个非主干区域直接相连，它们之间的通信也必须经过主干区域，因此区域划分可能导致协议不能在整个AS中获得最优路径。虽然如此，区域划分却能使每一个区域内部交换路由信息的流量大大减小，使OSPF能够用于规模很大的AS。这里，我们再一次看到层次结构在网络设计中的重要性。

3．OSPF 分组

OSPF共有以下5种类型的分组。

（1）**问候**（Hello）分组：用来发现和维持邻站的可达性。

（2）**数据库描述**（Database Description）分组：向邻站给出自己的链路状态数据库中的所有链路状态摘要信息。

（3）**链路状态请求**（Link State Request）分组：向对方请求发送某些链路状态项目的详细信息。

（4）**链路状态更新**（Link State Update）分组：用洪泛法对全网更新链路状态。这种分组是最复杂的，也是OSPF的核心部分。路由器使用这种分组将其链路状态通知邻站。链路状态更新分组共有5种不同的链路状态（RFC 2328），这里从略。

（5）**链路状态确认**（Link State Acknowledgment）分组：对链路更新分组的确认。

OSPF分组不用UDP而是**直接用IP数据报传送**（其IP数据报首部的协议字段值为89）。OSPF构成的IP数据报很短，这样做可减少路由信息的流量。数据报很短的另一好处是不必将长的数据报分片传送。分片传送的数据报只要丢失一个数据报片，就无法组装成原来的数据报，导致整个数据报必须重传。

OSPF规定，每两个相邻路由器每隔10s要交换一次问候分组，这样就能确认哪些邻站是可达的。对相邻路由器来说，"可达"是最基本的要求，因为只有可达邻站的链路状态信息才会存入链路状态数据库（路由表就是根据链路状态数据库计算出来的）。在正常情况下，网络中传送的绝大多数OSPF分组都是问候分组。若有40s没有收到某个相邻路由器发来的问候分组，则可认为该相邻路由器是不可达的，应立即修改链路状态数据库，并重新计算路由表。与OSPF不同，RIP依赖相邻路由器间周期性发送路由更新报文来发现网络拓扑的变化，而没有使用专门的问候分组。

其他的4种分组都是用来进行链路状态数据库的同步的。所谓同步就是指不同路由器的链路状态数据库的内容是一样的。两个同步的路由器叫作"**完全邻接的**"（Fully Adjacent）路由器。不是完全邻接的路由器表明它们虽然在物理上是相邻的，但其链路状态数据库并没有达到一致。

当一个路由器刚开始工作时，它只能通过问候分组得知它有哪些相邻的路由器在工作，以及到相邻路由器的链路代价。如果所有的路由器都把自己的本地链路状态信息对全网广播，那么各路由器只要将这些链路状态信息综合起来就可得出链路状态数据库。但这样做开销太大，因此OSPF采用下面的办法。

OSPF让每一个路由器用数据库描述分组和相邻路由器交换本数据库中已有的链路状态摘要信息。链路状态摘要信息主要指出有哪些路由器的链路状态信息（及其序号）已经写入了数据库。与相邻路由器交换数据库描述分组后，路由器就使用链路状态请求分组向对方请求发送自己所缺少的某些链路状态项目的详细信息。通过一系列的这种分组交换，全网同步的链路状态数据库就建立了。

在网络运行的过程中，只要一个路由器的链路状态发生变化，该路由器就要用洪泛法向全网广播**链路状态更新分组**，OSPF使用的是**可靠的洪泛法**，其要点如图4-36所示。设路由器R_1用洪泛法发出链路状态更新分组，图中用一些小的实心箭头表示该分组。第一次先发给相邻的3个路由器，这3个路由器转发收到的分组时，要将其上游路由器排除在外。由于每个链路状态更新分组都有编号，路由器不会对收到的重复更新分组再次洪泛。可靠的洪泛法是指在收到更新分组后要发送确认（确认并不洪泛，每个路由器仅向上游邻居发送确认）。为减少网络中传播的链路状态确认分组数量，OSPF还采用了隐式确认和延迟确认方法。例如，R_2与R_4相互发送相同的链路状态更新分组隐含了对对方更新分组的确认，而无须专门再发送链路状态确认分组。通过延迟确认可以将多个确认信息打包到一个链路状态确认分组中，也可以使得一个链路状态确认分组能够通过多播方式一次性向多个同一局域网中的邻居进行确认。图中的空心箭头表示确认分组。

为了确保链路状态数据库与全网的状态保持一致，OSPF还规定每隔一段时间（如30 min）要刷新一次数据库中的链路状态。

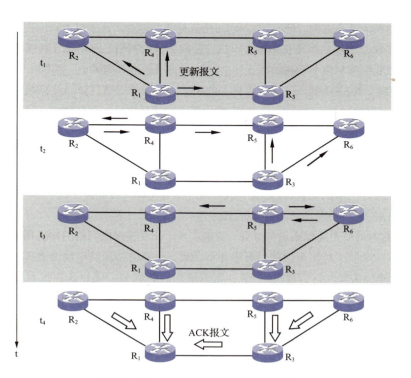

图 4-36   用可靠的洪泛法发送链路状态更新分组

由于一个路由器的链路状态只涉及与相邻路由器的连通状态，与整个互联网的规模并无直接关系，同时，将 AS 划分为小的区域可有效限制链路状态广播的范围，因此，当互联网规模很大时，OSPF 要比 RIP 好得多。由于 OSPF 没有"坏消息传播得慢"的问题，据统计，其响应网络变化的时间小于 100 ms。

N 个路由器连接在一个以太网上，则每个路由器要向其他 $N-1$ 个路由器发送链路状态信息，因而共有 $N(N-1)$ 个链路状态信息要在这个以太网上传送。OSPF 对这种多点接入的局域网采用了**指定路由器**（Designated Router）的方法，使广播的信息量大大减少。该方法利用指定的路由器代表该局域网向连接到该网络上的各路由器发送链路状态信息。

4.4.4   边界网关协议

BGP

1989 年，新的外部网关协议——**边界网关协议**（Border Gateway Protocol，BGP）公布。现在的 BGP-4 是互联网草案标准协议（RFC 4271 ~ 4278）。简单起见，后面把 BGP-4 都简写为 BGP。

1. 为什么需要 BGP

我们首先应当弄清：不同 AS 之间的路由选择为什么不能使用前面讨论过的内部网关协议，如 RIP 或 OSPF？

我们知道，内部网关协议（如 RIP 或 OSPF）主要是设法使数据报在一个 AS 中尽可能有效地从源站传送到目的站，在一个 AS 内部不需要考虑其他方面的策略。然而 BGP 使用的环境与此不同。不使用内部网关协议主要有以下两个原因。

（1）**互联网的规模太大，使AS之间的路由选择非常困难**。连接在互联网主干网上的路由器必须对任何有效的IP地址都能在路由表中找到匹配的目的网络。目前在互联网的主干网路由器中，一个路由表的项目数早已超过了5万个。如果使用链路状态算法，则每一个路由器必须维持一个很大的链路状态数据库。对于这样大的主干网，用最短路径算法计算最短路径花费的时间太长。另外，由于AS各自运行自己选定的内部路由选择协议，并使用本AS指明的路径度量，因此，当一条路径通过几个不同AS时，要想计算出有意义的代价是不太可能的。例如，对某AS来说，代价为1000可能表示路由比较长；但对另一AS来说，代价为1000却可能表示不可接受的坏路由。因此，对于AS之间的路由选择，要用"代价"作为度量来寻找最佳路由也是很不现实的。比较合理的做法是在AS之间交换**可达性信息**（即"可到达"或"不可到达"）。例如，告诉相邻路由器：到达目的网络N可经过AS_x。

（2）**AS之间的路由选择必须考虑有关策略**。由于相互连接的网络的性能相差很大，根据最短距离（即最少跳数）找出来的路径可能并不合适，还有的路径使用代价很高或很不安全。还有一种情况，如AS_1要发送数据报给AS_2，本来最好是经过AS_3，但AS_3不愿意让这些数据报通过自己的网络，因为"这是它们的事情，和我们没有关系"。但是，AS_3愿意让某些相邻AS的数据报通过自己的网络，特别是那些付了服务费的AS。因此，AS之间的路由选择协议应当允许使用多种路由选择策略，这些策略包含政治、安全或经济方面的考虑。例如，我国国内的站点在互相传送数据报时不应经过国外。这些策略都是由网络管理人员为路由器进行设置的，并不是AS之间的路由选择协议本身。还可举出一些有关策略的例子，如"仅在到达下列这些地址时才经过AS_x""AS_x和AS_y相比时应优先通过AS_x"等。显然，使用这些策略是为了找出较好的路径而不是最佳路径。

由于上述情况，**BGP只是力求寻找能够到达目的网络且比较好的路由（不能兜圈子），而并非要寻找最佳路由，重要的是能根据策略进行路由选择**。

2. BGP 的基本原理

BGP是一个非常复杂的协议，这里仅介绍其基本的工作原理。

与RIP和OSPF都不同，BGP采用的是路径向量（Path Vector，PV）路由选择算法（简称路径向量算法）。**该算法的基本思想：相邻节点间互相通告自己到所有目的地的路径信息，该路径信息包括路径经过的节点列表，各节点根据获得的路径信息选择一条到目的地经过节点数最少且不存在环路的路径**。路径向量算法与距离向量算法非常相似，二者的不同之处在于：通告的路由信息不是到目的地的距离而是到目的地的路径信息（路径向量），由于路径信息包含所经过的所有节点的标识，可以避免选择循环路由，因此没有距离向量算法"坏消息传播得慢"的问题。

在配置BGP时，每一个AS的管理员要选择至少一个路由器作为该AS的"**BGP发言人**"[①]。BGP发言人负责在AS间交换路由信息，且往往配置在AS边界路由器上。

一个BGP发言人要与其他AS的BGP发言人交换路由信息，就要先建立TCP连接（端口号为179），然后在此连接上交换BGP报文以建立BGP**会话**（Session），利用BGP会话交换路由信息，如增加新的路由、撤销过时的路由，以及报告出差错的情况等。TCP连接能提供可靠

---

① BGP的文档中使用了一个新名词——BGP speaker（BGP 发言人）。被指定为BGP发言人的路由器可以代表整个AS与其他AS交换路由信息。虽然BGP允许使用任何其他计算机作为BGP发言人，但大多数AS实际上是在一个路由器上运行BGP的。

的传输服务。使用TCP连接交换路由信息的两个BGP发言人彼此成为对方的**邻居**（Neighbor）或**对等方**（Peer）。但请注意，BGP对等方并不一定在物理上是相邻的（连接在同一个物理网络中）。

图4-37所示为BGP发言人和AS的关系。图中画出了3个AS中的5个BGP发言人。每一个BGP发言人除了必须运行BGP外，还必须运行该AS所使用的内部网关协议，如OSPF或RIP。内部网关协议为BGP发言人提供AS内部的路由信息。

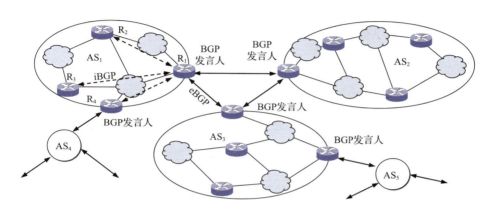

图4-37　BGP发言人和AS的关系

实际上为了将BGP发言人获得的AS之外的网络可达性信息分发给AS内的所有路由器（包括同一AS另一端的BGP发言人），通常BGP发言人还需通过BGP会话与AS内部的每个路由器进行通信，虽然OSPF或RIP等内部网关协议也可以完成这项工作，但BGP会话更加高效。为了区别两种不同用途的BGP会话，我们将两个AS之间的BGP会话称为**外部BGP会话**（external BGP Session，eBGP**会话**），而将同一AS内部路由器之间的BGP会话称为**内部BGP会话**（internal BGP Session，iBGP**会话**）。例如，图4-37中，R_1通过iBGP会话将其利用eBGP获得的其他AS的网络可达性信息分发给AS_1中的其他路由器，包括AS另一端的边界路由器R_4。AS内部的各路由器将通过iBGP获得的外部路由信息和通过内部网关协议得到的路由信息进行合并，生成最终的路由表。

BGP所交换的网络可达性信息主要包含到达某个网络（用网络前缀表示）所要经过的一系列AS。在BGP发言人互相交换了网络可达性信息后，各BGP发言人就根据所采用的策略从收到的路由信息中找出到达各AS的较好路由。图4-38为AS_1中的一个BGP发言人构造出的AS连通图，它是树形结构，不存在回路。

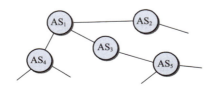

图4-38　AS连通图示例

图4-39给出了一个BGP发言人交换路径向量的例子。AS_2的BGP发言人通知主干网的BGP发言人：要到达网络N_1、N_2、N_3和N_4可经过AS_2。主干网BGP发言人收到该通知后，就发出通

知：要到达网络 N_1、N_2、N_3 和 N_4 可经过 AS_1、AS_2。

BGP 交换路由信息的节点数量级是 **AS 数**的量级，远小于整个互联网的**网络数**。因此要在许多 **AS** 之间寻找一条较好的路径不会耗费太多的时间。

BGP 支持 CIDR，交换的路由信息包括目的网络前缀、下一跳路由器（AS 边界路由器），以及到达目的网络所要经过的各个 AS 的标识符。由于使用了路径向量的信息，很容易避免产生兜圈子的路由。如果一个 BGP 发言人收到了其他 BGP 发言人发来的路径通知，它就要检查一下本 AS 是否在通知的路径中。如果在这条路径中，就不能采用这条路径（因为会兜圈子）。因此 BGP 很容易解决距离向量路由选择算法中的"坏消息传播得慢"这一问题。

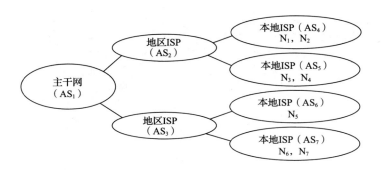

图 4-39　BGP 发言人交换路径向量

由于路由信息包含经过的每个 AS 的标识符，策略的加入很方便。例如，不选择有风险 AS 的路径，不向某个 AS 通告到某个网络的路径，等等。

在 BGP 刚刚运行时，BGP 对等方之间要交换整个 BGP 路由表，但以后只需要在发生变化时更新有变化的部分。这样做对节省网络带宽和减少路由器的处理开销都有好处。

3. BGP 报文

BGP 使用以下 4 种报文。

（1）OPEN（打开）报文：用来与另一个 BGP 发言人建立对等关系，使通信初始化。

（2）UPDATE（更新）报文：用来通告某一路由的信息，以及列出要撤销的多条路由。

（3）KEEPALIVE（保活）报文：用来周期性地证实对等方的连通性。

（4）NOTIFICATION（通知）报文：用来发送检测到的差错。

RFC 2918 中增加了 ROUTE-REFRESH 报文，用来请求对等方重新通告。

若一个 BGP 发言人想与另一个 AS 的 BGP 发言人建立对等关系，就需要向对方发送 OPEN 报文，如果对方接受这种对等关系，就用 KEEPALIVE 报文响应。这样，两个 BGP 发言人的对等关系就建立了。

一旦对等关系建立了，就要继续维持这种关系。双方中的每一方都需要确信对方是存在的，且一直在保持这种对等关系。为此，这两个 BGP 发言人彼此要周期性地交换 KEEPALIVE 报文（一般每隔 30s）。KEEPALIVE 报文只有 19 字节长，不会造成太大的开销。

UPDATE 报文是 BGP 的核心内容。BGP 发言人可以用 UPDATE 报文撤销它曾经通知过的路由，也可以宣布增加新的路由。可以一次撤销许多条路由，但一次只能增加一条新路由。

4.5　路由器的工作原理

4.5.1　路由器的构成

　　路由器是一种具有多个输入端口和多个输出端口的专用计算机，其任务是转发分组。路由器从某个输入端口收到分组后，按照分组要去的目的地（即目的网络），把该分组从合适的输出端口转发给下一跳路由器。下一跳路由器也按照这种方法处理分组，直到该分组到达目的地为止。路由器转发分组正是网络层的主要工作。图 4-40 所示为典型的路由器的结构。

　　从图 4-40 可以看出，整个路由器可划分为两大部分：**路由选择**部分和**分组转发**部分。

　　路由选择部分属于控制平面，其核心构件是路由选择处理机。路由选择处理机的任务是根据所选定的路由选择协议构造出路由表，同时经常或定期和相邻路由器交换路由信息，不断地更新和维护路由表。

　　分组转发部分属于数据平面，由 3 部分组成：一组**输入端口**、**交换结构**和一组**输出端口**（注意，这里的端口就是硬件接口）。下面分别介绍各个部分。

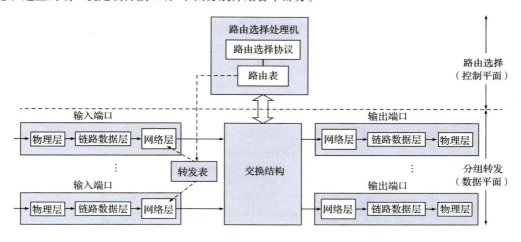

图 4-40　典型的路由器的结构

1.　输入端口

　　请注意，"转发"和"路由选择"是有区别的。在互联网中，"**转发**"是指路由器根据转发表把收到的 IP 数据报从路由器合适的端口发出去。"转发"仅涉及一个路由器，"**路由选择**"则涉及很多路由器，因为路由表是许多路由器协同工作的结果。这些路由器按照复杂的路由选择算法，得出整个网络的拓扑变化情况，因而能够动态地改变所选择的路由，并由此构造出整个路由表。路由表一般仅包含从目的网络到下一跳（用 IP 地址表示）的映射，而转发表是依据路由表计算出来的。转发表必须包含实现转发功能所必需的信息。也就是说，转发表的每一行必须包含要到达的目的网络与相应输出端口和某些 MAC 地址信息（如下一跳的以太网地址）的映射关系。将转发表和路由表用不同的数据结构实现会带来一些好处，这是因为在转发分组时，转发表的结构应当使查找过程最优化，路由表则需要使网络拓扑变化的计算最优化。路由表总是用软件实现的，但转发表可用特殊的硬件来实现。请读者注意，在讨论路由选择的原理时，我们往往不区分转发表和路由表，而是笼统地使用路由表这一名词。

在图4-40中，路由器的输入端口和输出端口部分都各有3个方框，分别代表物理层、链路层和网络层的处理模块。物理层进行比特的接收。链路层则按照链路层协议接收传送分组的帧。在把帧的首部和尾部剥去后，分组就被送入网络层的处理模块。若分组的接收者是路由器自己，则将其交给相应的上层协议去处理，当这些分组是路由器之间交换路由信息的分组（如RIP分组或OSPF分组等）时，则把这种分组送交路由器的路由选择部分中的路由选择处理机。否则，网络层处理模块按照分组首部中的目的地址查找转发表，根据得出的结果，分组经过交换结构到达合适的输出端口。路由器的输入端口和输出端口在路由器的线路接口卡上。

输入端口的查找和转发功能在路由器的交换功能中是最重要的。为了使交换功能分散化，往往把复制的转发表放在每一个输入端口中，如图4-40中的虚线箭头所示。路由选择处理机负责对各转发表的副本进行更新，这些副本常称为"影子副本"（Shadow Copy）。分散化交换可以避免在路由器中的某一点上出现瓶颈。

以上介绍的查找转发表和转发分组的概念虽然并不复杂，但具体实现并不容易，问题就在于路由器必须以很高的速率转发分组。最理想的情况是输入端口的处理速率能够跟上线路把分组传送到路由器的速率，这种速率称为线速（Line Speed或Wire Speed）。可以粗略地估算一下：设线路是OC-48链路，即速率为2.5 Gbit/s。若分组长度为256字节，那么线速就应当达到每秒处理100万以上的分组。现在常用Mpps（Million Packet Per Second，百万分组每秒）来说明一个路由器对收到的分组的处理速率。在路由器的设计中，怎样提高查找转发表的速率是一个十分重要的研究课题。

当一个分组正在查找转发表时，从这个输入端口又收到另一个分组，后到的分组就必须排队等待，因而产生了一定的时延。图4-41所示为输入端口对线路上收到的分组的处理。

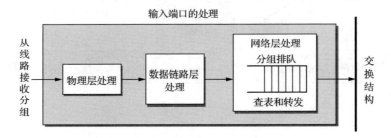

图4-41　输入端口对线路上收到的分组的处理

2. 交换结构

交换结构（Switching Fabric）又称为**交换组织**，是路由器的关键构件，它将从某个输入端口进入的分组根据查表的结果从一个合适的输出端口转发出去。交换结构的速率对于路由器的性能是至关重要的。如果交换结构的速率跟不上输入端口分组的到达速率，分组会因为等待交换而在输入队列中排队。因此，人们对交换结构进行了大量研究，以提高路由器的转发速度。图4-42所示为3种基本交换结构。

最早使用的路由器是普通的计算机，用计算机的CPU作为路由器的路由选择处理机。路由器的输入端口和输出端口的功能和普通计算机的I/O设备一样，这时的路由器实际上就是一台安装了多个网络接口卡的计算机。路由器的某个输入端口收到一个分组时，就用中断方式通知路由选择处理机，然后分组从输入端口被复制到存储器中。路由选择处理机从分组首部提取目的地址，查找路由表，再将分组复制到合适的输出端口的缓存中。采用这种方式时分组要两次经过系统的总线（一次写和一次读）。若存储器的带宽（读或写）为每秒 m 个分组，那么路由器的交换速率（即分组从输入端口传送到输出端口的速率）一定小于每秒 $m/2$ 个分组。这是因为存储器对分组的读和写需要花费的时间是同一个数量级。

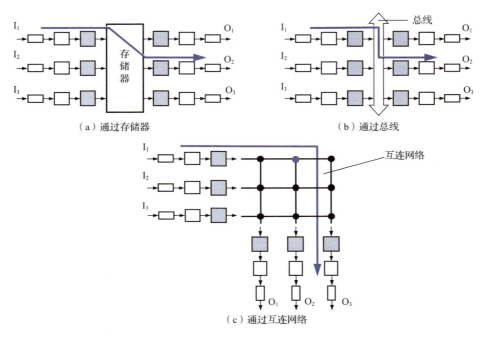

图4-42　3种基本交换结构

许多现代的低端路由器也通过存储器进行交换，图4-42（a）表示分组通过存储器进行交换，与早期的路由器的区别是，目的地址的查找和分组在存储器中的缓存都是在输入端口中进行的。Cisco公司的Catalyst 8500系列路由器和Bay Network公司的Accelar 1200系列路由器采用的就是共享存储器的方式。

图4-42（b）所示为通过总线进行交换。采用这种方式时，分组从输入端口通过共享的总线直接传送到合适的输出端口，而不需要路由选择处理机的干预。但是，由于总线是共享的，因此在同一时间只能有一个分组在总线上传送。当分组到达输入端口时，若总线忙（总线正在传送另一个分组），则分组不能通过交换结构，要在输入端口排队等待。因为每一个要转发的分组都要通过这一条总线，路由器的转发带宽显然受到总线速率的限制，要想实现无阻塞交换，交换总线的速率要大于所有输入端口速率的总和。现在的技术已经可以将总线的带宽提高到每秒吉比特，因此许多路由器产品都采用这种通过总线的交换方式。例如，Cisco公司的Catalyst 1900系列路由器就使用了带宽达到1 Gbit/s的总线，而Catalyst 5000系列的背板总线带宽已达32 Gbit/s。

图4-42（c）所示为通过**纵横交换结构**（Crossbar Switch Fabric）进行交换。这种交换结构常称为互连网络（Interconnection Network），它有 $2N$ 条纵横交叉的总线，可以使 N 个输入端口和 N 个输出端口相连接。通过控制相应的交叉节点，可使水平总线和垂直总线接通或断开，将

分组转发到合适的输出端口。输入端口收到一个分组时，就将它发送到与该输入端口相连的水平总线上。若通向所要转发的输出端口的垂直总线是空闲的，则在这个交叉节点将垂直总线与水平总线接通，然后将该分组转发到该输出端口。但若该垂直总线已被占用（有另一个分组正在转发到同一个输出端口），则后到达的分组必须在输入端口排队。采用这种交换方式的路由器有 Cisco 公司的 12000 系列路由器，它使用的纵横交换结构的速率高达 60 Gbit/s。

3. 输出端口

我们再来观察输出端口的情况，如图 4-43 所示。输出端口从交换结构接收分组，然后把它们发送到路由器外面的线路上。网络层的处理模块中设有一个缓冲区，实际上它就是一个队列。当交换结构传送分组的速率超过输出链路的发送速率时，来不及发送的分组就必须暂时存放在这个队列中。数据链路层处理模块把分组加上链路层的首部和尾部，交给物理层发送到外部线路。

从以上讨论可以看出，分组在路由器的输入端口和输出端口都可能会排队等候处理，提高路由器查表和交换的性能可以避免分组在输入端口排队。若处理分组的速率赶不上分组进入队列的速率，则队列的存储空间最终必定会减少到零，后面进入队列的分组由于没有存储空间而只能被丢弃。前面提到的分组丢失就发生在路由器中的输入或输出队列产生溢出的时候。当然，设备或线路出故障也可能使分组丢失，但这种情况比较少见。

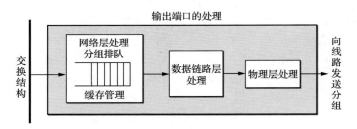

图 4-43 输出端口把交换结构传送过来的分组发送到线路上

随着传输带宽的不断增长，对路由器的性能要求也在不断提高。通过物理器件性能的提高和路由器体系结构的不断改进，现代路由器的性能已得到了大幅度的提升。路由器从最初使用通用功能器件到现在大量使用专用器件，如网络处理机（Network Processor），其体系结构的发展经过了 4 个阶段：单机集中式总线结构、单机分布式共享总线结构、单机分布式纵横交换结构和多机互连的集群结构。

4.5.2 路由器与交换机的比较

我们已经学习了两种基于存储转发的分组交换设备：一种是工作在网络层，利用网络层地址转发分组的路由器；另一种则是工作在数据链路层，利用 MAC 地址转发分组的交换机。这两种分组交换设备的工作原理完全不同，各有优缺点，因此它们的应用场合有明显的不同。

交换机（这里指的是二层交换机）的最大优点是即插即用，并具有相对高的分组过滤和转发速度。即插即用是因为主机完全感觉不到交换机的存在（即对主机"透明"），网络管理员也无须进行特殊配置就可用它组网。转发速度快是因为交换机只需处理通过第二层传送上来的分组，而路由器还必须处理通过第三层传送上来的帧。

但交换机的缺点也非常明显，由于MAC地址是平坦的，一个大型交换机网络要求交换机维护大的MAC地址表，也将要求在主机中维护大的ARP表，MAC地址的自学习过程和ARP会产生和处理大量广播。交换机对广播风暴不提供任何保护措施，如果一台主机失去控制，不断发送大量的以太网广播帧，交换机将会转发所有这些帧，导致整个以太网崩溃。另外，交换机网络的逻辑拓扑结构被限制为一棵生成树，即使在物理上存在冗余链路，也不可能为每对主机提供最佳路径。

路由器的优缺点正好与交换机相反。其优点是能提供更加智能的路由选择，并能隔离广播域。在路由器互连的网络中，网络拓扑不再被限制为一棵生成树，并且可以通过路由选择协议在多条冗余路径中选择一条最佳的路径。由于路由器的网络寻址是层次的（不像MAC寻址那样是平面的），因此无须在路由表中维护所有主机的信息。路由器不会无目的地转发广播分组，因此能为第二层的广播风暴提供隔离保护功能。

与交换机相比，路由器的缺点之一是它不是即插即用的。网络管理员要为路由器的每个接口小心地配置IP地址，用户需要在他们的主机中配置默认路由器的IP地址。另外，路由器对每个分组的处理时间通常比交换机更长，因为要进行从第一层到第三层的各种处理，包括比较复杂的最长前缀匹配，以及将IP数据报从一个数据链路层帧中取出，再放入另一个数据链路层帧等。

既然交换机和路由器各有优缺点，那么什么时候应该用交换机、什么时候应该用路由器呢？包含几百台主机的小网络用交换机就足够了，因为它们不需要任何IP地址的配置就可以连接这些主机，并提供高性能的数据交换。包含几千台主机的更大的网络通常要使用路由器（除了交换机之外）将整个网络划分成多个局域网，并构成一个互连网络。这时，路由器提供更健壮的流量隔离和对广播风暴的控制，并在网络的主机之间使用更"智能"的路由选择。

4.5.3　三层交换机

需要说明的是，现在广泛应用于局域网环境中的被称为"**三层交换机**"的设备在逻辑上是一个路由器和支持VLAN的二层交换机的集成体，如图4-44所示。三层交换机可以很方便地直接将多个VLAN在IP层（第三层）互连。三层交换机通常不具有广域网接口，主要用于在局域网环境中互连同构的以太网，并起到隔离广播域的作用。由于三层交换机所处理的都是封装在以太网帧中的IP数据报，可以对处理算法进行很多特殊的优化并尽量用硬件来实现，因此其转发分组的速度比传统路由器要快。

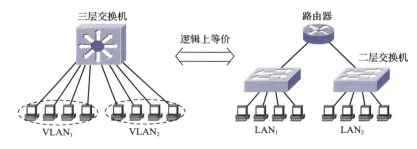

图4-44　三层交换机在逻辑上与路由器加二层交换机等价

这里简要介绍一种常用的三层交换机实现技术的基本原理。当一台主机通过三层交换机与另一个VLAN中的主机进行通信时，三层交换机在处理它们之间的第一个IP数据报时，完全与一个普通路由器一样，要根据目的IP地址使用最长前缀匹配算法查找路由表，获得下一跳IP地址，并使用ARP获取下一跳IP地址对应的MAC地址，然后将IP数据报转发出去。但三层交换机会将目的IP地址与下一跳MAC地址的映射关系记录在高速缓存中，当后续IP数据报到达时就不再通过最长前缀匹配算法查找路由表了，而是根据目的IP地址直接从缓存中查找相应的下一跳MAC地址，并用自己的出口MAC地址和查找到的下一跳MAC地址直接替换包含该IP数据报的以太网帧的源和目的MAC地址（三层交换机连接的都是以太网），直接在第二层将帧转发出去。查找缓存、替换MAC地址全部由硬件完成，因此速度非常快，几乎没有第三层的处理（但要查看目的IP地址）。这就是所谓的"一次路由，多次转发/交换"。要注意的是，主机在上述过程中完全感觉不到三层交换机和普通路由器的区别。

虽然三层交换机的转发性能比普通路由器要高，但其通常接口类型单一（一般就是以太网接口），支持的路由选择协议也较少。图4-45所示为具有28个千兆以太网接口的华为三层交换机S5700。而路由器则不同，它的设计初衷就是互连不同类型的异构网络，如局域网与广域网的连接、采用不同协议的网络的连接等，因此路由器的接口类型非常丰富。

图4-45　华为三层交换机S5700

在实际应用中，典型的做法是，对于处于同一个局域网中的各个子网的互连及局域网中VLAN间的路由，用三层交换机来代替普通路由器，实现广播域的隔离。而只有局域网与广域网互连，或广域网之间互连时才使用普通路由器。

在逻辑上三层交换机就是路由器，三层交换机只不过是一类路由器产品的商业名称。在本书其他地方，为避免混淆，本书使用术语"路由器"而不使用"三层交换机"，若无特别说明，"交换机"指的就是"二层交换机"，即工作在数据链路层的分组交换机。实际上现在很多商业路由器设备都已经模块化了，用户可以根据自己的需要在一个设备中配置二层交换模块、三层交换模块和各种网络接口模块。图4-46所示为具有多种模块的华为核心路由器NE20。

图4-46　华为核心路由器NE20

4.6 虚拟专用网与网络地址转换

虚拟专用网

4.6.1 虚拟专用网

由于IP地址的紧缺，一个机构能够申请到的IP地址数往往远小于本机构所拥有的主机数。考虑到互联网并不很安全，一个机构内也并不需要把所有的主机都接入外部的互联网。实际上，在许多情况下，很多主机主要还是和本机构内的其他主机通信（例如，大型商场或宾馆中有很多用于营业和管理的计算机，显然这些计算机并不都需要和互联网相连）。假定在一个机构内部的计算机通信也采用TCP/IP，那么从原则上讲，这些仅在机构内部使用的计算机就可以由该机构**自行分配**IP地址。也就是说，让这些计算机使用仅在机构内有效的IP地址（这种地址称为**本地地址**），而不需要向互联网的管理机构申请全球唯一的IP地址（这种地址称为**全球地址**）。这样就可以大大地节约宝贵的全球IP地址资源。

但是，如果任意选择一些IP地址作为本地地址，那么在某些情况下可能会引起麻烦。例如，有时机构内部的某台主机需要和互联网连接，那么这种仅在内部使用的本地地址就有可能和互联网中的某个IP地址重合，出现地址的二义性问题。

为了解决这一问题，RFC 1918指明了一些**专用地址**（Private Address）。这些地址只能用于机构内部的通信，而不能用于和互联网上的主机通信。换言之，专用地址只能用作本地地址而不能用作全球地址。**互联网中的所有路由器对目的地址是专用地址的数据报一律不进行转发**。RFC 1918指明的专用地址如下。

（1）10.0.0.0到10.255.255.255（或记为10/8，又称为24位块）。

（2）172.16.0.0到172.31.255.255（或记为172.16/12，又称为20位块）。

（3）192.168.0.0到192.168.255.255（或记为192.168/16，又称为16位块）。

采用这样的专用地址的互连网络称为**专用互联网**或**本地互联网**，或简称为**专用网**。显然，全世界可能有很多专用网具有相同的专用地址，但这并不会引起麻烦，因为这些专用地址仅在本机构内部使用。专用地址也叫作**可重用地址**（Reusable Address）。

有时一个机构会有许多部门，这些部门分布在相距很远的一些场所，而每一个场所都有自己的专用网。假定这些分布在不同场所的专用网需要经常进行通信，这时可以采取两种方法：第一种方法是租用电信公司的通信线路，这种方法的好处是简单方便，但线路的租金太高；第二种方法是利用公用的互联网作为本机构各专用网之间的通信载体，这样的专用网又称为**虚拟专用网**（Virtual Private Network，VPN）。

之所以称为"专用网"，是因为这种网络被本机构的主机用于机构内部的通信，而不是用于和网络外非本机构的主机通信[①]。如果专用网不同网点之间的通信必须经过公用的互联网，但又有保密的要求，那么**所有通过互联网传送的数据都必须加密**。"虚拟"表示"好像是"，但实际上并不是，因为并没有使用专线而是通过公用的互联网来连接分散在各场所的本地网络。VPN只是在效果上和真正的专用网一样。一个机构要构建自己的VPN就必须为它的每一个场所购买专门的硬件和软件，并进行配置，使每一个场所的VPN系统都知道其他场所的

---

① 专用网为了自身的安全，原则上应当与其他网络隔离。但考虑到现在有些专用网有时还要和其他网络交换信息，也允许一些主机通过某些方式和其他网络通信。本节先不考虑这种情况。

地址。

图4-47以两个场所为例说明如何使用**隧道技术**（Tunneling）实现VPN。假定某个机构在两个相隔较远的场所A和B建立了专用网，其网络地址分别为专用地址10.1.0.0和10.2.0.0，现在这两个场所需要通过公用的互联网构成一个VPN。显然，每一个场所至少要有一个路由器具有合法的全球IP地址，如图4-47（a）所示的路由器R_1和R_2。这两个路由器和互联网的接口地址必须是合法的全球IP地址。路由器R_1和R_2与专用网内部网络的接口地址则是专用网的本地地址。

场所A和B内部的通信不经过互联网，但如果场所A的主机X要和场所B的主机Y通信，就必须经过路由器R_1和R_2。主机X向主机Y发送的IP数据报的源地址是10.1.0.1，而目的地址是10.2.0.3。这个数据报先作为本机构的内部数据报从X发送到与互联网连接的路由器R_1。路由器R_1收到内部数据报后，发现必须通过互联网才能到达目的网络，就对整个内部数据报进行加密（以保证内部数据报的安全），然后重新加上数据报的首部，将其封装成在互联网上发送的外部数据报，其源地址是路由器R_1的全球地址125.1.2.3，而目的地址是路由器R_2的全球地址194.4.5.6。路由器R_2收到数据报后将其数据部分取出并进行解密，恢复出原来的内部数据报（目的地址是10.2.0.3），交付主机Y。可见，虽然X向Y发送的数据报通过了公用的互联网，但在效果上就好像是在本部门的专用网上传送一样。如果主机Y要向X发送数据报，过程是类似的。

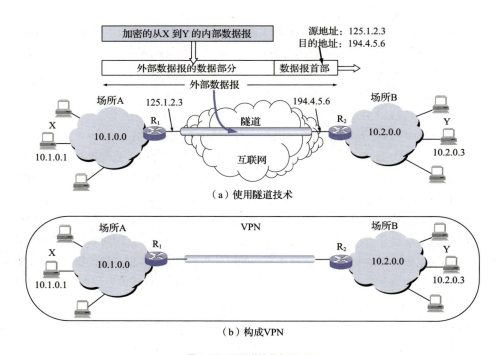

图4-47　用隧道技术实现VPN

请注意，数据报从R_1传送到R_2可能要经过互联网中的很多个网络和路由器。但从逻辑上看，R_1到R_2之间好像是一条直通的点对点链路，图4-47（a）所示的"隧道"就是这个意思。这种隧道技术在计算机网络中经常会用到。将一个IP数据报直接封装到另一个IP数据报中进行传输的这种隧道技术被称为**IP-in-IP隧道技术**。但由于VPN要保证传输数据的安全，原始的IP数据报通常要先加密再被封装传输。7.6.3小节将要讨论的IPsec（Internet Protocol Security，互联网络层安全协议）就支持这种方式。

还有一种类型的VPN叫作远程接入VPN（Remote Access VPN）。我们知道，有的公司可能并没有分布在不同场所的部门，但却有很多流动员工在外地工作。公司需要和他们保持联系，有时要开电话会议。远程接入VPN可以满足这种需求。在外地工作的员工只要在任何地点接入互联网，运行驻留在员工PC中的VPN软件，在员工PC和公司的主机之间建立VPN隧道，即可访问专用网中的资源。由于外地员工与公司通信的内容是保密的，员工感觉好像是在使用公司内部的本地网络。

4.6.2 网络地址转换

网络地址转换

虽然互联网采用了无分类编址、动态分配IP地址等措施来减缓IP地址空间耗尽的速度，但由于互联网用户的激增，特别是小型办公室网络和家庭网络接入互联网的需求不断增加，IP地址空间耗尽的危险仍然没有解除。1994年提出的网络地址转换（Network Address Translation，NAT）方法再次缓解了这个问题。NAT能使大量使用内部专用地址的专用网用户共享少量外部全球地址来访问互联网上的主机和资源。这种方法需要在专用网连接到互联网的路由器上运行NAT软件。运行NAT软件的路由器叫作NAT路由器，它至少有一个有效的外部全球地址IP_G。这样，所有使用本地地址的主机在和外界通信时都要在NAT路由器上将其本地地址转换成IP_G。

基本的地址转换方法如图4-48所示，当内部主机X用其本地地址IP_X和互联网上的主机Y通信时，它所发送的数据报必须经过NAT路由器。NAT路由器从全球地址池中为主机X分配一个临时的全球地址IP_G，并记录在NAT转发表中，然后将数据报的源地址IP_X转换成全球地址IP_G，但目的地址IP_Y保持不变，然后将数据报发送到互联网。当NAT路由器从互联网收到主机Y发回的数据报时，根据NAT转换表，NAT路由器知道这个数据报是要发送给主机X的，因此NAT路由器将目的地址IP_G转换为IP_X，将数据报转发给最终的内部主机X。

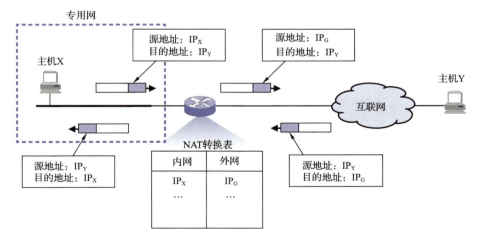

图4-48　基本的地址转换方法

但以上基本方法存在一个问题：如果NAT路由器具有N个全球IP地址，那么至多只有N个内网主机能够同时和互联网上的主机通信。为支持更多主机同时访问外网，有些NAT路由器利用报文中的其他字段来区分使用同一外部地址的多对通信。这些字段包括协议、目的地址，以及传输层的端口号等。

例如，可以将内网主机访问的外网主机的IP地址也记录在NAT转发表中，然后为多个访问不同外部主机的内部主机分配同一个全球IP地址。NAT路由器接收到外网主机的响应数据报时，通过源IP地址和目的IP地址查找NAT转发表中的内网专用地址。这时，同时访问同一外网主机的内网主机数不能超过NAT路由器的全球地址数目。

由于绝大多数网络应用都使用传输层协议TCP或UDP来传送数据，因此还可以利用传输层的端口号来区分不同的报文，甚至将端口号和IP地址一起进行转换。这样，用一个全球IP地址就可以使多个拥有本地地址的主机同时和互联网上的主机通信。这种将端口号和IP地址一起转换的技术叫作**网络地址和端口转换**（Network Address and Port Translation，NAPT），但人们仍习惯将其称为NAT。

图4-49说明了NAPT的基本工作原理（端口号的概念将在第5章介绍，建议学习完传输层的有关内容后再学习这部分内容）。NAPT路由器收到来自内网主机10.65.19.3、源端口号为3356的传输层分组时，不仅将内部IP地址转换为外部IP地址210.24.46.5，还将源端口号转换为一个新的端口号5001（由NAPT路由器动态分配）。由于端口号字段有16比特，因此一个外部IP地址可支持60000多对内部主机与外部主机的通信。

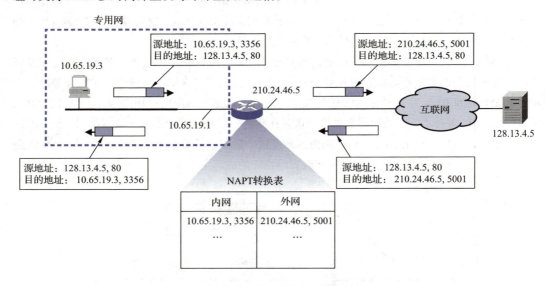

图4-49　NAPT的基本工作原理

实际应用的NAT路由器基本上都具有NAPT功能，并且具体的地址转换细节比上面介绍的还要复杂一些。另外，NAT转换表也可以由人工静态配置，即**静态**NAT，这样内网地址与外网地址的转换是固定的。而由NAT路由器动态建立内外网地址转换关系的方法被称为**动态**NAT。若不加说明，NAT通常指的是动态NAT。

现在很多家庭使用一种被称为路由器的小型设备将多台计算机连接在互联网上。实际上这种家用小型路由器就是NAT路由器（并且都具有NAPT功能），但它并不像我们前面介绍的路由器一样运行路由选择协议。这种家庭设备往往集成了NAT路由器、以太网交换机、无线AP等多种功能。

NAT的出现大大缓解了IP地址极度紧张的局面，并且NAT对外网屏蔽了内部主机的网络地址，能为专用网的主机提供一定的安全保护。

NAT对网络应用并不是完全透明的，会对一些网络应用产生影响。动态NAT的一个重要特点就是通信需要由内部发起，因此拥有内部专用地址的主机不能直接充当互联网服务器。试想，互联网上的某台主机要发起通信，访问一台位于NAT后的内网主机，当IP数据报到达NAT路由器时，NAT路由器不知道应当把目的IP地址转换成哪一个内网主机的IP地址。而一些P2P应用（第6章讨论）需要外网主机主动与内网主机进行通信，在网络地址转换时会遇到问题，需要网络应用自己使用一些特殊的NAT穿越技术来解决该问题。另外，也可以采用静态NAT技术，即由人工静态配置NAT转换表，这样内网地址与外网地址的转换是固定的，从而实现外部网络对内部网络中某些特定设备（如服务器）的访问。但静态NAT就不再具有节省IP地址和屏蔽内网主机的作用了。

4.7 IP多播

4.7.1 IP 多播的基本概念

1988年，史蒂夫·迪林（Steve Deering）首次提出IP多播的概念。1992年3月，IETF在互联网范围首次试验IETF会议声音的多播，当时有20个网点可同时听到会议的声音。IP多播是需要互联网具有更高的"智能"才能提供的一种服务。现在多播已成为互联网的一个热门课题。这是由于有许多应用需要由一个源点发送到许多个终点，即一对多的通信。例如，实时信息的交付（如新闻、股市行情等）、软件更新、交互式会议等。随着互联网用户数目的急剧增加，以及多媒体通信的开展，有更多的业务需要多播来支持。

与单播相比，在一对多的通信中，多播可大大节约网络资源。图4-50（a）所示为视频服务器用单播方式向90台主机传送同样的视频节目。为此，需要发送90个单播，即同一个视频分组要发送90个副本。图4-50（b）所示为视频服务器用多播方式向属于同一个多播组的90个成员传送视频节目。这时，视频服务器只需把视频分组当作多播数据报来发送，并且**只需发送一次**。路由器R_1在转发分组时，需要把收到的分组**复制**成3个副本，向R_2、R_3和R_4各转发1个副本。当分组到达目的局域网时，由于局域网具有硬件多播功能，因此**不需要复制分组**，在局域网上的多播组成员都能收到这个视频分组。

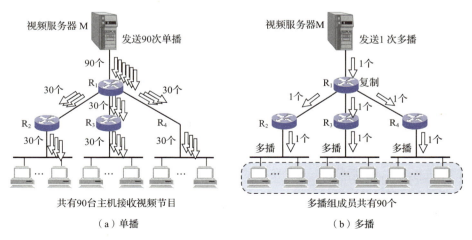

图4-50 单播与多播的比较

当主机数量很大时（如成千上万个），采用多播方式就可明显地减少网络中各种资源的消耗。互联网范围的多播要靠路由器来实现，这些路由器必须配有一些能够识别多播数据报的软件。能够运行多播协议的路由器称为**多播路由器**（Multicast Router），多播路由器当然也可以转发普通的单播IP数据报。

为了适应交互式音频和视频信息的多播，自1992年起，人们开始在互联网上试验虚拟的**多播主干网**（Multicast Backbone，MBONE）。MBONE可把分组传播给地点分散但属于一个组的许多主机。由于互联网上绝大部分已有路由器并不运行多播协议，因此MBONE的任务就是利用IP-in-IP隧道技术，将互联网上的多播路由器互连成一个虚拟的支持多播的网络。现在MBONE已经有了相当大的规模。

在互联网的网络层进行的多播就叫作IP多播。IP多播所传送的分组需要使用多播IP地址。

我们知道，在互联网中每台主机必须有全球唯一的IP地址，如果某台主机想接收某个特定多播组的分组，那么怎样才能使这个多播数据报传送到这台主机呢？

显然，这个多播数据报的目的地址一定不能为这台主机的IP地址，因为在同一时间可能有成千上万台主机加入同一个多播组。多播数据报不可能在其首部写入多个主机的IP地址。在多播数据报的目的地址字段中写入的是多播组的标识符，然后需设法让加入这个多播组的主机的IP地址与多播组的标识符关联起来。

其实多播组的标识符就是IP地址中的D类地址。D类地址的前四位是1110，因此D类地址范围是224.0.0.0到239.255.255.255。我们用一个D类地址标志一个多播组，这样，D类地址共可标志2^{28}个多播组。多播数据报也是"尽力而为服务"，不保证一定能够交付多播组内的所有成员。因此，多播数据报和一般的IP数据报的区别就是它使用D类地址作为目的地址。

显然，**多播地址只能用于目的地址，而不能用于源地址**。此外，对多播数据报不产生ICMP差错报告报文。因此，若在ping命令后面输入多播地址，将永远不会收到响应。

D类地址中有一些是不能随意使用的，因为有的地址已经被IANA指派为永久组地址（RFC 3330）。举例如下。

224.0.0.0　基地址（保留）

224.0.0.1　在本子网上的所有参加多播的主机和路由器

224.0.0.2　在本子网上的所有参加多播的路由器

224.0.0.3　未指派

224.0.0.4　DVMRP路由器

……

224.0.1.0至238.255.255.255　全球范围都可使用的多播地址

239.0.0.0至239.255.255.255　限制在一个组织的范围

IP多播分为两种，一种是只在本局域网上进行的硬件多播，另一种则是在互联网范围进行的多播。前一种虽然比较简单，但很重要，因为现在大部分主机都是通过局域网接入互联网的。在互联网上进行多播的最后阶段，还是要把多播数据报在局域网上用硬件多播交付多播组的所有成员，如图4-50（b）所示。

4.7.2　在局域网上进行硬件多播

由于局域网支持硬件多播，只要把IP多播的地址映射成局域网的硬件多播地址，将IP多播数据报封装在局域网硬件MAC帧中，就可以很方便地利用硬件多播来实现局域网内的IP多播。

IANA 将自己拥有的以太网地址块中从 01-00-5E-00-00-00 到 01-00-5E-7F-FF-FF 的多播地址块用于映射 IP 多播的地址。不难看出，该地址块只能和 D 类地址中的 23 位进行映射。D 类地址可供分配的有 28 位，可见这 28 位中的前 5 位不能用来构成以太网硬件多播地址，如图 4-51 所示。例如，多播 IP 地址 224.128.64.32（即 E0-80-40-20）和另一个多播 IP 地址 224.0.64.32（即 E0-00-40-20）转换成以太网硬件多播地址都是 01-00-5E-00-40-20。由于多播 IP 地址与以太网硬件多播地址的映射关系不是唯一的，因此收到多播数据报的主机还要在 IP 层利用软件进行过滤，把不是本主机要接收的数据报丢弃。

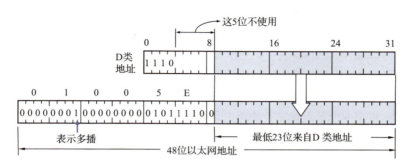

图 4-51　D 类地址与以太网硬件多播地址的映射关系

4.7.3　IP 多播需要两种协议

当需要在互联网范围内跨越多个网络进行 IP 多播时，多播路由器必须根据多播 IP 地址将 IP 多播数据报转发到有该多播组成员的局域网。例如，在图 4-52 中，标有 IP 地址的 4 台主机都加入了一个多播组，其组地址是 226.15.37.123。显然，多播数据报应当传送到路由器 R_1、R_2 和 R_3，而不应当传送到路由器 R_4，因为与 R_4 连接的局域网上现在没有这个多播组的成员。但这些路由器又怎样知道多播组的成员信息呢？这就需要使用**互联网组管理协议**（Internet Group Management Protocol，IGMP）。

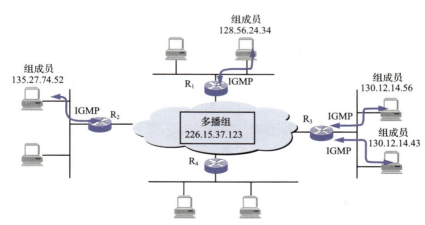

图 4-52　IGMP 使多播路由器知道多播组成员信息

图 4-52 强调了 IGMP 的**本地使用范围**。请注意，IGMP 并非在互联网范围内对所有多播组成员进行管理的协议。使用 IGMP 并不能知道 IP 多播组包含的成员数，也不能知道这些成员都分布在哪些网络上。IGMP 是让**连接在本地局域网上**的多播路由器知道**本局域网上**是否有主机（严

格来讲是主机上的某个进程）加入或退出了某个多播组。

IGMP使用IP数据报传递其报文（即IGMP报文加上IP首部构成IP数据报），但它也向IP提供服务。因此，我们不把IGMP看成单独的协议，而是看作IP的一个组成部分。

显然，仅有IGMP是不能完成多播任务的。连接在局域网上的多播路由器还必须和互联网上的其他多播路由器协同工作，以便把多播数据报用最小代价传送给所有的组成员。这就需要使用**多播路由选择协议**。

多播路由选择协议的基本任务就是在多播路由器之间为每个多播组建立一棵连接源和所有拥有该组成员的路由器的**多播转发树**，如图4-53所示。IP多播数据报只要沿着多播转发树进行洪泛就能被传送到所有拥有组成员的多播路由器，然后在局域网内多播路由器再通过硬件多播将IP多播数据报发送给所有组成员。

多播路由选择协议比单播路由选择协议复杂得多。这是因为**针对不同的多播组，需要维护不同的多播转发树，而且必须动态地适应多播组成员的变化（这时网络拓扑并不一定发生变化）**。请注意，以前我们所讨论的单播路由选择通常只在网络拓扑发生变化时才需要更新路由。还有一种情况就是某台主机并没有加入任何多播组，但它却可向任何多播组发送多播数据报。另外，多播数据报会经过许多网络，但经过的这些网络中也不一定非要有多播组成员。从图4-53中可以看到，为保证覆盖所有组成员，多播转发树可能要经过一些没有组成员的路由器，如R_2。正因为这些，IP多播是比较复杂的问题。

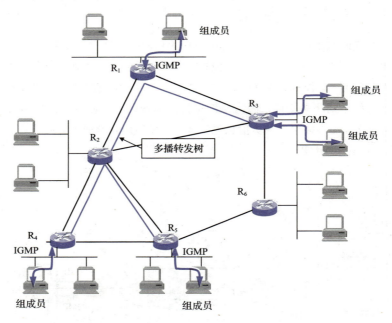

图4-53 多播转发树

4.7.4 互联网组管理协议

互联网组管理协议（IGMP）已历经了3个版本：1989年公布的RFC 1112（IGMPv1）早已成为互联网的标准协议；1997年公布的RFC 2236（IGMPv2，建议标准）对IGMPv1进行了更新；2002年10月，RFC 3376（IGMPv3，建议标准）被公布。

IGMP有3种类型的报文：**成员查询**报文、**成员报告**报文和**离开组**报文。与ICMP报文类似，IGMP报文也是封装在IP数据报中传输的，其IP协议号为2。为了提高IGMP的工作效率，所有的IGMP报文都是以IP多播数据报的方式发送的，目的地址根据报文类型各有不同。也就是说，**IGMP报文本身使用IP多播进行传送**。同时，为避免封装了IGMP报文的IP多播数据报被路由器转发到其他网络，IP数据报中的**TTL值被设置为**1。因此，IGMP仅在本网络中有效。下面介绍IGMP是如何工作的。

1. 加入多播组

当一台主机（实际上是该主机的一个应用程序）要加入某个多播组时，该主机会向本网络中的路由器发送一个IGMP**成员报告**报文，成员报告报文包含要加入的多播组的地址。多播路由器会维护一个**多播组列表**，该表记录了该路由器所知的在本网络中有多播组成员的多播组地址。若多播路由器收到一个未知多播组的成员报告报文（即发送该成员报告报文的主机是本网络中该组的第一个成员），它就会将该多播组的地址添加到它的多播组列表中。注意，它并不会记录发送该成员报告报文的主机的IP地址。

成员报告报文的目的IP地址为所在多播组的组地址，因此该报文实际上会被本网络内的所有该组成员接收。若本网络内还有同组其他成员正要发送成员报告报文加入该组，它监听到该报文后就会取消发送，因为每个网络的每组仅需要有一个成员发送成员报告报文。由于多播路由器被设置为接收所有的IP多播数据报，自然也会收到主机发送的成员报告报文。

2. 监视成员变化

为了监视多播组成员的动态变化，多播路由器会周期性地（默认每隔125s）发送一个**成员查询**报文。这个报文被封装到目的地址为224.0.0.1（本网络的所有系统）的IP多播数据报中，在本网络上的所有加入多播组的主机和路由器都会接收该报文。收到该报文的任意多播组的成员将会发送一个成员报告报文作为应答。为了减少重复应答（一个多播组只需有一个应答），IGMP采用了一种**延迟响应**策略。收到成员查询报文的主机并不会立即响应，而是等待一段随机的时间（1 ~ 10 s）后响应。如果它在这段时间内监听到同组其他成员发送的成员报告报文（本网络中所有该组成员都能监听到），就取消响应行动。多播路由器如果长时间没有收到某个多播组的成员报告报文，则将该多播组从维护的多播组列表中删除，即认为在本网络中没有该组的成员。

考虑到同一网络中可能有不止一个多播路由器，没有必要每个路由器都定期发送成员查询报文，IGMP通过一个简单的选举算法在每个网络中推选出一个**查询路由器**来发送成员查询报文，而其他的路由器仅被动接收应答并更新自己的多播组列表。选举的方法是每个路由器若监听到IP地址比自己小的成员查询报文则退出选举，最后，网络中只有IP地址最小的多播路由器成为查询路由器并周期性发送成员查询报文。

3. 离开多播组

主机要退出多播组时，可主动发送一个**离开组**报文而不必等待路由器的查询。这是IGMPv2在IGMPv1的基础上增加的一个可选功能，使多播路由器能够更快地发现有成员离开。离开组报文包含主机要退出的多播组地址，其IP数据报的目的地址是244.0.0.2（本网络上的所有路由器），但是路由器在收到离开组报文时不能立即将该多播组从列表中删除，因为在本网络中可能还有该组的其他成员。因此，多播路由器在收到离开组报文后立即向该组发送一个特殊IGMP成员查询报文（目的地址为该组地址）。若仍然没有收到该组的成员报告报文，才将该组从多播组列表中删除。

学习了用于加入和离开多播组的协议之后，我们更容易理解当前互联网的多播服务模型。在多播服务模型中，任何主机都能加入位于网络层的一个多播组。一台主机只需向与其相连的多播路由器发送一个IGMP成员报告报文，那个与互联网中其他多播路由器一起工作的多播路由器就可以向该主机交付多播数据报了。因此加入一个多播组是接收方驱动的。发送方不需要关注哪些接收方加入多播组，它也不能控制谁加入组和谁能接收发送到该组的数据报。在IGMPv3中，一个接收方可以通过成员报告报文指定一个允许接收或拒绝接收的源地址集合。

4.7.5 多播路由选择协议

我们已经知道多播路由选择协议的基本任务就是在多播路由器之间为每个多播组建立一棵连接源和所有成员路由器（拥有该组成员的路由器）的**多播转发树**。目前有两种基本的方法来构建多播转发树。

（1）**基于源的树**（Source-Based Tree）多播路由选择。该方法为一个多播组的每个源构建一棵多播转发树，该转发树通常由每个成员路由器到源的最短路径构成。

（2）**组共享树**（Group-Shared Tree）多播路由选择。该方法在每个多播组中指定一个中心路由器，以此中心路由器为根建立一棵连接所有成员路由器的多播转发树。多播组的所有源共享这一棵多播转发树，源将多播分组通过单播IP隧道发送到中心路由器，再由中心路由器将多播分组在共享树上进行洪泛。

1. 基于源的树的多播路由选择

基于源的树的多播路由选择最典型的算法就是**反向路径多播**（Reverse Path Multicast，RPM）算法。该算法先利用反向路径转发（Reverse Path Forwarding，RPF）建立一棵广播转发树，再利用剪枝（Pruning）算法将一些非成员的下游路由器剪除，来获得一棵多播转发树。

实现广播的最常见的方法是**洪泛法**，该方法要求源节点向它的所有邻居发送该分组的副本。当一个节点接收了一个广播分组时，它会复制该分组并向它的所有邻居（除了将该分组发送给它的那个邻居）转发。显然，如果网络是连通的，这种方法最终会将广播分组的副本交付网络中的所有节点。虽然这种方法非常简单，但它具有一个明显且致命的缺点：如果网络中存在环路，则每个广播分组的一个或多个分组副本将无休无止地在这个环路上循环。这种无休止的广播分组的复制将最终导致在该网络中产生大量的广播分组，使网络带宽被完全占用。

RPF就是一种有效控制洪泛的方法。RPF的基本思想简单且优雅：当一台路由器接收到具有给定源地址的广播分组时，仅当该分组到达的链路正好位于它自己到源的最短单播路径上时，它才向其所有出链路（除了它接收的那个）转发分组；否则，该路由器只丢弃该分组而不向任何出链路转发分组。之所以这种分组能够被丢弃，是因为该路由器能够确定在它自己到源的最短路径上总会发来这个分组的一个副本。

图4-54举例说明了RPF的工作原理（这里只考虑路由器）。假定用粗线画的链路表示从接收方到源主机S的最短路径。路由器R_1最初广播一个源为S的分组到路由器R_2和R_3，路由器R_3将向路由器R_2和R_6转发它从路由器R_1接收的源为S的分组（因为R_1位于到S的最短路径上），

R₃将忽略（丢弃而不转发）从任何其他路由器（如R₂和R₆）接收的源为S的分组。我们现在考虑路由器R₂，R₂将直接从R₁和R₃收到源为S的分组。因为R₃不在R₂自己到源（S）的最短路径上，所以R₂将忽略来自R₃的任何源为S的分组。另外，当R₂接收到直接来自R₁的源为S的分组时，它将向路由器R₃、R₅和R₄转发该分组。

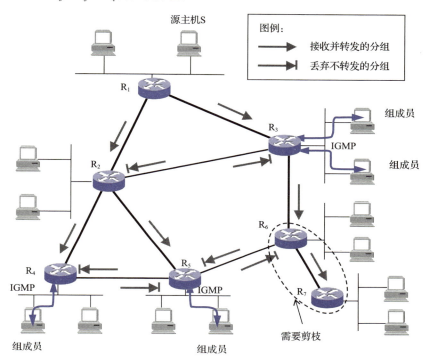

图4-54 RPF的工作原理

RPF虽然很好地解决了转发环路的问题，但只实现了广播，要实现真正的多播还要将路由器R₆和R₇这样的非成员节点从树上剪除，同时保留路由器R₂这样的非成员节点，以保证多播转发树的连通性。因此，当树上某个路由器（如R₇）发现自己既没有组成员，也没有下游路由器（即叶节点）时，它会向上游路由器（如R₆）发送一个剪枝报文，将其从多播转发树上剪除。这时路由器R₆成了叶节点（注意，R₅不是R₆的下游路由器），如果R₆也没有组成员，则它也会向上游路由器发送剪枝报文。当被剪枝的路由器通过IGMP又发现了新的组成员时，它会向上游路由器发送一个嫁接报文，并重新加入多播转发树。

2. 组共享树多播路由选择

建立共享树可采用基于中心的分布式生成树算法。该方法在每个多播组中指定一个中心路由器，以此中心路由器为根建立一棵连接所有成员路由器的生成树作为多播转发树。其他所有组成员路由器则向中心路由器单播加入报文（类似前面的嫁接报文）。加入报文使用单播选路，朝着中心路由器转发，直到它到达一个已经属于生成树的节点或者直接到达该中心。加入报文走过的路径确定了一条从发起加入报文的边缘节点到中心的分支，这个新分支被嫁接到现有的生成树上。

图4-55举例说明了基于中心的生成树的建立过程。图中路由器R₅被选择作为该树的中心。假定路由器R₄首先加入树并向R₅发送加入报文，链路R₅—R₄成为初始的生成树。路由器R₃通

过向R_5发送它的加入报文来加入该生成树。假定单播路径从R_3到R_5要经过R_6。在这种情况下，该加入报文导致路径R_3—R_6—R_5被嫁接到该生成树上，虽然R_6并没有组成员。路由器R_2接下来通过向R_5直接发送它的加入报文加入生成树。之后，路由器R_7通过向R_5发送它的加入报文来加入生成树。如果R_7到R_5的单播路径要经过R_6，因为R_6已经加入了生成树，R_7的加入报文到达R_6将导致链路R_7—R_6立即被嫁接在该生成树上。R_1没有组成员，不会向R_5发送加入报文，因此R_1不在生成树上。由于路由器R_1不在生成树上，因此，它收到源主机向该多播组发送的多播分组时，会将该多播分组封装到目的地址为中心路由器R_5的单播分组中，利用IP-in-IP隧道技术将该多播分组发送到R_5，然后由R_5将被封装的多播分组在多播转发树上进行洪泛多播。

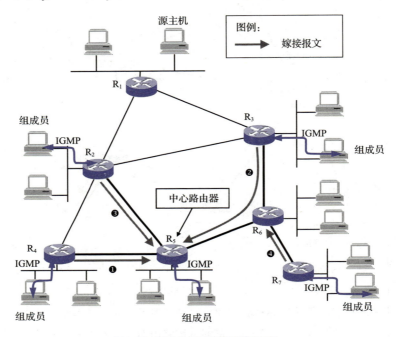

图4-55　基于中心的生成树的建立过程

3. 互联网的多播路由选择协议

目前还没有在整个互联网范围使用的多播路由选择协议。下面是一些建议使用的多播路由选择协议，其中前3个是基于源的树的路由选择协议，后两个则是基于组共享树的路由选择协议。

- 距离向量多播路由选择协议（Distance Vector Multicast Routing Protocol，DVMRP）（RFC 1075）。
- 多播开放最短路径优先协议（Multicast Extensions to OSPF，MOSPF）（RFC 1584，RFC 1585）。
- 稀疏模式协议无关多播（Protocol Independent Multicast-Sparse Mode，PIM-SM）（RFC 2362）。
- 基于核的树（Core Based Tree，CBT）（RFC 2189，RFC 2201）。
- 密集模式协议无关多播（Protocol Independent Multicast-Dense Mode，PIM-DM）（RFC 3973）。

需要指出的是，尽管IETF努力推动全球MBONE的建设，但IP多播至今在互联网上还没有得到大规模的应用。这是因为改变部署广泛并成功运行的网络层协议是一件极为困难的事情，目前IP多播主要应用在一些局部的园区网络、专用网络或者VPN中。另外，P2P技术的广泛应用推动了应用层多播技术的发展，许多视频流公司和内容分发公司通过构建自己的应用层多播覆盖网络来分发内容（将在6.9.4小节讨论这个问题）。以上多播路由选择的算法思想在应用层多播中依然适用。

4.8　移动IP

移动 IP

由于无线网络技术的发展，在移动中进行数据通信已成为可能。实际上，现在有成千上万的人在移动中使用计算机进行通信，例如，坐在火车或汽车内使用无线设备上网浏览网页、收发电子邮件，使用微信进行网上社交，等等。本节讨论如何在网络层为移动主机提供不间断的通信服务。

4.8.1　移动性对网络应用的影响

先考虑这样一种情况：一个用户拿着无线移动设备在一个Wi-Fi服务区内走动，并且边走边通过Wi-Fi从网络上下载一个视频文件。显然用户是在移动中通信，但从网络层的角度看，该用户并没有在移动，因为用户并没有因移动改变他所在的网络，用户的无线移动设备的IP地址也没有改变。这种移动对正在通信的应用程序来说是完全透明的，因为应用程序是通过IP地址在网络层以上进行通信的。

再考虑另一种情况，假定某用户在家中使用笔记本电脑上网，后来他关机并把笔记本电脑带到外地重新上网。这个用户和他使用的计算机在地理上都移动了，都更换了位置。他在不同地点能够很方便地通过DHCP自动获取IP地址并配置自己的网络连接属性（我们将在6.7讨论DHCP）。虽然用户"移动"了，但这和我们将要讨论的移动IP毫无关系。这个用户的上网和传统的在固定地点上网并没有本质的差异。用户在不同地点上网，使用了不同的IP地址，但这对用户来说似乎并不重要，因为在使用浏览器等客户软件上网的时候，用户并不关心他所使用的IP地址是否发生了变化。但是对提供持续服务的网络应用来说，这种移动显然会带来很大的麻烦。我们在这里要讨论的是如何为用户在移动中的不间断通信提供服务。

最后，我们设想一下，如果你坐在一辆汽车上，该汽车正行驶在穿越Wi-Fi服务区的城市街道上，不时从一个网络切换到另一个网络，而这时你正在下载一个大的DVD视频文件，你一定不希望因从一个网络切换到另一个网络而使下载任务中断。但如果你的计算机在不停地变换自己的IP地址，你将不能顺利地完成这项下载任务。因为普通应用程序无法将数据发送给一个不断改变IP地址的主机。

但要在上述过程中保持计算机IP地址不变并不简单。因为前面已经强调过，IP地址不仅指明一台主机，还指明了主机所连接到的网络。当一个移动主机改变地理位置时，由于先后连接的网络不同（我们不可能在任何地点都接入具有同一个网络号的网络），其IP地址必然要改变。因为路由器的寻址是先通过目的IP地址中的网络号找到目的网络的，如果移动主机不改变自己的IP地址，所有发送到该IP地址的数据报都只会发送到移动主机原来所在的网络，而不会被转发到这个新接入的网络，也就是说，移动主机将不会收到发送给它的任何数据报。

4.8.2 移动 IP 的工作原理

移动IP（Mobile IP，MIP）（RFC 3344）是IETF开发的一种技术，该技术在IP层为上层网络应用提供移动透明性。移动IP技术允许移动主机在网络之间漫游时保持IP地址不变，此外它还提供机制使互联网中的其他主机能够将IP数据报正确发送到这个移动主机。

移动IP的设计者希望所采用的解决方法无须改变非移动主机的软件或互联网中大多数路由器的工作方式，这种方法在互联网中经常被采用。因为任何只有修改了大多数路由器或主机的软件才能工作的新技术，都难以被人们接受。

实际上，移动IP的基本思想在主要使用邮政信件进行通信的年代就已经常被使用。假设你原来和父母一起住在北京的家里，所有的朋友都按照你北京的住址寄信给你。现在你经常出差在外，这样就无法正常收到朋友们的信件。最简单的解决办法就是，你每到一个新的地方就把你的新地址通知父母，因为他们一直在北京的家里。当有新的信件按照你北京的地址送达时，你父母直接把收到的信装进一个新的信封，按照你最新的地址转寄出去，这样信件就能到达你在外地的新住址了。移动IP采用的方法与此基本一样。

在移动IP中，每个移动主机都有一个默认连接的网络或初始申请接入的网络，被称为**归属网络**（Home Network）。移动主机在归属网络的IP地址被称为**归属地址**（Home Address）或**永久地址**（Permanent Address），因为这个地址在移动主机的整个移动通信过程中是不变的。在归属网络中代表移动主机进行移动管理的实体称为**归属代理**（Home Agent）。移动主机当前漫游到的网络叫作**外地网络**（Foreign Network）或**被访网络**（Visited Network）。在外地网络中帮助移动主机进行移动管理的实体称为**外地代理**（Foreign Agent），外地代理会为移动主机提供一个临时使用的属于外地网络的**转交地址**（Care-of Address）。移动IP的基本原理并不复杂，当移动主机漫游到外地网络时，由归属代理代收所有发给移动主机的数据报，并利用转交地址将数据报通过IP-in-IP隧道转发给移动主机所在网络的外地代理，再由外地代理将数据报转交给移动主机。而以上这些过程**对任何与移动主机通信的通信主机**（Correspondent）**来说都是完全透明的**，也就是说，不需要在这些通信主机上安装任何特殊的协议或软件来支持与移动主机的通信。

我们通过图4-56来详细说明移动IP中数据报的转发过程。需要注意的是，在图4-56中我们将归属代理和外地代理配置在路由器上，但它们也可以运行在其他主机或服务器上。

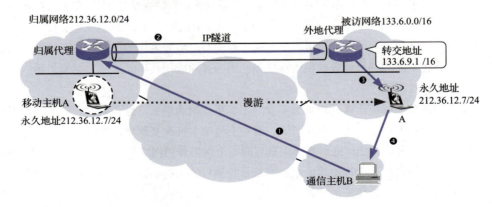

图4-56　移动IP中数据报的转发过程

1. 代理发现与注册

当一个永久地址为212.36.12.7的移动主机从它的归属网络漫游到一个外地网络时，移动主机会通过代理发现协议与该外地网络中的外地代理建立联系，并从外地代理获得一个属于该外地网络的转交地址133.6.9.1，同时向外地代理注册自己的永久地址和归属代理的地址。外地代理会将移动主机的永久地址登记在自己的注册表中，并向移动主机的归属代理注册该转交地址（也可由移动主机直接进行注册）。归属代理会将移动主机的转交地址记录下来，此后，归属代理会代替移动主机接收所有发送给该移动主机的IP数据报，并利用隧道技术将该数据报转发给移动主机。

2. 通信主机向移动主机发送数据报

当通信主机B发送一个IP数据报给移动主机A时，与常规情况并没有什么不同，该IP数据报的目的地址为移动主机的永久地址，而源地址为自己的IP地址。该数据报显然会被路由到移动主机的归属网络，而归属代理会代替移动主机截获所有这些数据报（见图4-56步骤❶），并将这些发往移动主机的IP数据报封装到一个新的IP数据报中转发出去，这个新的IP数据报的目的地址为移动主机的转交地址133.6.9.1。

转交地址实际上就是外地代理的IP地址，因此外地代理会收到该IP数据报并将其中封装的IP数据报取出。也就是说，通信主机B发送给移动主机A的IP数据报通过从归属代理到外地代理的IP隧道被传送到隧道的末端并被外地代理取出（见图4-56步骤❷），外地代理将取出的IP数据报直接转发给位于外地网络中的移动主机A（见图4-56步骤❸），这样就完成了从通信主机B到移动主机A的间接路由。

这里还有几个问题需要进一步澄清。

（1）归属代理如何截获目标为移动主机的IP数据报？

（2）转交地址到底是不是移动主机在外地网络中的地址？

（3）外地代理如何将被封装的IP数据报直接转发给移动主机？

对于第一个问题，归属代理可以采用一种称为 **ARP代理** 的技术。当移动主机不在归属网络时，归属代理会代替移动主机A以自己的MAC地址应答所有对移动主机A的ARP请求。为了使归属网络中的各主机或路由器能尽快更新各自的ARP缓存，归属代理还会主动发送ARP广播，并声称自己是移动主机A。这样，所有发送给移动主机A的IP数据报都会发送给归属代理。

对于第二个问题，当外地代理和移动主机不是同一台机器时（我们先只讨论这种情况，图4-56所示的例子就是这种情况），**转交地址实际上是外地代理的地址而不是移动主机的地址**，因为转交地址既不会作为移动主机发送的IP数据报的源地址，也不会作为移动主机所接收的IP数据报的目的地址。转交地址仅仅是归属代理到外地代理的IP隧道的出口地址。**所有使用同一外地代理的移动主机都可以共享同一转交地址**。

对于第三个问题，由于外地代理从IP隧道中取出的被封装的IP数据报的目的地址为移动主机的永久地址，因此外地代理不能按照4.2.6小节介绍的IP数据报转发的正常流程将其发送给移动主机，因为这样将会把该数据报又发送回移动主机的归属网络。实际上，外地代理在登记移动主机的永久地址时，会同时记录下它的MAC地址。外地代理从隧道中取出目标为移动主机的IP数据报时，会在自己的代理注册表中查找移动主机的永久地址所对应的MAC地址，并将该IP数据报直接封装到目的MAC地址为移动主机的MAC帧中进行发送。

3．移动主机向通信主机发送数据报

如果有IP数据报要从移动主机A发送给通信主机B，则非常简单，移动主机A仅需要直接将源地址为其永久地址，而目的地址为通信主机B的IP数据报按照正常的转发流程发送出去即可。由于IP路由器并不关心IP数据报中的源地址，因此该IP数据报会直接路由到通信主机B，而无须再通过归属代理进行转发（见图4-56步骤❹）。为此，移动主机可以将外地代理作为自己的默认路由器，也可以通过代理发现协议从外地代理获取外地网络中路由器的地址，并将其设置为自己的默认路由器。

4．同址转交地址

实际上，外地代理也可以直接运行在移动主机上，这时的转交地址被称为**同址转交地址**（Co-Located Care-of Address），也就是说转交地址既是外地代理的地址也是移动主机的地址，因为它们就是同一台机器。这样，移动主机自己将接收所有发往转交地址的IP数据报。当采用同址转交地址方式时，对于上面的第三个问题，转发完全在移动主机内部完成。

采用同址转交地址方式时，移动主机上要运行额外的外地代理软件。这时外地网络需提供机制使移动主机能够自动获取一个外地网络的地址作为自己的IP地址，这通常需要使用DHCP。

5．三角形路由问题

细心的读者肯定已经发现图4-56所示的间接路由会导致IP数据报转发低效，该问题常被称为**三角形路由问题**（Triangle Routing Problem）。该问题是指即使在通信主机与移动主机之间存在一条更有效的路径，发往移动主机的数据报也要先发送给归属代理。设想一种极端的情况，如果通信主机B就在移动主机A所在的外地网络中，B发给A的数据报也要经过A的归属代理的转发。

解决这个问题的一种方法是要求通信主机配置一个通信者代理（Correspondent Agent），通信主机发送给移动主机的数据报都要通过该通信者代理转发。该通信者代理先从归属代理获取移动主机的转交地址，之后所有发送给移动主机的数据报都利用转交地址直接通过IP隧道发送给移动主机的外地代理，而无须再通过归属代理进行转发。但这种解决方法以增加复杂性为代价，并对通信主机不再透明（因为要配置通信者代理）。

4.8.3 移动IP的标准

当前移动IP的标准是RFC 3344，该标准并不是一个替代现有IP的新协议，而是针对移动主机路由问题对现有IP协议（IPv4）的补充。该标准主要包括以下3个部分。

（1）**代理发现**：定义归属代理或外地代理向移动主机通告其服务时所使用的协议，以及移动主机请求一个外地代理或归属代理的服务时所使用的协议。其中最重要的就是外地代理要将转交地址告知移动主机。

（2）**信息注册**：定义移动主机向外地代理注册或注销永久地址、归属代理地址等，以及移动主机或外地代理向归属代理注册或注销转交地址时所用的协议。

（3）**间接路由**：定义数据报由一个归属代理转发给移动主机的方式，包括转发数据报的规则、差错处理规则和几种不同的封装形式（RFC 2003、RFC2004）。

除了以上3个主要部分外，移动IP标准还考虑了广播、多播、移动路由器等情况和协议的安全性。

4.9 下一代互联网协议IPv6

下一代互联网协议IPv6

IP是互联网的核心协议。现在使用的IP（即IPv4）是在20世纪70年代末期设计的。互联网经过几十年的飞速发展，到2011年2月，IPv4的地址已经耗尽了，ISP已经不能再申请到新的IP地址块了。如果没有NAT技术的广泛应用，IPv4早已停止发展。但NAT仅仅是为延长IPv4使用寿命而推出的权宜之计，解决IP地址耗尽问题的根本措施是采用具有更大地址空间的新版本的IP，即IPv6。

IETF早在1992年6月就提出要制定**下一代的IP**，即IPng（IP next generation）。IPng现正式称为IPv6。应当指出，换一个新版的IP并非易事。世界上许多团体都从互联网的发展中看到了机遇，因此，各方在新标准的制定过程中出于自身的经济利益考虑而进行了激烈的争论。直到2017年7月，RFC 8200才取代RFC 2460（互联网草案）正式成为互联网标准，而有些相关RFC文档目前还处于草案阶段。

各大ISP实际上早已开始向IPv6过渡，现在大多数PC和手机的操作系统中都已经运行了IPv6协议。当我们通过4G/5G上网时，ISP已经为我们分配了IPv6地址。据国家IPv6发展平台统计，截止到2019年底，我国IPv6活跃用户已经接近3亿。随着5G的普及和物联网应用的迫切需求，IPv6的部署和普及会进一步加速。

4.9.1 IPv6 的特点

与IPv4相比，IPv6具有以下特点。

（1）**巨大的地址空间**。IPv6将地址从IPv4的32位增大到128位，使地址空间增大了2^{96}倍。这样大的地址空间在可预见的将来是不会用完的。

（2）**高效的分级寻址和路由结构**。IPv6由于地址空间很大，因此可以划分为更多的层次，更好地反映互联网的拓扑结构，使得对寻址和路由层次的设计更加高效和更具灵活性。

（3）**灵活的首部格式**。IPv6数据报的首部和IPv4并不兼容。IPv6定义了许多可选的扩展首部，不仅可提供比IPv4更多的功能，还可提高路由器的处理效率，这是因为路由器对扩展首部不进行处理（除逐跳选项扩展首部外）。

（4）**支持即插即用（即自动配置）**。IPv6支持主机自动配置IP地址、路由器地址及其他网络配置参数。

（5）**更好地支持**QoS。IPv6在协议首部中提供了流量类型和流标号字段，使得路由器可以对属于一个流的分组进行识别和特殊处理，为实时音频/视频等要求保证一定的带宽和时延的应用提供更好的QoS保证。

（6）**内置的安全性支持**。IPv6通过扩展首部支持IPsec，为网络安全提供了一种基于标准的解决方案，并且提高了不同IPv6实现方案之间的互操作性。

（7）**具有可扩展性**。通过定义新的扩展首部可以很方便地实现IPv6功能的扩展。IPv6的扩展首部比IPv4的选项字段更加灵活高效，并具有更强的可扩展性。

4.9.2　IPv6 的基本首部

IPv6 将协议数据单元称为**分组**，而不是数据报。

IPv6 首部长度固定为 40 字节，称为**基本首部**（Base Header）；将不必要的功能取消，首部的字段数减少到 8 个（虽然首部长度增大了一倍）；此外，还取消了首部的校验和字段（考虑到数据链路层和传输层都有差错检验功能），这样就加快了路由器处理分组的速度。

IPv6 分组在基本首部的后面允许有零个或多个**扩展首部**（Extension Header），再后面是数据部分，如图 4-57 所示。但请读者注意，所有的扩展首部都不属于分组的首部。所有的扩展首部和数据部分合起来叫作分组的**有效载荷**（Payload）或**净负荷**。

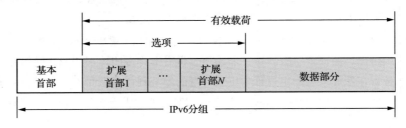

图 4-57　具有多个可选扩展首部的 IPv6 分组的一般形式

图 4-58 所示为 IPv6 的基本首部格式。在基本首部后面的是**有效载荷**，它包括传输层的数据和可能选用的扩展首部。下面解释 IPv6 基本首部中各字段的作用。

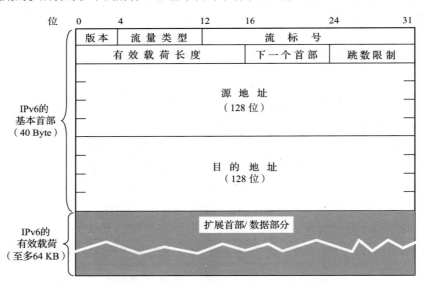

图 4-58　IPv6 的基本首部格式

（1）**版本**（Version）：占 4 位。它指明了协议的版本，对于 IPv6 该字段总是 6。

（2）**流量类型**（Traffic Class）：占 8 位。这是为了区分不同的 IPv6 分组的类型或优先级，与 IPv4 的 TOS 字段类似。这个字段又称为"区分服务"。目前人们正在进行不同的流量类型的性能实验。

（3）**流标号**（Flow Label）：占 20 位。IPv6 的一个新的机制是支持资源预分配，并且允许路由器将每一个分组与一个给定的资源分配相联系。IPv6 提出流（Flow）的抽象概念。"流"就是从特定源点到特定终点（单播或多播）的一系列分组（如实时音频或视频传输），在这个"流"所经过的路径上的路由器都保证指明的服务质量。所有属于同一个流的分组都具有同样的流标号。

（4）**有效载荷长度**（Payload Length）：占16位。它指明IPv6分组除基本首部以外的字节数（所有扩展首部都算在有效载荷之内）。这个字段的最大值是64 KB。

（5）**下一个首部**（Next Header）：占8位。它指明其有效载荷中下一个首部的类型，作用相当于IPv4的协议字段或选项字段。

当IPv6分组没有扩展首部时，下一个首部字段的作用和IPv4的协议字段一样，它的值指出了基本首部后面的数据应交付IP上面的哪一个高层协议（例如，6或17分别表示应交付TCP或UDP）。

当有扩展首部时，下一个首部字段的值就标识后面第一个扩展首部的类型。

（6）**跳数限制**（Hop Limit）：占8位。它用来防止分组在网络中无限期存在，作用与IPv4的TTL字段相同。源节点在每个分组发出时即设定跳数限制。每个路由器在转发分组时，要先将跳数限制字段的值减1。当该值为零时，就要将此分组丢弃。

（7）**源地址**：占128位。它是分组的发送节点IP地址。

（8）**目的地址**：占128位。它是分组的接收节点IP地址。

IPv4的分组如果在其首部中使用了选项，那么分组传送路径上的每一个路由器都必须对这些选项进行检查，这降低了路由器处理分组的速度。实际上，途中的路由器上很多选项是不需要检查的。IPv6把原来IPv4首部中选项的功能都放在扩展首部中，并留给路径两端的源节点和目的节点来处理，而分组经过的**路由器都无须处理这些扩展首部**（只有一个扩展首部例外，即逐跳选项扩展首部），这样就**大大提高了路由器的处理效率**。

RFC 8200定义了6种类型的扩展首部：逐跳选项、路由选择、分片、鉴别、封装安全有效载荷、目的节点选项。

每一个扩展首部都由若干个字段组成，它们的长度也各不同。但所有扩展首部的第一个字段都是8位的"下一个首部"字段。此字段的值指出了该扩展首部后面的字段是什么。当使用多个扩展首部时，协议规定了这6种扩展首部的先后顺序。逐跳选项扩展首部总是放在最前面，高层首部总是放在最后面。

4.9.3　IPv6 的地址

IPv6 的地址

在IPv6中，每个地址占128位，地址空间大于$3.4×10^{38}$。如果整个地球表面（包括陆地和水面）都覆盖着计算机，那么IPv6允许每平方米有$7×10^{23}$个IP地址。如果每微秒分配100万个地址，则需要10^{19}年的时间才能将所有地址分配完毕。可见，在想象得到的将来，IPv6的地址空间是不可能用完的。RFC 4291对IPv6地址的表示方法和类型进行了描述。

1.　IPv6 地址的表示方法

128位的IPv6地址再用IPv4的点分十进制表示显然已不够方便了。例如，一个用点分十进制表示的128位的地址为

104.230.140.100.255.255.255.255.0.0.17.128.150.10.255.255

为了使地址更简洁，便于阅读和操纵，IPv6使用冒号十六进制记法，它把每个16位的值用十六进制数字表示，各数字之间用冒号分隔。例如，将前面所给的点分十进制记法的地址改为冒号十六进制记法：

$$68E6:8C64:FFFF:FFFF:0:1180:960A:FFFF$$

在冒号十六进制记法中允许省去两个冒号之间的数中最前面的一串0，如000F可缩写为F。

冒号十六进制记法允许零压缩（Zero Compression），即一串连续的零可以用一对冒号替代，例如：

$$FF05:0:0:0:0:0:0:B3$$

可以记为

$$FF05::B3$$

为保证零压缩后不会产生歧义，规定在一个地址中只能使用一次零压缩。

另外，冒号十六进制记法可结合点分十进制记法的后缀，这种结合在IPv4向IPv6的转换阶段特别有用。例如，下面是一个合法的冒号十六进制记法地址：

$$0:0:0:0:0:0:128.10.2.1$$

请读者注意，在这种记法中，冒号所分隔的每个值是16位的，而点分十进制记法的每个部分的值是8位的。再使用零压缩，该地址变为

$$::128.10.2.1$$

IPv6地址前缀采用"斜线记法"，用"地址/前缀长度"表示IPv6地址前缀，并且不再使用子网掩码。例如，地址12AB:0000:0000:CD30:0000:0000:0000:0000的60位前缀可记为

$$12AB:0000:0000:CD30:0000:0000:0000:0000/60$$

或

$$12AB::CD30:0:0:0:0/60$$
$$12AB:0:0:CD30::/60$$

但不能记为

$$12AB::CD30/60$$
$$12AB:0:0:CD3/60$$

2．IPv6地址的类型

一般来讲，IPv6分组的目的地址可以是以下3种基本类型地址之一。

（1）单播（Unicast）地址：用来唯一标识一个接口。单播就是传统的点对点通信，发送到单播地址的分组将被传送给此地址所标识的一个接口。

（2）多播（Multicast）地址：用来标识一组接口（通常这组接口属于不同的节点）。多播是一点对多点的通信，发送到多播地址的分组将被传送给此地址所标识的所有接口。IPv6没有定义广播地址，可以用所有节点多播地址来实现原来IPv4广播地址的功能。

（3）任播（Anycast）地址：用来标识一组接口（通常这组接口属于不同的节点）。发送到任播地址的分组将被传送给此地址所标识的一组接口中的一个，通常是距离源节点最近的一个（例如，用户向公司请求服务，公司的这组计算机中的任何一个都可以进行回答）。IPv6任播地址并没有特定的前缀，与IPv6全球单播地址范围相同。用户可以为多个设备分配相同的IPv6任播地址，路由器根据路由表将目的地址为IPv6任播地址的分组路由至"最近的"设有该地址的

节点（接口）。IPv6的任播寻址目前尚处在实验阶段。

RFC 4291定义的IPv6地址类型如表4-7所示。

表4-7 RFC 4291定义的IPv6地址类型

地址类型	地址前缀	说明
未指定 （Unspecified）	::/128	只能作为源地址，表示发送节点地址未分配
环回 （Loopback）	::1/128	作用与IPv4环回地址一样
多播 （Multicast）	FF00::/8	作用与IPv4多播地址一样，占IPv6地址总数的1/256
本地链路单播 （Link-Local Unicast）	FE80::/10	用于在本地链路（本地子网）上寻址，路由器不会转发任何目的地址为本地链路单播地址的分组到其他链路
全球单播 （Global Unicast）	其他所有前缀	目的地址为全球单播地址的分组可以在全网范围内路由和寻址

由于"IPv4兼容的IPv6地址"和"本地站点单播地址"不再使用，因此未在表4-7中列出。

3. IPv6单播地址

IPv6把实现IPv6的主机和路由器均称为**节点**，并将IPv6单播地址分配给节点上面的**接口**。一个接口只能配置一个**本地链路单播地址**，但可以有多个**全球单播地址**。本地链路单播地址只需要在本地链路上具有唯一性，而全球单播地址在全球网络范围内唯一地标识一个节点的接口。

IPv6相对IPv4最重要的变化之一就是单播地址所使用的划分策略，以及由此产生的多级地址体系。IPv6的地址采用多级体系是为了使路由器更快地查找路由。IPv6全球单播地址的常规格式如图4-59所示。

图4-59 IPv6全球单播地址的常规格式

（1）**全球路由选择前缀**（Global Routing Prefix）：第一级地址，分配给各公司和机构，用于互联网中路由器的路由选择，相当于IPv4分类地址中的网络号。

（2）**子网标识符**（Subnet ID）：第二级地址，用于各公司和机构创建自己的子网。

（3）**接口标识符**（Interface ID）：第三级地址，指明主机或路由器单个的网络接口，相当于IPv4分类地址中的主机号。

与IPv4地址不同，IPv6地址的接口标识符一般为64位，足够大，因而可以对各种接口的硬件地址直接进行编码。IPv6定义了各种形式的硬件地址映射到这64位接口标识符的方法，包括如何将48位的以太网硬件地址转换为IPv6地址的接口标识符。

IPv6节点可以没有全球单播地址，但必须有一个本地链路单播地址。本地链路单播地址用于在单个链路上寻址，实现自动地址配置、邻居发现等，或者在链路上没有路由器时使用。IPv6本地链路单播地址的格式如图4-60所示。IPv6节点在启动期间会自动创建一个在本地子网内唯一的本地链路单播地址。地址中的64位接口标识符可以由接口硬件地址编码生成，也可以随机产生。用户也可以为设备接口手动配置本地链路单播地址。

10位	54位	64位
1111 1110 10	0	接口标识符

图4-60　IPv6本地链路单播地址的格式

4. IPv6 多播地址

同IPv4一样，IPv6多播地址用于标识一组目的接口，只能作为目的地址，而不能作为源地址。IPv6多播地址的格式如图4-61所示。前缀FC00::/8后面是4位的标志字段和4位的范围字段。标志位T为1表示由IANA分配的永久多播地址，包括周知多播地址。标志位T为0表示由多播应用程序自己分配的非永久多播地址，即临时多播地址。范围字段指明了目的地址为该多播地址的IPv6分组的转发范围，例如，0x1表示本地接口范围（环回传输），0x2表示本地链路范围，0x5表示本地站点范围，0xE表示全球范围。最后是112位的多播组标识符。

图4-61　IPv6多播地址的格式

RFC 4291已经预定义了一些周知多播地址，举例如下。

所有节点地址（All Nodes Addresses）：标识本地接口或本地链路范围内的所有IPv6节点接口。所有IPv6节点必须配置该多播地址。

所有路由器地址（All Routers Addresses）：标识本地接口、本地链路或本地站点范围内的所有IPv6路由器接口。所有IPv6路由器必须配置该多播地址。

请求节点地址（Solicited-Node Address）：每个IPv6节点会为接口的每个全球单播地址和本地链路单播地址自动创建并配置一个请求节点地址，该地址由前缀FF02:0:0:0:0:1:FF00::/104和对应单播地址的后24位组成，作用范围为本地链路。利用该多播地址，IPv6节点可以更高效地执行某些任务，如后面将要介绍的IPv6地址解析任务。

与IPv4多播类似，为了在以太网中使用硬件多播来实现IPv6多播，IPv6多播地址的后24位会被映射到以太网硬件多播地址中（RFC 7042）。因此，节点在为以太网接口分配多播地址时，还需要将映射的以太网硬件多播地址在网卡中进行注册。

4.9.4　ICMPv6

和IPv4一样，IPv6也需要使用ICMP。但旧版本的、适用于IPv4的ICMP并不能满足IPv6

全部的需求。因此，IETF制定了与IPv6配套使用的ICMP新版本，即ICMPv6（RFC 4861、RFC 4443、RFC 2710）。

ICMPv6报文作为IPv6分组有效载荷进行传输，对应的IPv6"下一个首部字段"的值为58。ICMPv6的报文格式和IPv4使用的ICMP的报文格式相似，前4个字节的字段名称都是一样的，但ICMPv6把从第五个字节起的后面部分作为报文主体。ICMPv6报文分为两大类，即**差错报告报文**和**信息提供报文，**并取消了使用得很少的ICMP报文。差错报告报文的类型字段的最高位是0，因此，其类型字段的值为0 ～ 127。信息提供报文的类型字段的最高位是1，其值为128 ～ 255。RFC 4443定义了差错报告、回送请求与应答共6种类型的报文，RFC 4861定义了邻居发现共5种类型的报文，RFC 2710定义了多播听众发现共3种类型的报文。表4-8所示为常用的ICMPv6报文类型。

ICMPv6

从表4-8可以看出，ICMPv6具备ARP和IGMP的功能。邻居请求报文和邻居通告报文代替了原来的ARP，而多播听众发现报文代替了原来的IGMP。

表4-8 常用的ICMPv6报文类型

ICMPv6报文		类型的值	ICMPv6报文的类型
差错报告报文		1	终点不可达
		2	分组过长
		3	超时
		4	参数问题
信息提供报文	回送请求与应答报文	128	回送请求
		129	回送应答
	多播听众发现报文	130	多播听众查询
		131	多播听众报告
		132	多播听众结束
	邻居发现报文	133	路由器请求
		134	路由器通告
		135	邻居请求
		136	邻居通告
		137	路由重定向

IPv6的地址解析与IPv4的最大不同在于IPv6使用**邻居请求**的多播来代替ARP请求的广播。当IPv6节点需要解析本地链路上一个IPv6地址的MAC地址时，它会发送一个ICMPv6的邻居请求报文，该邻居请求报文的目标地址字段值为要解析的IPv6地址，而封装该报文的IPv6分组的首部中的目的地址为要解析的IPv6地址对应的请求节点多播地址。由于请求节点多播地址是由对应的IPv6单播地址映射生成的（后24位相同），一般情况下，除了被请求的节点接口会响应一个邻居通告报文（携带自己的MAC地址）外，其他节点的接口都会直接丢弃该报文，而不会将其交给网络层协议去处理。可见，IPv6地址解析的效率比IPv4的ARP广播要高。

4.9.5 无状态地址自动配置

由于手动配置128位的IPv6地址实在太麻烦，为了简化地址配置，IPv6一开始就设计了地址自动配置的机制。与IPv4只能使用DHCP进行地址自动配置不同（将在第6章介绍DHCP的工作原理），IPv6既支持使用DHCPv6的有状态的地址自动配置，也支持无状态的地址自动配置。这里的"无状态"是指无须保存对已分配地址的记录。RFC 4862对IPv6无状态地址自动配置进行了规定。

一个IPv6主机通常会自动为每个接口配置以下IPv6地址。

- 一个本地链路单播地址（必需）。
- 一个公开全球单播地址。
- 一个临时全球单播地址。
- 每个单播地址对应的请求节点多播地址。
- 所有节点多播地址。

1. 创建本地链路单播地址

在默认情况下，IPv6节点会为接口自动创建一个IPv6本地链路单播地址，并利用该地址与同一网络内的其他节点通信。本地链路单播地址由前缀FE80::/64和64位的接口标识符构成。64位的接口标识符通常由48位的局域网MAC地址映射生成（EUI-64机制），但为了保证用户的隐私性，现在很多操作系统（如Windows）都支持随机生成接口标识符的方法，以避免攻击者通过IPv6地址获取主机的MAC地址。

2. 重复地址检测

为了保证自动创建的本地链路单播地址在本地链路上的唯一性，ICMPv6利用邻居请求报文进行**重复地址检测**（Duplicate Address Detection，DAD）。重复地址检测也称为地址冲突检测。检测节点首先发送一个邻居请求报文（相当于ARP请求报文），该报文的目标地址字段值为需要检测唯一性的IPv6地址，而该报文IPv6首部中的目的地址为检测地址对应的请求节点多播地址。若本链路上存在另一接口使用该地址，则它会用邻居通告报文（相当于ARP应答报文）对该邻居请求报文进行应答。若没有应答，则该地址通过重复地址检测。若节点采用EUI-64机制生成接口标识符，则重复地址检测失败会导致接口失效（通常不会发生）。若节点采用随机方法生成接口标识符，则会尝试生成新的地址。主机自动创建的所有单播地址都需要进行重复地址检测。

3. 创建全球单播地址

主机为创建全球单播地址，会发送一个ICMPv6的路由器请求报文（源地址为本地链路单播地址，目的地址为所有路由器多播地址），路由器会单播发送路由器通告报文进行应答，该报文包含所在链路的网络前缀等信息。实际上，IPv6路由器也会定期以多播方式发送路由器通告报文（目的地址为所有节点多播地址）。主机根据接收到的网络前缀和自己生成的接口标识符来创建全球单播地址，并将该路由器的本地链路单播地址作为自己的默认网关地址。

4. 创建临时全球单播地址

为避免主机被攻击者追踪，RFC 4941规定主机可以通过随机生成的接口标识符为接收到的网络前缀创建一个临时全球单播地址。临时全球单播地址会定期更新，使攻击者无法跟踪主机的行为。这样，我们在查看主机的IP地址配置时，通常会发现一个后64位与本地链路单播地址相同的公开全球单播地址，还会发现一个临时全球单播地址，其后64位与本地链路单播地址后64位不相同。主机主动发起与其他节点的通信时，会优先使用该临时全球单播地址。而稳定的公开全球单播地址用于被动接收其他节点主动发起的通信。

4.9.6　从 IPv4 向 IPv6 过渡

因为现在整个互联网上使用IPv4的路由器的数量太大，所以"规定一个日期，从这一天起所有的路由器一律都改用IPv6"显然是不可行的。于是，向IPv6过渡只能采用逐步演进的办法，同时，还必须使新安装的IPv6系统能够向后兼容。也就是说，IPv6系统必须能够接收和转发IPv4分组，并且能够为IPv4分组选择路由。

从IPv4向IPv6过渡的基本方法包括部署双协议栈网络、建立协议遂道以及在IPv4和IPv6之间进行协议转换。在实际的IPv6部署中有以下几种过渡方法。

1. 双协议栈

双协议栈（Dual Stack）是指在完全过渡到IPv6之前，使一部分主机（或路由器）装有两个协议栈，一个IPv4和一个IPv6。因此双协议栈主机（或路由器）既能够和IPv6的系统通信，又能够和IPv4的系统通信，如图4-62所示。双协议栈的主机（或路由器）记为IPv6/IPv4，表明它具有两种IP地址：一个IPv6地址和一个IPv4地址。双协议栈主机在和IPv6主机通信时采用IPv6地址，而和IPv4主机通信时采用IPv4地址。

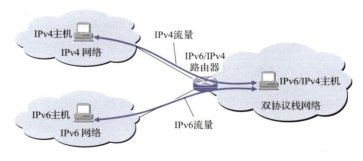

图4-62　双协议栈

双协议栈的优点是兼容性好，过渡平滑，可逐步迁移应用和服务。但缺点是需要安装两套协议，存储器和CPU的消耗都会增加，同时管理更加复杂，因为要同时维护两套协议。

2. 隧道技术

在从IPv4向IPv6过渡的过程中，不可避免地会出现两台IPv6主机的通信需要穿过IPv4网络的情况。常用的方法是采用隧道技术，图4-63所示为隧道技术的工作原理。这种方法的要点就是在IPv6分组要进入IPv4网络时，将IPv6分组封装成IPv4分组（整个IPv6分组变成IPv4分组的数据部分），然后IPv6分组在IPv4网络的隧道中传输。当IPv4分组离开IPv4网络的隧道时，再将其数据部分（即原来的IPv6分组）交给主机的IPv6协议栈。图4-63（a）表示在IPv4网络中打通一个从B到E的IPv6隧道，路由器B是隧道的入口，而E是出口。图4-63（b）表示IPv6分组被封装在IPv4分组中进行传输。请读者注意，在隧道中传输的分组的源地址是B，而目的地址是E。

要使双协议栈的主机知道IPv4分组里面封装的数据是一个IPv6分组，就必须把IPv4首部的协议字段的值设置为41（表示分组的数据部分是IPv6分组）。

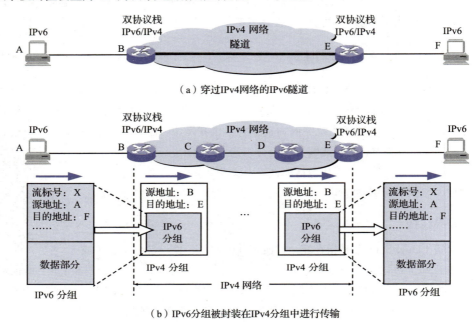

图4-63　隧道技术的工作原理

若两个IPv4主机需经过IPv6网络进行通信，同样可使用隧道技术。

隧道技术的优点是实现较简单，适合快速部署，但却无法使IPv4网络与IPv6网络互通。

3. 协议转换技术

由于IPv4地址空间的限制，不可能所有新部署的设备都具有双协议栈。在从IPv4向IPv6过渡的过程中，仅使用双协议栈和隧道技术不能使新部署的IPv6主机与遗留的IPv4主机进行通信。要实现IPv6主机与IPv4主机的互相通信就必须使用**协议转换**（Protocol Translation）技术。使用协议转换技术需要在IPv4网络和IPv6网络之间部署一台协议转换器。协议转换器是一台双栈设备，如图4-64所示，其任务就是将IPv6分组转换为IPv4分组或将IPv4分组转换为IPv6分组，具体包括IPv6地址和IPv4地址之间的转换，以及IPv6首部与IPv4首部之间的转换。

IPv6和IPv4间的地址转换可分为静态地址转换、动态地址转换、前缀地址转换等。一个协议转换器可能会配置多种转换方式，静态地址转换和动态地址转换方式与4.6节介绍的NAT类似。

静态地址转换通过在协议转换器静态配置IPv6地址与IPv4地址的对应关系来实现IPv6地址与IPv4地址的转换。

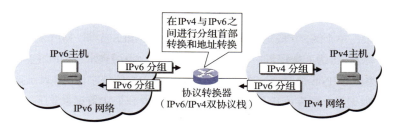

图4-64 IPv6/IPv4协议转换

动态地址转换是指协议转换器动态地创建IPv6地址与IPv4地址的对应关系来实现IPv6地址与IPv4地址的转换，IPv6和IPv4地址之间不存在固定的一一对应关系。动态转换是一种**有状态转换**方式，在第一次执行地址转换时要创建状态信息，记录IPv6和IPv4地址之间的映射关系，维持状态直到流量停止并且状态维护计时器到期。

前缀地址转换方式是一种基于网络前缀转换规则的地址映射方法。由于IPv6地址空间远比IPv4地址空间要大，IPv4可以嵌入约定的IPv6网络前缀之后，形成特殊的IPv6地址，这些IPv6地址与IPv4地址具有唯一的映射关系（RFC 6052）。通过前缀转换规则可以将IPv4网络中的一台主机的IPv4地址转换为一个可以在IPv6网络中访问的IPv6地址，转换后的地址被称为**IPv4转换的IPv6地址**（IPv4-converted IPv6 address）。而在IPv6网络中可以给一台主机分配一个使用特定IPv6网络前缀嵌入IPv4地址的IPv6地址，当协议转换器需要将该IPv6地址转换为IPv4地址时，根据配置的前缀转换规则即可直接从该地址中提取出IPv4地址，因此该地址被称为**IPv4可转换IPv6地址**（IPv4-translatable IPv6 address）。注意，具有IPv4可转换IPv6地址的主机需要占用一个IPv4地址。直接使用地址映射算法在IPv6地址和IPv4地址之间进行转换，无须动态创建状态信息来维护地址映射关系，因此前缀地址转换是一种无状态转换方式。

IPv6分组与IPv4分组之间的转换，除了要进行IPv6/IPv4地址转换外，还要转换IPv6与IPv4分组首部中的其他字段。RFC 7915定义了IPv6首部与IPv4首部之间的转换规则，主要包括如何转换IPv6首部与IPv4首部中存在的对应字段，忽略或生成IPv6首部与IPv4首部中的特有字段。由于IPv6首部中部分字段（例如流标号）在IPv4首部中无对应字段，一些信息在数据报转换过程中不可避免地会丢失。

4.10 多协议标签交换

本节简要地介绍一种越来越流行的网络技术：**多协议标签交换**（Multiprotocol Label Switching，MPLS）（RFC 3031、RFC 3032）。MPLS试图将虚电路的一些特点与数据报的灵活性和健壮性结合，其最初的目标是通过采用来自虚电路网络界的一个关键概念（即固定长度标签）来改善IP路由器的转

多协议标签交换

发速度。一方面，MPLS依靠IP地址和IP路由选择协议来工作。另一方面，MPLS使能路由器（支持MPLS的路由器常被称为**标签交换路由器**）通过检查相对短的、固定长度的标签来转发分组。这里的标签与虚电路中的虚电路号非常相似。

在讨论MPLS标签交换路由器如何利用标签进行转发之前，我们来看看由RFC 3032定义的MPLS帧格式。图4-65显示了一个短的MPLS首部位于第二层（如PPP或以太网）首部和第三层（如IP）首部之间。"给一个IP数据报打上MPLS标签"就是指在IP首部之前插入一个MPLS

首部。MPLS首部包含一个标签字段（它起着与虚电路号类似的作用），3比特用于试验字段，8比特用于TTL字段，单个的S字段用于指示是否为第一个MPLS首部。MPLS允许一个IP数据报被依次打上多个标签。S为1表示这是第一个打上的标签，S为0表示该MPLS首部后面还有一个MPLS首部，这类似于IP-in-IP隧道。在IP数据报的首部中，协议字段为4表示该数据报的数据部分也是一个IP数据报，即在该IP数据报首部后面还跟着一个IP数据报首部。利用S字段，可以很方便地实现多层嵌套的MPLS隧道和VPN。

可以看出，一个MPLS帧只能在两个MPLS标签交换路由器之间转发，因为一个普通IP路由器在处理一个MPLS帧时，会在它期望发现IP首部的地方发现一个MPLS首部，从而引起混乱。多个相邻的MPLS标签交换路由器互连构成了一个MPLS域。在MPLS域中，标签交换路由器不需要提取IP首部中的目的地址并在转发表中执行最长前缀匹配的查找，而是通过在转发表中查找MPLS标签来转发MPLS帧，然后立即将数据报传递给适当的输出接口。我们通过图4-66所示的简单例子来说明MPLS的基本原理。

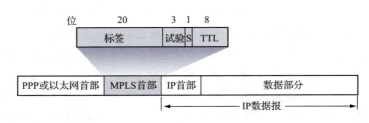

图4-65　MPLS首部

在图4-66中，路由器$R_3 \sim R_6$都是MPLS标签交换路由器，构成了一个MPLS域，R_1和R_2是标准的IP路由器。R_6能够通过接口0到达网络N_2（更常见的是由某个IP地址前缀标识的地址聚合），并为此分配入标签7。R_6会将此信息告知R_4和R_5。R_4向R_3通告具有入标签9的MPLS帧将被路由到N_2。路由器R_5向路由器R_3通告具有入标签5和10的MPLS帧将分别被路由到N_2和N_1。

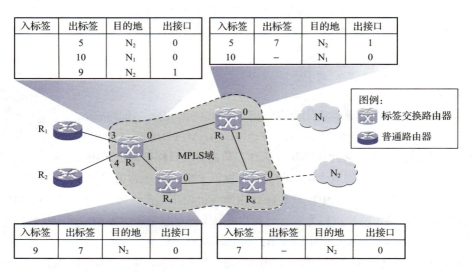

图4-66　MPLS帧的转发

当IP数据报通过一个MPLS域时，MPLS入口标签交换路由器会给它打上标签，而出口标签交换路由器会将打上的标签去掉。在图4-66所示的例子中，R_3从R_1收到一个目的地为N_1的IP数据报时，根据在转发表中找到的表项，在该IP数据报的前面插入一个标签为10的MPLS首部（成为一个MPLS帧），然后将其从接口0转发给R_5。而R_5在将该MPLS帧从接口0转发出去前要将插入的MPLS首部去掉，将MPLS帧还原为原来的IP数据报。

可以看出，在MPLS域中，标签交换路由器转发MPLS帧时完全不需要查看IP数据报首部。MPLS执行基于标签的交换，而不必考虑分组的IP地址。然而，MPLS的真正优点和人们当前对MPLS感兴趣的原因并不在于它能提高交换速度的潜在优势，而在于MPLS具有的流量管理能力。MPLS提供了沿多条路径转发分组的能力，并能灵活地为某些流量指定其中的一条路径。例如，在图4-66中，R_3到N_2有两条MPLS路径，R_3可以将从R_1到N_2的IP数据报打上标签5，而将从R_2到N_2的IP数据报打上标签9，这样可以轻松地使R_1到N_2的流量经过R_5，而R_2到N_2的流量经过R_4。显然，标准的IP路由选择无法轻易实现以上功能，因为标准IP路由器不会根据流量的来源进行转发，IP路由选择协议通常只会为目的地N_2指定单一的最小代价路径，而不是两条不同的路径。MPLS的这种能力被称为显式路由，其应用之一就是流量工程（Traffic Engineering）：网络运维部门能够超越普通的IP选路，根据需要（策略、性能或其他原因）迫使某些流量沿着指定的路径到达给定的目的地，而另一些到达同一目的地的流量可以沿着另一条路径流动。

在MPLS中实现显式路由的方法是定义转发等价类（Forwarding Equivalence Class，FEC）。所谓"转发等价类"就是路由器按照同样方式转发的IP数据报的集合。"按照同样方式转发"表示从同样接口转发到同样的下一跳地址，并且具有同样的优先级。FEC和标签之间是一一对应的关系，即属于同一FEC的IP数据报在入口标签交换路由器会被打上同一标签。划分FEC的方法非常灵活，由网络管理员来控制，可以根据IP数据报中的目的IP地址、源IP地址、区分服务字段或入接口号等进行划分。例如，在图4-66中，入口标签交换路由器R_3可以设置两个不同的FEC，"入接口为3，目的地址为N_2"和"入接口为4，目的地址为N_2"，分别对应标签值5和9。这样，来自不同的方向的IP数据报即使目的地址完全相同也可能被强制转发到不同的路径。

MPLS也可用于很多其他目的。MPLS的显式路由使网络在发生故障时更容易恢复。例如，可以预先计算一条从路由器A到路由器B的能避开某条特定链路L的路径。当链路L故障时，路由器A就可将所有目的地是B的流量经预先计算的那条路径发送。MPLS还能用于实现VPN和改进网络的服务质量。MPLS的具体细节非常复杂，这里仅对其基本原理做了非常简单的介绍。作为一种IP增强技术，MPLS已广泛应用于互联网中，并发挥着越来越重要的作用。

4.11 软件定义网络

软件定义网络（Software Defined Network，SDN）是由美国斯坦福大学提出的一种新型网络创新架构，是当前网络领域最热门和最具发展前途的技术之一。SDN的本质特点是数据平面和控制平面的分离以及网络的可编程性，从而实现了网络流量的灵活控制，方便用户管理和配置网络以及部署新协议，为网络及应用的创新提供了良好的平台。SDN技术非常复杂，并还在不断发展之中，但鉴于SDN

软件定义网络

技术对当前和未来网络体系结构的重要影响，这里我们对其基本思想进行必要的介绍。

4.11.1　数据平面与控制平面分离

我们可以把网络层在逻辑上分解为两个互相作用的部分，即**数据平面**（也常被称为转发平面）和**控制平面**。数据平面功能决定到达路由器某个输入端口的分组如何转发到该路由器的某个输出端口，而控制平面功能控制分组从源主机到目的主机的转发路径，以及对网络组件进行配置与管理，如路由选择、流量工程、访问控制、分组过滤等。传统网络将数据平面的分组转发功能和控制平面的路由选择功能在一个网络设备中实现，但实际上在4.5节的图4-40中我们可以清晰地看到，在路由器中，路由选择模块和分组转发模块在逻辑上是分离的。路由选择模块通过执行路由选择算法计算路由表，而分组转发模块仅根据转发表（由路由表生成）将分组从输入端口交换到指定的输出端口转发出去。

因此，完全可以将控制平面的功能从传统路由器中分离出来，在一台（也可以是多台）远程的"控制器"中实现，如图4-67所示，而分组交换机仅执行简单的分组转发（匹配加动作）。远程控制器可以运行在普通服务器上，或实现在具有高可靠性和冗余的远程服务器集群[1]上。控制器从分组交换机获取网络全局信息，并对网络进行逻辑上的集中控制，例如，根据全局网络拓扑计算每个路由器的转发表，并将该转发表下发到各分组交换机，由分组交换机执行具体的分组转发。

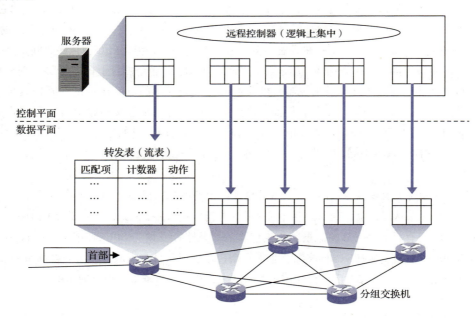

图 4-67　分离的数据平面与控制平面

将数据平面与控制平面分离的直接好处是，当要升级网络设备功能时，仅升级运行在远程控制器上的程序即可。通过远程控制每个分组交换机中的转发表，可以很方便地将一台通用的

---

① 服务器集群就是指将很多服务器集中起来一起提供同一种服务，在客户端看来就像是只有一台服务器。集群可以利用多台服务器进行并行计算从而获得很高的计算速度，也可以用多台计算机做备份，这样，任何一台服务器坏了，整个系统依然能正常运行。

分组交换机变成一台普通路由器、防火墙、负载均衡器或NAT设备。

SDN的思想就是通过将控制平面与数据平面分离，将网络中交换设备的控制逻辑集中到远程的SDN控制器上，同时SDN控制器为各种网络控制应用程序提供开放的可编程接口，实现网络的可编程性，使网络管理变得更加简单、动态和灵活。这就是用软件来定义网络的功能。

4.11.2　SDN 的数据平面

SDN的数据平面由提供通用转发服务的分组交换机组成。传统路由器的转发决定仅仅基于分组的目的地址，然而，很多网络中间设备需要执行更为复杂的转发规则。例如，NAT需要重写首部IP地址和端口号；防火墙（将在第7章学习）基于首部字段值阻拦流量或重定向分组以进行其他处理，如深度分组检测；负载均衡器可能需要根据传输层首部中的端口号将请求某种给定服务（如一个HTTP请求）的分组转发到提供该服务的服务器集合中的一个。

SDN的分组交换机以"匹配加动作"的范式提供统一、通用的转发服务，以实现多种网络层功能以及某些链路层功能。SDN在通用转发中能够对协议栈的多个首部字段进行"匹配"，这些首部字段与不同层次的不同协议相关联。"动作"包括将分组转发到一个或多个输出端口、在多个输出端口间进行负载均衡、重写某个首部字段值、阻拦或丢弃某个分组、将分组定向到某个特定服务器以进行特殊处理等。因为能够根据网络层和（或）数据链路层源地址和目的地址做出转发决定，所以SDN数据平面的转发设备是一种通用的跨层"分组交换机"，而不是传统的"路由器"或"二层交换机"，由于受SDN控制器的控制，可称为"SDN交换机"。

OpenFlow作为SDN概念的先行者，已成为得到高度认可的标准，并被绝大多数SDN架构所支持。这里，我们主要考虑OpenFlow 1.0（目前最新版本为OpenFlow 1.5.1），该标准以特别清晰和简明的方式引入了关键的SDN抽象和功能。基于OpenFlow实现的SDN的数据平面由OpenFlow使能的分组交换机（称为OpenFlow交换机，是目前最为典型的SDN交换机）组成。

匹配加动作转发表在OpenFlow中被称为流表（Flow Table），每一个流表项由分组匹配项、动作序列和计数器3个主要部分组成。其中分组匹配项用于区分不同的数据流，分组进入交换机之后会匹配流表中的项，匹配到同一条流表项的分组属于同一数据流。分组匹配成功之后需要执行相关的动作，完成数据的处理。计数器部分用于记录匹配相应流表项的分组数和字节数等相关统计量。

分组匹配项由接收分组的输入端口号和11个分组首部字段组成，如图4-68所示。当接收的分组首部相应字段及接收该分组的端口号与流表项中分组匹配项的各字段都匹配时，称为匹配该流表项。可以看出，分组匹配项既包含数据链路层首部字段，也包含网络层首部字段及传输层首部字段，显然这种跨层设计违反了传统网络体系结构的分层原则。流表项的分组匹配项可以包含通配符。例如，在一个流表中，IP地址"128.119.*.*"将匹配所有前缀为"128.119/16"的IP地址。

动作序列可包含零个或多个动作，OpenFlow交换机按次序执行这些动作来处理与流表项匹配的分组。其中最为重要的动作如下。

• 转发：一个入分组可以转发到一个特定的输出端口，广播到所有端口（除到达端口外），或指定一组输出端口进行多播。

- **修改字段**：在分组被转发到输出端口之前，可以对分组首部中的10个字段（如图4-68中除IP字段外的所有分组首部字段）进行重写。
- **丢弃**：没有动作的流表项表明某个匹配的分组应当被丢弃。

输入端口	以太网			VLAN		IP				TCP/UDP	
	源地址	目的地址	类型	ID	优先级	源地址	目的地址	协议	TOS	源端口	目的端口

数据链路层首部　　　　　　　　网络层首部　　　　　传输层首部

图4-68　OpenFlow 1.0流表的分组匹配项

由于OpenFlow的匹配加动作范式具有很强的通用性，通过设置合适的匹配字段值和相应的动作，可以很方便地实现路由器、二层交换机、三层交换机、NAT、防火墙等传统网络中间设备的功能，也可通过设置复杂的匹配规则实现负载均衡、流量工程等各种高级功能。例如，仅匹配目的MAC地址且动作为转发到指定端口，就实现了一台二层交换机的转发功能。

图4-69中，OpenFlow控制器通过向交换机S_3下发流表，控制所有到达10.1/16的流量都从端口0转发，而从S_1和S_2到达10.2/16的流量分别从端口0和端口1转发出去，实现了到网络10.2/16的负载均衡。

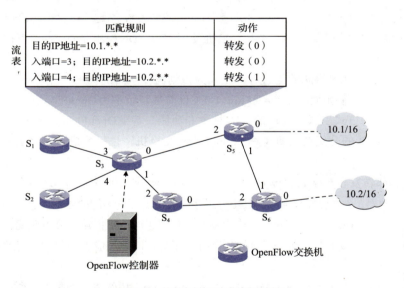

图4-69　控制流表实现负载均衡的例子

4.11.3　SDN 的控制平面

SDN的控制平面可划分为两个部分，即SDN控制器和SDN网络控制应用程序。如图4-70所示，典型SDN架构的最下层是由SDN交换机组成的数据平面，负责数据处理、转发和状态收集；数据平面之上是逻辑上集中的SDN控制器，它掌握着全局网络信息，负责对数据平面的SDN交换机进行控制以执行各种转发规则；最上面是各种基于SDN的网络控制应用程序。SDN中的接口具有开放性，以控制器为逻辑中心，**南向接口**负责与数据平面进行通信，**北向接口**负责与网络控制应用程序进行交互。

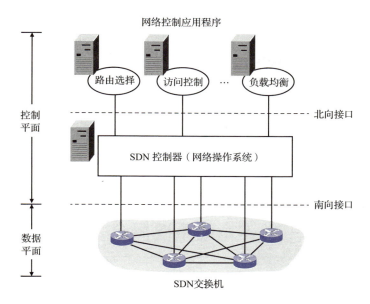

网络控制应用程序

路由选择　访问控制　…　负载均衡

北向接口

控制平面

SDN 控制器（网络操作系统）

南向接口

数据平面

SDN交换机

图4-70　典型SDN架构

控制器与数据平面之间通过SDN控制数据平面接口（Control-Data-Plane Interface，CDPI）进行通信，它具有统一的通信标准，主要负责将控制器中的转发规则下发至受控交换机以及从受控交换机获取网络状态信息，目前主要应用OpenFlow协议。OpenFlow协议运行在TCP之上，允许控制器查询并设置受控交换机的配置参数，增加、删除或修改受控交换机流表项，读取受控交换机流表和端口收集的各种统计数据；允许受控交换机向控制器通告本地观察到的事件，例如，某条链路已经激活或停止，某个设备刚刚加入了网络，某个设备的输出端口发生了拥塞。控制器通过从受控交换机获取的信息维护全网拓扑及状态信息。

控制器通过它的北向接口为网络控制应用程序提供网络控制服务，实现网络的可编程性。目前北向接口还没有统一标准，它允许用户根据自身需求定制开发各种网络控制应用，如路由选择、访问控制、负载均衡等。网络控制应用程序通过北向接口编程来获取网络状态信息，进行决策并调用所需的各种网络资源，实现对网络的快速配置、部署与管理，这样用户无须关心底层细节就可以编程、部署新的网络控制应用，因此SDN控制器也被称为网络操作系统。例如，一个路由选择网络控制应用程序通过使用SDN控制器维护的节点状态和链路状态信息，执行最短路径算法计算源到目的地之间的端到端路径，调用北向接口并将计算结果告知SDN控制器的流表管理模块；SDN控制器则通过南向接口（例如通过OpenFlow协议）将生成的最新流表项下发到相关受控交换机，完成对网络设备的路由配置。

需要注意的是，SDN控制器是"逻辑上集中的"，即该控制器可以被外部视为单一、整体的服务（例如，从SDN控制设备和外部的网络控制应用程序的角度看）。然而，出于故障容忍、高可用性等性能方面的考虑，在实践中这些服务和用于保存网络状态信息的数据库一般通过分布式服务器集群实现，即以逻辑上集中、物理上分布的方式实现。

最后总结一下SDN最重要的3个特征。

（1）**控制平面与数据平面分离**。控制平面负责实现网络拓扑的收集、路由的计算、流表的生成及下发、网络的管理与控制等功能，而数据平面的网络设备仅负责流量的转发及策略的执行。通过这种方式，网络系统的数据平面与控制平面得以独立发展：数据平面向通用化、简单化、高性能发展，成本逐步降低；而控制平面向集中化、统一化、智能化发展，能快速适应用户需求的变化。

（2）网络开放可编程。SDN建立了新的网络抽象模型，为用户提供了一套完整开放的通用接口，这些接口作为应用程序编程接口（Application Programming Interface，API），使用户可以在控制器之上编程实现对网络的配置、控制和管理，从而加快网络业务部署的进程。

（3）逻辑上的集中控制。这主要是指对分布式网络状态的集中统一管理。SDN控制器掌握全网状态信息，可实现网络级别的统一管理、控制和优化，实现快速的故障定位和排除，提高运营效率。逻辑上的集中控制为软件编程定义网络功能提供了架构基础，也为网络自动化管理提供了可能。

本章的重要概念

- 网络层有两大核心功能，即分组转发和路由选择。分组转发就是路由器根据转发表将接收到的分组从某个接口转发出去；而路由选择是网络层决定分组转发路径，并最终生成供分组转发的转发表。分组转发属于数据平面，而路由选择属于控制平面。

- 在网络层提供面向连接服务的计算机网络被称为虚电路网络，而在网络层提供无连接服务的计算机网络被称为数据报网络，但这两种网络采用的都是分组交换。

- 一条虚电路的组成：源主机和目的主机之间的路径（即一系列链路和路由器）；沿着该路径的每段链路的VC号；沿着该路径的每台路由器中的转发表项。

- TCP/IP体系中的网络层向上只提供简单灵活的、无连接的尽力而为服务。网络层不提供服务质量的承诺，不保证分组交付的时限，所传送的分组可能出错、丢失、重复和失序。进程之间通信的可靠性由传输层负责。

- IP网是虚拟的。从网络层上看，IP网好像是一个统一的、逻辑的网络，但它实际上是由异构网络互连而成的。IP层虚拟的互联网屏蔽了下层网络很复杂的细节，使我们能够使用统一的、逻辑的IP地址处理主机之间的通信问题。

- 互联网上的分组交付有两种：在本网络上的直接交付（不经过路由器）和到其他网络的间接交付（经过至少一个路由器，但最后一次一定是直接交付）。

- 一个IP地址在整个互联网范围内是唯一的。分类的IP地址包括A类、B类和C类地址（单播地址），以及D类地址（多播地址）。E类地址未使用。

- 分类的IP地址由网络号字段（指明网络）和主机号字段（指明主机）组成。网络号字段最前面的类别位指明IP地址的类别。

- 按照互联网的观点，用转发器或网桥连接起来的若干个局域网仍为一个网络。

- 无类别域间路由选择（CIDR）是解决目前IP地址紧缺问题的一个好方法。CIDR记法在IP地址后面加上斜线（/），然后写上前缀所占的位数。前缀（或网络前缀）用来指明网络，前缀后面的部分用来指明主机。CIDR把前缀相同的连续的IP地址组成一个CIDR地址块。IP地址的分配以CIDR地址块的方式进行。

- CIDR的32位地址掩码（或子网掩码）由连续的一串1和连续的一串0组成，1的个数就是前缀的长度。只要对IP地址和地址掩码逐位进行逻辑与（AND）运算，就很容易得出网络地址。

- IP地址是一种分等级的地址结构。IP地址管理机构在分配IP地址时只分配网络前缀（网络号），剩下的主机号则由得到该网络前缀的单位自行分配。路由器仅根据目的主机所连接的网络前缀来转发分组。

- IP地址标志一台主机（或路由器）和一条链路的接口。多归属主机同时连接到两个或更多的网络上。这样的主机同时具有两个或更多的IP地址，其网络前缀（网络号）必须是不同的。由于一个路由器至少应当连接到两个网络，因此一个路由器至少应当有两个不同的IP地址。

- 物理地址（即硬件地址或MAC地址）是数据链路层和物理网络使用的地址，而IP地址是网络层和以上各层使用的地址，是一种逻辑地址（用软件实现的），在数据链路层看不见数据报的IP地址。

- 地址解析协议（ARP）把IP地址解析为物理地址，它用于解决同一个局域网上的主机或路由器的IP地址和物理地址的映射问题。ARP的高速缓存可以大大减少网络上的通信量。

- 在互联网中，我们无法仅根据物理地址寻找到在某个网络上的某台主机。因此，从IP地址到物理地址的解析是非常必要的。

- IP数据报分为首部和数据部分。首部的前一部分的长度固定，共20字节，是所有IP数据报必须具有的（源地址、目的地址、总长度等重要字段都在固定首部中）。一些长度可变的选项字段放在固定首部的后面。

- IP首部中的TTL字段给出了IP数据报在互联网中所能经过的最大路由器数，可防止IP数据报在互联网中无限制地兜圈子。

- 采用无分类编址时，用一个IP地址并不能准确标识一个网络，因此路由表中除了网络地址、下一跳外，还要有一个地址掩码（或子网掩码）。

- 路由聚合有利于减少路由表项、提高查表速度并减少路由器之间的路由选择信息的交换，从而提高整个互联网的性能。

- 互联网控制报文协议（ICMP）是IP层的协议。ICMP报文作为IP数据报的数据部分，加上首部后组成IP数据报发送出去。使用ICMP并不能实现可靠传输。ICMP允许主机或路由器报告差错情况和提供有关异常情况的报告。ICMP报文有两种，即ICMP差错报告报文和ICMP询问报文。

- ICMP的一个重要应用就是互联网分组探测（PING），它用来测试两台主机之间的连通性。PING使用了ICMP回送请求报文与回送应答报文。

- 自治系统（AS）就是在单一的技术管理下的一组路由器。一个AS对其他AS表现出的是一个单一的和一致的路由选择策略。

- 路由选择协议有两大类：内部网关协议（即AS内部的路由选择协议），如RIP和OSPF；外部网关协议（即AS之间的路由选择协议），如BGP-4。

- 路由信息协议（RIP）是分布式的基于距离向量算法的路由选择协议，只适用于小型互联网。RIP按固定的时间间隔或在路由表发生变化时向相邻路由器通告路由信息。通告的信息是自己当前的路由表，即到本AS中所有网络的（最短）距离，以及到每个网络应经过的下一跳路由器。

- 开放最短通路优先协议（OSPF）是分布式的基于链路状态算法的路由选择协议，适用于大型互联网。OSPF在链路状态发生变化时（也会定期）向本AS中的所有路由器用洪泛法发送与本路由器相邻的所有路由器的链路状态信息。"链路状态"指明本路由器都和哪些路由器相邻，以及该链路的"度量"。"度量"可表示费用、距离、时延、带宽等，可统称为"代价"。所有的路由器最终都能建立一个全网的拓扑结构图。

- 边界网关协议（BGP）是不同AS的路由器之间交换路由信息的协议，采用路径向量路由选择算法。BGP力求寻找一条能够到达目的网络（可达）且比较好（不兜圈子）的路径，而并非要寻找一条最佳路由，但该路径需要满足某些管理上的策略。

- "转发"是单个路由器的动作，而"路由选择"是指许多路由器协作的过程，这些路由器相互交换信息，目的是生成路由表，再从路由表导出转发表。若采用自适应路由选择算法，则当网络拓扑变化时，路由表和转发表都能够自动更新。在许多情况下，可以不考虑转发表和路由表的区别，而都使用路由表这一名词。

- 虚拟专用网（VPN）利用公用的互联网作为本机构各专用网之间的通信载体。VPN内部使用互联网的专用地址。一个VPN中至少要有一个路由器具有合法的全球IP地址，这样它才能和本系统的另一个VPN通过互联网进行通信。所有通过互联网传送的数据都必须加密。

- 网络地址转换（NAT）能使大量使用内部专用地址的专用网用户共享少量外部全球地址来访问互联网上的主机和资源。动态NAT的一个重要特点是通信通常须由内部发起，因此拥有内部专用地址的主机不能直接充当互联网服务器。

- 与单播相比，在一对多的通信中，IP多播可大大节约网络资源。IP多播使用D类地址，并且需要使用互联网组管理协议（IGMP）和多播路由选择协议。

- 移动IP在IP层为上层网络应用提供移动透明性。移动IP技术允许移动主机在网络之间漫游时保持IP地址不变。

- 要解决IP地址耗尽的问题，最根本的办法是采用具有更大地址空间的新版本IP，即IPv6。IPv6将地址从32位增大到了128位，这样大的地址空间在可预见的将来是不会用完的。

- IPv6支持主机自动配置IP地址、路由器地址及其他网络配置参数。

- IPv6数据报允许基本首部的后面有零个或多个扩展首部，再后面是数据部分。所有的扩展首部和数据部分合起来叫作数据报的有效载荷或净负荷。

- IPv6数据报的目的地址可以是单播地址、多播地址或任播地址。

- IPv6的地址使用冒号十六进制记法。

- ICMPv6具备ARP和IGMP的功能。邻居请求报文和邻居通告报文代替了原来的ARP，而多播听众发现报文代替了原来的IGMP。

- 向IPv6过渡只能采用逐步演进的办法，必须使新安装的IPv6系统能够向后兼容。向IPv6过渡的方法主要包括双协议栈、隧道技术和协议转换技术。

- 多协议标签交换（MPLS）试图将虚电路的一些特点与数据报的灵活性和健壮性结合，其最初的目标是通过采用来自虚电路网络界的一个关键概念（即固定长度标签）来改善IP路由器的转发速度。

- MPLS具有显式路由能力，用来支持流量工程：根据需要（策略、性能或其他原因）迫使某些流量沿着指定的路径到达给定的目的地，而另一些到达同一目的地的流量可以沿着另一条路径流动。

- 可以把网络层在逻辑上分解为两个互相作用的部分，即数据平面（也常被称为转发平面）和控制平面。数据平面功能决定到达路由器某个输入端口的分组如何转发到该路由器的某个输出端口，而控制平面功能控制分组从源主机到目的主机的转发路径以及对网络组件进行配置与管理，如路由选择、流量工程、访问控制、分组过滤等。
- 软件定义网络（SDN）的思想就是通过将控制平面与数据平面分离，将网络中交换设备的控制逻辑集中到远程的 SDN 控制器上，同时 SDN 控制器为各种网络控制应用程序提供开放的可编程接口，实现网络的可编程性，使网络管理变得更加简单、动态和灵活。
- SDN 的数据平面由提供通用转发服务的分组交换机组成。SDN 的分组交换机以"匹配加动作"的范式提供统一、通用的转发服务，以实现多种网络层功能以及某些链路层功能。
- SDN 的控制平面可划分为两个部分，即 SDN 控制器和 SDN 网络控制应用程序。控制器通过它的北向接口为网络控制应用程序提供网络控制服务，实现网络的可编程性。控制器与数据平面之间通过南向接口进行通信（目前主要应用 OpenFlow 协议），其主要负责将控制器中的转发规则下发至受控交换机，以及从受控交换机获取网络状态信息。

习题

4-1　网络层向上提供的服务有哪两种？试比较其优缺点。

4-2　请简述网络层的分组转发和路由选择两个重要功能的区别和联系。

4-3　虚电路服务与数据报服务的产生背景有什么不同？它们对网络结构有何影响？

4-4　在虚电路网络中，为什么一个分组的路径上的每条链路不能保持相同的虚电路号？

4-5　网络互连有何实际意义？进行网络互连时，有哪些共同的问题需要解决？

4-6　作为中间设备，转发器、网桥、路由器和网关有何区别？

4-7　试简单说明 IP、ARP 和 ICMP 的作用。

4-8　为什么 ARP 查询要在广播帧中发送，而 ARP 响应要用单播帧？

4-9　IP 地址分为哪几类？分别如何表示？IP 地址的主要特点是什么？

4-10　对于分类编址方式，分别计算 A、B、C 这 3 类网络各自可容纳的主机数量。

4-11　试说明 IP 地址与物理地址的区别。为什么要使用这两种不同的地址？

4-12　试辨认分类编址方式中以下 IP 地址的网络类别。

（1）128.36.199.3；

（2）21.12.240.17；

（3）183.194.76.253；

（4）192.12.69.248；

（5）89.3.0.1；

（6）200.3.6.2。

4-13　IP 数据报中的首部校验和并不检验数据报中的数据部分，这样做的最大好处是什么？坏处是什么？

4-14　简述IP数据报首部中的TTL字段的作用。

4-15　某个路由器在发现IP数据报的校验和有差错时，为什么将其丢弃而不是要求源站重传此数据报？计算首部校验和为什么不采用CRC编码？

4-16　什么是MTU？它和IP数据报首部中的哪个字段有关系？

4-17　在互联网中，分片传送的IP数据报在目的主机被组装。还有另一种做法，即数据报片通过一个网络就进行一次组装。试比较这两种方法的优劣。

4-18　一个3200比特的TCP报文传到IP层，加上160位的首部后成为数据报。下面的互连网络由两个局域网通过路由器连接起来，第二个局域网所能传送的最长数据帧中的数据部分只有1200比特，因此数据报在路由器上必须进行分片。试问：第二个局域网要向其上层传送多少比特的数据（这里的"数据"指的是局域网看见的数据）？

4-19　回答以下有关ARP的问题。

（1）有人认为：在互联网中，当计算机A要与计算机B通信时，若A不知道B的物理地址，则要先通过ARP将B的IP地址解析为物理地址，然后利用该物理地址向B发送报文。这种说法正确吗？

（2）试解释为什么ARP高速缓存每存入一个项目就要设置10～20 min的超时计时器。这个时间设置得太大或太小会出现什么问题？

（3）至少举出两种不需要发送ARP请求分组的情况（即不需要请求将某个目的IP地址解析为相应的物理地址）。

4-20　主机A发送IP数据报给主机B，途中经过了5个路由器（若连接的都是局域网）。试问：IP数据报在发送过程中总共使用了几次ARP？

4-21　某单位分配到地址块129.250.0.0/20。该单位有4000台机器，平均分布在16个不同的地点。试给每一个地点分配一个网络地址和子网掩码，并算出每个地点能分配给主机的IP地址的最小值和最大值。

4-22　一个数据报长度为4000字节（固定首部长度），经过一个网络传送，但此网络能够传送的最大数据长度为1500字节。试问：应当将其划分为几个数据报片？各数据报片的数据部分长度、片偏移字段和MF位应为何数值？

4-23　说明路由器转发IP数据报的基本过程。

4-24　有两个CIDR地址块208.128/11和208.130.28/22，是否其中一个地址块包含另一个？如果有，请指出并说明理由。

4-25　有如下4个/24地址块，试进行最大可能的聚合。

212.56.132.0/24

212.56.133.0/24

212.56.134.0/24

212.56.135.0/24

4-26　某主机的IP地址是227.82.157.177/20。试问：该主机所连接的网络的前缀是什么？该网络的地址是什么？主机号占多少位？主机号的二进制表示是什么？

4-27　设某路由器建立了表4-9所示的路由表（若直接交付，则最后一列表示应当从哪一个接口转发出去）。

表4-9　某路由器的路由表

目的网络	子网掩码	下一跳
128.96.39.0	255.255.255.128	接口 0
128.96.39.128	255.255.255.128	接口 1
128.96.40.0	255.255.255.128	R$_2$
192.4.153.0	255.255.255.192	R$_3$
*（默认）	—	R$_4$

现共收到5个分组，其目的站IP地址分别如下。

（1）128.96.39.10；

（2）128.96.40.12；

（3）128.96.40.151；

（4）192.4.153.17；

（5）192.4.153.90。

试分别计算这些分组转发的下一跳。

4-28　某路由器具有表4-10所示的路由表。

表4-10　某路由器的路由表

网络前缀	下一跳
142.150.64.0/24	A
142.150.71.128/28	B
142.150.71.128/30	C
142.150.0.0/16	D

（1）假设路由器接收到一个目的地址为142.150.71.132的IP分组，请确定该路由器为该IP分组选择的下一跳，并解释说明。

（2）在上面的路由表中增加一条表项，该表项使以142.150.71.132为目的地址的IP分组选择A作为下一跳，而不影响其他目的地址的IP分组的转发。

（3）在上面的路由表中增加一条表项，使目的地址与该路由表中的任何表项都不匹配的IP分组被转发到下一跳"E"。

（4）将142.150.64.0/24划分为4个规模尽可能大的等长子网，给出子网掩码及每个子网的主机IP地址范围。

4-29　如图4-71所示，某单位有两个局域网（各有120台计算机），通过路由器R$_2$连接到互联网，现获得地址块108.112.1.0/24，请为这两个局域网分配CIDR地址块，并为路由器R$_2$的接口1、接口2分配地址（分配最小地址）。另外，请配置R$_2$的路由表（包含目的地址、子网掩码、

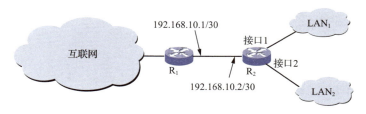

图4-71　习题4-29的图

下一跳），在 R_1 的路由表中增加一条表项使该单位的网络获得正确路由。

4-30　一个 AS 有 5 个局域网，其连接如图 4-72 所示。LAN_2 ～ LAN_5 上的主机数分别为 91、150、3 和 15。该 AS 分配到的 IP 地址块为 30.138.118/23。试给出每一个局域网的地址块（包括前缀）。

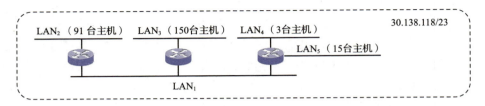

图 4-72　习题 4-30 的图

4-31　已知某地址块中的一个地址是 140.120.84.24/20。试问：该地址块中的第一个地址是什么？这个地址块共包含多少个地址？最后一个地址是什么？

4-32　某主机的 IP 地址为 140.252.20.68，子网掩码为 255.255.255.224，计算该主机所在子网的网络前缀（采用 CIDR 记法）、该子网的地址空间大小和地址范围（含特殊地址）。

4-33　某组织分配到一个地址块，其中的第一个地址是 14.24.74.0/24。这个组织需要将其划分为 11 个子网，具体要求：2 个具有 64 个地址的子网，2 个具有 32 个地址的子网，3 个具有 16 个地址的子网，4 个具有 4 个地址的子网（这里的地址都包含全 1 和全 0 的主机号）。试设计这些子网，并计算分配结束后还剩下多少个地址。

4-34　以下地址中的哪一个和 86.32/12 匹配？请说明理由。

（1）86.33.224.123；（2）86.79.65.216；（3）86.58.119.74；（4）86.68.206.154。

4-35　以下地址前缀中的哪一个和 2.52.90.140 匹配？请说明理由。

（1）0/4；（2）32/4；（3）4/6；（4）80/4。

4-36　IGP 和 EGP 这两类协议的主要区别是什么？

4-37　考虑 RIP，假定网络中的路由器 B 的路由表有如下项目（目的网络、距离、下一跳）：

N_1	7	A
N_2	2	C
N_6	8	F
N_8	4	E
N_9	4	F

现在 B 收到 C 发来的路由信息（目的网络、距离）：$(N_2, 4)$、$(N_3, 8)$、$(N_6, 4)$、$(N_8, 3)$、$(N_9, 5)$。试求 B 更新后的路由表（详细说明原因）。

4-38　考虑 RIP，假定网络中的路由器 A 的路由表有如下项目（目的网络、距离、下一跳）：

N_1	4	B
N_2	2	C
N_3	1	F
N_4	5	G

现在A收到C发来的路由信息（目的网络、距离）：$(N_1, 2)$、$(N_2, 1)$、$(N_3, 3)$、$(N_4, 7)$。试求A更新后的路由表（详细说明原因）。

4-39　简述RIP、OSPF和BGP的主要特点。

4-40　RIP使用UDP，OSPF使用IP，而BGP使用TCP。这样做有何优点？为什么RIP周期性地和邻站交换路由信息而BGP却不这样做？

4-41　为何BGP可以避免"坏消息传播得慢"的问题？

4-42　比较交换机和路由器各自的特点和优缺点。

4-43　路由器的输入端口和输出端口都有排队功能，什么情况下分组会在输入端口排队，而什么情况下分组会在输出端口排队？如果路由器处理分组足够快，是否能使输入端口和输出端口都避免出现分组排队现象（假定输入/输出线路速率相同）？

4-44　简述IGMP和多播路由选择协议的作用。

4-45　什么是可重用地址？什么是VPN？

4-46　什么是专用地址？为什么要在IP地址空间中专门指定专用地址块，而不是由各专用网络自己任意分配IP地址？

4-47　考虑图4-48所示的地址转换方法，假设NAT路由器只拥有1个全球IP地址，若有多台专网主机想同时访问互联网上的资源，会出现什么问题？当采用NAPT时情况又会怎样？

4-48　互联网的多播是怎样实现的？为什么互联网上的多播比以太网上的多播复杂得多？

4-49　IP多播为什么需要两种协议？这两种协议各自的主要功能是什么？

4-50　为什么IGMP要使用IP多播进行传输，并且其IP数据报的TTL值被设置为1？

4-51　在IGMP中，有了离开组报文和成员报告报文，是不是就不需要路由器周期性发送成员查询报文了？请说明原因。

4-52　请说明IGMP中组成员对多播路由器成员查询报文延迟响应的作用。

4-53　多播路由选择有哪两种基本的方法？

4-54　为什么说移动IP对任何与移动主机进行通信的通信主机来说都是完全透明的？

4-55　在移动IP中采用同址转交地址方式，重画图4-56。

4-56　在移动IP中，采用直接路由方式而不是三角形间接路由方式，重画图4-56。

4-57　当前的移动IP标准包括哪3个主要部分？

4-58　简述从IPv4过渡到IPv6的主要方法。

4-59　IPv4首部中有一个协议字段，但IPv6的固定首部中却没有，这是为什么？

4-60　IPv6地址中的本地链路单播地址和全球单播地址在用途上有什么不同？

4-61　IPv6请求节点地址的作用是什么？

4-62　考虑图4-66中的MPLS网络，假设路由器R_1和R_2也是MPLS标签交换路由器。若我们想执行这样的流量工程：从R_1到N_1的流量要经过R_3和R_5，而从R_2到N_2的流量要经过R_3、R_4和R_6。请给出R_1和R_2中相应的MPLS转发表，并修改R_3的转发表。

4-63　网络层的数据平面和控制平面各自的功能是什么？

4-64　SDN的体系结构主要由哪几个部分组成？它们之间有什么关系？

4-65　在图4-69所示的网络中设置S_3的流表，使所有到达10.2/16的流量都从端口1转发，从S_1到达10.1/16的流量从端口0转发，而拒绝从S_2到达10.1/16的流量。

第5章
传输层

前面介绍了如何将主机通过异构网络互连起来，实现主机到主机的通信。但实际上在计算机网络中进行通信的真正实体是位于通信线路两端的主机中的进程。为运行在不同主机上的应用进程提供直接的通信服务是传输层的任务。传输层协议又称为端到端协议。传输层位于应用层和网络层之间，是整个网络体系结构中的关键层次之一，读者在学习时一定要深入掌握相关概念。

本章的重点内容如下。

（1）传输层为相互通信的应用进程提供逻辑通信。

（2）传输层的复用与端口的概念。

（3）无连接的UDP的特点。

（4）面向连接的TCP实现可靠传输的工作原理，以及TCP的滑动窗口、流量控制、拥塞控制和连接管理。

5.1 传输层协议概述

5.1.1 进程之间的通信

从通信和信息处理的角度看，**传输层向它上面的应用层提供端到端通信服务**，它属于面向通信部分的最高层，也是用户功能中的最底层。当位于网络边缘部分的两台主机使用网络核心部分的功能进行端到端的通信时，只有主机才使用协议栈中的传输层，而网络核心部分的路由器在转发分组时只用到下3层的功能。

下面通过图5-1来说明传输层的作用。设LAN_1上的主机A和LAN_2上的主机B通过WAN进行通信。既然IP能够将源主机发送出的分组按照首部中的目的地址送交目的主机，那么，为什么还需要再设置一个传输层呢？

从IP层来看，通信的两端是两台主机，IP数据报的首部明确地标志了这两台主机的IP地址。然而严格地讲，进行通信的实际上是两台主机中的**应用进程**。IP虽然能把分组送到目的主机，但是这个分组还停留在主机的网络层而没有交付主机中的应用进程。从传输层的角度看，**通信的真正端点并不是主机而是主机中的进程**。因此从传输层来看，**端到端的通信**是应用进程之间的通信。在一台主机中，经常有多个应用进程同时分别和多个其他主机中的应用进程通信。例如，某用户在使用浏览器查找某网站的信息时，其主机的应用层运行浏览器客户进程。如果用户在浏览网页的同时，还要用电子邮件给网站发送反馈意见，那么主机的应用层就还要运行电子邮件的客户进程。在图5-1中，主机A的应用进程AP_1和主机B的应用进程AP_3通信，而与此同时，应用进程AP_2也和对方的应用进程AP_4通信。因此，传输层的很重要的功能就是**复用**和**分用**。这里的"复用"是指发送方不同的应用进程可以使用同一个传输层协议传送数据（当然需要加上适当的首部），而"分用"是指接收方的传输层在剥去报文的首部后能够把这些数据正确交付目的应用进程。图5-1中两个传输层之间有一个双向粗箭头，写明"**传输层提供应用进程间的逻辑通信**"。"逻辑通信"的意思是，传输层**之间的通信好像是水平传送数据，但事实上这两个传输层之间并没有水平方向的物理连接，数据是沿着图中的虚线传送的**。

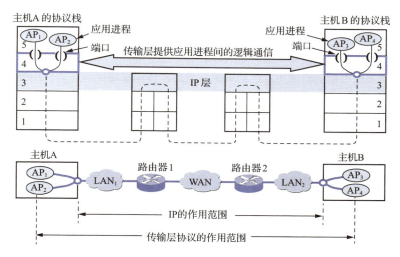

图5-1 传输层为相互通信的应用进程提供端到端的逻辑通信

从这里可以看出，网络层和传输层有很大的区别。网络层是为主机之间提供逻辑通信的，而传输层为应用进程提供端到端的逻辑通信，如图5-2所示。

图5-2 传输层协议和网络层协议的主要区别

传输层协议还可以在网络层协议之上实现许多其他重要功能，如可靠数据传输、流量控制、拥塞控制等。根据应用需求的不同，互联网的传输层为应用层提供了两种不同的传输协议，即面向连接的 TCP 和无连接的 UDP，这两种协议就是本章要讨论的主要内容。

传输层向高层用户屏蔽了下面网络核心的细节（如网络拓扑、所采用的路由选择协议等），应用进程的感觉是，两个传输层实体之间有一条端到端的逻辑通信信道，但这条逻辑通信信道对上层的表现却因传输层使用的不同协议而有很大的差别。当传输层采用面向连接的 TCP 时，尽管下面的网络是不可靠的（即只提供尽力而为服务），但这条逻辑通信信道相当于一条全双工的可靠信道。而当传输层采用无连接的 UDP 时，这条逻辑通信信道是一条不可靠信道。

在网络中，两个进程要进行通信，必须由一个进程主动发起通信，而另一个进程要事先准备好接受通信请求，这就是客户-服务器通信模式。在客户-服务器通信模式中，客户和服务器都是进行通信的应用进程，客户是主动发起通信的进程，而服务器是被动接受通信请求的进程。

5.1.2 互联网的传输层协议

我们知道，互联网的网络层为主机之间提供的逻辑通信服务是尽力而为服务。也就是说，IP 报文在传送过程中有可能出错、丢失或失序。对于电子邮件、文件传输、万维网以及电子银行等应用，数据丢失可能会造成灾难性的后果。因此，传输层需要为这类应用提供可靠的数据传输服务。而实时的多媒体应用（如实时音频/视频）则能够承受一定程度的数据丢失。在这些多媒体应用中，丢失少量的数据会对播放的质量产生一些小的影响，但不会造成致命的损伤。为实现可靠数据传输，传输层协议必须增加很多复杂的机制，而这些机制非但不能为这些多媒体应用带来明显的好处，还会带来一些不利因素。总之，单一的传输层服务很难满足所有应用的需求。

如图 5-3 所示，互联网（更准确地说是 TCP/IP 网络）为上层应用主要提供了两个不同的传输层协议。

（1）UDP（RFC 768）。

（2）TCP（RFC 793）。

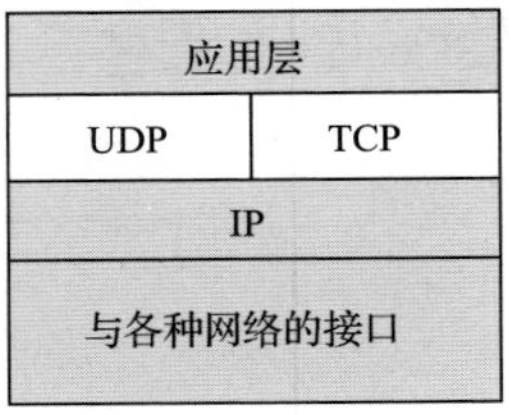

按照 OSI 的术语，两个对等传输实体在通信时传送的数据单位叫作传输协议数据单元（Transport Protocol Data Unit，TPDU）。但在互联网中，根据所使用的协议是 TCP 还是 UDP，分别称之为 **TCP 报文段**（Segment）和 **UDP 报文**（用户数据报）。

应用层	
UDP	TCP
IP	
与各种网络的接口	

图 5-3 TCP/IP 网络中的传输层协议

UDP 在传送数据之前不需要建立连接。接收方传输层在收到 UDP 报文后，不需要做出任何确认。虽然 UDP 不提供可靠交付，但在某些情况下 UDP 却是一种最有效的工作方式。

TCP 则提供面向连接的服务，在传送数据之前必须建立连接，数据传送结束后要释放连接。TCP 不提供广播或多播服务。由于 TCP 要提供可靠的、面向连接的传输服务，因此不可避免地增加了许多开销，如确认、流量控制、计时器及连接管理等。这不仅使传输协议数据单元的首部增大很多，还要占用许多的处理机资源。

表 5-1 给出了一些应用和应用层协议主要使用的传输层协议（UDP 或 TCP）。

实际上 TCP 和 UDP 并不能完全满足所有应用的需求。为了适应不同应用的需求，一些新的传输协议被提出，但这些协议目前还远不及 TCP 和 UDP 应用广泛。下面举出几个典型例子。

表5-1 使用UDP或TCP的各种应用和应用层协议

应用	应用层协议	传输层协议
名字转换	DNS	UDP
文件传送	TFTP	UDP
路由选择协议	RIP	UDP
IP地址配置	DHCP	UDP
网络管理	SNMP	UDP
远程文件服务器	NFS	UDP
IP电话	专用协议	UDP或TCP
流式多媒体通信	专用协议	UDP或TCP
电子邮件	SMTP	TCP
远程终端接入	TELNET	TCP
万维网	HTTP	TCP
文件传送	FTP	TCP

（1）流控制传输协议（Stream Control Transmission Protocol，SCTP）是一种可靠的、面向连接的传输层协议，结合了TCP和UDP的优点，既提供可靠的数据传输，又支持多路复用，具有较高的实时性。它可以在一个连接上同时传输多个数据流，每个数据流都有独立的序号和确认机制，能够保证数据的顺序和完整性，同时又能在不同数据流之间实现并行传输，提高传输效率。SCTP适用于移动通信、视频会议等对实时性和可靠性要求都较高的应用场景。

（2）数据报拥塞控制协议（Datagram Congestion Control Protocol，DCCP）提供面向连接的、不可靠的数据报服务，但具有拥塞控制功能，主要用于需要对网络拥塞进行控制，但对数据可靠性要求不高的应用场景。DCCP常用于流媒体、在线游戏等对实时性要求较高，但对数据丢失有一定容忍度的应用。

（3）数据中心传输控制协议（Data Center TCP，DCTCP）是专门为数据中心网络环境设计的一种 TCP 版本，通过改进的拥塞控制机制，改善数据中心的网络性能，其使用主要集中在数据中心内部，特别是那些需要高效传输大量数据的环境中。

（4）快速用户数据报互联网连接（Quick UDP Internet Connections，QUIC）是由谷歌公司设计的一个新型的基于UDP的低时延网络传输层协议，具有快速建立连接、自适应拥塞控制、快速差错恢复、多路复用和内置安全性等特点，特别适合需要低延迟、高吞吐量连接的实时应用，如视频会议、在线游戏和直播等。QUIC在物联网和云计算领域也有很好的应用前景。

5.1.3 传输层的复用与分用

前面已经提到过传输层的复用和分用功能，其实日常生活中也有很多复用和分用的例子。假定一个机关的所有部门向外单位发出的公文都由收发室负责寄出，这相当于各部门都"复用"这个收发室。当收发室收到从外单位寄来的公文时，则要实现"分用"功能，即按照信封上写明的本机关的部门地址正确交付公文。

传输层的复用和分用功能与之类似。应用层所有的应用进程都可以通过传输层再传送到IP层，这就是复用。传输层从IP层收到数据后必须交付指定的应用进程，这就是分用。TCP/IP网络利用软件端口来实现复用和分用。

　　端口是应用层与传输层之间接口的**抽象**，如图5-4所示。需要用传输层协议进行通信的进程都需要与某个端口关联，端口号标识了应用进程所关联的端口，相当于应用进程的传输层地址。为此，传输协议数据单元（即TCP报文段或UDP报文）的首部必须包含两个字段：**源端口号和目的端口号**。传输层收到IP层交上来的数据时，要根据其目的端口号决定应当通过哪一个端口将其上交给目的应用进程。图5-4中应用层和传输层之间的小方框就代表端口。

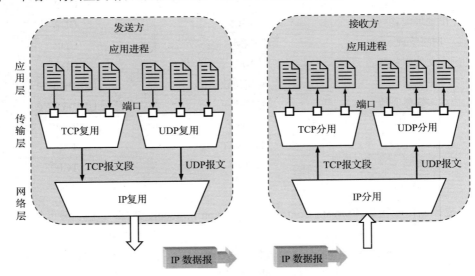

图 5-4　端口是应用层与传输层之间接口的抽象

　　端口的具体实现方法可能有很大的差别，因为这取决于计算机的操作系统。应用层的源进程将数据发送给传输层的某个端口，而应用层的目的进程从端口接收数据。端口用一个16位的**端口号**标识，但端口号**只具有本地意义**。在互联网上的不同计算机中，相同的端口号是**没有联系**的，并且TCP和UDP端口号之间也没有必然联系。IP根据IP数据报中的协议字段定位要交付的传输层协议，而相应的传输层协议需要根据传输协议数据单元中的目的端口号来找到要交付的应用进程[①]。16位的端口号共有65536个（0端口号是保留端口号，不能使用），这个数目对一台计算机来说是足够的。

　　由此可见，两台计算机中的进程要互相通信，不仅要知道对方的IP地址（为了找到对方的计算机），而且要知道对方的端口号（为了找到对方计算机中的应用进程）。我们知道应用进程间的通信采用的是客户-服务器通信模式，应用层中的各种不同的服务器进程不断地监听它们的端口，以便发现是否有某个客户进程要和它通信。客户在发起通信请求时，必须先知道对方服务器的IP地址和端口号，而服务器总是可以从接收到的报文中获得客户的IP地址和端口号。为此，传输层的端口号共分为下面的3类。

　　（1）**周知端口号**（Well-Known Port number），其数值为0 ~ 1023。这一类端口号由IANA负责分配给一些常用的应用程序固定使用，因而所有用户进程都知道。一种新的应用程序出现时若要获得一个周知端口号，必须向IANA申请。常用的应用程序及对应的周知端口号如表5-2所示。

---

　　① 实际上定位已建立TCP连接的通信进程还需要源IP地址和源端口号，但在这里可暂不考虑这些细节，我们将在后面讨论具体的细节。

表 5-2　常用的应用程序及对应的周知端口号

应用程序	FTP	TELNET	SMTP	DNS	TFTP	HTTP	SNMP	SNMP（trap）
周知端口号	21	23	25	53	69	80	161	162

（2）**登记端口号**，其数值为 1024 ～ 49151。这类端口号不由 IANA 分配或控制，但可以在 IANA 注册登记，以防止重复使用。

（3）**动态端口号**，其数值为 49152 ～ 65535。这类端口号留给客户进程选作临时端口号。客户进程在发起通信前要为自己选择一个未用的临时端口号，通信结束后要释放该端口号以便其他客户进程使用。

下面将分别讨论 UDP 和 TCP。UDP 比较简单，本章主要讨论 TCP。

5.2　用户数据报协议

5.2.1　UDP 概述

UDP 只在 IP 的数据报服务上增加了有限的功能，即端口的功能（有了端口，传输层就能进行复用和分用）和差错检测的功能。虽然 UDP 用户数据报只能提供不可靠的交付，但 UDP 在某些方面有其特殊的优点。

（1）UDP 是**无连接**的，即发送数据之前不需要建立连接（发送数据结束时当然也没有连接可释放），因此减少了开销和发送数据之前的时延。

（2）UDP 使用**尽力而为服务**，即不保证可靠交付，也不进行流量控制和拥塞控制，因此主机不需要维持具有许多参数的、复杂的连接状态表。

（3）由于 UDP **没有拥塞控制**，因此网络出现的拥塞不会使源主机的发送速率降低，这对某些实时应用是很重要的。很多实时应用（如 IP 电话、实时视频会议等）要求源主机以恒定的速率发送数据，并且允许在网络发生拥塞时丢失一些数据，但不允许数据有太大的时延，UDP 正好满足这些要求。

（4）UDP 是**面向报文**的。也就是说，UDP 不再将应用程序交下来的报文划分为若干个分组来发送，也不把收到的若干个报文合并后交付应用程序。应用程序交给 UDP 一个报文，UDP 就发送这个报文；而 UDP 收到一个报文，就把它交付应用程序。因此，应用程序必须选择合适大小的报文。若报文太长，UDP 把它交给 IP 层后，IP 层在传送时可能要对报文进行分片，这会降低 IP 层的效率。反之，若报文太短，会使 IP 数据报的首部相对太大，这也降低了 IP 层的效率。

（5）UDP 支持一对一、一对多、多对一和多对多的交互通信。

（6）用户数据报只有 8 字节的首部开销，比 TCP 的 20 字节的首部要短得多。

虽然某些实时应用需要使用没有拥塞控制的 UDP，但当很多源主机同时向网络发送高速率的实时视频流时，网络就有可能发生拥塞，结果大家都无法正常接收数据。因此不具有拥塞控制功能的 UDP 可能会引起严重的网络拥塞。

还有一些使用 UDP 的实时应用需要对 UDP 的不可靠传输进行适当改进，以减少数据的丢失。在这种情况下，应用进程本身可在不影响应用的实时性的前提下采取一些提高可靠性的措施，如采用前向纠错或重传已丢失的报文。

5.2.2　UDP 报文首部的格式

UDP用户数据报有两个部分：数据部分和首部。首部很简单，只有8字节，如图5-5所示，首部由4个字段组成，**每个字段都是2字节**。

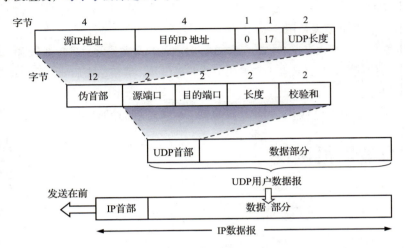

图5-5　UDP 用户数据报的首部

各字段意义如下。

（1）**源端口**：源端口号。

（2）**目的端口**：目的端口号。

（3）**长度**：UDP用户数据报的长度。

（4）**校验和**：差错检测码，防止UDP用户数据报在传输中出错。

UDP报文首部中最重要的字段是源端口和目的端口，它们分别用来标识UDP发送方和接收方。实际上，UDP通过二元组(目的IP地址,目的端口号)来定位一个接收方应用进程，而用二元组(源IP地址,源端口号)来标识一个发送方进程。二元组(IP地址,端口号)被称为**套接字**（Socket）**地址**。UDP的多路分用模型如图5-6所示。一个UDP端口与一个报文队列（缓存）关联，UDP根据目的端口号将到达的报文添加到对应的队列中，应用进程根据需要从端口对应的队列中读取整个报文。由于UDP没有流量控制功能，如果报文到达的速度长期大于应用进程从队列中读取报文的速度，则会导致队列溢出和报文丢失。要注意的是，与TCP不同，报文队列中的所有报文的目的IP地址和目的端口号相同，但源IP地址和源端口号并不一定相同，即不同源而同一目的地的报文会定位到同一队列。

接收方UDP若发现收到的报文中的目的端口号不正确（即不存在对应该端口号的应用进程），就丢弃该报文，并由ICMP发送一个终点不可达报文给发送方。我们在4.3.2小节讨论traceroute时，就是让发送的UDP用户数据报故

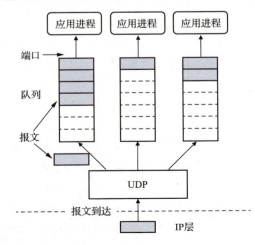

图5-6　UDP 的多路分用模型

意使用一个非法的UDP端口，结果ICMP就返回终点不可达报文，因而达到了测试的目的。

　　UDP用户数据报首部中校验和的计算方法有些特殊。在计算校验和时，要在UDP用户数据报之前添加12字节的**伪首部**。称其为"伪首部"是因为它并不是UDP用户数据报真正的首部，只是在计算校验和时，临时和UDP用户数据报连接在一起，得到一个临时的UDP用户数据报。校验和就是按照这个临时的UDP用户数据报来计算的。伪首部既不向下传送也不向上递交，仅为计算校验和而存在，防止报文被意外地交付到错误的目的地。图5-5给出了伪首部各字段的内容。

　　UDP计算校验和的方法与IP数据报计算首部校验和的方法相似。不同的是，IP数据报的校验和只校验IP数据报的首部，但UDP的校验和**会对首部和数据部分一起进行差错检测**。发送方先把全零放入校验和字段，再把伪首部及UDP用户数据报看成是由许多16位的字串接起来的。若UDP用户数据报的数据部分不是偶数个字节，则要填入一个全零字节（但此字节不发送），然后按二进制反码计算出这些16位字的和。将此和的二进制反码写入校验和字段后，发送这样的UDP用户数据报。接收方把收到的UDP用户数据报和伪首部（及可能的填充全零字节）放在一起，按二进制反码求这些16位字的和。当无差错时其结果应为全1，否则就表明有差错出现，接收方就应丢弃这个UDP用户数据报（也可以上交应用层，附上出现了差错的警告）。这种简单的差错检测方法的检错能力并不强，但它的好处是简单，处理起来较快。

　　伪首部的第三个字段是全零，第四个字段是IP首部中的协议字段的值。前文已讲过，对于UDP，此协议字段值为17。第五个字段是UDP用户数据报的长度。这样的校验和既检查了UDP用户数据报的源端口号、目的端口号及UDP用户数据报的数据部分，又检查了IP数据报的源IP地址和目的地址。

5.3　传输控制协议

　　TCP是TCP/IP体系中面向连接的传输层协议，它提供全双工的和可靠交付的服务。TCP与UDP最大的区别是，TCP是**面向连接**的，而UDP是**无连接**的。TCP比UDP要复杂得多，除了具有面向连接和可靠传输的特性外，TCP还在传输层使用了流量控制和拥塞控制机制。

5.3.1　TCP 的主要特点

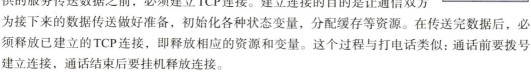

TCP 的主要特点

　　TCP是TCP/IP体系中非常复杂的一个协议。下面介绍TCP最主要的几个特点。

　　（1）TCP是面向连接的传输层协议。也就是说，应用程序在使用TCP提供的服务传送数据之前，必须建立TCP连接。建立连接的目的是让通信双方为接下来的数据传送做好准备，初始化各种状态变量，分配缓存等资源。在传送完数据后，必须释放已建立的TCP连接，即释放相应的资源和变量。这个过程与打电话类似：通话前要拨号建立连接，通话结束后要挂机释放连接。

　　（2）每一条TCP连接只能有两个端点，即每一条TCP连接只能是**点对点**（一对一）的。TCP连接唯一地由通信两端的端点所确定，而每个端点由二元组(IP地址,端口号)唯一标识，即一条TCP连接由两个套接字地址标识。

　　（3）TCP提供**可靠交付**的服务。也就是说，通过TCP连接传送的数据无差错、不丢失、不重复，并且按序到达。

（4）TCP提供全双工通信。TCP允许通信双方的应用进程在任何时候发送数据。TCP连接的两端都设有发送缓存和接收缓存，用来临时存放双向通信的数据。在发送时，应用程序在把数据传送给TCP的缓存后，就可以做自己的事，而TCP在合适的时候把数据发送出去。在接收时，TCP把收到的数据放入缓存，上层的应用进程在合适的时候读取缓存中的数据。

（5）**TCP面向字节流**。TCP中的流（Stream）指的是**流入进程或从进程流出的字节序列**。"面向字节流"的含义是，虽然应用程序和TCP的交互是一次一个数据块（大小不等），但TCP把应用程序交下来的数据看成一连串的**无结构的字节流**。TCP不保证接收方应用程序所收到的数据块和发送方应用程序所发出的数据块具有对应大小。例如，发送方应用程序交给发送方的TCP共10个数据块，而接收方的应用程序分4次（即4个数据块）从TCP接收缓存中将数据读取完毕。但接收方应用程序收到的字节流必须和发送方应用程序发出的字节流完全一样。

图5-7所示为TCP发送报文段。发送方的应用进程按照自己产生数据的规律，不断地把数据块（长短可能各异）陆续写入TCP的发送缓存。TCP再从发送缓存中取出一定数量的数据，将其组成TCP**报文段**逐个传送给IP层，然后发送出去。图5-7表示的是在TCP连接上传送一个个TCP报文段，而没有画出IP层或链路层的动作。接收方从IP层收到TCP报文段后，先把它暂存在接收缓存中，然后等待接收方的应用进程从接收缓存中按顺序读取数据。需要注意的是，接收方应用进程每次从接收缓存中读取数据时，是按应用进程指定的数量读取的，而不是一次读取接收缓存中的一个完整的报文段或所有数据。只有当接收缓存中的数据量小于应用进程指定的读取量时，才读取接收缓存中所有的数据。当接收缓存中完全没有数据时，根据读取方式的不同，应用进程可能会一直等待，也可能直接返回。由此可见，TCP的接收方应用进程读取的数据块的边界与发送方应用进程发送的数据块边界毫无关系，也就是说，TCP接收方在向上层交付数据时不保证能保持发送方应用进程发送的数据块边界。

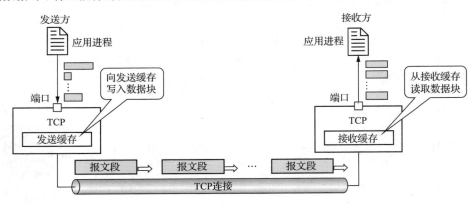

图5-7　TCP发送报文段

为了突出要点，图5-7只画出了一个方向的字节流。实际上，TCP连接支持双向通信的字节流，并且一个TCP报文段可能包含上千字节。

需要注意的是，图5-7中的TCP连接是一条**虚连接**，而不是一条物理连接。也就是说，TCP连接是一种抽象的**逻辑连接**。这个概念非常重要，一定要逐步地深入理解。

TCP报文段首先要传送到IP层，加上IP首部后，再传送到数据链路层，再加上数据链路层的首部和尾部后，才离开主机发送到物理链路。另外，TCP连接仅存在于两个端系统中，而网络核心的中间设备（路由器、交换机等）完全不知道该连接的存在。TCP连接主要包括通信两端主机上的缓存、状态变量。这两台主机间的路由器和交换机没有为该连接分配任何缓存和变量。

与UDP的报文队列不同的是，TCP的发送缓存和接收缓存都是分配给一个连接的，而不是分配给一个端口的。**TCP的一个连接由四元组（源IP地址，源端口号，目的IP地址，目的端口号）标识**，即由源/目的套接字地址对标识。也就是说，来自不同源的TCP报文段，即使它们的目的IP地址和目的端口号相同，也不可能被交付到同一个TCP接收缓存中，因为它们在不同的TCP"管道"中传输，到达不同"管道"出口的缓存。通常一个TCP服务器进程用一个端口号与不同的客户进程建立多个连接，然后创建多个子进程分别用这些连接与各自的客户进程进行通信。

5.3.2 TCP报文段的格式

TCP虽然是面向字节流的，但TCP传送的数据单元却是报文段。TCP报文段分为首部和数据部分，而TCP的全部功能都体现在它首部中各字段的作用上。因此，只有弄清TCP首部各字段的作用才能掌握TCP的工作原理。图5-8所示为TCP报文段的格式。

TCP报文段的格式

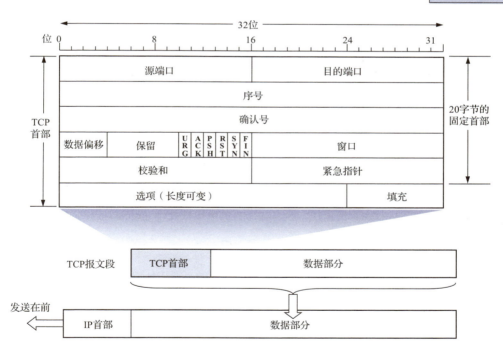

图5-8 TCP报文段的格式

TCP报文段首部的前20字节是固定的，后面的4N字节是根据需要而增加的选项（N必须是整数）。因此TCP首部的最小长度是20字节。

首部固定部分各字段的意义如下。

（1）**源端口和目的端口**：各占2字节。与UDP用户数据报一样，该字段定义了在主机中发送和接收该报文段的应用程序的端口号，用于传输层的复用和分用。

（2）**序号**：占4字节。序号从0开始，到$2^{32}-1$为止，共2^{32}（即4294967296）个序号。TCP是面向字节流的，其传送的报文段可看成连续的字节流。在一个TCP连接中传送的字节流中的每一个字节都按顺序编号。整个数据的起始序号在连接建立时设置。首部中的序号字段的值指的是**本报文段**所发送的数据的第一个字节的序号。例如，一个报文段的序号字段值是301，而携带的数据共有100字节。这就表明：本报文段的数据的第一个字节的序号是301，最后一个字节的序号是400。显然，下一个报文段的数据字节序号应当从401开始，因而下一个报文段的序号字段值应为401。

（3）**确认号**：占4字节，表示期望收到的下一个报文段的第一个数据字节的序号。TCP提供的是双向通信，一端在发送数据的同时对接收到的数据进行确认。例如，B正确收到了A发送过来的一个报文段，其序号字段值是501，而数据长度是200字节，这表明B正确收到了A发送的序号在501～700的数据。因此，B期望收到的下一个数据字节序号是701，于是B在发送给A的报文段中把确认号置为701，表示对第701个字节之前（不包括第701个字节）的所有字节的确认。TCP采用的是累积确认。

序号字段有32位长，可对4 GB的数据进行编号。这样就可保证在大多数情况下，当序号重复使用时，旧序号的数据早已通过网络到达终点了。

（4）**数据偏移**：占4位，它指出TCP报文段的数据部分起始处距离TCP报文段的起始处有多远，这实际上就是TCP报文段首部的长度。由于首部长度不固定（因首部中还有长度不确定的选项字段），因此数据偏移字段是必要的。但应注意，数据偏移的单位不是字节而是32位字（即以4字节长的字为计算单位）。由于4位二进制数能够表示的最大十进制数是15，因此数据偏移的最大值是60字节，这也是TCP首部的最大长度。

（5）**保留**：占6位，保留为今后使用，但目前应置为0。

首部中有6个标志位，用于说明报文段的性质，它们的含义见（6）～（11）。

（6）**URG**（URGent）：URG = 1表明紧急指针字段有效。它告诉接收方TCP此报文段中有紧急数据（相当于高优先级的数据），应尽快交付应用程序，而不应按序从接收缓存中读取。例如，已经发送了很长的一个程序，要在远地的主机上运行，但后来发现了一些问题，需要中断该程序的运行，因此用户从键盘发出中断命令（Control + C）。如果不作为紧急数据，那么这两个字符将存储在TCP接收缓存的末尾，只有在所有的数据被处理完毕后，这两个字符才被交付接收应用进程，这样做就浪费了许多时间。

当URG位置1时，相当于告诉发送方TCP这两个字符是紧急数据。于是发送方TCP就将这两个字符插到报文段的数据部分的最前面，其余的数据都是普通数据。这时URG位要与首部中的**紧急指针**（Urgent Pointer）字段配合使用。紧急指针指出在本报文段中的紧急数据共有多少字节。当紧急数据到达接收方并且全部被处理完时，TCP就告诉应用程序恢复正常操作。值得注意的是，即使窗口为零也可发送紧急数据。URG位在现实中很少被使用。

（7）**ACK**：只有当ACK = 1时确认号字段才有效；当ACK = 0时，确认号字段无效。

（8）**PSH**（PuSH）：出于对效率的考虑，TCP可能会延迟发送数据或向应用程序延迟交付数据，以便一次处理更多的数据。但是当两个应用进程进行交互式通信时，有时一端的应用进程希望在执行一个命令后立即收到对方的响应。在这种情况下，应用程序可以通知TCP使用推送操作。这时，发送方TCP把PSH位置1，并立即创建一个报文段发送出去，而不需要积累足够多的数据再发送。接收方TCP收到PSH位置1的报文段，会尽快将其交付接收应用进程，而不再等到接收到足够多的数据时才向上交付。

虽然应用程序可以使用推送操作，但现在多数TCP实现都是根据情况自动设置PSH标志，而不是交由应用程序去处理。

（9）RST（ReSeT）：RST = 1表明TCP连接中出现严重差错（由于主机崩溃或其他原因），必须释放连接，然后重新建立传输连接。RST位置1还用来拒绝一个非法的报文段或拒绝打开一个连接。RST位也可称为重建位或重置位。

（10）SYN：用来建立连接。当SYN = 1而ACK = 0时，表明这是一个连接请求报文段。对方若同意建立连接，则应在响应的报文段中使SYN = 1和ACK = 1。因此，SYN位置为1就表示这是一个连接请求报文或连接接受报文。关于连接的建立和释放，后面还要进行讨论。

（11）FIN（FINal）：用来释放连接。FIN = 1表明此报文段的发送方的数据已发送完毕，要求释放传输连接。

（12）窗口：占2字节。窗口值指示该报文段发送方的**接收窗口**大小，范围为0到$2^{16} - 1$，用来控制**对方**发送的数据量（从确认号开始，允许对方发送的数据量），**单位为字节**。窗口字段反映了接收方接收缓存的可用空间大小，计算机网络经常**根据接收方的接收能力来控制发送方的数据发送量**。

例如，设确认号是701，窗口值是1000，这表明允许对方发送数据的序号范围为701 ～ 1700。

（13）校验和：占2字节。校验和字段检测的范围包括首部和数据部分。和UDP用户数据报一样，在计算校验和时，要在TCP报文段的前面加上12字节的伪首部。伪首部的格式与UDP用户数据报的伪首部一样，但应将伪首部第四个字段中的17改为6（TCP的协议号是6），将第五个字段中的UDP长度改为TCP长度。接收方收到此报文段后，仍要加上这个伪首部来计算校验和。

（14）选项：长度可变。这里只介绍一种选项字段，即**最大报文段长度**（Maximum Segment Size, MSS）[①]。MSS告诉对方TCP：我的缓存所能接收的报文段的**数据部分**的最大长度是MSS字节。当没有使用该选项字段时，TCP的首部长度是20字节。

MSS的选择并不简单。若选择较小的MSS，则网络的利用率较低。设想在极端的情况下，当TCP报文段只含有1字节的数据时，在IP层传输的数据报的开销至少有40字节（包括TCP报文段的首部和IP数据报的首部）。这样，对网络的利用率就不会超过1/41。到了数据链路层还要加上一些开销。但反过来，若TCP报文段非常长，那么其在IP层传输时就有可能要分成多个短数据报片。目的站要将收到的短数据报片装配成原来的TCP报文段。当传输出错时源站还要进行重传。这些也都会使开销增大。一般认为，MSS应尽可能大一些，只要在IP层传输时不需要再分片就行。在连接建立的过程中，双方可以将自己能够支持的MSS写入这一字段。在以后的数据传送阶段，MSS取双方提出的较小的那个数值。若主机未填写该字段，则MSS的默认值是536。因此，所有在互联网上的主机都应能接收的报文段长度是536 + 20 = 556（字节）。

5.3.3 TCP 的可靠传输

我们知道，互联网的网络层服务是不可靠的，即通过IP传送的数据可能出现差错、丢失、乱序或重复。TCP在IP的不可靠的尽力而为服务的基础上实现了一种可靠的数据传输服务，保证数据无差错、无丢失、按序和无重复交

TCP 的可靠传输

---

① 最大报文段长度这个名词**很容易引起误解**。MSS是TCP报文段中的**数据部分的最大长度**。数据部分加上TCP首部才等于整个TCP报文段，所以MSS并不是TCP报文段的最大长度，而应表示为 "MSS = TCP报文段长度 − TCP首部长度"。

计算机网络教程（第7版）（微课版）

付。TCP的可靠传输要用到差错检测、序号、确认、超时重传、滑动窗口等可靠传输机制。由于在互联网环境中，传输层端到端的时延往往是比较大的（相对于分组的发送时延），因此不能采用在无线局域网中所使用的SW协议，而是采用传输效率更高的基于流水线方式的滑动窗口协议。TCP的可靠传输的实现与GBN协议有很多类似的地方，但又有一些不同。下面我们仔细讨论在TCP中是如何实现可靠传输的[①]，请注意与GBN协议的不同之处。

1. 数据编号与确认

TCP是面向字节的。TCP把应用层交下来的长报文（可能要划分为许多较短的报文段）看成由一个个字节组成的数据流，并使每一个字节对应一个序号。注意，GBN协议是对每个分组进行编号。在连接建立时，双方TCP要各自确定初始序号。TCP每次发送的报文段的首部中的序号字段值表示该报文段中首部后面的第一个数据字节的序号。

TCP使用的是累积确认，即对所有按序接收到的数据进行确认。但请注意，接收方返回的确认号是已按序收到的数据的最高序号加1，也就是说，**确认号表示接收方期望下次收到的数据中的第一个数据字节的序号**。例如，已经收到了1～700号、801～1000号和1201～1500号，而701～800号及1001～1200号的数据还没有收到，那么这时发送的确认号应为701。

当TCP发送一个报文段时，会在自己的重传队列中存放这个报文段的一个副本。若收到确认，则删除此副本；若在规定时间内没有收到确认，则重传此报文段的副本。TCP的确认并不保证数据已交付应用进程，而只是表明接收方的TCP已按序正确收到了对方所发送的报文段。

由于TCP连接能提供全双工通信，因此通信中的每一方都不必专门发送确认报文段而可以在传送数据时**捎带**传送确认信息。为此，TCP采用了一种**延迟确认**的机制，即接收方在正确接收到数据时可能要等待一小段时间（一般不超过0.5 s）再发送确认信息。若这段时间内有数据要发送给对方，则可以**捎带确认**。也有可能在这段时间内又有数据到达，则可以同时对这两次到达的数据进行累积确认。这样做可以减少发送完全不带数据的确认报文段，以提高TCP的传输效率。

接收方若收到有差错的报文段就将其丢弃（不发送否认信息）；若收到重复的报文段也要丢弃，但要立即发回确认信息。这一点是非常重要的。

若收到的报文段无差错，只是未按顺序到达，那么应如何处理呢？GBN协议会丢弃所有未按序到达的分组，但是TCP对此未做明确规定，而是让TCP的实现者自行确定。TCP实现可以像GBN协议一样将不按序到达的报文段丢弃，但多数TCP实现是先将其暂存于接收缓存内，待所缺序号的报文段收齐再一起上交应用层。在互联网环境中，封装TCP报文段的IP数据报不一定是按序到达的，将失序的报文段先缓存起来可以避免不必要的重传。注意，不论采用哪种方法，接收方都要立即对已按序接收到的数据进行确认。

虽然每发送一个报文段就设置一个计时器最为清楚，但为了减少计时器开销，每个连接一般仅使用一个超时计时器。发送报文段时，若超时计时器未启动则启动它。收到确认时，若还有未被确认的报文段，则重启计时器。若超时计时器超时，仅重传最早未被确认的报文段，并重启计时器。我们知道，在GBN协议中，一旦发送方某个分组超时，则会重传发送窗口内所有

---

① TCP的具体实现有很多版本，有很多非常复杂的细节，这里的讨论忽略了一些不是很重要的细节。

已发送的分组。

2. 以字节为单位的滑动窗口

为了提高报文段的传输效率，TCP采用**滑动窗口**协议。但与GBN协议不同的是，TCP发送窗口大小的单位是**字节**，而不是分组数。TCP发送方已发送而未被确认的字节数不能超过发送窗口的大小。

图5-9所示为TCP中的窗口（假设发送窗口的大小为400字节）。落在发送窗口内的是允许发送的字节，落在发送窗口外左侧的是已发送并被确认的字节，落在发送窗口外右侧的是还不能发送的字节。收到确认信息后，发送窗口向右滑动，直到发送窗口的左沿正好包含确认号的字节。

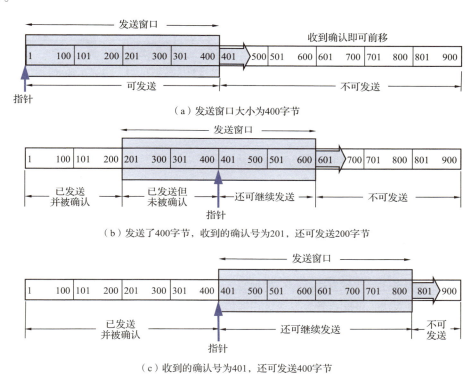

图5-9 TCP中的窗口

图5-9（a）中，发送窗口大小为400字节，初始序号为1，还没有发送任何字节，可以发送序号为1～400的字节。发送方只要收到了对方的确认信息，就可将发送窗口前移。TCP发送方要维护一个指针，每发送一个报文段，指针就向前移动一个报文段的长度。当指针移动到发送窗口的右端（即窗口前沿）时，就不能再发送报文段了。

图5-9（b）表示发送方已发送了400字节的数据，但只收到对前200字节数据的确认信息。由于窗口右移，现在发送方还可以发送200字节（401～600）。

图5-9（c）表示发送方收到了对方对前400字节数据的确认信息，发送方最多可再发送400字节的数据（401～800）。

在图5-9中，我们假设发送窗口大小为400字节，并且一直没有改变。实际上，TCP的发送窗口是会不断变化的。发送窗口大小的初始值在连接建立时由双方商定，但在通信的过程中，

计算机网络教程（第7版）（微课版）

TCP的流量控制和拥塞控制会根据情况动态地调整发送窗口大小的上限值（可增大或减小），从而控制发送数据的平均速率。

我们在图5-7中已讨论过TCP字节流的概念：发送方的应用程序把字节流写入TCP的发送缓存，接收方的应用程序从TCP的接收缓存中读取字节流。下面进一步讨论窗口和缓存的关系。图5-10所示为发送方维持的发送缓存和发送窗口，以及接收方维持的接收缓存和接收窗口。这里首先要明确一点：缓存空间和序号空间都是有限的，并且都是循环使用的。最好把它们画成圆环形，但这里为方便画图，把它们画成长条形，也不考虑循环使用缓存空间和序号空间的问题。

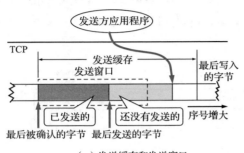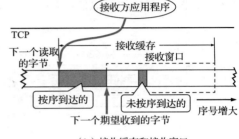

图5-10　TCP的发送与接收

我们先看一下图5-10（a）所示的发送方的情况。

发送缓存用来暂时存放以下数据。

（1）发送方应用程序传送给发送方TCP准备发送的数据。

（2）TCP已发送出去但尚未收到确认信息的数据。

发送窗口通常只是发送缓存的一部分。已被确认的数据应当从发送缓存中删除，因此发送缓存和发送窗口的后沿是重合的。发送方应用程序最后写入发送缓存的字节序号减去最后被确认的字节序号就等于还保留在发送缓存中的被写入的字节数。如果发送方应用程序传送数据给TCP发送方的速度太快，可能会导致发送缓存被填满，这时发送方应用程序必须等待，直到有数据从发送缓存中删除。

再看一下图5-10（b）所示的接收方的情况。

接收缓存用来暂时存放以下数据。

（1）按序到达的，但尚未被接收方应用程序读取的数据。

（2）未按序到达的，还不能被接收方应用程序读取的数据。

收到的分组如果被检测出有差错，则被丢弃。如果接收方应用程序来不及读取收到的数据，接收缓存最终就会被填满，使接收窗口大小减小到零。反之，如果接收方应用程序能够及时从接收缓存中读取收到的数据，接收窗口就会增大，但最大不超过接收缓存的大小。图5-10（b）中还指出了下一个期望收到的字节，这个字节序号也就是接收方给发送方的报文段的首部中的确认号。

TCP的重传机制

3．超时重传时间的选择

前面已经讲到，TCP的发送方在规定的时间内没有收到确认信息就要重传已发送的报文段。

这种重传的概念很简单，但如何选择超时重传的时间却是TCP中非常重要也较复杂的一个问题。

由于TCP的下层是互联网环境，发送的报文段可能只经过一个高速率的局域网，也可能经过多个低速率的广域网，并且每个IP数据报所选择的路由还可能不同，不同时间网络拥塞情况也有所不同，因此往返时间是在不断变化的。图5-11所示为数据链路层和传输层的往返时间分布情况。数据链路层往返时间的方差很小，因此将超时重传时间设置为比图5-11中的T_1大一点的值即可。但传输层往返时间的方差很大，如果把超时重传时间设置得太短（如图中的T_2），则很多报文段会过早超时，引起很多不必要的重传，使网络负荷增大。但如果把超时重传时间设置得过长（如图中的T_3），则大量丢失的报文段不能被及时重传，降低了传输效率。因此，选择超时重传时间在数据链路层并不困难，但在传输层却不那么简单。

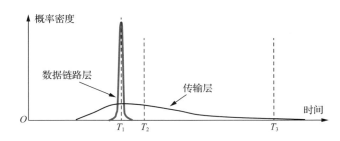

图5-11 数据链路层和传输层的往返时间分布情况

那么，传输层的超时重传时间究竟应设置为多大呢？

显然超时重传时间应比当前报文段的**RTT**要长一些。针对互联网环境中端到端的时延动态变化的特点，TCP采用了一种自适应算法。该算法记录一个报文段发出的时间，以及收到相应的确认报文段的时间，这两个时间之差就是**报文段的RTT**。在互联网中，实际的RTT测量值变化非常大，因此需要用多个RTT测量值的平均值来估计当前报文段的RTT。由于越近的测量值越能反映网络当前的情况，TCP采用指数加权移动平均的算法对RTT测量值进行加权平均，得出**报文段的平均往返时间RTT_S**（即平滑的往返时间，S表示Smoothed）。每测量到一个新的RTT样本，就按式（5-1）重新计算一次RTT_S。

$$新的 RTT_S = (1-\alpha) \times 旧的 RTT_S + \alpha \times 新的 RTT 样本 \tag{5-1}$$

在式（5-1）中，$0 \leq \alpha < 1$。若α接近于0，则新的RTT样本对计算结果的影响不大，即新算出的RTT_S和原来的值相比变化不大（RTT_S值更新较慢）。若α接近于1，则加权计算出的RTT_S受新的RTT样本的影响较大（RTT_S值更新较快）。典型的α值为1/8。

显然，为**计时器设置的超时重传时间**（Retransmission Time-Out，RTO）**应略大于上面得出的平均往返时间RTT_S**。由于互联网环境下端到端的往返时间的波动比较大，因此在计算RTO时要考虑实际测量值与平均往返时间的偏差。RFC 2988建议使用式（5-2）计算RTO。

$$RTO = RTT_S + 4 \times RTT_D \tag{5-2}$$

其中，RTT_D是RTT_S和新的RTT样本间**偏差**的加权平均：

$$新的 RTT_D = (1-\beta) \times 旧的 RTT_D + \beta \times |RTT_S - 新的 RTT 样本| \tag{5-3}$$

这里的β是小于1的系数，它的推荐值为1/4。

实际往返时间的测量比上面的算法还要复杂一些。试看下面的例子。

如图5-12所示，发送方发送出一个报文段1。设定的超时重传时间到了，还没有收到确认，于是发送方重传此报文段。经过一段时间后，发送方收到了确认报文段。现在的问题是，**如何判定此确认报文段是对原来的报文段1的确认，还是对重传的报文段2的确认？**由于重传的报文段2和原来的报文段1完全一样，因此源站在收到确认信息后，无法做出正确的判断，而正确的判断对确定RTT_S的值非常重要。

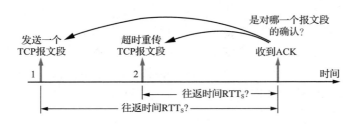

图5-12　收到的确认信息是对哪一个报文段的确认

若收到的确认信息是对重传报文段2的确认，却被源站当成是对原来的报文段1的确认，那么这样计算出的RTT_S和超时重传时间就会偏大。若收到的确认信息是对原来的报文段1的确认，但被当成是对重传报文段2的确认，则由此计算出的RTT_S和超时重传时间都会偏小。这就必然导致更多报文段被重传，有可能使超时重传时间越来越短。

因此，卡恩（Karn）提出了一个算法：**在计算RTT_S时，不采用重传报文段的往返时间样本**。这样得出的RTT_S和超时重传时间就比较准确。

但是，这又引出了新的问题。设想这样的情况：如果报文段的时延突然增大了很多，则在原来得出的超时重传时间内不会收到确认报文段，于是发送方重传报文段；但根据Karn算法，不考虑重传报文段的往返时间样本，这样，超时重传时间就无法更新，必然导致再次超时和再次重传，并且这种状态会一直持续到RTT变小为止。

因此要对Karn算法进行修正。修正方法是每重传一次报文段，就将RTO增大一些。典型的做法是将RTO增大一倍（注意，并不增大RTT_S）。当不再发生报文段的重传时，才根据式（5-1）和式（5-2）计算超时重传时间。实践证明，这种方法较为合理。

4. 快速重传

超时触发重传存在的一个问题是超时重传时间可能相对较长。由于无法精确估计实际的往返时间，RTO往往比实际的往返时间大很多。当一个报文段丢失时，发送方需要等待很长时间才能重传丢失的报文段，因而增加了端到端时延。幸运的是，有时一个报文段的丢失会使发送方连续收到多个重复的确认信息，发送方通过收到多个重复的确认信息可以快速地判断报文段可能已经丢失，而不必等待超时计时器超时。**快速重传**就是基于该方法对超时触发重传的补充和改进。

下面结合一个例子来说明快速重传的工作原理，如图5-13所示。

假定发送方发送了$M_1 \sim M_5$共5个报文段。接收方收到M_1后，发出对M_1的确认。假定网络拥塞使M_2丢失了。接收方后来收到M_3，发现其序号不对，但仍收下M_3，将其放在缓存中，同时发出对最近按序接收的M_1的确认（注意，不能对M_3确认，因为TCP采用累积确认，对M_3确认就表示已经收到了M_2）。因为TCP不使用否定确认，所以接收方收到失序报文段时，不能向发送方发回显式的否定确认，而只需对按序接收的最后一个字节数据进行重复确认。接收方收到M_4和M_5后，也还要分别发出对M_1的重复确认。这样，当发送方一连收到3个重复的确认信息后，就知道可能是网络出现了拥塞，造成分组丢失，或是报文段M₂虽未丢失但目前正滞留在网络中的某处，可能还要经过较长的时延才能到达接收方。快速重传算法规定，发送方只要一连收到3个重复的确认信息，就立即重传丢失的报文段M₂（注意，重复确认的确认号正是要重传的报文段的序号），而不必继续等待为M₂设置的超时计时器超时。不难看出，快速重传并非取消超时计时器，而是尽早重传丢失的报文段。

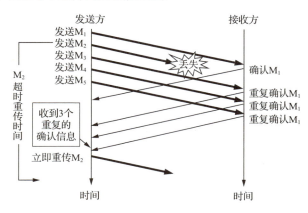

图5-13　快速重传的工作原理

5. 选择确认

根据前面的讨论，我们知道TCP采用累积确认，也就是说，它只通告收到的最后一个按序到达的字节，而不通告所有收到的失序到达的字节，虽然这些字节已经被接收方接收并暂存在接收缓存中。这些没有被确认的字节很可能因为超时而被发送方重传。一个可选的功能——**选择确认**（Selective ACK，SACK）（RFC 2018）可以用来解决这个问题。选择确认允许接收方通知发送方所有正确接收了但失序的字节块，发送方可以根据这些信息只重传那些接收方还没有收到的字节块，这很像前面介绍的选择重传（SR）协议的工作方式。

我们通过一个例子来说明选择确认的工作原理。当接收方TCP接收到失序的字节块时，收到的字节流会形成不连续的字节块，如图5-14所示。可以看出，字节1～1000收到了，字节1001～1500还没有收到，但接下来的字节1501～2000和字节2501～4000已经收到了，而中间的字节2001～2500也没有收到。

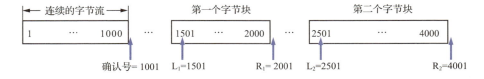

图5-14　接收方收到不连续的字节块

接收方要将这些接收到的失序字节块告知对方，只使用一个确认号是办不到的。从图5-14可以看出，每一个字节块需要用两个边界序号来表示。例如，第一个失序的字节块的左边界L₁为1501，右边界R₁为2001。这里有两个失序字节块，因此需要用4个边界序号来表示。

但我们知道，TCP报文段的固定首部中没有哪个字段能提供上述这些字节块的边界信息，因此 TCP 在首部中提供了一个变长的 SACK 选项字段来存放这些信息。除此之外，要使用选择确认功能，在建立 TCP 连接时，双方还要分别在同步报文段和同步+确认报文段的首部中都添加允许 SACK 选项字段，表示都支持选择确认功能。这样才能在数据传输阶段使用 SACK 选项字段进行选择确认。

当使用选择确认时，TCP 首部中的确认号字段的功能和意义并没有改变，实际上选择确认是对累积确认功能的一种补充，并可以和使用累积确认的超时重传与快速重传机制一起工作。目前多数 TCP 实现都支持选择确认功能。

5.3.4 TCP 的流量控制

TCP 的流量控制

前面讲过，TCP 连接的双方主机都为该连接设置了接收缓存。当该 TCP 连接接收到按序的字节后，它就将数据放入接收缓存。相关联的应用程序会从该缓存中读取数据，但应用程序不一定能马上将数据取走。事实上，接收方的应用程序也许正忙于其他任务，很长时间后才能去读取数据。如果应用程序读取数据比较慢，而发送方发送数据很快且发送的数据很多，则很容易使该连接的接收缓存溢出。

TCP 为应用程序提供了流量控制服务，以解决发送方发送数据太快导致接收方来不及接收，使接收缓存溢出的问题。

流量控制的基本方法就是接收方根据自己的接收能力控制发送方的发送速率。因此，可以说流量控制是一个速度匹配服务，即使发送方的发送速率与接收方应用程序的读速率相匹配。利用滑动窗口机制可以很方便地控制发送方的平均发送速率。TCP 采用接收方控制发送方发送窗口大小的方法来实现 TCP 连接上的流量控制。在 TCP 报文段首部的**窗口字段**写入的数值就是当前接收方给发送方设置的发送窗口大小的上限。这种**由接收方控制发送方**的做法在计算机网络中经常使用。

发送窗口大小在连接建立时由双方商定。但在通信的过程中，接收方会根据接收缓存中可用缓存的大小，随时动态地调整发送方的发送窗口大小的上限值（可增大或减小）。为此，TCP 接收方要维持一个**接收窗口**变量，其值不能大于可用接收缓存的大小。图 5-10 已说明了接收缓存与接收窗口的关系。

在 TCP 报文段首部的窗口字段写入的数值就是当前接收方的接收窗口大小。TCP 发送方的发送窗口的大小必须小于该值。后面我们将会看到发送窗口的大小还受拥塞窗口的限制，在这里我们只考虑流量控制对发送窗口的影响。

下面通过图 5-15 说明如何利用可变窗口进行流量控制。只考虑主机 A 向主机 B 发送数据。假设在连接建立时，B 告诉 A：我的接收窗口大小为 400 字节（win = 400，win 表示窗口字段的值）。不过这个报文段在图 5-15 中省略了。再假设每一个数据报文段所携带的数据都是 100 字节长，数据报文段序号的初始值为 1（见图中第一个箭头上的 seq = 1。图中右边的注释可帮助读者理解整个过程）。请注意，图 5-15 中大写的 ACK 表示首部中的 ACK 位，小写的 ack 表示确认号字段的值。B 向 A 发送的 3 个报文段标注了 ACK = 1，只有在 ACK 位为 1 时确认号字段才有意义。

TCP 的流量控制
（动画演示）

应该注意，主机 B 进行了 3 次流量控制。第一次把窗口大小减小为 300 字节，第二次把窗口大小减小为 100 字节，最后把窗口大小减至 0，即不允许对方再发送数据了。在第一次调整接收窗口前，B 的应用程序从接收缓存中只读取了 100 字节，因此接收缓存中还有 100 字节的数据未被读取，可用缓存为 300 字节。在第二次调整窗口前，应用程序又读取了 100 字节，而在第三次调整窗口前应用程序没有读取数据，最后没有可用的接收缓存，发送方不能再发送数据。这种暂停状态将持续到主机 B 的应用程序再次从接收缓存中读取数据。因为当接收方的接收缓存可用空间大小不再为 0 时，接收方会主动将更新后的窗口大小发送给发送方。从该例中可以看出，接收方的应用程序读取数据非常慢，但由于使用流量控制机制控制了发送方的发送速率，因此保证了接收缓存不会溢出。

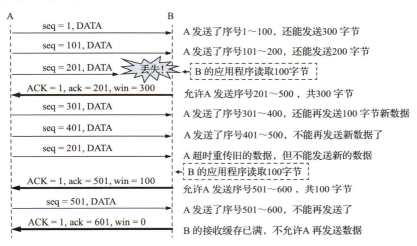

图 5-15 利用可变窗口进行流量控制

但这里还存在一个问题：当接收方的接收缓存可用空间大小不再为 0 时，接收方向发送方发送的窗口大小更新报文段丢失了会引发什么问题？如果接收方一直没有数据要发送给发送方，则发送方将会永远等下去。为防止接收方发送给发送方的窗口大小更新报文段丢失而导致死锁状态，实际上，当窗口大小变为 0 时，发送方如果有数据要发送，则会周期性地（例如每隔 60s）发送只包含 1 字节数据的**窗口探测**（Window Probe）报文段，以强制接收方发回确认信息并通告接收窗口大小。如果这时接收窗口大小非零，则接收方会接收这个字节并对该字节进行确认，否则接收方会丢弃该字节并对以前的数据进行重复确认。

上面我们说明了 TCP 接收方如何根据接收缓存的可用空间大小来控制 TCP 发送方发送数据的速率，以保证接收缓存不会溢出。但如果接收方应用程序发送数据的速率长时间高于接收方应用程序接收数据的速率，在发送方会出现什么情况呢？从图 5-10（a）所示的 TCP 发送缓存与发送窗口间的关系可以看出，这会导致 TCP 发送方的缓存被填满。这时发送方应用程序必须等待，直到发送缓存有可用的空间。可见，TCP 最终实现了发送方应用程序的发送速率与接收方应用程序的接收速率的匹配。

5.3.5 TCP 的连接管理

TCP 是面向连接的协议。连接的建立和释放是每一次面向连接的通信中必不可少的过程。因此，TCP 连接有 3 个阶段，即**连接建立**、**数据传送**和**连接释放**。建立连接的目的是为接下来要进行的通信做好充分的准备，其中最重要的就是分配相应的资源。在通信结束之后要释放所占用的资源，即释放连接。注

TCP 的连接管理

意，TCP的连接是传输层连接，只存在于通信的两个端系统中，而网络核心的路由器完全不知道它的存在。

1. TCP的连接建立

在连接建立过程中要解决以下3个问题。

（1）使每一方都能够确知对方的存在。

（2）允许双方协商一些参数（如最大报文段长度、初始接收窗口大小、初始序号，以及是否使用某些选项等）。

（3）对传输实体资源（如缓存大小、计时器、各状态变量及数据结构等）进行分配和初始化。

TCP的连接建立采用客户-服务器方式。主动发起连接建立的应用进程叫作**客户**（Client），而被动等待连接建立的应用进程叫作**服务器**（Server）。

设主机B中运行TCP的服务器进程，它先发出一个**被动打开**（Passive Open）命令，准备接受客户进程的连接请求；然后服务器进程就处于"**听**"（Listen）的状态，不断检测是否有客户进程发起连接请求，如有，即做出响应，如图5-16所示。

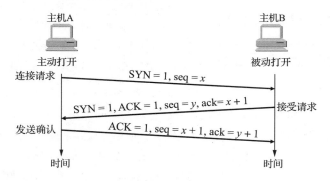

图5-16 用"三次联络"建立TCP连接

设客户进程运行在主机A中。它先向其TCP发出**主动打开**（Active Open）命令，表明要与某个IP地址的某个端口建立传输层连接。

主机A的TCP向主机B的TCP发出连接请求报文段，其首部中的SYN位应置1，同时选择一个初始序号$seq=x$，这表明下一个报文段的第一个数据字节的序号是$x+1$。

主机B的TCP收到连接请求报文段后，如同意，则发回连接请求确认信息。在确认报文段中应把SYN位和ACK位都置1，确认号是$ack=x+1$（表示对主机A发送的同步报文段的确认），同时为自己选择一个初始序号$seq=y$。

主机A的TCP收到B接受连接请求的确认信息后，还要向B给出确认信息，将ACK位置1，确认号$ack=y+1$，而自己的序号$seq=x+1$。TCP的标准规定，SYN=1的报文段（例如A发送的第一个报文段）不能携带数据，但要消耗掉一个序号，因此A发送的第二个报文段的序号应当是第一个报文段的序号加1（虽然第一个报文段中并没有数据）。注意，A发送的第二个报文段中SYN位是0而不是1，ACK位必须为1。该报文段是对B的同步报文段的确认，但也是一个普通报文段，可携带数据。若该报文段不携带数据，则按照TCP的规定，确认报文段不消耗序号。

运行客户进程的主机A的TCP通知上层应用进程，连接已经建立。

运行服务器进程的主机B的TCP收到主机A的确认信息后，会通知其上层应用进程，连接已经建立。

连接建立的这种过程叫作三次握手（Three-Way Handshake）[1]。

为什么要发送第三个报文段呢？这主要是为了防止已失效的连接请求报文段突然又传送到主机B，导致错误产生。

"已失效的连接请求报文段"是怎样产生的呢？考虑这样一种情况：主机A发出连接请求，但因连接请求报文段丢失而未收到确认信息；主机A于是重传一次连接请求报文段，然后收到了确认信息，建立了连接；数据传输完毕后，主机A就释放了连接。主机A共发送了两个连接请求报文段，其中第二个到达了主机B。

现假定出现另一种情况，即主机A发出的第一个连接请求报文段并没有丢失，而是在某些网络节点滞留的时间太长，以致延迟到这次的连接释放以后才传送到主机B。本来这是一个已经失效的报文段，但主机B收到此失效的连接请求报文段后，误认为主机A又发出了一次新的连接请求，于是向主机A发出确认报文段，同意建立连接。

主机A由于并没有要求建立连接，因此不会理睬主机B的确认，也不会向主机B发送数据。但主机B以为传输连接就这样建立了，并一直等待主机A发来数据。主机B的许多资源就这样白白浪费了。

采用三次握手的办法可以防止上述现象的发生。例如，在刚才的情况下，主机A不会向主机B的确认发出确认信息，主机B收不到确认信息，连接就建立不起来。

另外，TCP连接两个方向数据的初始序号并非固定为1。如果序号总是从1开始，容易导致前后两次不同连接报文段的混淆。例如，前一个连接的报文段在网络中经历了很长的时延，到达终点时本次连接已终止，并且双方已开始新的连接，若该报文段的序号正好落在接收窗口内，则会被当作新连接的数据而被错误接收。由于很多TCP连接的持续时间都不是很长，如果序号总是从1开始，显然出现以上错误的概率会比较高。为此，前后两个连接的初始序号应该有比较大的间隔。另外，为防范"黑客"的恶意攻击，TCP实现通常随机选择初始序号。

2. TCP 的连接释放

在数据传输结束后，通信双方都可以发出释放连接的请求。在连接释放过程中，双方要释放为该连接分配的所有资源。

设图5-17所示的主机A的应用进程先向其TCP发出连接释放请求，并且不再发送数据。TCP通知对方要释放从A到B这个方向的连接，把发往主机B的报文段首部的FIN置1，其序号seq $= u$。由于终止报文段要消耗一个序号，因此序号u等于A前面已传送过的数据的最后一个字节的序号加1。

主机B的TCP收到连接释放请求后即发出确认信息，确认号ack $= u + 1$（表示对主机A发送的终止报文段的确认），而这个报文段自己的序号为v（v等于B前面已传送过的数据的最后一个字节的序号加1）。主机B的TCP这时应通知高层应用进程（见图5-17中的箭头 ❶）。这样，从A到B的连接就释放了，连接处于半关闭（Half-Close）状态，相当于主机A向主机B说："我已经

---

[1] 这里的"三次"是指A发送一个报文给B，B发回确认信息，然后A再加以确认，来回的联络共三次。该过程叫"三次联络"似乎更准确一些，但这里还是采用习惯译名"三次握手"。

没有数据要发送了。但你如果还发送数据，我仍可以接收。"

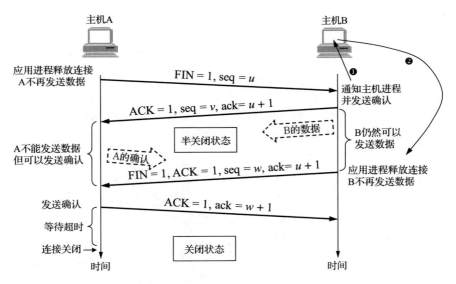

图5-17　TCP连接释放的过程

此后，主机B不再接收主机A发来的数据。但主机B若还有一些数据要发往主机A，则可以继续发送（这种情况很少）。主机A只要正确收到数据，仍应向主机B发送确认信息。

若主机B不再向主机A发送数据，其应用进程就通知TCP释放连接（见图5-17中的箭头❷）。主机B发出的连接释放报文段必须使FIN = 1，其序号为w（若在半关闭状态下B没有发送过数据，则$w = v$）。主机A必须对此进行确认，把ACK位置1，确认号ack = w + 1（表示对主机B发送的终止报文段的确认）。这样才能把从B到A的反方向连接释放掉。但此时，主机A的TCP并不能马上释放整个连接，还要再等待一段时间（两倍报文寿命时间）才能将整个连接释放。因为A的确认信息有可能丢失，这时B会重传终止报文段。在这段时间内，若A又收到B重传的终止报文段，A需要再次进行确认。收到A的最后确认信息，B才能最终将整个连接释放。若等待的这段时间内A没有收到B的终止报文段，A的TCP则向其应用进程报告，整个连接已经全部释放。

上述连接释放过程是四次握手，也可以看成两个二次握手。

3. TCP的有限状态机

图5-16和图5-17仅展示了连接建立和释放过程中最简单的情况，在实际运行中有各种可能性，因此TCP连接状态的变化是非常复杂的。为了让读者更清晰地看出TCP连接的各种状态之间的关系，图5-18给出了TCP的有限状态机，其中的白色方框即TCP可能具有的状态，状态之间的箭头表示可能发生的状态变迁，箭头旁边的文字表明是什么原因引起了这种变迁，或表明发生状态变迁后又出现了什么动作。请注意，有3种不同的箭头，粗实线箭头表示对应客户进程的正常变迁，粗虚线箭头表示对应服务器进程的正常变迁（即典型变迁），细实线箭头表示非典型变迁。下面进行简单解释。

一个TCP连接有两个端点，TCP的有限状态机同时表示这两个端点的状态。对这一点，在分析状态变迁时应特别注意。

我们从连接还未建立时的关闭（CLOSED）状态开始。图5-18中的状态较多，最好先顺着粗实线箭头看下去，这是从客户进程开始的变迁过程。设一台主机的客户进程发起连接请求（主动打开），这时本地TCP实体创建TCB[①]，发送一个SYN=1的报文，因而进入SYN_SENT状态。应注意的是，可以有好几个连接代表多个进程同时打开，因此状态是针对每一个连接的。当收到来自进程的SYN和ACK时，TCP就发送出三次握手中的最后一个ACK，接着就进入连接已经建立（ESTABLISHED）状态。这时双方就可以发送和接收数据了。

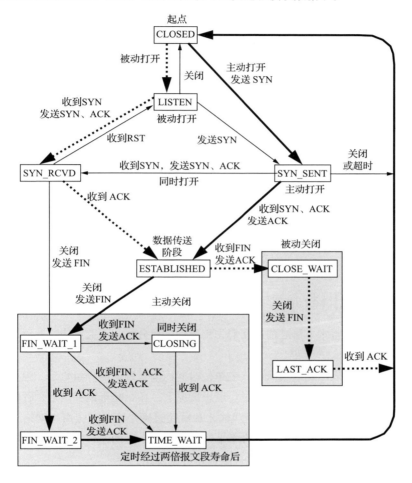

图5-18　TCP的有限状态机

当应用进程结束数据传送时，就要释放已建立的连接。设运行客户进程的主机的本地TCP实体发送FIN=1的报文，等待着ACK的到达，这时其状态变为FIN_WAIT_1。当运行客户进程的主机收到ACK时，一个方向的连接关闭，状态变为FIN_WAIT_2。

当运行客户进程的主机收到运行服务器进程的主机发送的FIN=1的报文后，就发送ACK。这时另一条连接也关闭了，但是TCP还要等待一段时间（报文段在网络中的寿命的两倍）才会删除原来建立的连接记录，返回初始的CLOSED状态。这样做是为了保证原来连接上面的所有分组都从网络中消失。

---

① TCB（Transmission Control Block，传输控制程序块）存储了每一个连接中的一些重要信息，如TCP连接表、到发送缓存和接收缓存的指针、到重传队列的指针、当前的发送序号和接收序号等。

现在分析服务器进程状态的变迁（图5-18中的粗虚线箭头）。服务器进程发出被动打开命令，进入听（LISTEN）状态。收到 SYN = 1 的连接请求报文后，服务器进程发送 ACK，并使报文中的 SYN = 1，然后进入 SYN_RCVD 状态。在收到三次握手中的最后一个 ACK 时，服务器进程转为 ESTABLISHED 状态，进入数据传送阶段。

客户进程将数据传送完毕后，就发送 FIN = 1 的报文给服务器进程（见被动关闭的实线方框），进入 CLOSE_WAIT 状态。服务器进程发送终止报文段给客户进程，状态变为 LAST_ACK。当收到客户进程的 ACK 时，服务器进程就释放连接，删除连接记录，回到 CLOSED 状态。

还有一些状态变迁，如连接建立过程中的从 LISTEN 到 SYN_SENT 和从 SYN_SENT 到 SYN_RCVD。读者可分析在什么情况下会出现这样的变迁（见习题5-22）。

5.4 拥塞控制

拥塞控制

在某段时间内，若对网络中某一资源的需求超过了该资源所能提供的可用部分，导致网络性能下降，这种情况称为**拥塞**（Congestion）。拥塞是分组交换网中一个非常重要的问题。如果网络中的**负载**（Load，即发送到网络中的数据量）超过了网络的容量（即网络能处理的数据量），那么在网络中就可能发生拥塞。所谓**拥塞控制**（Congestion Control）就是**防止过多的数据注入网络，使网络中的路由器或链路不致过载**。

5.4.1 拥塞的原因与危害

在介绍拥塞控制的基本方法之前，我们先稍微深入地分析一下拥塞产生的原因及拥塞带来的危害。

图5-19中的横坐标表示**输入负载**，代表单位时间内输入网络的分组数目。纵坐标表示**吞吐量**，代表单位时间内从网络输出的数据量。理想情况下，在吞吐量饱和之前，吞吐量应等于输入负载，故吞吐量曲线是45°的斜线。但当输入负载超过网络容量时（由于网络资源的限制），在理想情况下，吞吐量不再增长而保持为水平线，即吞吐量达到饱和。这就表明输入负载中有一部分损失掉了（例如，输入网络的某些分组被路由器丢弃了）。

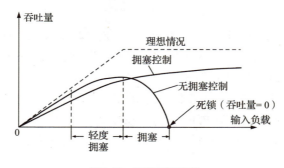

图5-19 拥塞控制的作用

但是，在实际的网络中，若不采取有效的拥塞控制手段，随着输入负载的增大，网络吞吐量的增长速率会逐渐减小。特别是当输入负载达到某一数值时，网络的吞吐量反而随输入负载的增大而下降，这时网络就进入了拥塞状态。当输入负载继续增大时，网络的吞吐量甚至有可能下降到零，即网络已无法工作，这就是所谓的**死锁**（Deadlock）。

为什么在输入负载达到某一数值后，网络的吞吐量反而随输入负载的增大而下降呢？下面用一个简单的例子来说明这个问题。

如图5-20所示，A到B的通信和C到D的通信（假定都使用TCP连接）共享路由器R_1和R_2之间的链路。不难看出，该网络**可能的**最大吞吐量受路由器R_1和R_2之间的链路容量的制约，即100 Mbit/s。

先假定没有拥塞控制，而A和C都以链路最高速率100 Mbit/s持续地发送数据。由于A和C速率都是100 Mbit/s，A和C在R_1和R_2之间的共享链路上各自获得50 Mbit/s的带宽。但由于R_2到D的链路带宽只有10 Mbit/s，C在路由器R_2会损失40 Mbit/s的带宽（C发送的分组在路由器R_2排队等候向D转发时被丢弃了）。虽然路由器R_2到B的带宽充足，但A却无法充分使用，只能用50 Mbit/s的速率传送数据。网络所能达到的实际吞吐量只有60 Mbit/s。这就出现了网络拥塞所带来的典型问题，即网络性能变差，资源被浪费。出现该问题的本质原因是，C有大量分组在路由器R_2处因网络拥塞被丢弃，这些分组不能到达目的地，却白白占用了其所经过链路的资源。这些无用分组占用了资源，使得A无法使用这些资源，导致资源的浪费。

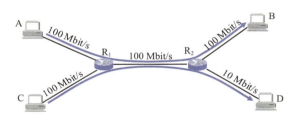

图5-20　网络拥塞例子

可见，**当因网络拥塞而丢弃分组时，分组在其经过路径中所占用的全部资源（如链路带宽）都被白白浪费掉了**。

是不是增加某些资源就能彻底解决该问题呢？例如，增大路由器的输入/输出缓存的大小。增大路由器缓存大小虽然有助于解决突发数据的问题，但有时会使网络性能变得更差。例如，在图5-20中，虽然大的缓存会推迟分组的丢弃，但由于A和C持续地发送数据，分组最终还是会被丢弃。而且这些被丢弃的分组占用资源（路由器缓存）的时间变长了，导致排队时延增加。更糟糕的是，由于时延的增加，可能部分已正确到达目的地的分组因超时而被发送方重传，这些无用的重传又进一步使拥塞状况恶化。

有人可能想到，如果R_2和D之间的链路带宽增大到100 Mbit/s，则可以解决该问题。这似乎是找到了解决问题的关键，但实际上的网络比这要复杂得多。更重要的是，无论是网络本身，还是网络的用户，又或是输入网络的流量分布，都是在不断变化的。我们在设计时不可能准确预计所有瓶颈。采取"头痛医头、脚痛医脚"的方法通常不会有很明显的效果，这样的做法往往只是转移了瓶颈而已。当然，在设计网络时，尽量使资源分布均衡、无明显的瓶颈是有好处的，但不能完全解决网络拥塞问题，因为网络实际的通信情况是永远无法准确预测的。

既然网络拥塞是因为发送到网络中的数据量超过了网络的容量，要彻底解决分组交换网中的拥塞问题，就要想办法限制输入负载，即控制源点的发送速率。在图5-20中，若A和C的发送速率分别为90 Mbit/s和10 Mbit/s，该网络的吞吐量就能够达到100 Mbit/s（A到B为90 Mbit/s，C到D为10 Mbit/s）。

图5-20所示为一个非常简单的网络，对于复杂的网络，若不采取任何拥塞控制机制，甚至可能出现死锁情况。

5.4.2 拥塞控制的基本方法

需要注意拥塞控制和流量控制之间的区别，因为它们都需要控制源点的发送速率，所以容易混淆。拥塞控制的任务是防止过多的数据注入网络，使网络能够承受现有的网络负载。这是一个全局性的问题，涉及各方面的行为，包括所有的主机、所有的路由器、路由器内部的存储、转发处理过程，以及与降低网络传输性能有关的所有因素。

与此相反，流量控制只与特定点对点通信的发送方和接收方之间的流量有关。它的任务是，确保发送方不会持续地以超过接收方接收能力的速率发送数据，以防止接收方来不及处理数据。流量控制通常涉及的做法是，接收方向发送方提供某种直接的反馈，以抑制发送方的发送速率。

从控制论的角度出发，拥塞控制可以分为开环控制和闭环控制两大类。开环控制方法试图用良好的设计来解决问题，它的本质是从一开始就保证问题不会发生，一旦系统启动并运行起来了，就不需要中途做修正。

相反，闭环控制是一种基于反馈环路的方法，它包括以下3个部分。

（1）监测网络系统以便检测到拥塞在何时、何地发生。

（2）把拥塞发生的信息传送到可以采取行动的地方。

（3）调整网络系统的运行以解决出现的问题。

当网络系统的流量特征可以准确规定、性能要求可以事先获得时，适合使用开环控制；而当流量特征不能准确描述或者当系统不提供资源预留时，适合使用闭环控制。由于互联网不提供资源预留机制，而且流量的特性不能准确描述，因此在互联网中拥塞控制主要采用闭环控制方法。本书仅讨论闭环控制方法。

有很多方法可用来监测网络的拥塞，主要指标包括由于缓存溢出而被丢弃的分组的百分比、平均队列长度、超时重传的分组数、平均分组时延、分组时延的标准差等。上述这些指标的上升都标志着拥塞的加重。

根据拥塞反馈信息的形式，又可以将闭环控制算法分为显式反馈算法和隐式反馈算法。在显式反馈算法中，拥塞点（即路由器）向源点提供关于网络中拥塞状态的显式反馈信息，我们在ICMP中提到过的源点抑制报文就是一种显式反馈信息。当互联网中一个路由器被大量的IP数据报淹没时，它可能丢弃一些数据报，同时可使用ICMP源点抑制报文通告源站，源站收到该报文后应该降低发送速率。不过当网络发生拥塞时，向网络注入这些额外的分组可能会"火上浇油"，因此该方法现在已不再使用。现在，互联网中的拥塞控制任务主要是在传输层完成的。更好的显式反馈信息的方法是，在路由器转发的分组中保留一个比特或字段，用该比特或字段的值表示网络的拥塞状态，而不是专门发送一个分组。

在隐式反馈算法中，源站通过对网络行为（如分组丢失与往返时间）的观察来推断网络是否发生了拥塞，拥塞点无须提供显式反馈信息。TCP采用的就是隐式反馈算法。

需要说明的是，拥塞控制并不仅仅是传输层要考虑的问题，显式反馈算法就涉及网络层。虽然一些网络体系结构（如ATM网络）主要在网络层实现拥塞控制，但互联网主要利用隐式反馈算法在传输层实现拥塞控制。

不论采用哪种方法进行拥塞控制都是需要付出代价的。例如，在实施拥塞控制时，可能需要在节点之间交换信息和各种命令，以便选择控制的策略和实施控制，这样会产生额外的开销。有些拥塞控制机制会预留一些资源给特殊用户或特殊情况，这降低了网络资源的共享程度。因此，如图5-19所示，当网络输入负载不大时，有拥塞控制的系统吞吐量低于无拥塞控制的系统吞吐量。但付出一定的代价是值得的，它会保证网络性能的稳定，使网络性能不会因输入负载的增加而恶化甚至崩溃。

5.4.3　TCP 的拥塞控制

在学习了拥塞控制的基本方法后，我们再来研究TCP具体的拥塞控制机制。

TCP采用的方法是让每一个发送方根据所感知的网络拥塞程度，来限制向连接发送数据的速率。TCP发送方如果感知从它到目的地的路径上没有拥塞，则提高发送速率（以充分利用可用带宽）；发送方如果感知到该路径上有拥塞，则降低发送速率。该方法具体要解决3个问题：首先，TCP发送方如何限制它的发送速率；其次，TCP发送方如何感知从它到目的地的路径上是否存在拥塞；最后，当发送方感知到端到端的拥塞时，采用什么算法来改变其发送速率。

我们先讨论TCP发送方是如何限制其发送速率的。为了进行流量控制，TCP的发送方会维持一个叫作**接收方窗口**（Receiver Window）的状态变量rwnd来记录接收到的TCP报文段首部中窗口字段的值（接收方通告的接收窗口大小），并通过该变量限制发送窗口的大小，从而实现流量控制。另外，为了进行拥塞控制，TCP的发送方还维持了一个叫作**拥塞窗口**（Congestion Window）的状态变量cwnd，其大小取决于网络动态变化的拥塞程度。TCP发送方在确定发送报文段的速率时，既要考虑接收方的接收能力，又要从全局考虑，使网络不发生拥塞。因此TCP发送方的发送窗口大小取接收方窗口和拥塞窗口中的较小值，即应按式（5-4）确定。

$$发送窗口的上限值 = Min(rwnd, cwnd) \tag{5-4}$$

式（5-4）告诉我们：当rwnd < cwnd时，是接收方的接收能力限制发送窗口大小的最大值；但当cwnd < rwnd时，则是网络的传输能力限制发送窗口大小的最大值。为了简化问题，本小节仅考虑拥塞窗口对发送窗口的限制。

TCP发送方又是如何知道网络发生了拥塞呢？我们知道，当网络发生拥塞时，路由器就要丢弃分组。现在通信线路的传输质量一般都很好，因传输出差错而丢弃分组的概率是很小的（远小于1％），因此检测到分组丢失就可以认为网络出现了拥塞。我们在介绍快速重传时就已经知道，发送方不一定要通过超时计时器超时来发现分组的丢失，也可以通过接收到3个重复确认来判断有分组丢失。因此，当超时计时器超时或者接收到3个重复确认时，TCP的发送就认为网络出现了拥塞。

发送方感知到端到端的拥塞时，采用什么算法来改变其发送速率呢？ 1999年公布的互联网建议标准（RFC 2581）定义了3种算法，即**慢启动**（Slow Start）、**拥塞避免**（Congestion Avoidance）和**快速恢复**（Fast Recovery）。之后RFC 2582和RFC 3390又对这些算法进行了一些改进。由于TCP的拥塞控制的具体细节非常复杂，这里仅介绍这些算法的要点和基本原理。

1. 慢启动和拥塞避免

TCP 的拥塞控制
（动画演示）

主机刚开始发送数据时完全不知道网络的拥塞情况，如果立即把较大的发送窗口中的全部数据都注入网络，就有可能引起网络拥塞。经验证明，较好的方法是通过试探发现网络的可用带宽，即由小到大逐渐增大发送方的拥塞窗口数值，直到发生拥塞。通常在刚刚开始发送报文段时可先将拥塞窗口 cwnd 设置为一个 MSS①，而在每收到一个对新的报文段的确认后，将拥塞窗口增加至多一个 MSS。用这样的方法逐步增大发送方的拥塞窗口 cwnd，可以使分组注入网络的速率更加合理。这就是慢启动算法。

下面用例子说明慢启动算法的原理。为了便于说明，我们用 MSS 作为窗口大小，并且每个报文段的长度都是一个 MSS。此外，还假定接收方窗口 rwnd 足够大，因此发送窗口只受发送方的拥塞窗口的制约。

在一开始，发送方先设置 cwnd = 1，发送第一个报文段 M_0，接收方收到后对 M_0 进行确认。发送方收到对 M_0 的确认信息后，把 cwnd 从 1 增大到 2，于是发送方接着发送 M_1 和 M_2 两个报文段，接收方收到后发回对 M_1 和 M_2 的确认信息。发送方每收到一个对新报文段的确认，就将拥塞窗口加 1，因此现在发送方的 cwnd 又从 2 增大到 4，并可发送 $M_3 \sim M_6$ 共 4 个报文段，如图 5-21 所示。在互联网中，通常发送时延远小于往返时间，因此每经过一个轮次（大约一个 RTT），发送方的平均发送速率几乎增加一倍，即随时间以指数方式增长。可见慢启动的"慢"并不是指 cwnd 的增长速率慢，而是指一开始的发送速率很慢（cwnd = 1）。在不清楚网络实际负载的情况下，这样可以避免新的连接突然向网络注入大量分组而导致网络拥塞，这对防止网络出现拥塞非常有用。快速提高发送速率的目的是使发送方能迅速获得合适的发送速率。

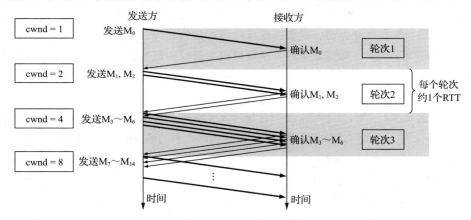

图 5-21 慢启动算法的原理

在慢启动阶段，发送速率以指数方式迅速增长，若发送速率持续以该方式增长，则网络必然很快进入拥塞状态。因此当网络接近拥塞时，应降低发送速率的增长速率，这可以使 TCP 连接在一段相对长的时间内保持较高的发送速率但又不致网络拥塞。为此，TCP 定义了一个状态变量，即慢启动门限 ssthresh（从慢启动阶段进入拥塞避免阶段的门限）。慢启动门限 ssthresh 的用法如下。

---

① RFC 2581 规定在一开始 cwnd 应设置为不超过 2 × MSS，并且在一开始不能超过两个报文段。这里为简化算法就将 cwnd 设置为一个 MSS。

（1）当cwnd < ssthresh时，使用上述慢启动算法。

（2）当cwnd > ssthresh时，停止使用慢启动算法而改用拥塞避免算法。

（3）当cwnd = ssthresh时，既可使用慢启动算法，也可使用拥塞避免算法。

在拥塞避免阶段，发送方的拥塞窗口cwnd每经过大约一个RTT就增加一个MSS。实际做法是，每收到一个新的确认信息，就将cwnd（以字节为单位）增大MSS × (MSS / cwnd)字节。这样，拥塞窗口cwnd按线性规律缓慢增长，比慢启动算法的拥塞窗口增长速率缓慢得多。

无论是在慢启动阶段还是在拥塞避免阶段，发送方只要发现网络出现拥塞（检测到有分组丢失），就立即将拥塞窗口cwnd重新设置为1，并执行慢启动算法。这样做的目的是迅速减少主机发送到网络中的分组数，使发生拥塞的路由器有足够的时间把队列中积压的分组处理完毕。在重新执行慢启动算法的同时，将慢启动门限ssthresh设置为出现拥塞时的发送窗口大小（即接收方窗口和拥塞窗口中数值较小的一个）的一半（但不能小于2）①。这样设置的考虑是，这一次在该窗口大小下发生拥塞，则下次很有可能在该窗口大小下再次发生拥塞，因此当下次拥塞窗口又接近该值时，就要降低窗口的增长速率，进入拥塞避免阶段。

图5-22说明了上述拥塞控制的具体过程。

（1）当TCP连接进行初始化时，将拥塞窗口置为1。前面已说过，**为了便于理解**，这里窗口单位不使用字节而使用**报文段**。假设慢启动门限初始值ssthresh = 16。我们知道，发送方的发送窗口大小不能超过拥塞窗口cwnd和接收方窗口rwnd中的较小值。现在假定接收方窗口足够大，因此现在发送窗口的大小等于拥塞窗口的大小。

（2）在执行慢启动算法时，拥塞窗口cwnd的初始值为1。以后发送方每收到一个对新报文段的确认，就将发送方的拥塞窗口加1，然后开始下一次的传输（图5-22中的横坐标表示传输轮次）。一个"轮次"就是把拥塞窗口cwnd所允许发送的报文段都发送出去，并且都收到了对方的确认信息。"轮次"的间隔时间近似为一个RTT。因此，拥塞窗口cwnd随着传输轮次的增加按指数规律增长。当拥塞窗口cwnd增长到慢启动门限ssthresh时（即当cwnd = 16时），就改为执行拥塞避免算法，拥塞窗口按线性规律增长。

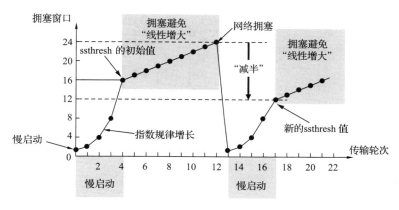

图5-22　慢启动算法和拥塞避免算法的实现举例

（3）假定拥塞窗口的数值增长到24时，网络出现拥塞（分组丢失）。更新后的ssthresh值变为12（即发送窗口大小24的一半），将拥塞窗口重新设置为1，并执行慢启动算法。当cwnd =

---

① RFC 2581给出了根据已发送出但还未被确认的数据字节数来设置ssthresh的新的计算公式。但许多教材在讨论拥塞控制原理时，为简化问题仍使用原来的"将ssthresh设置为出现拥塞时的发送窗口大小的一半"。

12时改为执行拥塞避免算法，拥塞窗口按线性规律增长，每经过一个RTT就增加一个MSS。

可见，执行**拥塞避免**算法后，拥塞窗口呈线性增长，发送速率增长比较缓慢，以防止网络过早出现拥塞，并使发送方可以长时间保持一个合理的发送速率。这里要再强调一下，"拥塞避免"并不能使网络不出现拥塞，而是把拥塞窗口大小控制为按线性规律增长，**使网络不容易立即出现拥塞**。

2. 快速恢复

实际上TCP检测到分组丢失有两种情况：超时计时器超时和收到连续3个重复的ACK。上面的拥塞控制算法对这两种情况采取了同样的措施，即将拥塞窗口减小为1，然后执行慢启动算法。但实际上这两种情况下网络拥塞程度是不一样的。当发送方收到连续3个重复的ACK时，虽然有可能丢失了一些分组，但这也表明丢失分组以外的另外3个分组已经被接收方接收了。因此，与发生超时事件的情况不同，网络还有一定的分组交付能力，拥塞情况并不严重。既然网络拥塞情况并不严重，将拥塞窗口直接减小为1就反应过于强烈了，这会导致发送方经过很长时间才能恢复到正常的传输速率。

为此，RFC 2581定义了与**快速重传**配套使用的**快速恢复**算法，具体如下。

（1）发送方收到连续3个重复的ACK时，重新设置慢启动门限ssthresh，将其设置为当前发送窗口大小的一半。这一点和慢启动算法是一样的。

（2）与慢启动算法的不同之处是，快速恢复算法不将拥塞窗口cwnd设置为1，而是设置为新设置的慢启动门限ssthresh[1]，然后开始执行拥塞避免算法，使拥塞窗口缓慢地线性增长。

对于超时事件，由于后续的分组都被丢弃了，一直没有收到它们的确认信息导致超时计时器超时（否则已经执行了快速重传而无须等到超时），显然网络存在严重的拥塞。这种情况下，重新执行慢启动算法有助于迅速减少主机发送到网络中的分组数，使发生拥塞的路由器有足够的时间把队列中积压的分组处理完毕。

图5-23所示为对接收到3个重复ACK和超时事件的不同处理。

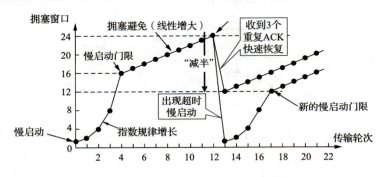

图5-23 对接收到3个重复ACK和超时事件的不同处理

3. 加性增和乘性减

在有关TCP拥塞控制的文献中经常可见"**加性增**"（Additive Increase）和"**乘性减**"（Multiplicative Decrease）这样的说法。采用快速恢复算法的情况下，长时间的TCP连接在稳定的时候通常处于下面描述的不断重复状态。经过慢启动，发送方迅速进入**拥塞避免**阶段，该阶

---

[1] 有的快速恢复算法把拥塞窗口设置为ssthresh + 3 × MSS。

段使拥塞窗口呈线性增长，即"加性增"，发送速率缓慢增长，以防止网络过早出现拥塞。当流量逐渐超过网络可用带宽时会出现拥塞，但由于发送速率增长缓慢，通常仅导致少量分组丢失。这种情况下发送方会收到3个重复ACK并将拥塞窗口减半，即"乘性减"，然后继续执行"加性增"缓慢提高发送速率，如此重复下去。因此，对于长时间的TCP连接，稳定时拥塞窗口呈锯齿状变化，如图5-24所示。在这种加性增、乘性减的拥塞控制下，发送方的平均发送速率始终保持在较接近网络可用带宽的位置（慢启动门限之上）。

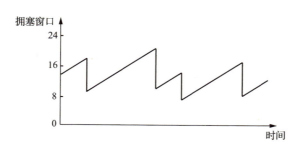

图 5-24　TCP 的加性增、乘性减拥塞控制

最后要说明的是，拥塞控制仍是计算机网络的一个研究热点，TCP及其拥塞控制算法也还在不断发展和变化。这里我们仅讨论了目前流行版本的基本原理和要点。

本章的重要概念

- 传输层提供应用进程间的逻辑通信，也就是说，传输层之间的通信并不是真正在两个传输层之间直接传送数据。传输层向应用层屏蔽了下面网络的细节（如网络拓扑、所采用的路由选择协议等），它使应用进程感觉两个传输层实体之间有一条端到端的逻辑通信信道。
- 网络层为主机之间提供逻辑通信，而传输层为应用进程之间提供端到端的逻辑通信。
- 互联网的传输层主要有两个协议：传输控制协议（TCP）和用户数据报协议（UDP），它们都有复用和分用的功能。当传输层采用面向连接的TCP时，尽管下面的网络是不可靠的（只提供尽力而为服务），但这种逻辑通信信道相当于一条全双工通信的可靠信道。当传输层采用无连接的UDP时，这种逻辑通信信道仍然是一条不可靠信道。
- 传输层用一个16位的端口号来标志一个端口。端口号只具有本地意义，它只是为了标志本计算机应用层中的各个进程在和传输层交互时的层间接口。在互联网的不同计算机中，相同的端口号是没有关联的。
- 两台计算机中的进程要互相通信，不仅要知道对方的IP地址（为了找到对方的计算机），而且要知道对方的端口号（为了找到对方计算机中的应用进程）。
- 传输层的端口号分为服务器端使用的端口号（0 ～ 1023是周知端口号，1024 ～ 49151是登记端口号）和客户端暂时使用的动态端口号（49152 ～ 65535）。
- UDP的主要特点：无连接，尽力而为服务，面向报文，无拥塞控制和流量控制，支持一对一、一对多、多对一和多对多的交互通信，首部开销小（只有源端口、目的端口、长度、校验和字段）。

- UDP通过二元组(目的IP地址,目的端口号)来定位一个接收方应用进程，而用二元组(源IP地址,源端口号)来标识一个发送方进程。二元组(IP地址,端口号)被称为套接字地址。

- TCP的主要特点：面向连接、每一条TCP连接只能是点对点（一对一）的、提供可靠交付的服务、提供全双工通信、面向字节流。

- TCP连接由通信两端的端点唯一确定，而两个端点分别由二元组(IP地址,端口号)唯一标识，即一条TCP连接由两个套接字地址标识。

- TCP报文段首部的前20字节是固定的，后面的4N字节是根据需要而增加的选项（N必须是整数）。在一个TCP连接中传送的字节流中的每一个字节都按顺序编号。首部中的序号字段值指的是本报文段所发送的数据的第一个字节的序号。

- TCP报文段首部中的确认号是期望收到的下一个报文段的第一个数据字节的序号。若确认号为N，则表明到序号N-1为止的所有数据字节都已正确收到。

- TCP报文段首部中的窗口字段指出了现在允许对方发送的数据量。窗口值并非固定不变。

- TCP使用滑动窗口机制。发送窗口里面的序号表示允许发送的数据字节序号。

- TCP使用的是累积确认，即对所有按序接收到的数据进行确认。接收方返回的确认号是已按序收到的数据的最高序号加1。也就是说，确认号表示接收方期望下次收到的数据中的第一个数据字节的序号。

- 若收到的未按序到达的报文段无差错，多数TCP实现会先将其暂存于接收缓存内，待所缺序号的报文段收齐再一起上交应用层。

- 流量控制就是让发送方的发送速率不要太快，让接收方来得及接收。TCP采用接收方根据接收缓存大小控制发送方发送窗口大小的方法来实现TCP连接上的流量控制。

- 在某段时间内，若对网络中某一资源的需求超过了该资源所能提供的可用部分，网络的性能就要变坏，这种情况就叫作拥塞。拥塞控制就是防止过多的数据注入网络，使网络中的路由器或链路不致过载。

- 流量控制是一个端到端的问题，拥塞控制是一个全局性的问题，涉及所有的主机、所有的路由器内部的存储、转发处理过程，以及与降低网络传输性能有关的所有因素。

- 当因网络拥塞而丢弃分组时，分组在其经过路径中所占用的全部资源（如链路带宽）都被白白浪费掉了。

- 为了进行拥塞控制，TCP的发送方要维持一个叫作拥塞窗口的状态变量cwnd。拥塞窗口的大小取决于网络的拥塞程度，并且会动态变化。发送方将自己的发送窗口大小设为拥塞窗口和接收方窗口中较小的值。

- TCP的拥塞控制主要包括3种算法：慢启动、拥塞避免和快速恢复。

- 传输连接有3个阶段，即连接建立、数据传送和连接释放。

- 主动发起TCP连接建立的是客户进程，而被动等待连接建立的是服务器进程。TCP的连接建立采用三次握手机制。服务器要确认客户的连接请求，然后客户要对服务器的确认进行确认。

- TCP的连接释放采用四次握手机制。任何一方都可以在数据传送结束后发出连接释放的通知，待对方确认后就进入半关闭状态。另一方若也没有数据再发送，则发送连接释放通知，对方确认后就完全关闭了 TCP 连接。

习题

5-1　试说明传输层在协议栈中的地位和作用。传输层的通信和网络层的通信有什么重要区别？

5-2　当应用程序使用面向连接的 TCP 和无连接的 IP 时，这种传输是面向连接的还是无连接的？

5-3　接收方收到有差错的 UDP 用户数据报时应如何处理？

5-4　在滑动窗口协议中，发送窗口和接收窗口的作用是什么？如果接收方的接收窗口大小不断地发生变化，则采取何种措施可以提高协议的效率？

5-5　简述 TCP 和 UDP 的主要区别。

5-6　为什么 TCP 首部中有一个表示首部长度的字段，而 UDP 的首部中没有这个字段？

5-7　如果互联网中的所有链路都提供可靠的传输服务，TCP 可靠传输服务将会是完全多余的吗？为什么？

5-8　请解释为什么突然释放传输连接可能会导致用户数据丢失，而使用 TCP 的连接释放方法就可保证不丢失数据。

5-9　试用具体例子说明为什么在传输连接建立时要使用三次握手，如不这样做可能会出现什么情况。

5-10　一个 TCP 报文段的数据部分最多为多少字节？为什么？如果用户要传送的数据的长度超过 TCP 报文段中的序号字段的最大序号，还能否用 TCP 来传送？

5-11　主机 A 和 B 使用 TCP 通信。在 A 接收到的报文段中，有这样连续的两个报文段：ack = 120 和 ack = 100，这可能吗（前一个报文段的确认号大于后一个）？试说明理由。

5-12　在使用 TCP 传送数据时，如果有一个确认报文段丢失了，也不一定会引起与该确认报文段对应的数据的重传。试说明理由。

5-13　请简要比较 TCP 的可靠传输实现与 GBN 协议的主要异同。

5-14　5.3.3 小节介绍过，若收到的报文段无差错，只是未按序号到达，TCP 对此未做明确规定，而是让 TCP 的实现者自行决定。试讨论以下两种可能的方法的优劣。

（1）把不按序到达的报文段丢弃。

（2）先把不按序到达的报文段暂存于接收缓存内，待所缺序号的报文段收齐再一起上交应用层。

5-15　设 TCP 使用的最大窗口为 64 KB，即 64 × 1024 字节，而传输信道的带宽可认为是不受限制的。若报文段的平均往返时间为 20 ms，问：所能得到的最大吞吐量是多少？

5-16　试计算一个包括 5 段链路的传输连接的单程端到端时延。5 段链路中有 2 段是卫星链路，有 3 段是广域网链路。每条卫星链路又由上行链路和下行链路两部分组成。设这两部分的传播时延之和为 250 ms，每一个广域网的范围为 1500 km，其传播时间可按 150000 km/s 来计算，各数据链路速率为 48 kbit/s，帧长为 960 bit。

5-17　重复上题，但假定其中的一个陆地上的广域网的传输时间为150 ms。

5-18　TCP接收方收到3个重复ACK就执行快速重传，为什么不在收到对报文段的第一个重复ACK后就快速重传？

5-19　用TCP传送512字节的数据。设窗口为100字节，而TCP报文段每次也传送100字节的数据。再设发送方和接收方的起始序号分别为100和200，试画出类似于图5-15的工作示意图，从连接建立到连接释放都要画上。

5-20　在图5-17所示的连接释放过程中，主机B能否先不发送ack $= u + 1$的确认信息（因为后面要发送的连接释放报文段中仍有ack $= u + 1$这一信息）？

5-21　在图5-17所示的连接释放过程中，主机A在发送完对B的连接释放请求报文段的确认信息后，为什么还要等待一段超时重传时间再彻底关闭连接？

5-22　在图5-18中，什么情况下会发生从LISTEN状态到SYN_SENT状态，以及从SYN_SENT状态到SYN_RCVD状态的变迁？

5-23　TCP和UDP是否都需要计算RTT？

5-24　在TCP的往返时间的估计中，为什么TCP忽略对重传报文段的往返时间测量值（RTT样本）？

5-25　什么是Karn算法？在TCP的重传机制中，若不采用Karn算法，而是在收到确认信息时认为是对重传报文段的确认，那么由此得出的RTTs和超时重传时间都会偏小。试问：重传时间最后会减小到什么程度？

5-26　某个应用进程使用传输层的UDP，用户数据报继续向下交给IP层后，又被封装成IP数据报。既然都是数据报，是否可以跳过UDP而直接交给IP层？哪些功能UDP提供了但IP没有提供？

5-27　使用TCP对实时话音数据进行传输有没有什么问题？使用UDP传送数据文件会有什么问题？

5-28　TCP在进行拥塞控制时以分组的丢失作为产生拥塞的标志。有没有不是因拥塞而引起的分组丢失情况？如有，请举出3种情况。

5-29　一个应用程序使用UDP，到了IP层将数据报再划分为4个数据报片发送出去，结果前两个数据报片丢失，后两个到达目的站。过了一段时间，应用程序重传UDP用户数据报，而在IP层仍然将其划分为4个数据报片来传送，结果这次前两个数据报片到达目的站而后两个丢失。试问：在目的站能否将这两次传输的4个数据报片组装成完整的数据报？假定目的站第一次收到的后两个数据报片仍然保存在目的站的缓存中。

5-30　为什么在TCP首部中有一个首部长度字段，而UDP的首部中就没有这个字段？

5-31　一个UDP用户数据报的数据字段长度为8192字节，要使用以太网来传送，应当划分为几个数据报片？说明每一个数据报片的数据字段长度和片偏移字段的值。

5-32　TCP在建立连接时，为什么初始序号不固定设置为1？

5-33　简述TCP流量控制和拥塞控制的不同。

5-34　在TCP的拥塞控制中，什么是慢启动算法、拥塞避免算法、快速重传算法和快速恢复算法？每一种算法各起什么作用？"加性增"和"乘性减"各用在什么情况下？

5-35　TCP使用慢启动和拥塞避免算法，设TCP的拥塞窗口的初始值为8×MSS。从慢启动开始，当拥塞窗口增大到12时网络发生拥塞。试画出每个轮次TCP拥塞窗口的演变曲线图（横坐标为轮次，纵坐标为拥塞窗口），并说明拥塞窗口每一次变化的原因（画出15个轮次）。

5-36　通信信道带宽为1 Gbit/s，端到端时延为10 ms，TCP的发送窗口大小为65535字节。试问：可能达到的最大吞吐量是多少？信道的利用率是多少？

5-37　为什么TCP拥塞控制中对发送方收到3个重复ACK和超时重传事件采用不同的处理方法？

5-38　考虑图5-20中的例子，若将主机C到R_1的链路带宽提高到10000 Mbit/s，则所能达到的最大吞吐量大约是多少？

5-39　考虑图5-25所示的网络，路由器之间的链路带宽为100 Mbit/s，假设主机到路由器的链路带宽无限。主机A到C的连接经过R_2，B到D的连接经过R_3，C到A的连接经过R_4，D到B的连接经过R_1。若无拥塞控制，各主机逐渐提高发送速率，会出现什么情况？

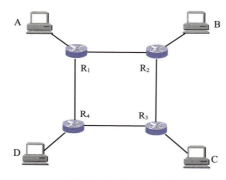

图5-25　习题5-39的图

第6章
应用层

网络应用位于计算机网络体系结构的最上层，是设计和建立计算机网络的最终目的，也是计算机网络中发展最快的部分。从早期的基于文本的应用（如电子邮件、远程登录、文件传输、新闻组）到20世纪90年代将互联网带入千家万户的万维网，再到今天流行的各种社交软件、P2P文件共享和网络音频/视频软件，网络应用层出不穷，直接影响着人类的工作、生活、文化、经济、政治乃至军事等方方面面。此外，计算设备的小型化和"无处不在"，宽带住宅接入和无线接入的日益普及和迅速发展，为未来更多的新型应用提供了广阔的舞台。

本章以一些经典的网络应用为例，介绍网络应用的原理、协议和实现方面的知识。

本章的重点内容如下。

（1）网络应用程序体系结构。

（2）域名系统。

（3）万维网和HTTP、HTML。

（4）电子邮件的工作原理及相关协议。

（5）FTP的特点。

（6）DHCP的概念。

（7）P2P文件共享和文件分发的概念。

（8）多媒体网络应用。

6.1 应用层概述

网络应用之所以能成为计算机网络中发展最快的部分，原因之一就是任何人都可以方便地开发并运行新的网络应用。因为网络应用程序只运行在端系统中，传输层已经为网络应用提供了端到端的进程间逻辑通信服务，网络应用开发者无须考虑各种复杂的网络核心设备（如路由器或链路层交换机），只要拥有几台连网的计

应用层概述

算机，就可以在上面开发并运行自己的网络应用。

那么，开发网络应用到底应该考虑哪些问题呢？这就是本节要讨论的内容。

6.1.1 网络应用程序体系结构

网络应用程序运行在网络中不同的端系统上，通过彼此间的通信来共同完成某项任务。因此，开发一种新的网络应用首先要考虑的问题就是网络应用程序在各种端系统上的组织方式和它们之间的关系，即**网络应用程序体系结构**。目前流行的网络应用程序体系结构主要有**客户 – 服务器体系结构**和**P2P体系结构**。

1. 客户 – 服务器体系结构

客户 – 服务器（Client-Server）**体系结构**包括一个总是运行着的**服务器程序**和许多有时运行的**客户程序**。客户进程通过网络向服务器进程请求服务，服务器进程可接受来自多个客户进程的请求，并进行响应以提供服务，而客户进程相互之间不直接通信。客户 – 服务器体系结构最主要的特征是，**客户进程是服务请求方，服务器进程是服务提供方**。客户 – 服务器体系结构的另一个特征是，服务器进程总是处于运行状态，并等待客户进程的服务请求。服务器进程具有固定端口号，而运行服务器程序的主机也具有固定的IP地址。

客户 – 服务器体系结构是互联网上传统的、也是最成熟的结构，很多我们熟悉的网络应用采用的都是客户 – 服务器体系结构，包括万维网、电子邮件、文件传输等。图6-1所示为客户 – 服务器体系结构。

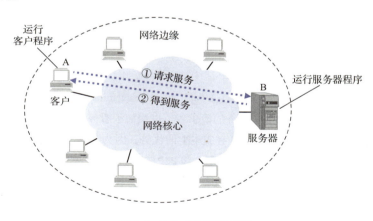

图6-1 客户 – 服务器体系结构

要说明的是，这里的**客户和服务器指的都是计算机程序**（运行的程序称为进程），但人们经常把运行客户程序的计算机也称为Client（翻译为**客户机**或**客户计算机**），把运行服务器程序的计算机也称为Server（翻译为**服务器**或**服务器计算机**）。服务器计算机通常是高性能计算机，并且全天开机，而客户计算机通常是普通计算机，它不一定总是处于开机状态。根据上下文并不难判断**Client**和**Server**的具体含义，在讨论应用程序体系结构时通常不另行说明。

基于客户 – 服务器体系结构的应用服务通常是服务集中型的，即应用服务集中在网络中数量比客户计算机少得多的服务器计算机上。由于一台服务器计算机要为多台客户机提供服务，在客户 – 服务器应用中，常会出现服务器计算机跟不上众多客户机请求的情况。例如，一个热门的万维网网站每秒可能有成千上万的用户访问，仅运行一台计算机来提供如此大量的服务是不行的。在客户-服务器应用中，常用计算机群集（或服务器场）构建一个强大的虚拟服务器。为此，服务提供商需要购买、安装和维护服务器场。此外，服务提供商还必须为这些服务器提供足够带宽的网络连接。

2. P2P 体系结构

在**P2P体系结构**中，没有固定的服务请求者和服务提供者，分布在网络中的应用进程是对等的，被称为**对等方**（有时将运行对等方软件的计算机也称为对等方）。对等方相互直接通信，每个对等方既是服务的请求者，又是服务的提供者。如图6-2所示，当对等方C从对等方D下载某个歌曲文件时，可能另一个对等方F也在从对等方C下载另一个歌曲文件，或者下载该歌曲文件中的某数据块（已被对等方C下载了的）。基于P2P的应用是服务分散型的，因为服务不是集中在少数几台服务器计算机中，而是分散在大量对等方计算机中，这些计算机并不为服务提供商所有，而是由个人控制的桌面计算机或笔记本电脑等，它们通常位于住宅、校园和办公室中。

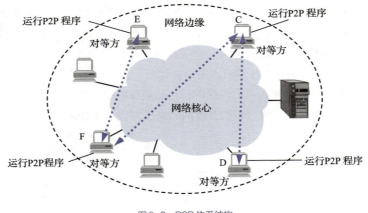

图6-2　P2P体系结构

P2P体系结构最突出的特性之一就是它的**可扩缩性**（Scalability）（也翻译为**可扩展性**）。因为系统每增加一个对等方，不仅增加了服务的请求者，也增加了服务的提供者，系统性能不会因规模的增大而降低。另外，P2P体系结构具有成本上的优势，因为它通常不需要庞大的服务器设施和服务器带宽。为了降低成本，服务提供商对于将P2P体系结构用于网络应用的兴趣越来越大。

要说明的是，客户-服务器和P2P是网络应用程序的两种通用体系结构，许多网络应用组织成客户-服务器和P2P的**混合体**（Hybrid）。

3. 容易混淆的两个概念

这里有两个非常容易混淆的概念要说明。在5.3.5小节中，我们曾提到进程间通信的**客户-服务器**通信模式，不要将其与网络应用程序体系结构中的**客户-服务器体系结构**相混淆。在讨论进程间通信时，**通信的一对进程中发起通信的进程也被称为客户或客户进程，而被动接受通信请求的进程也被称为服务器或服务器进程**，这种通信模式被称为**客户-服务器**通信模式。有时网络应用程序体系结构中的服务器在一次通信会话中会主动发起通信，成为客户进程，例如，后面我们要学习的FTP应用中就有这样的情况。对于P2P应用，在讨论进程间通信模式时，通信的两个进程中总有一个是客户进程，而另一个是服务器进程。例如，在P2P文件共享中，当对等方A请求对等方B发送一个文件时，在这个特定的通信会话中对等方A是**客户**进程，而对等方 B 是**服务器**进程。

6.1.2 应用层协议

不论网络应用采用的是客户-服务器体系结构还是 P2P 体系结构，客户机和服务器之间都要通过互相通信来完成特定的网络应用任务。传输层已为应用进程提供了端到端的通信服务，但不同的网络应用，其应用进程间需要有不同的通信规则，因此在传输层协议之上还需要有**应用层协议**，其作用是定义运行在不同端系统上的应用进程间为实现特定应用而**互相通信的规则**。具体来说，应用层协议定义了如下规则。

（1）交换的报文类型，如请求报文和响应报文。

（2）各种报文类型的语法，如报文中的各个字段及其详细描述。

（3）字段的语义，即包含在字段中的信息的含义。

（4）进程何时、如何发送报文及对报文进行响应的规则。

互联网公共领域的标准应用的应用层协议是由 RFC 文档定义的，大家都可以使用。例如，万维网的应用层协议 HTTP 就是由 RFC 2616 定义的。如果浏览器开发者遵守 RFC 2616 标准，所开发出来的浏览器就能够访问任何遵守该标准的万维网服务器，并获取相应的万维网页面。互联网中还有很多其他应用的应用层协议不是公开的，而是专用的。例如，微信使用的就是专用应用层协议。

请注意，应用层协议与网络应用并不是同一个概念。应用层协议只是网络应用的一部分。例如，万维网应用是一种基于客户-服务器体系结构的网络应用。万维网应用包含很多部件，有万维网浏览器、万维网服务器、万维网文档的格式标准，以及应用层协议。万维网的应用层协议是 HTTP，它定义了在万维网浏览器和万维网服务器之间传送的报文类型、格式和序列等规则。而万维网浏览器如何显示万维网页面，万维网服务器是用多线程还是用多进程来实现，并不是 HTTP 定义的内容。

6.1.3 选择传输层协议

传输层向它上面的应用层提供端到端通信服务，应用层协议的报文需要利用传输层协议提供的通信服务来传输。互联网的传输层有两个主要的协议：TCP 和 UDP。TCP 提供面向连接的可靠数据传输服务，并实现了流量控制和拥塞控制；而 UDP 提供的是无连接的不可靠报文传送服务。UDP 没有流量控制和拥塞控制机制，是一种轻量级传输层协议。

表 6-1 列出了一些流行的互联网应用所使用的应用层协议和传输层协议。可以看到，电子邮

表6-1 流行的互联网应用所使用的应用层协议和传输层协议

应用	应用层协议	传输层协议
电子邮件	SMTP	TCP
远程终端访问	TELNET	TCP
万维网	HTTP	TCP
文件传输	FTP	TCP
IP 电话	专用协议	通常用 UDP
流式多媒体通信	专用协议	UDP 或 TCP

件、远程终端访问、万维网、文件传输都采用的是TCP。这些应用选择TCP的最主要的原因是TCP提供了可靠数据传输服务。另外，我们也可以看到，IP电话和流式多媒体通信多采用UDP。因为这些应用可以容忍一定的数据丢失，并且有最低发送速率的要求。另外，UDP没有拥塞控制机制，发送方可以任何速率向网络注入数据，因此UDP成为这些应用的较好选择。

6.2 域名系统

域名系统

域名系统（Domain Name System，DNS）并不是直接和用户打交道的网络应用，它为其他各种网络应用提供一种核心服务，即名字服务，使各种网络应用能够在应用层使用计算机的名字来进行交互，而不需要直接使用IP地址。

6.2.1 域名系统概述

在互联网上，两个位于不同主机上的进程要互相通信必须使用IP地址。但用户在使用网络应用时，很难记住长达32位的二进制IP地址，即使是采用点分十进制记法也并不容易记忆，大家更愿意使用易于记忆的主机名。但对机器（如路由器）来说，处理等长的数字要比处理不等长的字符串高效得多。因此，在网络层，为了更高效地查找转发地址，要使用等长的32位IP地址来标志一台主机，而不是使用不等长的主机名。但在应用层，为了便于用户记忆各种网络应用，更多使用主机名。

在ARPANET时代，整个网络上只有数百台计算机，人们使用一个叫作hosts的本地维护的文件，其中包含所有主机名和相应的IP地址。只要用户输入主机名，计算机就可以很快地将主机名转换成相应的二进制IP地址。

从理论上讲，在互联网中可以只使用一台计算机来响应所有主机名到IP地址的查询。然而这种做法并不可取。因为随着互联网规模的扩大，这台计算机肯定会因超负荷而无法正常工作，而且一旦这台计算机出现故障，整个互联网就会瘫痪。1983年，互联网开始采用层次结构的命名树作为主机的名字（即域名），并使用分布式的DNS（RFC 1034、RFC 1035）。RFC 1034和RFC 1035这两个文档早已成为互联网的正式标准。

互联网的DNS是一个联机分布式数据库系统，并采用客户-服务器体系结构。DNS使大多数名字都在本地解析，仅少量解析需要在互联网上进行，因此系统效率很高。由于DNS是分布式系统，即使单个计算机出了故障，也不会妨碍整个系统的正常运行。

域名到IP地址的转换是由若干个域名服务器程序完成的，这种域名到IP地址的转换过程叫作域名解析。域名服务器程序在专设的主机上运行，人们也常把运行该程序的主机称为**域名服务器。**

域名解析过程可简要地归纳如下：当某一个应用进程需要将域名解析为IP地址时（注意，这种过程通常都是自动进行的，用户感觉不到），该应用进程就成为DNS的一个客户，并把待解析的域名放在DNS请求报文中，以UDP数据报方式发给本地域名服务器（使用UDP是为了减少开销）；本地的域名服务器在查找域名后，把对应的IP地址放在回答报文中送回。应用进程获得目的主机的IP地址后即可进行通信。

若本地域名服务器不能响应该请求，则此域名服务器暂时成为DNS的另一个客户，并向其他域名服务器发出查询请求。这种过程一直持续，直至找到能够响应该请求的域服务器为止。详细的查找过程后面还要进一步讨论。

除了进行主机名到IP地址的转换外，DNS还提供了一些重要的服务。

（1）**主机别名**。有些主机的名字比较复杂，可以为主机起多个简单易记的别名。应用程序可以调用DNS来获得主机别名对应的**规范主机名**（不是别名的主机名）及主机的IP地址。

（2）**负载分配**。DNS允许用一个主机名对应一个IP地址集合。DNS服务器收到该主机名的解析请求时，随机或循环返回地址集合中的一个地址。一些热门网站可以利用该服务将网站复制到多个服务器上，这些服务器共用一个域名，从而实现在这些服务器上的负载分配。

（3）**反向域名解析**。有时某些应用需要将某个IP地址转换为域名，这可以通过后面介绍的反向域来实现。

6.2.2　互联网的域名结构

早期的互联网使用非等级式的名字空间，其优点是名字简短。但当互联网上的用户数急剧增加时，用非等级式的名字空间来管理一个很大而且经常变化的名字集合是非常困难的。因此互联网后来采用层次树状结构的命名方法，就像全球邮政系统和电话系统那样。采用这种命名方法后，任何一个连接在互联网上的主机或路由器都可以有**唯一的层次结构的名字**，即**域名**（Domain Name）。**域**（Domain）是名字空间中可被管理的单位。域还可以继续划分为子域，如二级域、三级域等。

域名的结构由若干个分量组成，各分量之间用点（.）隔开：

…. 三级域名 . 二级域名 . 顶级域名

各分量分别代表不同级别的域名。每一级的域名都由英文字母和数字组成（不超过63个字符，并且不区分大小写字母），级别最低的域名写在最左边，而级别最高的顶级域名写在最右边。完整的域名不超过255个字符。DNS既不规定一个域名需要包含多少个下级域名，也不规定每一级的域名代表什么意思。各级域名由其上一级的域名管理机构管理，而级别最高的顶级域名则由ICANN进行管理。层次树状结构的命名方法便于维护名字的唯一性，并且也容易设计出高效的域名查询机制。需要注意的是，域名只是一个**逻辑概念**，并不代表计算机所在的物理地点。

顶级域名分为三大类。

（1）**国家或地区顶级域名**nTLD：采用ISO 3166的规定。例如，cn表示中国，us表示美国，uk表示英国，等等。

（2）**通用顶级域名**gTLD：最常见的通用顶级域名有7个，分别是com（公司企业）、net（网络服务机构）、org（非营利性组织）、int（国际组织）、edu（教育机构）、gov（政府部门）、mil（军事部门）。

（3）**反向域**arpa：用于反向域名解析，将IP地址反向解析为域名。

在国家或地区顶级域名下注册的二级域名由相应国家或地区自行确定。例如，顶级域名为jp的日本将其教育和企业机构的二级域名分别定为ac和co，而不用edu和com。

我国则将二级域名划分为"**类别域名**"和"**行政区域名**"两大类。

（1）类别域名有7个，分别为ac（科研机构）、com（工、商、金融等企业）、edu（教育机构）、gov（政府部门）、net（提供网络服务的机构）、mil（军事机构）和org（非营利性组织）。

（2）行政区域名有34个，适用于我国的各省、自治区、直辖市。例如，bj表示北京市，sh表示上海市，js表示江苏省，等等。

图6-3所示为互联网名字空间的结构，它像一棵倒过来的树，树根在最上面，没有名字。树根下一级的节点就是最高一级的顶级域节点，在顶级域节点下面的是二级域节点，最下面的叶节点就是主机的域名。图6-3列举了一些域名作为例子，凡是在顶级域名com下注册的单位都获得了一个二级域名。图中的例子有中央广播电视总台，以及IBM、惠普、摩托罗拉等公司。在顶级域名cn（中国）下的二级域名有hk（香港特别行政区）、js（江苏省）、sh（上海市）、bj（北京市），以及我国规定的6个类别域名。这些二级域名是我国规定的，凡在其中的某一个二级域名下注册的单位都可以获得一个三级域名。图6-3中，edu下面的三级域名有tsinghua（清华大学）、pku（北京大学）、fudan（复旦大学）、sjtu（上海交通大学）等。一旦某个单位拥有了一个域名，它就可以自己决定是否要进一步划分其下属的子域，并且不必将这些子域的划分情况报告上级机构。图6-3中画出了顶级域名com下的中央广播电视总台自己划分的三级域名mail。清华大学下的四级域名有mail、csnetl、ep等。域名树的树叶就是计算机的名字，它不能再继续往下划分子域了。在名字空间中每个域都是一个子树。

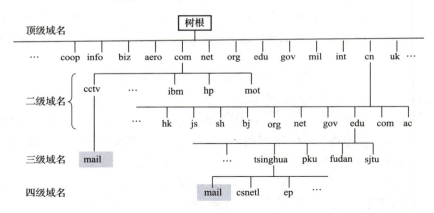

图6-3　互联网名字空间的结构

应当注意，虽然中央广播电视总台和清华大学各有一台计算机取名为mail，但它们的域名并不一样，因为前者是mail.cctv.com，而后者是mail.tsinghua.edu.cn。因此，即使在世界上还有很多单位的计算机取名为mail，它们在互联网中的域名也是唯一的。

这里还要强调，互联网的名字空间是按照机构的组织来划分的，与物理的网络无关，与IP地址中的子网也没有关系。

6.2.3　域名服务器

名字空间相关信息（其中最重要的就是域名和IP地址的映射关系）必须保存在计算机中，供其他应用查询。显然不能将所有信息都存储在一台计算机中。DNS将域名信息分布到叫作域名服务器的许多计算机上，并将整个名字空间划分为许多不相交的区（Zone），每个区的域名信息由一个权威域名服务器（Authoritative Name Server）负责管理。

原则上名字空间中的每一个域都可以对应一个区，这样所有的权威域名服务器之间就构成了与域名树对应的域名服务器等级结构。但完全按照域来划分区，会导致有太多很小的区。因此，实际的划分方法如图6-4所示。若一个域比较小，如y.abc.com，其子域不需要再划分为区，则域y.abc.com与区y.abc.com的范围是相同的。若一个域比较大，如abc.com，可将其子域（如y.abc.com）划分出来并委托给其他域名服务器管理，则区abc.com的范围只是域abc.com的一部分。因此，域和区是两个不同的概念。区是域名服务器直接管辖范围的单位，每个区有一个权威域名服务器。权威域名服务器负责本管辖区的域名转换（显然，它必须知道本管辖区中所有主机的名字和IP地址），但其权限范围仅在本管辖区内。

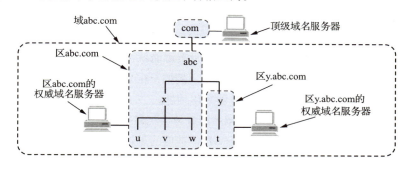

图6-4 DNS划分区的例子

域名服务器也构成了一个树状的等级结构，如图6-5所示，但该结构并不与域名结构完全一致。每一个域名服务器除了维护自己管辖区内所有域名到IP地址的映射关系，还必须知道其上下级域名服务器的信息，当自己不能直接解析某个域名时，就设法找其他域名服务器进行解析。

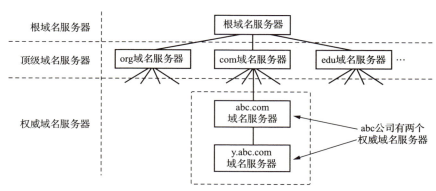

图6-5 DNS域名服务器的等级结构

域名服务器可划分为以下4种不同类型。

（1）**根域名服务器**：最高层次的域名服务器。根域名服务器并不直接管辖某个区的域名信息，但每个根域名服务器都知道所有的顶级域名服务器的域名及其IP地址。互联网上共有13个不同IP地址的根域名服务器，尽管我们将这13个根域名服务器中的每一个都视为单个的服务器，但每台服务器实际上是由许多分布在世界各地的计算机构成的计算机群集。当本地域名服务器向根域名服务器发出查询请求时，路由器就把查询请求报文转发到离这个DNS客户最近的一个根域名服务器。这加快了DNS的查询过程，也更合理地利用了互联网的资源。根域名服务器通常并不直接对域名进行解析，而是返回该域名所属顶级域名的顶级域名服务器的IP地址。

（2）**顶级域名服务器**：负责管理在该顶级域名服务器注册的所有二级域名。当收到DNS查询请求时，顶级域名服务器给出相应的回答（可能是最后的结果，也可能是下一级权威域名服务器的IP地址）。

（3）**权威域名服务器**：负责管理某个区的域名服务器。每台主机的域名都必须在某个权威域名服务器注册，因此权威域名服务器知道其管辖的域名与IP地址的映射关系。另外，权威域名服务器还知道其下级域名服务器的地址。

（4）**本地域名服务器**：不在图6-5所示的域名服务器的等级结构中。当一台主机发出DNS查询报文时，这个查询报文首先被送往该主机的本地域名服务器。本地域名服务器起着DNS代理的作用，会将该查询报文转发到域名服务器的等级结构中。每一个ISP、大学，甚至一个大学里的每一个系，都可以拥有一个**本地域名服务器**，它有时也称为**默认域名服务器**。本地域名服务器离用户较近，一般不超过几个路由器的距离，也有可能就在同一个局域网中。本地域名服务器的IP地址应直接配置在需要域名解析的主机中。例如，在Windows操作系统的网络连接属性中设置的DNS地址就是该主机本地域名服务器的IP地址。

为了提高域名服务器的可靠性，DNS域名服务器会把数据复制到几个域名服务器中保存，其中一个是**主域名服务器**（Master Name Server），其他的是**辅助域名服务器**（Secondary Name Server）。当主域名服务器出故障时，辅助域名服务器可以保证DNS的查询工作不中断。主域名服务器定期把数据复制到辅助域名服务器中，而数据更改只能在主域名服务器中进行。这样就保证了数据的一致性。

6.2.4　域名解析的过程

DNS可进行域名到IP地址的解析，也可以将IP地址反向解析为域名，但DNS主要的功能是前者。本书仅介绍域名到IP地址的解析过程。这里要注意以下两点。第一，主机向本地域名服务器的查询一般都采用**递归查询**（Recursive Query）。所谓递归查询就是如果本地域名服务器不知道被查询域名的IP地址，那么本地域名服务器就以DNS客户的身份向某个根域名服务器继续发出查询请求报文（即替该主机继续查询），而不是让该主机自己进行下一步的查询。第二，本地域名服务器向根域名服务器查询时，优先采用**迭代查询**（Iterative Query）。所谓迭代查询就是由本地域名服务器进行循环查询。当根域名服务器收到查询请求报文但并不知道被查询域名的IP

DNS域名解析
过程（动画演示）

地址时，这个根域名服务器就把自己知道的顶级域名服务器的IP地址告诉本地域名服务器，让本地域名服务器再向顶级域名服务器查询。顶级域名服务器在收到本地域名服务器的查询请求后，就告诉本地域名服务器下一步应当向哪一个权威域名服务器进行查询。这样查询下去，主机就知道了所要解析的域名的IP地址。图6-6说明了这两种查询的区别。从理论上讲，DNS查询既可以采用递归查询也可以采用迭代查询。但由于递归查询中被查询的域名服务器负担太大，通常采取的模式是，从请求主机到本地域名服务器的查询是递归查询，而其余的查询是迭代查询，即图6-6（a）所示的模式。

假定域名为m.xyz.com的主机想知道域名为y.abc.com的另一台主机的IP地址（例如，主机m.xyz.com打算发送邮件给主机y.abc.com，就需要知道主机y.abc.com的IP地址）。主机m.xyz.com先向其本地域名服务器dns.xyz.com进行递归查询，图6-6（a）表示本地域名服务器采用迭代查询，而图6-6（b）表示本地域名服务器采用递归查询。整个查询过程的顺序为

❶→❷→❸→❹→❺→❻→❼→❽，总共要使用8个UDP报文。图6-6（a）和图6-6（b）中都没有画出主机y.abc.com，但画出了管辖主机y.abc.com的权威域名服务器dns.abc.com。

我们注意到，在图6-6（a）中，本地域名服务器经过3次迭代查询后，从权威域名服务器dns.abc.com得到了主机y.abc.com的IP地址。而在图6-6（b）中，本地域名服务器只需向根域名服务器查询一次，后面的几次查询都是在其他几个域名服务器之间进行的。只是在最后，本地域名服务器从根域名服务器得到了所需的IP地址。

为了提高DNS查询效率，并减轻根域名服务器的负荷和减少互联网上的DNS查询报文数量，域名服务器中广泛地使用了**高速缓存**（有时也称为高速缓存域名服务器）。高速缓存用来存放最近查询过的域名以及从何处获得域名映射信息的记录。

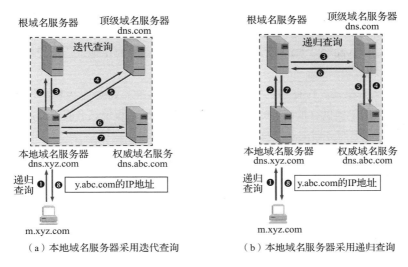

图6-6　DNS查询

例如，在图6-6（a）的查询过程中，如果不久前已经有用户查询过域名为y.abc.com的IP地址，那么本地域名服务器就不必再向根域名服务器重新查询y.abc.com的IP地址，而是直接把高速缓存中存放的上次查询结果（即y.abc.com的IP地址）告诉用户。

假定本地域名服务器的高速缓存中并没有y.abc.com的IP地址，而是存放着顶级域名服务器dns.com的IP地址，那么本地域名服务器就不必向根域名服务器进行查询，而可以直接向顶级域名服务器发送查询请求报文。这样不仅可以大大减轻根域名服务器的负荷，而且能够使互联网上的DNS查询请求报文和回答报文的数量大为减少。

由于域名到IP地址的绑定有可能发生变化（但并不会经常改变），为保持高速缓存中的内容正确，域名服务器应为每项内容设置计时器，并处理超过合理时间的项（例如，典型的设置是每项只存放48h）。当域名服务器已从高速缓存中删去某项信息后又被请求查询该项信息，它就必须重新从授权管理该项的域名服务器获取绑定信息。当权威域名服务器响应一个查询请求时，在响应中会指明绑定有效的时间值。增大此时间值可减少网络开销，而减少此时间值可提高域名解析的准确性。

不但本地域名服务器中需要高速缓存，主机中也需要。许多主机都会维护存放自己最近使用的域名的高速缓存，并且只在从高速缓存中找不到欲解析的域名时才向本地域名服务器发送查询请求报文。维护本地域名服务器数据库的主机自然应该定期地检查域名服务器，以获取新的映射信息，而且主机必须从高速缓存中删掉无效的项。由于域名改动并不频繁，大多数主机不需要太多开销就能维护数据库的一致性。

DNS的查询请求报文和响应报文通常都使用UDP数据报进行发送，但当响应报文长度超过512字节时就需要使用TCP（通常发生在辅助域名服务器从主域名服务器备份数据时）。DNS报文的具体格式这里就不介绍了，可参考RFC 1034。

6.2.5　DNS 资源记录

DNS服务器以**资源记录**（Resource Record）的形式存储主机名到IP地址的映射，每个DNS回答报文可能包含一条或多条资源记录。资源记录在逻辑上是一个四元组(Name, Value, Type, TTL)。TTL是该记录的生存时间，它决定了资源记录应当从高速缓存中删除的时间，而其他字段的内容与资源记录的类型有关。DNS资源记录主要有以下几种类型。

（1）**主机记录**。Type=A，Name是主机名，Value是该主机的IP地址。该记录提供标准的主机名到IP地址的映射。

（2）**域名服务器记录**。Type=NS，Name是某个域的名称，Value是该域的权威域名服务器的主机名。该记录用于提供自顶而下的DNS查询链。某个域的权威域名服务器需要在其上级域名服务器注册一条域名服务器记录以及对应的主机记录。

（3）**主机别名记录**。Type=CNAME，Name是主机别名，Value是该主机的规范主机名。

（4）**邮件交换记录**。Type=MX，Name是邮件服务器别名，Value是该邮件服务器的规范主机名。通过使用邮件交换记录，一个单位的邮件服务器和其他服务器（如Web服务器）可以使用相同的别名。后面将会介绍的电子邮件系统为了获得收件人邮件服务器的规范主机名，会通过DNS请求一条邮件交换记录。

6.3　万维网

6.3.1　万维网概述

万维网并非某种特殊的计算机网络，**它是一个大规模的、联机式的信息储藏所，是运行在互联网上的一个分布式应用**，现在也经常简称为Web。万维网利用网页之间的**链接**（或称为**超链接**，即隐藏在页面中指向另一个网页的位置信息）将不同网站的网页链接成一张逻辑上的信息网，从而使用户可以方便地从互联网上的一个站点访问另一个站点，主动地按需获取丰富的信息。图6-7说明了万维网网页之间的链接。

图6-7中画出了万维网上的5个站点，它们可以相隔数千千米，但都必须连接在互联网上。每一个万维网站点都存放了许多网页。这些网页中有一些地方的文字是用特殊方式显示的（如用不同的颜色，或添加了下画线），而当我们将鼠标指针移动到这些地方时，鼠标指针就变成了一只手的形状，这就表明这些地方有**超链接**。如果在这些地方单击，就可以从这个网页链接到可能相隔很远的另一个网页，另一个网页会被传送过来并在屏幕上显示。

万维网是由欧洲核子研究中心的蒂姆·伯纳斯-李（Tim Berners-Lee）于1989年3月提出的。1993年2月，第一个图形界面的浏览器开发成功，名字叫作Mosaic。1995年，著名的

Netscape Navigator浏览器上市。目前流行的浏览器很多，如谷歌公司的Chrome浏览器、腾讯公司的QQ浏览器等。万维网将互联网带入千家万户，普通百姓开始使用网络获取信息和进行交流，而在此之前，互联网的主要使用者是研究人员、学者和大学生。万维网的出现使互联网的主机数按指数规律增长，是互联网发展中的一个非常重要的里程碑。

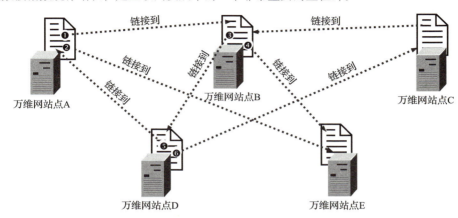

图6-7　万维网网页之间的链接

　　万维网是一个分布式的**超媒体**（Hypermedia）系统，它是**超文本**（Hypertext）系统的扩充。超文本是万维网的基础。一个超文本由多个信息源链接而成，而这些信息源的数目实际上是不受限制的。一个链接可使用户找到另一个文档，而这个文档又可链接到其他的文档，这些文档可以位于世界上任何一个接在互联网上的超文本系统中。可见，超文本就是带有链接的文本，而这种链接也常称为**超文本链接**或**超链接**（Hyperlink），不过一般人们都使用更简洁的名词"链接"。

　　超媒体与超文本的区别是文档内容不同。超文本文档仅包含文本信息，而超媒体文档还包含其他多媒体对象，如图形、图像、声音、动画，甚至视频。

　　万维网以客户-服务器方式工作。上面所说的浏览器就是运行在用户主机上的万维网客户程序。万维网文档（或简称Web文档）所驻留的主机则运行服务器程序，因此该主机也称为万维网服务器或Web服务器。**万维网浏览器向万维网服务器发出对某个万维网文档的请求，万维网服务器返回浏览器请求的万维网文档，浏览器将该文档在窗口中显示出来**。显示在浏览器的窗口中的万维网文档就是我们所说的**网页**或**页面**。

　　从上面的介绍可以看出，万维网必须解决以下几个问题。

　　（1）怎样标志分布在整个互联网上的万维网文档？

　　（2）用什么样的协议来实现浏览器和万维网服务器间的文档请求和响应？

　　（3）如何在万维网文档中写入超链接？怎样使不同作者创作的不同风格的万维网文档都能在互联网上的各种主机上显示出来？

　　（4）怎样使用户能够很方便地找到所需的信息？

　　为了解决第一个问题，万维网使用**统一资源定位符**（Uniform Resource Locator，URL）来标志万维网上的各种文档，并使每一个文档在整个互联网的范围内具有唯一的URL。要解决第二个问题，就要使浏览器与万维网服务器之间的交互遵守严格的协议，即HTTP。HTTP是一个应用层协议，它使用TCP连接进行可靠的传送。为了解决第三个问题，万维网使用**超文本标记**

语言（HyperText Markup Language，HTML），使得万维网页面的制作者可以很方便地用超链接从本页面的某处链接到互联网上的任何一个万维网页面，并且使制作出来的页面能够在任何浏览器的窗口中显示。

对于第四个问题，在互联网上使用万维网查找信息可使用各种**搜索工具**或**搜索引擎**（Search Engine）。现在万维网上已有许多性能良好的搜索引擎。目前在全球使用最广泛的搜索引擎是谷歌，而在我国最为流行的中文搜索引擎是百度。建议读者通过实践来掌握查找信息的方法。

6.3.2 统一资源定位符

1. URL 的格式

访问万维网页面需要地址。为了方便地访问世界范围内的文档，万维网使用统一资源定位符（URL），URL可在互联网上指明任何种类的"资源"，其本质就是一种应用层地址。

这里所说的"资源"是指在互联网上可以被访问的任何对象，包括文件目录、文件、文档、图像、声音，以及与互联网相连的任何形式的数据。

URL相当于文件名在网络范围的扩展，因此URL是与互联网相连的计算机上的任何可访问对象的指针。由于访问不同对象所使用的协议不同，因此URL还指出访问某个对象时所使用的协议。URL的一般形式如下。

<协议>://<主机>:<端口>/<路径>

URL最左边的<协议>指出访问该资源的协议。现在最常用的协议是HTTP，其次是FTP。

<协议>右侧是一个冒号和两个斜线，这是规定的格式。再右边一项是<主机>，指出资源所在主机的域名或IP地址。<端口>和<路径>是访问资源的协议的端口号和资源在主机上的详细路径，有时可省略。

下面简单介绍使用得最多的一种URL。

2. 使用 HTTP 的 URL

访问万维网的网站要使用HTTP，这类URL的一般形式为：

http://<主机>:<端口>/<路径>

HTTP的默认端口号是80，通常可省。若再省略文件的<路径>项，则URL就指向互联网上的某个**主页**（Home Page）。主页是某个网站的默认网页。

例如，要查有关清华大学的信息，可先进入清华大学的主页，其URL为：

http://www.tsinghua.edu.cn

然后，我们就可以通过许多不同的链接找到所需的各种有关清华大学的信息。

更复杂一些的URL指向层次结构的从属页面：

http://www.tsinghua.edu.cn/yxsz.htm

这是清华大学的院系设置页面的URL。注意：上面的URL中使用了指向文件的路径，而文件名就是最后的yxsz.htm。htm（有时可写为html）表示这是一个用HTML写出的文件。

URL中<协议>和<主机>部分的字母是不分大小写的，但<路径>中的字母很多时候是需要区分大小写的。

用户使用URL并非仅仅能够访问万维网的页面，还能够使用其他的互联网应用程序，这时使用的协议是FTP。更重要的是，用户在使用这些应用程序时，只需要借助浏览器，这显然是非常方便的。

6.3.3 超文本传送协议

1. HTTP 的操作过程

超文本传送协议（HTTP）定义了浏览器（即万维网客户进程）怎样向万维网服务器请求万维网文档，以及万维网服务器怎样把万维网文档传送给浏览器。

万维网的工作过程如图6-8所示。

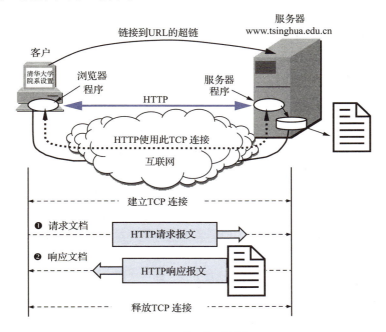

图6-8 万维网的工作过程

每个万维网网站都有一个服务器进程，它不断地监听80端口①，以便发现是否有浏览器向它发出连接建立请求。一旦监听到连接建立请求并建立TCP连接，浏览器就向万维网服务器发出浏览某个页面的请求，服务器返回所请求的页面作为响应。最后，TCP连接被释放。在浏览器和服务器之间的请求和响应的交互必须按照规定的格式并遵循一定的规则，这些格式和规则就是HTTP。

用户浏览页面的方法有两种：一种是在浏览器的地址栏中输入所要访问的页面的URL，并按Enter键；另一种是在某一个页面中单击某个超链接（在超链接的背后隐藏着指向某个页面的URL）。

假定图6-8中的客户单击了屏幕上的一个超链接。该链接指向清华大学院系设置的页面，其URL是http://www.tsinghua.edu.cn/yxsz.htm。单击后发生的事件如下。

（1）浏览器分析指向页面的URL。

HTTP 的工作过程（动画演示）

---

① HTTP的默认端口号是80，但也可指定其他端口。若指定其他端口，浏览器访问网站文档使用的URL中必须指明端口。

（2）浏览器向DNS请求解析www.tsinghua.edu.cn的IP地址。

（3）DNS解析出清华大学服务器的IP地址为166.111.4.100。

（4）浏览器与服务器建立TCP连接（在服务器端IP地址是166.111.4.100，端口号是80）。

（5）浏览器发出取文件命令：GET /yxsz.htm。

（6）服务器www.tsinghua.edu.cn给出响应，把文件yxsz.htm发送给浏览器。

（7）释放TCP连接。

（8）浏览器显示清华大学院系设置文件yxsz.htm中的内容。

HTTP使用了面向连接的TCP作为传输层协议，保证了数据的可靠传输。HTTP不必考虑数据在传输过程中被丢弃后又怎样被重传。虽然HTTP使用面向连接的TCP，但HTTP本身是一个**无状态协议**。也就是说，HTTP不要求服务器保留客户的任何状态信息。若服务器不保存任何客户状态信息，则同一个客户上一次对服务器的访问不会影响其对该服务器的下一次访问，因为服务器不记得这个客户曾经访问过，也不记得曾经服务过多少次。HTTP的无状态特性简化了服务器的设计，使服务器更容易支持大量并发的HTTP请求。

2. 非持续连接与持续连接

实际上一个万维网页面可能包含多个对象。多数万维网页面包含一个基本的HTML文件及几个引用对象，这些对象包括各种图像文件、Java小程序、声音剪辑文件等。例如，某个万维网页面中有5张图片，那么这个万维网页面包含6个对象：一个基本HTML文件和5个图像文件。基本HTML文件中有其他5个图像文件的URL。当浏览器向万维网服务器请求该页面（URL标志的HTML文件）时，万维网服务器仅返回基本HTML文件。浏览器在解释并显示该HTML文件时，发现该文件所引用的5张图片的URL，则又会向服务器发送5个请求，分别请求这5张图片的文件。

HTTP/1.0[RFC 1945]采用的是**非持续连接**方式，即一次请求/响应对应一个TCP连接。在非持续连接方式中，浏览器每请求一个文件都要与服务器建立TCP连接，收到响应后就立即关闭连接。

下面我们估算一下从浏览器请求一个万维网文档到收到整个文档所需的时间，如图6-9所示。在发送HTTP请求报文前，浏览器首先要和服务器建立TCP连接（这里需要使用三次握手）。在三次握手的前两部分完成后（即经过了一个RTT后），浏览器就把HTTP请求报文放在三次握手的第三部分中，作为TCP确认报文的数据发送给服务器（注意，前两部分不能携带数据）。服务器收到HTTP请求报文后，就把所请求的文档作为响应报文发送给客户。

从图6-9可看出，请求一个万维网文档所需的时间是该文档的传输时间（与文档大小成正比）加上两倍的RTT（一个RTT用于建立TCP连接，另一个RTT用于请求和接收万维网文档）。当RTT值较大时，请求一个较小的文档的开销就相对较大。

HTTP/1.0的主要缺点是每请求一个文档就有两倍的RTT的开销。若一个万维网页面上有很多引用的对象（如图片等），那么请求每一个对象都需要花费 $2 \times RTT$ 的时间。为了减小时延，浏览器通常会建立多个并行的TCP连接来同时请求多个对象。但是，每次建立新的TCP连接都要分配缓存和变量并初始化各种状态，在关闭连接时又要释放各种资源，特别是万维网服务器往往要同时服务于大量客户，这样会使万维网服务器的负担很重。

HTTP/1.1使用**持续连接**，较好地解决了这个问题。所谓持续连接就是万维网服务器在发送响应后仍然保持这条连接，使同一个客户（浏览器）和该服务器可以继续在这条连接上传送后续的HTTP请求报文和响应报文。这并不局限于传送同一个页面上引用的对象，只要这些文档都在同一个服务器上就行。

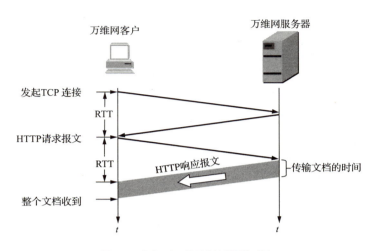

图6-9　请求一个万维网文档所需的时间

为进一步提高效率，HTTP/1.1[RFC 7231]的持续连接还可以使用流水线方式工作，即浏览器在收到HTTP的响应报文之前就能够连续发送多个请求报文。这样的一个接一个的请求报文到达服务器后，服务器就发回一个接一个的响应报文（节省了许多个RTT）。流水线方式使TCP连接中的空闲时间减少，提高了下载文档的效率。

3．HTTP/2

HTTP/2[RFC 7540，RFC 7541]是对HTTP的一次重大升级，旨在提升网络性能与传输效率，HTTP/2已成为RFC正式标准并被几乎所有主流浏览器支持。它对HTTP/1.0的主要改进如下。

（1）引入二进制分帧层。HTTP/2没有改变HTTP面向文本的报文格式与语义，而是在应用层（HTTP）和传输层（TCP）之间新增了一个二进制分帧层。二进制分帧层将HTTP报文分解成更小的二进制帧，每个帧都带有标识，用于区分不同的请求报文和响应报文。

（2）多路复用。基于二进制分帧层，HTTP/2可以同时将多个HTTP报文的二进制帧在同一个TCP连接上进行交错发送，实现多个HTTP报文在同一个TCP连接上的多路复用。例如，在Web页面中经常会出现一个大的视频对象后面紧跟着很多小的图片对象。HTTP/1.1使用持续连接下载这些对象时，虽然采用了流水线方式，但大的对象不下载下来，后面小的对象就下载不下来，从而影响了用户体验，该问题被称为队头阻塞。HTTP/2利用二进制分帧层将不同对象的请求响应报文分解为更小的二进制帧进行交错发送，就好像在一条TCP连接上并行传输多个对象的请求响应报文一样。这样不必等待大的对象下载完毕就可以先把后续小的对象下载下来进行显示，大大改善了用户的体验。

（3）首部压缩。因为HTTP首部字段往往存在大量冗余，尤其是在同域名下的多次请求中，像User-Agent、Cookie这些字段常常重复。HTTP/2采用HPACK算法基于之前传输过的首部信息建立动态表和静态表，后续传输首部时，只需传输表中的索引值，以代替对应的首部字段，大幅减少了首部数据传输量，通常能将首部信息压缩至原来的十分之一。

（4）服务端推送。当客户端发起一个请求时，服务器不仅返回所请求的数据，还能主动分析基本HTML文档来"预判"客户端后续可能需要的资源，提前将这些关联资源推送给客户端，以减少客户端后续再发起请求的等待时间，加快页面整体加载速度。

4. HTTP/3 与 QUIC

HTTP/3[RFC 9114]虽然目前还处于建议标准阶段，但已被很多主流浏览器支持。HTTP/3与之前版本最大的不同在于其建立在QUIC协议之上。QUIC协议具有很多优秀特性（吸纳并优化了HTTP/2的许多特性），使得HTTP/3的设计更为简单、合理。

QUIC是基于UDP的可靠传输协议，与传统传输层协议TCP和UDP相比具有如下特点。

（1）内置安全性：QUIC集成了传输层安全协议TLS（将在第7章中介绍），因此QUIC具有高级别的安全性，而不是像TCP那样依赖外部协议加密。

（2）快速连接建立：QUIC在UDP之上为用户提供面向连接的服务，但比TCP的三次握手具有更短的连接建立延迟。首次连接时，QUIC通过初始握手交换加密参数，仅需一个RTT时间就能完成连接的建立（1 - RTT连接建立）。后续再次连接时，如果客户端缓存了之前的连接信息，就能实现0 - RTT连接建立，即客户端发出请求时就可以携带数据一同发送，极大地缩短了等待时长。

（3）支持多路流复用：QUIC允许在单一的连接上存在多个独立的数据流。每个数据流由ID标识，这些数据流能够并行传输，互不干扰，彻底解决了队头阻塞问题。每个数据流内部都采用独立的分组序号和重传机制，使得分组的丢失和重传仅影响该数据流内的相关数据，即使某个流出现阻塞，也不会影响其他流的传输，进一步提升了传输效率。

（4）灵活的拥塞控制：QUIC采用与TCP类似但更加灵活的拥塞控制机制，可更有效地利用可用网络带宽，根据网络状况实时调整传输速率，以获得更高的吞吐量，适应不同的网络环境。

（5）增强的错误处理：QUIC在确认重传机制的基础上融入了前向纠错技术，当接收方遇到少量丢包时，不用等待发送方重传，依靠自身的冗余数据就能恢复丢失数据。例如在网络信号不稳定的移动网络环境下观看在线视频时，偶尔的丢包可靠前向纠错的冗余数据补上，视频播放依然流畅。

（6）无缝连接迁移：当客户端网络发生变更时，例如从Wi-Fi切换到移动数据，QUIC能无缝实现连接迁移。它不依赖网络接口的IP地址、端口号等固定标识，而是借助连接ID来维持连接的连贯性。所以即使网络接入方式发生变化，客户端与服务器之间的连接也不会中断，数据传输不受影响，提升了用户在复杂网络环境下使用网络服务的体验。

QUIC由谷歌公司设计，2021年成为互联网建议标准（RFC 9000）。QUIC不仅仅用于HTTP/3，由于其优良特性，已广泛应用于需要低延迟、高吞吐量连接的实时应用，如视频会议、在线游戏和视频直播等，在物联网和云计算领域也有很好的应用前景。

5. HTTP 的报文格式

HTTP有以下两类报文。

（1）请求报文——客户向服务器的请求，如图6-10（a）所示。

（2）响应报文——服务器对客户的应答，如图6-10（b）所示。

由于HTTP是**面向文本的**（Text-Oriented），因此报文中的每一个字段都是ASCII串，因而每个字段的长度都是不确定的。

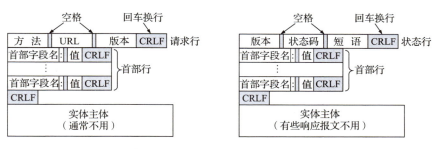

图6-10 HTTP的报文格式

HTTP请求报文和响应报文都是由3个部分组成的。可以看出，这两种报文格式的主要区别是开始行不同。

（1）**请求行/状态行**：用于区分是请求报文还是响应报文。请求报文中的第一行叫作**请求行**（Request-Line），而响应报文中的第一行叫作**状态行**（Status-Line）。第一行的3个字段都用空格分隔开，最后的CR和LF分别代表回车和换行。

（2）**首部行**：用来说明浏览器、服务器或报文主体的一些信息。首部可以有好几行，但也可以不使用首部。每一个首部行中都有首部字段名和对应的值，每一行结束的地方都要有回车和换行。整个首部行结束时还有一空行将首部行和后面的实体主体分开。

（3）**实体主体**（Entity Body）：在请求报文中一般都不用这个字段，在响应报文中通常就是返回给客户的文档，但也可能没有这个字段。

下面先介绍HTTP请求报文的主要特点。

请求报文的请求行只有3项内容，即**方法、请求资源的URL**，以及HTTP的**版本**。

所谓"**方法**"就是对所请求的对象进行的**操作**，因此**方法实际上就是一些命令**。请求报文的类型是由它所采用的方法决定的。表6-2给出了HTTP请求报文中常用的一些方法。

在图6-8所示的例子中，单击页面中的超链接"清华大学院系设置"，浏览器就会发送下面的HTTP请求报文。

表6-2 HTTP请求报文中常用的一些方法

方法	意义
OPTION	请求一些选项的信息
GET	请求URL标志的文档
HEAD	请求URL标志的文档的首部
POST	向服务器发送数据
PUT	在指明的URL下存储一个文档
DELETE	删除URL所标志的文档
TRACE	用来进行环回测试的请求报文
CONNECT	用于代理服务器

```
GET /chn/yxsz/index.htm HTTP/1.1        {请求行使用了相对URL}
Host: www.tsinghua.edu.cn               {此行是首部行的开始。这行给出主机的域名}
Connection: close                       {告诉服务器发送完请求的文档后就可释放连接}
User-Agent: Mozilla/5.0                 {表明用户代理使用Netscape浏览器}
Accept-Language: cn                     {表示用户希望优先得到中文版本的文档}
{请求报文的最后还有一个空行}
```

请求行使用相对URL（即省略了主机的域名）是因为下面的首部行（第二行）给出了主机的域名。第三行告诉服务器不使用持续连接，表示浏览器希望服务器在传送完所请求的对象后即关闭TCP连接。这个请求报文没有实体主体。

并不是所有请求报文都没有实体主体，当HTTP客户使用POST方法时，实体主体会包含发送给HTTP服务器的数据。例如，当用户向搜索引擎提供搜索关键词时，浏览器会发送一个POST请求并在实体主体中添加用户在网页中输入的数据①。

再看一下HTTP响应报文的主要特点。

浏览器将每一个请求报文发出后，都能收到一个响应报文。响应报文的第一行是状态行。

状态行包括3项内容，即HTTP的版本、状态码（Status Code），以及解释状态码的简单短语。

状态码都是3位数字，分为5大类，每类状态码都以不同数字开头，具体如下。

- 1×× 表示通知信息，如请求收到了或正在进行处理。
- 2×× 表示成功，如接受或知道了。
- 3×× 表示重定向，表示要完成请求还必须采取进一步的行动。
- 4×× 表示客户的差错，如请求中有错误的语法或不能完成。
- 5×× 表示服务器的差错，如服务器失效无法完成请求。

下面3种状态行在响应报文中经常见到。

```
HTTP/1.1 202 Accepted                   {接受}
HTTP/1.1 400 Bad Request                {错误的请求}
Http/1.1 404 Not Found                  {找不到页面}
```

若请求的网页从http://www.ee.xyz.edu/index.html转移到了一个新的地址，则响应报文的状态行和一个首部行如下。

```
HTTP/1.1 301 Moved Permanently          {永久性地转移了}
Location: http://www.xyz.edu/ee/index.html   {新的URL}
```

6. 在服务器上记录用户信息：Cookie

早期万维网的应用非常简单，即用户查看存放在不同服务器上的各种静态的文档，因此HTTP被设计为一种无状态的协议，以简化服务器的设计。但现在用户可以通过万维网实现各种复杂的应用，如网上购物、电子商务等。这些应用往往需要万维网服务器能识别用户。例如，在网上购物时，一个用户要购买多种商品。他把选好的一件商品放入"购物车"后，还要继续浏览和选购其他物品。因此，服务器需要记住用户的身份，使他接下来选购的商品能够放入同

---

① 少量数据也可以包含在扩展的URL中并由GET方法发送给HTTP服务器。例如，URL "http://www.somesite.com/ animalsearch?monkey&banana" 就包含了数据 "monkey" 和 "banana"。

一个"购物车"中。有时某些网站可能需要限制某些用户的访问。要实现这些功能，万维网服务器必须记住用户每次访问网站的状态。使用Cookie可以对无状态的HTTP进行状态化，RFC 2109对Cookie进行了定义。Cookie提供了一种机制，使万维网服务器能够"记住"用户，而无须用户主动提供用户标识信息。

我们来看一下Cookie是如何实现"购物车"功能的，如图6-11所示。当张三初次访问某个使用Cookie的网站时（见图6-11中的步骤❶），该网站的服务器就为张三生成唯一的Cookie识别码（如12345678），并以此为索引在服务器的后端数据库中创建一个项目，该项目用来记录有关张三访问该网站的各种信息（见图6-11中的步骤❷）；接着在给张三的HTTP响应报文中添加一个Set-Cookie的首部行（见图6-11中的步骤❸），如下所示。

```
Set-Cookie: 12345678
```

张三收到该响应报文后，其浏览器就在一个特定的Cookie文件中添加一行，记录该服务器的域名和Cookie识别码（见图6-11中的步骤❹）。当张三继续浏览这个网站时，每发送一个HTTP请求报文，其浏览器都会从Cookie文件中取出该网站的识别码（见图6-11中的步骤❺），并放到HTTP请求报文的Cookie首部行中（见图6-11中的步骤❻），如下所示。

```
Cookie: 12345678
```

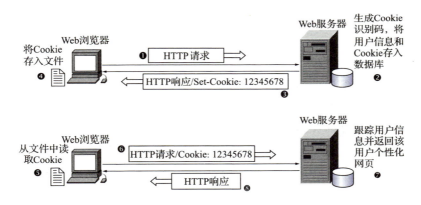

图6-11　Cookie的工作过程

于是，这个网站就能够跟踪用户12345678（张三）在该网站的活动（见图6-11中的步骤❼）。需要注意的是，服务器并不知道张三的姓名，但知道用户12345678（更准确地说是使用该浏览器的用户）在什么时间访问了哪些页面，选购了什么商品，等等。因此，服务器后端数据库能以该Cookie识别码为索引维护用户的"购物车"记录。

由于Cookie保存在浏览器文件和服务器的数据库中，如果张三在几天后再次用这个浏览器访问该网站，服务器仍然能识别出该用户，并根据张三过去的访问记录为其推荐相关商品。

7. 万维网缓存与代理服务器

万维网还可以使用缓存机制来提高性能。万维网缓存又称为 **Web缓存**（Web Cache），可位于客户机上，也可位于中间系统上，位于中间系统上的Web缓存又称为**代理服务器**（Proxy Server）。Web缓存把最近的一些请求和响应暂存在本地磁盘中。当新请求到达时，若发现这个请求与暂时存放的请求相同，代理服务器就返回暂存的响应，而不需要按URL的地址再次去互联网访问该资源。下面用例子说明代理服务器的作用。

图6-12所示为校园网使用代理服务器的两种情况。

图6-12中，访问互联网的过程如下。

（1）校园网PC中的浏览器向互联网的服务器请求服务时，先与校园网的代理服务器（其IP地址要先配置在该PC中）建立TCP连接，并向代理服务器发出HTTP请求报文（见图6-12中的步骤❶）。

（2）若代理服务器中存放了所请求的对象，代理服务器就把这个对象放入HTTP响应报文中发回给PC的浏览器。

（3）否则，代理服务器就代表发出请求的用户浏览器，与互联网上的**原始服务器**（Origin Server）建立TCP连接（见图6-12中的步骤❷），并发送HTTP请求报文。

（4）原始服务器把所请求的对象放在HTTP响应报文中发回给校园网的代理服务器。

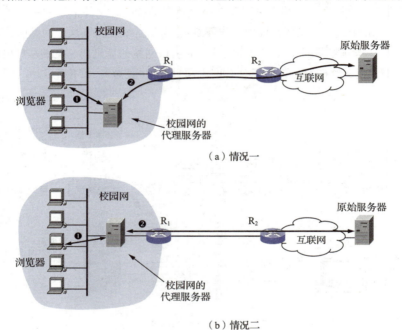

图6-12　校园网使用代理服务器的两种情况

（5）代理服务器收到这个对象后，先复制在自己的本地存储器中（留待今后使用），然后把这个对象放在HTTP响应报文中，通过已建立的TCP连接（见图6-12中的步骤❶）发回给请求该对象的浏览器。

我们注意到，代理服务器有时作为服务器（当接受浏览器的HTTP请求时），有时作为客户机（当向互联网上的原始服务器发送HTTP请求时）。

在使用代理服务器的情况下，如果Web缓存的命中率比较高，则连接校园网和互联网的专线链路（R₁—R₂）上的通信量会大大减少，从而减小访问互联网的时延。通过**内容分发网络**（Content Delivery Network，CDN），代理服务器正在互联网中发挥着越来越重要的作用。CDN公司在互联网上安装了许多地理上分散的代理服务器，从而使大量流量实现了本地化。

代理服务器的另一个作用是隔离内外网络［见图6-12（b）］，使内网主机仅能通过它访问外网的万维网服务器，内网可以使用专用IP地址，而只有代理服务器使用互联网全局IP地址。其作用类似于NAT，但工作在应用层，是一个应用层网关。

实际上Web对象可能被缓存在从浏览器到原始服务器路径中的多个地方，但无论对象被缓存在哪里，都要确保不用过期版本的对象进行响应。通常，服务器会为每个响应的对象设定一个修改时间和有效日期（Last-Modified和Expires首部字段）。在对象到期之前，收到请求的Web缓存会直接将缓存的对象作为响应发回。而在对象到期之后（或没有Expires），Web缓存则会使用**条件GET**请求（携带If-Modified-Since首部字段）向原始服务器验证该对象是否存在最新版本。若该对象被修改过，则返回新版本的对象，否则，返回不包含实体主体且状态为Not Modified的响应报文（以减少传输的数据）。

6.3.4 万维网的文档

1. 超文本标记语言

要使任何一台计算机都能显示出任何一个万维网服务器上的页面，就必须解决页面制作的标准化问题。**超文本标记语言（HTML）**就是一种制作万维网页面的标准语言，它消除了不同计算机之间信息交流的障碍。由于HTML非常易于掌握且实施简单，因此它很快就成为万维网的重要基础（RFC 1866）。官方的HTML标准由万维网联盟（WWW Consortium，W3C）负责制定。

HTML定义了许多用于排版的命令，叫作标签（tag）[①]。例如，<I>表示后面开始用斜体字排版，而</I>则表示斜体字排版到此结束。HTML把各种标签嵌入万维网的页面，从而构成了HTML文档。HTML文档是一种可以用任何文本编辑器（如Windows的记事本）创建的ASCII文件。但应注意，仅当HTML文档是以.html或.htm为后缀时，浏览器才对其中的各种标签进行解释。如果HTML文档以.txt为后缀，则HTML解释程序就不对标签进行解释，浏览器只能看见原来的文本文件。

浏览器从服务器读取某个页面的HTML文档后，会按照HTML文档中的各种标签，根据浏览器所使用的显示器的尺寸和分辨率大小，重新进行排版并恢复出所读取的页面。

下面是一个简单的例子，用来说明HTML文档中标签的作用。标签<!-- 和-->之间的文字是注释，在浏览器中不会显示。

```
<HTML>                              <!--HTML文档开始-->
<HEAD>                              <!--首部开始-->
    <TITLE>整个网页的标题</TITLE>      <!-- 文档的标题-->
</HEAD>                             <!--首部结束-->
<BODY>                              <!-- 主体开始-->
    <H1>这是一级标题</H1>             <!-- 主体的一级标题-->
    <P>这是第一个段落。</P>           <!--<P>和</P>之间是一个段落-->
    <P>这是第二个段落。</P>
</BODY>                             <!-- 主体结束-->
</HTML>                             <!--HTML文档结束-->
```

HTML允许在万维网页面中插入图片。页面本身带有的图像称为**内含图像**（Inline Image）。

---

① MINGCI93将tag和flag都译为标志。由于目前已有较多的作者将tag译为标签，并考虑到最好与flag的译名有所区别，故本书将tag译为**标签**。实际上标签也比较准确，因为一个HTML文档与浏览器所显示的内容相比，主要就是增加了许多标签。

由于图像数据所占存储空间很大，通常并不将图像数据直接包含在HTML文件中，而是在HTML文件中通过图像标签引用某个图像文件。例如，下面的标签可以将目录/bin/images中的名为image1.gif的图像以居中的方式插入某个HTML文档：

```
<IMG SRC="/bin/images/image1.gif" ALIGN=MIDDLE>
```

最重要的是，HTML还规定了如何在文档中插入超链接，这些超链接将万维网中的各种文档相互连接起来。任何一个项目（文字、图像）都可以通过锚（Anchor）标签指向要链接的其他文档。例如，下面的锚标签可以在某个HTML文档中插入一个到"新浪首页"页面的超链接：

```
<A HREF=http://www.sina.com/index.htm>新浪首页</A>
```

虽然可以用任何文本编辑器来编辑HTML文档，但使用"所见即所得"的Web页面制作工具编辑HTML文档更加方便。目前较为流行的Web页面制作工具有FrontPage、DreamWeaver等。

2. 动态文档

上面讨论的只是万维网文档中最基本的一种，即**静态文档**（Static Document）。静态文档创作完毕后就存放在万维网服务器中，在被用户浏览的过程中，内容不会改变。由于这种文档的内容不会改变，因此用户每次读取所得到的返回结果都是相同的。在万维网发展的早期，所有的文档都是静态的。然而，随着万维网技术的发展，现在越来越多的网页都是动态生成的，即**动态文档**（Dynamic Document）。

所谓的动态文档，是指文档的内容是在浏览器访问万维网服务器时由应用程序动态创建的，其内容通常来源于数据库，并根据客户请求报文中的数据动态生成。当浏览器请求到达时，万维网服务器要运行另一个应用程序，并把控制权转移到此应用程序。接着，该应用程序对浏览器发来的数据进行处理，并输出HTTP格式的文档。万维网服务器把应用程序的输出作为对浏览器的响应。图6-13描述了以上过程。由于对浏览器每次请求的响应都是临时生成的，因此用户通过动态文档所看到的内容可根据需要不断变化。可见动态文档的主要优点是具有报告当前最新信息的能力。例如，动态文档可用来报告股市行情、天气预报或民航售票情况等。但动态文档的制作难度比静态文档要大，因为动态文档的开发不是直接编写文档本身，而是编写用于生成文档的应用程序，这就要求动态文档的开发人员必须会编程，而编写的程序还要通过大范围的测试，以保证输入的有效性。

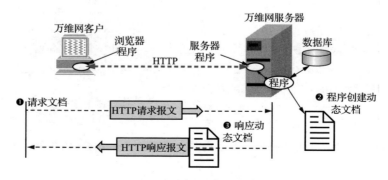

图6-13 万维网服务器返回动态文档

动态文档技术主要有CGI（Common Gateway Interface）、PHP（Hypertext Preprocessor）[①]、JSP（Java Server Pages）和ASP（Active Server Pages）等。

动态文档和静态文档之间的主要差别体现在服务器端，即文档内容的生成方法不同。而从浏览器的角度看，这两种文档并没有区别。动态文档和静态文档的内容都遵循HTML所规定的格式，浏览器在显示这些内容时并不知道服务器送来的是哪一种文档。动态文档有时也叫作**服务器端活动文档**。

3. 活动文档

不论是静态文档还是动态文档，只要下载到浏览器上，其显示的页面就不会发生变化。要实现页面的不断变化，就要求浏览器不断向万维网服务器请求新的页面。**活动文档**（Active Document）技术能使页面连续变化而无须不断请求服务器。实际上一个活动文档就是一段程序或嵌入了程序脚本的HTML文档，如图6-14所示。活动文档中的程序可以在浏览器中运行，从而使页面产生变化（如弹出下拉菜单或显示动画等）。由于所有的更新工作都由浏览器在本地完成，无须向服务器不断请求页面，因此可以提高应用的响应速度，对网络带宽的要求也不会太高。

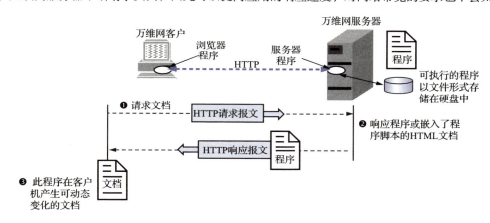

图6-14 万维网服务器返回活动文档

对于万维网服务器，活动文档和静态文档没有什么区别，活动文档仅在浏览器一端"活动"。活动文档有时也叫作**客户端动态文档**。要注意的是，活动文档本身并不包括其运行所需的全部软件，大部分支持软件是事先存放在浏览器中的。

活动文档技术主要有Java applet、JavaScript、ActionScript等。

实际上，现在万维网上的很多文档都是这3种文档的混合体。在这样的万维网页面中，有一部分文档是用HTML编写的静态部分，一部分文档是用程序在服务器端动态生成的，还有一部分文档是可以在浏览器端运行的程序或程序脚本。人们习惯上将利用动态文档和活动文档实现可连续动态变化网页的技术统称为动态网页技术。

4. 浏览器 – 服务器应用程序结构

随着动态网页技术的应用与发展，越来越多的网络应用采用基于万维网的方式，即利用浏览器以万维网页面的形式为用户提供人机界面。这就是所谓的浏览器–服务器（Browser-Server）

---

① PHP是一种嵌入HTML文档的脚本语言。其名称采用了递归缩写的方式，比较特殊。

应用程序结构，是一种特殊的客户-服务器结构。其客户是通用的浏览器，而服务器是万维网服务器和生成动态网页的 Web 应用程序。客户通过显示在通用浏览器中的动态页面执行各种操作，使用标准的 HTTP 访问服务器上的数据。这种方式的优点是用户不需要安装单独的应用程序就可以从不同的计算机访问远程服务器上的用户数据，并执行各种操作，实现了客户程序的零安装，简化了应用的开发、维护和使用。现在越来越多的网络应用采用这种浏览器-服务器结构在万维网上为用户提供各种服务，如电子商务购物网站、万维网电子邮件、万维网搜索引擎、万维网地图、网上银行、网上投稿等。

6.3.5　万维网搜索引擎

在互联网发展初期，万维网网站相对较少，查找信息比较容易。随着互联网的迅猛发展，万维网上的信息爆炸性增长，用户要在信息海洋里查找所需的资料，就如大海捞针一般，如果不借助有效的信息检索工具，很难找到所需的信息。目前在万维网上查找信息主要有两种方法：根据分类目录查找和根据关键词搜索。

一些人喜欢通过大型门户网站提供的分类目录查找感兴趣的内容。著名的门户网站有雅虎、新浪、搜狐、网易等。这些门户网站的维护人员收集各类网站的信息并将其分类编目，为用户提供访问的链接。分类目录的好处是用户可以有针对性地逐级查询所需要的信息，但缺点是门户网站收录的网页数量有限，而且目录不能满足细粒度的信息查找需求。

更细粒度、更大范围地搜索信息的方法是访问提供全文检索的**搜索引擎**网站。用户通过这类网站在万维网上搜索信息时，只需要输入关键词就可以查询到包含该关键词的大量网页条目。但由于返回的条目太多（往往几百万条，甚至上千万条），从这些条目中迅速找到自己真正想要的信息并不是一件容易的事情。优秀的搜索引擎网站检索信息更快、更全，并能按照更合理的方式对查到的网页进行排序，使用户能更快地找到所需的信息。

由于这两种方式各有利弊，许多网站往往同时提供分类目录查找和关键词搜索功能。利用分类目录查找信息的原理非常简单，因此本小节简要介绍提供全文检索的搜索引擎的基本原理。

1. 搜索引擎的基本原理

搜索引擎实际上就是一个基于浏览器-服务器结构的网络应用软件系统。从网络用户的角度来看，它根据用户提交的类自然语言查询词或者短语，返回一系列很可能与该查询相关的网页信息，供用户进一步判断和选取。因此，搜索引擎要尽量缩短响应时间，提高查全率、查准率和用户满意度，即用尽可能少的时间返回尽可能相关的网页信息列表，并将最可能满足用户需求的信息排在最前面。

为了有效地做到这一点，大规模搜索引擎大多有以下 3 个主要的操作环节：网页搜集、建立索引和检索排序。

（1）网页搜集。

面对万维网上海量的网页数据和大量的用户查询，无法想象对于每一个查询都临时到万维网上进行"搜索"会慢到什么程度。因此，所有大规模搜索引擎都是事先通过网页搜集软件在万维网上自动搜集大量网页，并下载存储在本地存储系统中，供以后进行查询。我们知道万维网上的各种网页通过网页之间的超链关系构成了一个网状逻辑拓扑图，网页搜集软件可以按照先深或先广遍历算法在万维网上从一个网页查找到另一个网页，就好像蜘蛛在蜘蛛网上爬行一样，因此网页搜集软件往往被称为"蜘蛛"或"网络爬虫"。为保证搜集的网页的新鲜性，这种搜集活动需要定期重复执行。在互联网这种大规模网络上进行这种搜集活动通常开销非常大，需要耗费很多时间，两次搜集的间隔时间不会很短，因此有可能最新的网页在搜索引擎中检索不到，也有可能检索到的网页在网络上已经不再存在。如何更快、更全地在万维网上搜集网页，是搜索引擎要解决的一个关键问题。

（2）**建立索引**。

虽然搜集的网页已保存在本地存储系统中，但针对每个查询请求都直接到这些海量网页中去全文检索仍然太慢。实际上，虽然面对的是海量的网页，每个网页又包含大量的信息，但人类语言的词汇的种类相对来说要少得多，每个网页包含的词汇种类就更少了。因此有人就想到可以事先遍历每个网页，分析并记录每个网页包含的各种词汇及其所在位置，然后根据词汇反过来建立索引项，记录包含该词汇的网页及该词汇在该网页中的位置。这样，以后根据关键词检索网页就非常迅速了。这种将文档以关键词作为索引建立起来的数据结构被称为**倒排表**（Inversion List），是进行快速全文检索的关键。

（3）**检索排序**。

搜索引擎提供界面接受用户输入的查询短语，将查询短语切分成关键词后，从索引和倒排表中检索获得包含查询短语的网页并返回给用户。由于基于单个关键词的查询往往会返回太多条目，用户可以通过输入尽量多的关键词来减少返回的条目，以提高检索的效率。为进一步方便用户的查询，大多数搜索引擎都提供了高级查询方式，如完整短语查询、排除性查询、网页标题查询及各种查询运算符等。读者可以通过搜索引擎网站的帮助页学习这些查询方式。

为了使用户能从大量返回的网页条目中快速找到所需的信息，搜索引擎需要根据网页内容与用户查询条件的相关性对检索到的网页进行排序，将相关性最高的网页条目放在最前面。最简单的方法就是根据查询关键词在网页上出现的频率进行排序。当用户提供了多个关键词时，还要考虑这些关键词的权重等。谷歌开创性地将网页的"重要性"也作为排序的一个重要指标。但是"重要性"如何评价呢？人们在评价学术论文的重要性时所用的一个标准是"被引用多的就是重要的"。谷歌的PangeRank算法借鉴了这一思想，认为被链接得越多的网页越重要，被越重要的网页链接的网页也越重要。PangeRank算法可以快速高效地从大量网页间的链接关系中计算出每个网页的重要性排名。谷歌最终的检索结果综合考虑了网页的重要性和相关性，事实证明这是比较合理的。查询结果排序的好坏直接反映了搜索引擎的准确性。如何提高准确性是一个非常关键的问题，目前在这方面仍有大量研究正在进行。

2. 垂直搜索引擎和元搜索引擎

垂直搜索引擎（Vertical Search Engine）针对某一特定领域、特定人群或特定需求提供搜索服务。垂直搜索采用的仍然是全文检索技术，但被放到了一个行业知识的上下文中，在搜集网页时要分析网页主题并根据主题进行过滤或分类。由于检索的范围大大缩小，垂直搜索引擎可以在某一领域内进行更深、更细致的搜索，因此相比谷歌、百度这样的通用搜索引擎，垂直搜索引擎的特点是"专、精、深"。目前热门的垂直搜索领域有购物、旅游、汽车、论坛、房产、求职、交友、图片等。

还有一类搜索引擎被称为**元搜索引擎**（Meta Search Engine）。元搜索引擎自己并不在万维网上搜集网页，而是在接受用户查询请求时，在其他多个搜索引擎上进行搜索，并对检索的结果进行综合处理，然后以统一的格式返回给用户，因此元搜索引擎是搜索引擎之上的搜索引擎，它的主要精力放在智能化处理搜索结果、个性化搜索功能的设置和用户检索界面的友好性上。元搜索引擎的查全率和查准率都比较高。

6.4 电子邮件

6.4.1 电子邮件系统的组成

电子邮件（E-mail）可以说是互联网上最早流行的一种应用，并且至今仍然是互联网上最重要、最实用的应用之一。

大家知道，实时通信的电话有两个严重缺点：第一，电话通信的主叫和被叫双方必须同时在场；第二，一些不是十分紧急的电话常常不必要地打断人们的工作或休息。而电子邮件和邮政系统的寄信相似。电子邮件把邮件发送到收件人使用的ISP的邮件服务器，并放在其中的收件人邮箱（Mailbox）中，收件人可在方便时上网到ISP的邮件服务器中读取。这就相当于为用户设立了存放电子邮件的信箱，因此E-mail有时也称为"电子信箱"。电子邮件使用方便，而且具有传递迅速和费用低廉的优点。电子邮件不仅可传送文字信息，还可传送声音和图像。

电子邮件系统采用客户-服务器体系结构。图6-15给出了电子邮件系统的三个主要构件：**用户代理、邮件服务器，以及电子邮件所需的协议**。图中给出的协议是邮件发送协议SMTP和邮件读取协议POP3。SMTP（Simple Mail Transfer Protocol）是简单邮件传输协议（RFC 5321）。POP3是邮局协议（Post Office Protocol，POP）的第三个版本（RFC 1939）。

用户代理是用户与电子邮件系统的接口，又称为**电子邮件客户机软件**。用户代理使用户能够通过一个很友好的接口（目前主要是窗口界面）来撰写、发送、接收和阅读邮件。现在可供大家选择的用户代理有很多。例如，微软公司的Outlook Express和我国的Foxmail都是很受欢迎的电子邮件用户代理。

邮件服务器是电子邮件系统的基础设施。互联网上所有的ISP都有邮件服务器，邮件服务器的功能是发送和接收邮件，同时还负责维护用户的**邮箱**。

下面结合图6-15讨论一封电子邮件的发送和接收过程。

（1）发件人调用自己主机中的用户代理来撰写和编辑要发送的邮件。

（2）发件人上网后，只要单击屏幕上的发送邮件的按钮，就能把发送邮件的工作全都交给用户代理来完成。实际上，发送邮件有以下两个步骤。

① 用户代理的SMTP客户把邮件发给发送方邮件服务器的SMTP服务器。

② 发送方邮件服务器的SMTP客户把邮件发给接收方邮件服务器的SMTP服务器。

（3）以上两段邮件发送都使用了客户-服务器方式，并且使用的协议都是SMTP。从图6-15可以看出，每一段的邮件发送都是在一对SMTP客户和SMTP服务器之间进行的。SMTP客户发送邮件，SMTP服务器接收邮件。

（4）接收方邮件服务器中的SMTP服务器收到邮件后，就把邮件放入收件人邮箱，等待收件人在方便时进行读取。

（5）收件人在打算收信时，先开机上网，再调用主机中的用户代理，使用POP3（或IMAP）读取发送给自己的邮件。具体来说，用户代理中的POP3客户程序发起通信，即与接收方邮件服务器中的POP3服务器程序进行通信（在TCP连接的基础上），请求把邮件取回（如果有邮件的话）。邮件服务器的POP3服务器程序把收件人邮箱中的邮件——发送给收件人。请注意，在图6-15中，POP3服务器和POP3客户之间的箭头表示邮件传送的方向，但它们之间的通信是由POP3客户发起的。

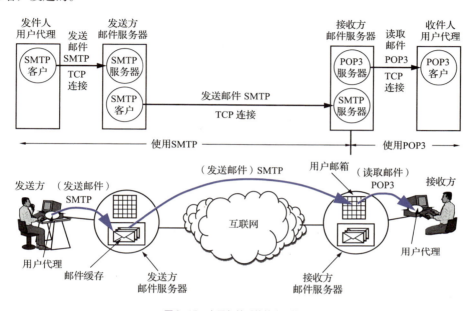

图6-15　电子邮件系统的主要构件

（6）请注意这里有两种不同的通信方式：一种是"**推**"（Push），SMTP客户（通信的发起者）把邮件"推"给SMTP服务器；另一种是"**拉**"（Pull），POP3客户（通信的发起者）把邮件从POP3服务器"拉"过来。

细心的读者可能会想到这样的问题：为什么发送方用户代理不能将邮件直接发送给接收方用户代理？这是因为用户代理所在的计算机不可能每天24h不间断地运行，并且一直连接在互联网上（一般用户在不使用PC时就将其关闭）。将直接发送、接收和缓存邮件的工作交给24h开机的ISP邮件服务器，用户方便时从邮件服务器的收件人邮箱中读取邮件，则是一种比较合理的方法。

电子邮件由**信封**（Envelope）和**内容**（Content）两部分组成。电子邮件的传输程序根据邮件信封上的信息来传送邮件，用户在从自己的邮箱中读取邮件时才能看见邮件的内容。在邮件的信封上，最重要的就是收件人的电子邮件地址（或电子信箱地址）。TCP/IP体系的电子邮件系统规定**电子邮件地址**的格式如下：

收件人邮箱名 @ 邮箱所在邮件服务器的域名

其中，符号@读作at，表示"在"的意思。收件人邮箱名又称为**用户名**（User Name），是收件人自己定义的字符串标识符。但应注意，收件人邮箱名在邮箱所在的邮件服务器中必须是唯一的。这对保证电子邮件能够在整个互联网范围内准确交付是十分重要的。由于一个邮箱所在邮件服务器的域名在互联网中是唯一的，因此每一个用户的电子邮件地址在互联网中也是唯一的。当一个用户向某个邮件服务器申请注册一个邮箱时，屏幕上会弹出一个窗口，要求用户自己取一个用户名。如果用户输入的用户名已经被别人使用了，那么新注册的用户必须更换其用户名，直到这个邮件服务器认可为止。这样就能保证电子邮件地址在互联网范围内是唯一的。

6.4.2 简单邮件传送协议

简单邮件传送协议（SMTP）用于发件人用户代理向发送方邮件服务器以及发送方邮件服务器向接收方邮件服务器发送电子邮件。SMTP规定了两个相互通信的SMTP进程应如何交换信息。SMTP使用客户-服务器方式通信，客户发送命令给服务器，服务器收到命令后发送应答给客户。SMTP是一种"推"协议，负责发送邮件的SMTP进程是SMTP客户，而负责接收邮件的SMTP进程是SMTP服务器。

SMTP规定了14条命令和21种应答信息。每条命令由4个字母组成，而每一种应答信息一般只有一行，由一个3位数字的代码开始，后面附上（也可不附上）很简单的文字说明。至于邮件内部的格式、邮件如何存储，以及邮件系统应以多快的速度来发送邮件，SMTP并未做出规定。下面通过介绍发送方和接收方的邮件服务器之间的SMTP通信的3个阶段介绍几个最主要的命令和应答信息。

1. 连接建立

发件人的邮件被送到发送方邮件服务器的邮件缓存。SMTP客户每隔一定时间（如30min）对邮件缓存扫描一次，如发现有邮件，就与接收方邮件服务器的SMTP服务器（周知端口号25）建立TCP连接。在连接建立后，SMTP服务器要发出220 Service ready（服务就绪）。然后SMTP客户向SMTP服务器发送HELO命令，附上发送方的主机名。SMTP服务器若有能力接收邮件，则回答250 OK，表示已准备好接收。SMTP服务器若不可用，则回答421 Service not available（服务不可用）。

如在一定时间内（如3天）发送不了邮件，邮件服务器会把这个情况通知发件人。

2. 邮件传送

邮件的传送从MAIL命令开始。MAIL命令后面是发件人的地址。例如，MAIL FROM: <xiexiren@tsinghua.org.cn>。SMTP服务器若已准备好接收邮件，则回答250 OK；否则，返回一个代码，指出原因，如451（处理时出错）、452（存储空间不够）、500（命令无法识别）等。

MAIL命令下面跟着一个或多个RCPT命令，取决于把同一个邮件发送给一个或多个收件人，其格式为RCPT TO: <收件人地址>。每发送一个命令，都应当有相应的信息从SMTP服务器返回，例如，250 OK表示指明的邮箱在接收方的系统中，550 No such user here（无此用户）表示不存在此邮箱。

RCPT命令的作用就是，先弄清接收方系统是否已做好接收邮件的准备，如果做好准备才发送邮件。这样做是为了避免浪费通信资源，不致发送了很长的邮件以后才知道地址错误，白白浪费许多通信资源。

再下面是DATA命令，表示要开始传送邮件的内容了。SMTP服务器返回的信息是354 Start mail input; end with <CRLF>.<CRLF>。这里<CRLF>是"回车换行"的意思。若不能接收邮件，则返回421（服务器不可用）、500（命令无法识别）等。接着SMTP客户发送邮件的内容。发送完毕后，再发送<CRLF>.<CRLF>（两个回车换行中间用一个点隔开），表示邮件内容结束。实际上在服务器端看到的可打印字符只是一个英文的句点。若邮件收到了，则SMTP服务器返回信息250 OK，否则返回差错代码。

虽然SMTP使用TCP连接试图使邮件的传送可靠，但它并不能保证邮件不丢失。没有端到端的确认信息返回收件人处。差错指示也不保证能传送到收件人处，然而基于SMTP的电子邮件通常都被认为是可靠的。

3.　连接释放

邮件发送完毕后，SMTP客户应发送QUIT命令。SMTP服务器返回的信息是221(服务关闭)，表示SMTP同意释放TCP连接。邮件传送结束。

这里再强调一下，**使用电子邮件的用户看不见以上这些过程**，所有这些复杂过程都被电子邮件的用户代理屏蔽了。

上述SMTP客户（以C表示）和SMTP服务器（以S表示）的交互过程如下：

```
S: 220 Service ready
C: HELO tsinghua.org.cn
S: 250 OK
C: MAIL FROM: <xiexiren@tsinghua.org.cn>
S: 250 OK
C: RCPT TO: <收件人地址>
S: 250 OK
...
C: DATA
S: 354 Start mail input; end with <CRLF>.<CRLF>
C: <邮件内容>
...
C: .
S: 250 OK
C: QUIT
S: 211
```

6.4.3　电子邮件的信息格式

电子邮件的信息格式并不是由SMTP定义的，而是在RFC 5322中单独定义的。一个电子邮件分为**信封**和**内容**两大部分。邮件内容中的**首部**格式必须严格遵循标准的规定，而邮件的**主体**（Body）部分则由用户自由撰写。用户写好首部后，邮件系统将自动地将信封所需的信息提取出来并写在信封上。所以用户不需要填写电子邮件信封上的信息。

邮件内容首部包括一些关键字，后面加上冒号。最重要的关键字是To和Subject。

To:后面填入一个或多个收件人的电子邮件地址。在电子邮件软件中，用户把经常通信的对象的名字和电子邮件地址写到**地址簿**（Address Book）中。当撰写邮件时，只需打开地址簿，单击收件人名字，收件人的电子邮件地址就会自动地填写到合适的位置上。

Subject:后面填入邮件的**主题**，它反映了邮件的主要内容。主题类似于文件系统的文件名，便于用户查找邮件。

邮件首部还有一项是**抄送**Cc:。这两个字符来自Carbon copy，意思是留下一个"复写副本"。这是借用旧的名词，表示应给某人发送一个邮件副本。

有些邮件系统允许用户使用关键字Bcc（Blind Carbon Copy）来实现**盲抄送副本**。这使发件人能将邮件的副本发送给某人，但不让此事被收件人知道。Bcc又称为**暗送**。

首部关键字还有 From 和 Date，分别表示发件人的电子邮件地址和发信日期。这两项一般都由邮件系统自动填入。

另一个关键字是 Reply-To，即对方回信所用的地址。这个地址可以与发件人发信时所用的地址不同。例如，有时借用他人的邮箱给自己的朋友发送邮件，但仍希望对方将回信发送到自己的邮箱。这一项可以事先设置好，不需要在每次写信时进行设置。

6.4.4 邮件读取协议

SMTP 是一种"推"的协议，并不适合用来完成读取邮件这样的"拉"的任务。现在常用的邮件读取协议有两个，即 POP3 和**互联网邮件访问协议**（Internet Message Access Protocol，IMAP）。

POP 是一个非常简单但功能有限的邮件读取协议。现在一般使用 POP 的第三版 POP3。

POP3 也使用客户-服务器方式。在接收邮件的用户 PC 中的用户代理必须运行 POP3 客户程序，而在收件人邮箱所在的邮件服务器中则运行 POP3 服务器程序。当然，这个邮件服务器还必须运行 SMTP 服务器程序，以便接收发送方邮件服务器的 SMTP 客户程序发来的邮件。

当用户需要从邮件服务器的邮箱中下载电子邮件时，用户就开始读取邮件。用户（用户代理）在 TCP 端口 110 打开到服务器的连接，然后发送用户名和口令，访问邮箱。用户可以列出邮箱中的邮件清单，并逐个读取邮件文件。

POP3 有两种工作方式：下载并删除方式和下载并保留方式。下载并删除方式是指在每一次读取邮件后都把邮箱中的这封邮件删除。下载并保留方式是指在读取邮件后仍然在邮箱中保存这封邮件。下载并删除方式通常用在用户使用固定计算机工作的情况，用户在本地计算机中保存和管理所收到的邮件。下载并保留方式允许用户在不同的计算机上多次读取同一邮件。

虽然 POP3 提供了下载并保留方式，但它不允许用户在服务器上管理邮件，如创建文件夹、对邮件进行分类管理等。因此 POP3 用户代理采用的主要管理方式是将所有邮件下载到本地进行管理。这种方式对经常使用不同计算机上网的移动用户来说是非常不方便的。

另一个读取邮件的协议是 IMAP，它可以解决上述问题，但要比 POP3 复杂得多。IMAP 和 POP3 都按客户-服务器方式工作，但它们有很大的差别。现在较新的 IMAP 版本是 2003 年 3 月修订的版本 4，即 IMAP4（RFC 3501）。

在用户的 PC 上运行的 IMAP 客户程序与接收方的邮件服务器上的 IMAP 服务器程序建立 TCP 连接。用户在自己的 PC 上就可以操控邮件服务器的邮箱，就像在本地操控一样，因此 IMAP 是一个联机协议。当用户 PC 上的 IMAP 客户程序打开 IMAP 服务器上的邮箱时，用户就可看到邮件的首部。只有用户需要打开某封邮件时，该邮件才传到用户的计算机上。用户可以根据需要为自己的邮箱创建便于分类管理的层次式的邮箱文件夹，并且能够将存放的邮件从某一个文件夹中移动到另一个文件夹中。用户也可按某种条件对邮件进行查找。在用户发出删除邮件的命令之前，IMAP 服务器邮箱中的邮件一直保存着。这样就不会占用用户 PC 硬盘上的大量存储空间。

IMAP 最大的好处是用户可以在不同的地方使用不同的计算机（例如使用办公室的计算机或家中的计算机，或在外地使用笔记本电脑）随时阅读和处理自己的邮件。IMAP 还允许收件人只读取邮件中的某一个部分。例如，用户收到了一封带有视频附件（此文件可能很大）的邮件，为了节省时间或流量，他可以先下载邮件的正文部分，待以后有时间或感兴趣再读取或下载这个很大的附件。这对于无线移动用户非常重要，使用IMAP客户软件可减少处理邮件所使用的流量。

IMAP的缺点是如果用户没有将邮件复制到自己的PC上，则邮件一直会存放在IMAP服务器上。用户如不能与IMAP服务器建立连接，则无法阅读自己邮箱中的邮件。

最后再强调一下，不要把邮件读取协议POP或IMAP与邮件传送协议SMTP弄混。发件人的用户代理向发送方邮件服务器发送邮件，以及发送方邮件服务器向接收方邮件服务器发送邮件，都是使用SMTP。而POP或IMAP则是用户代理从接收方邮件服务器上读取邮件所使用的协议。

6.4.5 基于万维网的电子邮件

随着动态网页技术的应用与发展，越来越多的应用采用基于万维网的方式，即利用浏览器以万维网页面的形式为用户提供人机界面（浏览器–服务器方式）。今天，几乎所有著名的门户网站及许多大学和公司，都提供了基于万维网的电子邮件。也就是说，不管在什么地方（网吧、宾馆或朋友家中），只要能够上网，通过浏览器登录（提供用户名和口令）邮件服务器万维网网站，就可以撰写、收发、阅读和管理电子邮件，即邮件服务器万维网网站为用户提供了一个基于浏览器–服务器的用户代理。采用这种方式的一个好处就是不用安装专门的用户代理程序，用普通的万维网浏览器访问邮件服务器万维网网站即可。这些网站通常都提供非常强大和方便的邮件管理功能，用户可以在这些网站上管理和处理自己的邮件，而不需要将邮件下载到本地。这对于经常在不同地点上网收发邮件的用户是很方便的。

图6-16给出了基于万维网的电子邮件的工作特点。假定登录在网易邮件服务器的用户A要向使用同一邮件服务器的用户B发送邮件。A和B的电子邮件地址分别是aaa@163.com和bbb@163.com。这时，A和B都使用各自的浏览器登录到邮件服务器万维网网站发送和接收邮件。从图6-16（a）可以看出，A和B在发送和接收邮件时与服务器之间的通信都使用的是HTTP。在邮件的传送过程中，不需要使用SMTP和POP3。

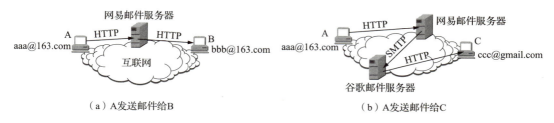

（a）A发送邮件给B　　　　　　　　　　　　　（b）A发送邮件给C

图6-16　基于万维网的电子邮件的工作特点

但是，当发件人和收件人使用的是不同的邮件服务器时，情况就改变了。例如，A要给使用谷歌邮件服务器的C发送邮件，假定C的邮件地址是ccc@gmail.com。从图6-16（b）可以看出，A发送邮件和C接收邮件仍然使用HTTP，但从网易邮件服务器把邮件发送到谷歌邮件服务器则使用的是SMTP。

这种工作模式与IMAP类似，不同的是用户计算机上无须安装专门的用户代理程序，只需要使用通用的万维网浏览器。

6.4.6 多用途互联网邮件扩展

SMTP限于传送7位ASCII文本数据，不能传送可执行文件或其他的二进制对象。这显然不能满足传送多媒体邮件（如带有图片、音频或视频数据的邮件）的需要。许多其他非英语国家的文字（如中文、俄文、带重音符号的法文或德文等）也无法用SMTP传送。

为解决SMTP不能传送非ASCII文本的问题，人们提出了**多用途互联网邮件扩展**（Multipurpose Internet Mail Extensions，MIME）（RFC 2045～RFC 2049）。实际上MIME不仅仅用于SMTP，也用于同样面向ASCII的HTTP。MIME并没有改动或取代SMTP，它只是一个辅助协议。MIME在发送方把非ASCII数据转换为7位ASCII数据，交给SMTP传送；在接收方再把收到的数据转换为原来的非ASCII数据。图6-17所示为MIME和SMTP的关系。

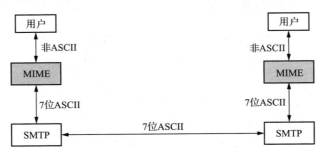

图6-17　MIME和SMTP的关系

MIME主要包括以下3部分内容。

（1）5个新的邮件首部字段，它们可包含在邮件首部中。这些字段提供了有关邮件主体的信息。

（2）定义了许多邮件内容的格式，对多媒体电子邮件的表示方法进行了标准化。

（3）定义了传送编码，可对任何内容格式进行转换，而不会被邮件系统改变。

为适应不同数据类型和表示，每个MIME报文包含告知收件人数据类型和使用编码的信息。MIME将增加的信息放到邮件首部中。下面是MIME新增的5个邮件首部字段的名称及其意义（有的可以是选项）。

（1）MIME-Version：标志MIME的版本，现在的版本号是1.0。若无此行，则为英文文本。

（2）Content-Description：可读字符串，说明此邮件是什么，和邮件的主题类似。

（3）Content-Id：邮件的唯一标识符。

（4）Content-Transfer-Encoding：在传送时邮件的主体是如何编码的。

（5）Content-Type：说明邮件的性质。

上述前3项的意思很清楚，因此下面只对后两项进行介绍。

1. Content-Transfer-Encoding

下面介绍3种常用的Content-Transfer-Encoding。

最简单的编码就是7位ASCII，每行不能超过1000个字符。MIME对这种由ASCII构成的邮件主体不进行任何转换。

另一种编码称为quoted-printable，这种编码适用于传送的数据中只有少量的非ASCII。这种编码方法的要点是不改变所有可打印的ASCII，除特殊字符等号（＝）外。等号和不可打印的ASCII，以及非ASCII的数据的编码方法是，先将每个字节的二进制码用两个十六进制数字表示，然后在前面加上一个等号。例如，汉字"系统"的二进制编码是11001111 10110101

11001101 10110011（共有32位，但这4个字节都不是ASCII），其十六进制数字表示为CFB5CDB3。用quoted-printable编码表示为=CF=B5=CD=B3，这12个字符都是可打印的ASCII，它们的二进制编码需要96位，和原来的32位相比，增加开销达200%。而等号的二进制编码为00111101，即十六进制的3D，因此等号的quoted-printable编码为=3D。

对于任意的二进制文件，可用base64编码。这种编码方法是先将二进制编码划分为一个个24位长的单元，然后将每一个24位单元划分为4个6位组，每一个6位组按以下方法转换成ASCII。6位的二进制编码共有64种不同的值，从0到63。用A表示0，用B表示1，以此类推。26个大写字母排列完毕后，再排26个小写字母，再后面是10个数字，最后用"＋"表示62，而用"/"表示63。当最后一组单元只有8位或16位时，分别用两个连在一起的等号（＝＝）和一个等号（＝）将其填充为24位的单元。解码时忽略回车和换行，因此它们可在编码后的字符串中的任何地方插入。假设有二进制编码，共24位：01001001 00110001 01111001。先将其划分为4个6位组，即010010 010011 000101 111001，对应的base64编码为STF5。最后，把STF5用ASCII发送，即01010011 01010100 01000110 00110101。不难看出，24位的二进制编码采用base64编码后变成了32位，增加开销33.3%。当需要传送的数据大部分是ASCII时，最好还是采用quoted-printable编码。

2. Content-Type

MIME标准规定Content-Type字段必须含有两个标识符，即内容**类型**（Type）和**子类型**（Subtype），中间用"/"分隔。

MIME标准定义了7种基本内容类型和15种子类型。除了基本内容类型和子类型，MIME还允许发件人和收件人自己定义专用的内容类型。但为避免出现名字冲突，标准要求为专用的内容类型选择的名字要以字符串X-开始。表6-3所示为Content-Type字段的基本内容类型和子类型。

表6-3　Content-Type字段的基本内容类型和子类型

基本内容类型	子类型	说明
Text（文本）	plain	无格式的文本
	richtext	有少量格式命令的文本
Image（图像）	gif	GIF格式的静止图像
	jpeg	JPEG格式的静止图像
Audio（音频）	basic	可听见的声音
Video（视频）	mpeg	MPEG格式的影片
Application（应用）	octet-stream	不间断的字节序列
	postscript	PostScript可打印文档
Message（报文）	rfc822	MIME RFC 822邮件
	partial	为传输将邮件分割开
	external-body	邮件必须从网上获取
multipart（多部分）	mixed	按规定顺序的几个独立部分
	alternative	不同格式的同一邮件
	parallel	必须同时读取的几个部分
	digest	每一个部分是一个完整的RFC 822邮件

MIME的基本内容类型中的multipart是很有用的，因为它提高了邮件的灵活性。标准为multipart定义了4种可能的子类型，每个子类型都提供重要功能。

（1）mixed子类型允许单个报文含有多个相互独立的子报文，每个子报文可有自己的类型和编码。mixed子类型报文使用户能够在单个报文中附上文本、图形和声音，或者用额外数据段发送一个备忘录（类似商业信笺含有的附件）。在mixed后面还要用到一个关键字，即boundary=。此关键字定义了分隔报文各部分所用的字符串（由邮件系统定义），只要在邮件的内容中不出现这样的字符串即可。当某一行以两个连字符（--）开始，后面紧跟上述字符串，就表示下面是另一个子报文。

（2）alternative子类型允许单个报文含有同一数据的多种表示。当给多个使用不同硬件和软件系统的收件人发送备忘录时，这种类型的multipart报文很有用。例如，用户可同时用普通的ASCII文本和格式化的形式发送文本，从而允许拥有图形功能的计算机用户在查看图形时选择格式化的形式。

（3）parallel子类型允许单个报文含有可同时显示的各个子部分（例如图像子部分和声音子部分必须一起播放）。

（4）digest子类型允许单个报文含有一组其他报文（例如从讨论中收集电子邮件报文）。

下面显示了一封MIME邮件，它包含一段简单的文本和含有非文本信息的照片。邮件中第一部分的注解说明第二部分含有一张照片。

```
From: xiexiren@tsinghua.org.cn
To: xyz@public.bta.net.cn
MIME-Version: 1.0
Content-Type: multipart/mixed; boundary=qwertyuiop


--qwertyuiop
XYZ :
    你要的图片在此邮件中，收到后请回信。
                        谢希仁
--qwertyuiop
Content-Type: image/gif
Content-Transfer-Encoding: base64
     ...data for the image（图像的数据）...
--qwertyuiop--
```

上面最后一行表示boundary的字符串后面还有两个连字符，表示整个multipart的结束。

6.5   文件传送协议

FTP

网络环境中的一项基本应用就是将文件从一台计算机复制到另一台可能与之相距很远的计算机中，即文件传输。文件传送协议（File Transfer Protocol，FTP）（RFC 959）是互联网上使用得最广泛的文件传输协议。FTP提供交互式的访问，允许客户指明文件的类型与格式（如指明是否使用ASCII），并允许文件具有存取权限（例如，访问文件的用户必须经过授权，并输入有效的口令）。FTP屏蔽了各计算机系统的细节，因而适用于在异构网络中的任意计算机之间传送文件。

1. FTP 基本工作原理

在互联网发展的早期阶段，用FTP传送文件约占整个互联网的通信量的三分之一，而由电子邮件和DNS所产生的通信量还要小于FTP所产生的通信量。到了1995年，万维网的通信量才首次超过了FTP。

初看起来，在两台主机之间传送文件是很简单的事情，其实这往往非常困难。原因是众多的计算机厂商研制出的文件系统多达数百种，且差别很大。经常遇到的问题如下。

（1）计算机存储数据的格式不同。

（2）文件的目录结构和文件命名的规定不同。

（3）对于相同的文件存取功能，操作系统使用的命令不同。

（4）访问控制方法不同。

FTP只提供文件传送的一些基本的服务，它使用TCP可靠的传输服务。FTP的主要功能是减少或消除在不同操作系统下处理文件的不兼容性。

FTP基于客户-服务器体系结构，一个FTP服务器进程可同时为多个客户进程提供服务。FTP的服务器进程由两大部分组成：一个**主进程**，负责接受新的请求；若干个**从属进程**，负责处理单个请求。

主进程的工作步骤如下。

（1）打开周知端口（端口号为21），使客户进程能够连接上服务器进程。

（2）等待客户进程发出连接请求。

（3）启动从属进程来处理客户进程发来的请求。从属进程将客户进程的请求处理完毕后即终止，但从属进程在运行期间根据需要还可能创建其他一些子进程。

（4）回到等待状态，继续接受其他客户进程发来的请求。主进程与从属进程的处理是并发进行的。

FTP的工作情况如图6-18所示。图中的服务器端有两个从属进程：**控制进程**和**数据传送进程**。简单起见，服务器端的主进程没有画上。在客户端除控制进程和数据传送进程外，还有一个用户接口进程用来和用户连接。与前面讨论过的其他应用有很大的不同，FTP的客户和服务器之间要建立两个连接：**控制连接**和**数据连接**。控制连接在整个会话期间一直保持打开，用于传送客户端发出的各种命令，如用户标识、口令、改变远程目录、下载文件、上传文件等命令，以及服务器端的状态响应。控制连接并不用来传送文件，**实际用于传送文件的是数据连接**。

FTP客户首先向FTP服务器的21端口发起一个TCP连接请求，建立控制连接。FTP客户通过该控制连接发送用户标识和口令，也发送改变远程目录等命令。FTP服务器从该连接上收到一个文件传送命令（无论是上传还是下载）后，就从20端口发起一个到客户的数据连接。为此，客户向服务器发送文件传送命令时，要告诉服务器其数据传送进程打开的端口。FTP在数据连接上传送完一个文件后就关闭该连接。如果在同一个会话期间，用户还需要传送另一个文件，则需要打开另一个数据连接。因而在FTP应用中，控制连接贯穿了整个会话，但是针对会话中的每一次文件传送都需要建立一个新的数据连接（即数据连接是非持续的）。

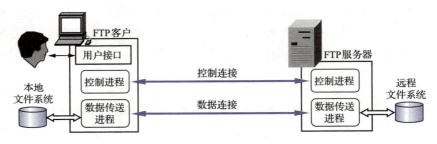

图6-18　FTP的工作情况

FTP服务器必须在整个会话期间保留用户的状态信息、必须把特定的用户名与控制连接联系起来、必须跟踪每个用户在远程文件目录树上的当前位置。

2. FTP 命令和应答

FTP的命令和应答在客户和服务器的控制连接上以ASCII文本行形式传送，这就要求每个命令或应答后都要跟回车换行符。从客户向服务器发送的FTP命令超过30种，表6-4列出了一些常用的FTP命令。

表6-4　常用的FTP命令

命令	说明
LIST <目录名>	列表显示文件或目录
PASS <口令>	用户登录口令
PORT <$n1, n2, n3, n4, n5, n6$>	客户端IP地址（$n1.n2.n3.n4$）和端口（$n5 \times 256 + n6$）
QUIT	从服务器注销
RETR <文件名>	读取（下载）一个文件
STOR <文件名>	存储（上传）一个文件
USER <用户名>	用户登录用户名

通常每个FTP命令都会产生一行应答，应答都是ASCII形式的3位数字状态码，并跟有可选的状态信息。软件系统需要根据数字状态码来决定如何应答，而状态信息是面向人工处理的。数字状态码中每一位数字都有不同的含义。一些典型的应答例子如下所示：

```
331 Username OK, password required.
125 Data connection already open; transfer starting.
425 Can't open data connection.
221 Goodbye.
```

要说明的是，当用户使用命令行方式的FTP客户软件时，用户在命令行窗口内输入的命令与上述在控制连接中传送的命令并不相同。用户接口程序将用户输入的命令转换为一个或多个FTP命令并通过控制连接发送给服务器。不过现在人们更多使用图形界面的FTP客户软件，如CuteFTP等，或直接利用浏览器访问FTP服务器。

6.6 远程终端协议

远程终端又称为**远程登录**，是网络最早提供的一种应用，使用户能够在自己的主机上通过网络远程登录（当然要提供用户名和密码）到另一台主机上，操作远程主机上的程序和资源。

TELNET是一个简单的远程终端协议，是互联网的正式标准（RFC 854），几乎每个TCP/IP的实现都提供了这个功能。TELNET以前应用得很多，但现在使用它的主要是网络工程技术人员而不是普通用户。专业人士使用它登录到远程设备，如服务器、路由器、交换机等，进行一些调试、管理和配置工作。TELNET也使用客户-服务器方式。本地系统运行TELNET客户进程，而远程主机运行TELNET服务器进程。和FTP的情况相似，服务器中的主进程等待新的请求，并产生从属进程来处理每一个连接。

用户使用TELNET就可在其所在地通过TCP连接登录到远程主机上（使用主机名或IP地址）。TELNET能将用户的按键传到远程主机，也能将远程主机的输出通过TCP连接送回用户屏幕。这种服务是透明的，因为用户感觉键盘和显示器好像是直接连在远程主机上的。

如图6-19（a）所示，当用户使用终端（通常由键盘、显示器和鼠标组成）登录到本地主机时，用户在键盘上的击键被终端驱动程序接收，并以字符的形式交付操作系统。操作系统通过系统调用将字符作为输入传递给相应的应用程序。

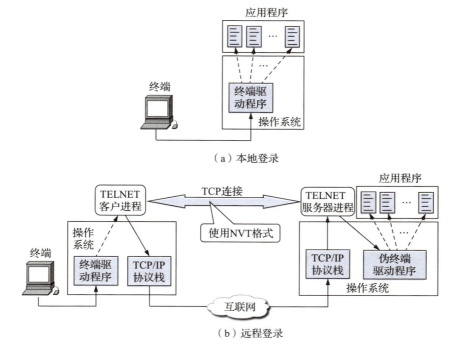

图6-19　本地登录和远程登录

当用户利用TELNET通过网络登录到远程主机时，如图6-19（b）所示，用户在键盘上的按键被终端驱动程序接收，本地操作系统将按键产生的字符传递给TELNET客户进程。TELNET客户进程使用网络协议将这些字符发送到运行在远程主机上的TELNET服务器进程，TELNET服务器进程将这些字符通过**伪终端驱动程序**传递给相应的应用程序，就好像是从远程主机的键盘上键入的字符被直接传递给远程主机上运行的应用程序一样。

TELNET能够适应许多计算机和操作系统的差异。例如，对于文本中一行的结束，有的系统使用ASCII的回车（CR），有的系统使用换行（LF），还有的系统使用回车-换行（CR-LF）。又如，许多系统在中断一个程序时使用Control-C（^C），但也有系统使用Esc键。为了适应这种差异，TELNET定义了数据和命令应怎样通过互联网。这些定义就是所谓的**网络虚拟终端**（Network Virtual Terminal，NVT）。客户进程把用户的按键和命令转换成NVT格式，传送到远程的服务器进程。服务器进程把收到的数据和命令从NVT格式转换成远程系统使用的格式。向用户返回数据时，服务器进程把远程系统使用的格式转换为NVT格式，本地客户进程再把NVT格式转换为本地系统使用的格式。

NVT的格式定义很简单。所有的通信都使用8位的字节。在运转时，NVT使用7位ASCII传送数据，高位置1时用作控制命令。ASCII共有95个可打印字符（如字母、数字、标点符号）和33个控制字符。所有可打印字符在NVT中的意义和在ASCII中一样，但NVT只使用了ASCII的控制字符中的几个。

TELNET为用户提供一个基于字符的远程终端仿真，用户只能使用命令行方式执行各种操作。类似的基于命令行的远程终端程序还有UNIX操作系统提供的rlogin。但随着个人计算机图形处理能力的增强，大多数操作系统都提供了基于窗体的**图形用户界面**（Graphical User Interface，GUI），现在人们更愿意使用鼠标操作，因此出现了很多基于图形用户界面的远程终端软件。例如，微软的Windows操作系统就提供了基于图形用户界面的远程桌面服务。

6.7 动态主机配置协议

每一个使用TCP/IP协议簇的计算机都需要知道它的IP地址。现在已普遍使用无分类编址方式，因此还需要知道它的子网掩码。今天的大多数计算机还需要另外两种信息：一个能够和其他网络进行通信的默认路由器的地址，以及一个DNS服务器的地址。总之，一台连接到互联网的计算机通常需要配置以下参数。

（1）IP地址。

（2）子网掩码。

（3）默认路由器的IP地址。

（4）域名服务器的IP地址。

一种办法是由计算机的使用者将这些参数配置在计算机的一个特定的配置文件中（通常操作系统会提供配置网络连接属性的图形用户界面），计算机每次启动时通过读取该配置文件对相应协议软件进行参数配置。

有些计算机在网络上的位置可能经常改变（尤其是随着便携式计算机的大量使用，人们有时在家中上网，有时在办公室或实验室上网），人工进行协议配置既不方便，又容易出错。因此，需要采用自动协议配置。

动态主机配置协议（Dynamic Host Configuration Protocol，DHCP）提供了一种机制，称为**即插即用连网**（Plug-and-Play Networking）。这种机制允许一台计算机加入新的网络并自动获取IP地址而不用人工参与。DHCP目前是互联网草案标准（RFC 2131、RFC 2132）。

DHCP对运行客户软件和服务器软件的计算机都适用。当运行客户软件的计算机移至一个新的网络时，就可使用DHCP获取配置信息而不需要人工干预。DHCP给运行服务器软件而位置固定的计算机指派一个永久地址，当这台计算机重新启动时其地址不改变。

DHCP使用客户-服务器方式。需要自动获取IP地址的主机（DHCP客户）启动时在本网用UDP广播发送一个DHCP**发现报文**（DHCP Discover），其目的IP地址为255.255.255.255。发送广播报文是因为现在还不知道DHCP服务器在什么地方，因此需要发现DHCP服务器的IP地址。运行DHCP客户程序的主机目前还没有自己的IP地址，因此它把IP数据报中自己的源IP地址设为全0。这样，在本地网络上的所有主机都能够收到这个广播报文，但只有DHCP服务器才对此广播报文进行应答。DHCP服务器先在其数据库中根据收到报文的源MAC地址查找该计算机的配置信息。若找到，则返回找到的信息。若找不到，则从服务器的IP地址池（Address Pool）中取一个地址分配给该计算机。DHCP服务器通过应答一个DHCP**提供报文**（DHCP Offer），向DHCP客户"提供"IP地址等配置信息。

DHCP的工作
过程（动画演示）

DHCP客户可能会收到来自多个服务器的提供报文，需要选择其中的一个，并广播一个DHCP**请求报文**（DHCP Request）来正式请求该提供报文中提供的配置信息。提供该配置信息的服务器会对该请求报文用DHCP**确认报文**（DHC Pack）进行确认，而其他DHCP服务器收到该请求报文后会释放预分配的资源。

DHCP发现报文和请求报文都使用UDP广播，但提供报文和确认报文既可以使用广播也可以使用单播，这取决于具体实现。因为有些IP实现在完成IP地址的配置前（收到DHCP确认报文后才能真正使用所分配的IP地址），是不会接收任何单播IP数据报的，只能接收广播IP数据报。对于这种情况，DHCP客户会在发送的DHCP报文中设置广播标志位，要求DHCP服务器采用广播方式进行应答。

一个拥有多个网络的组织通常并不会在每一个网络中都设置一个DHCP服务器，因为这样会使DHCP服务器的数量太多。通过DHCP**中继代理**（Relay Agent）（通常运行在一台路由器上，如图6-20所示），可以让多个互连的网络共享一个DHCP服务器。DHCP中继代理中配置了DHCP服务器的IP地址信息，它收到主机A以**广播**形式发送的DHCP发现报文后，就以**单播**方式向DHCP服务器转发此报文，并等待其回答。收到DHCP服务器回答的DHCP提供报文后，DHCP中继代理再将此DHCP提供报文发给主机A。需要注意的是，DHCP报文是封装在传输层UDP的报文中传送的。DHCP服务器使用的周知端口号是67，而DHCP客户使用的端口号是68。

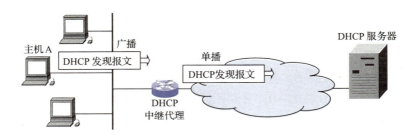

图6-20　DHCP客户、服务器和中继代理

DHCP服务器分配给DHCP客户的IP地址是临时的，因此DHCP客户只能在一段有限的时间内使用这个分配到的IP地址。DHCP称这段时间为**租用期**（Lease Period），但并没有具体规定租用期应取为多长或至少为多长，租用期的数值应由DHCP服务器自己决定。例如，一个校园

网的DHCP服务器可把租用期设定为1h。DHCP服务器在给DHCP发送的提供报文的选项中给出租用期的数值，DHCP客户也可在自己发送的报文（如发现报文）中提出对租用期的要求。

DHCP很适合经常移动位置的计算机，便于管理，并且可以使大量用户共享较少的IP地址。当计算机使用Windows操作系统时，在网络设置中找到TCP/IP协议后单击"属性"按钮，若选择"自动获得IP地址"和"自动获得DNS服务器地址"，就表示使用DHCP协议。

6.8　P2P文件共享

P2P文件共享

到目前为止，本章所介绍的应用都是基于客户-服务器体系结构的，它们要求有总是运行着的基础设施服务器，如DNS服务器、万维网服务器、邮件服务器等。与这些应用不同，基于P2P体系结构的应用是对等方之间直接进行通信，而且对等方主要运行于间断连接的主机上，如个人计算机，而不是运行于24h连续开机的服务器上。

目前，互联网上流行的P2P应用主要包括P2P文件共享、即时通信、P2P流媒体、分布式存储等。限于篇幅，这里仅以P2P文件共享为例来简单介绍P2P的应用。

文件共享应用实际上有两个基本的问题要解决：如何查找到需要的文件，以及如何从拥有该文件的主机下载该文件。我们先讨论后一个问题，即P2P文件分发（从文件拥有者的角度看是将一个文件分发给多个对等方），该问题相对简单一些。

6.8.1　P2P文件分发

我们通过一个简单的例子来说明P2P方式在文件分发应用中的优势。该任务是将主机H_1中的一个长度为L的大文件分发给其余7台主机。假设文件传输的瓶颈是各主机的上载速率（习惯上将文件从其他主机发送到本主机叫作下载，而从本主机发送到其他主机叫作上载或上传），再假定所有主机的上载速率都是R。对于客户-服务器方式，主机H_1为服务器，而其他主机为客户。显然主机H_1要依次把文件发送给所有其他主机所需的时间是$7L/R$。可见采用客户-服务器方式时，文件分发时间随客户机数量的增多呈线性增长。因此，基于客户-服务器方式的应用在面对大量用户访问时，服务器要承受极大的负担，并且消耗大量的服务器带宽。

在P2P文件分发中，每个对等方都能在收到文件后将该文件分发给其余对等方，从而协助主机H_1进行分发，这样就大大缩短了文件分发的时间。例如，可以在$3L/R$时间内就把长度为L的文件分发给所有7台主机：

第1个L/R时间，$H_1 \rightarrow H_2$；

第2个L/R时间，$H_1 \rightarrow H_3$，$H_2 \rightarrow H_4$；

第3个L/R时间，$H_1 \rightarrow H_5$，$H_2 \rightarrow H_6$，$H_3 \rightarrow H_7$，$H_4 \rightarrow H_8$。

可以证明采用这种基本的P2P分发方式时，文件分发时间随对等方数量的增多呈对数增长（习题6-32）。显然，每个对等方都参与了文件的分发，它们既是服务的请求者，也是服务的提供者。参加的对等方越多，服务的提供者也就越多。因此，P2P方式比客户-服务器方式具有更好的可扩展性。

实际上，通过**分片**（即把文件划分为很多等长的小数据块进行分发）可以进一步加快文件分发的速度。因为一个对等方不必等整个文件全部收完就可以将该文件的部分数据块分发给其余对等方，这提高了文件分发的并行性。也就是说，对每一台需要下载文件的主机来说，不仅可以从多个对等方下载数据块，而且可以同时给多个对等方上载数据块。图6-21说明了这种情况。可以看出，数据块的传送途径不仅有A→B、A→C、A→D，而且有B→C、B→D、C→B、C→D、D→B、D→C。

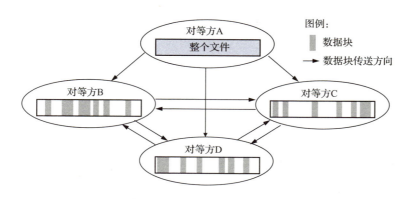

图6-21　对等方之间互相交换文件数据块

巧妙地设计分发算法可以大大提高整个系统文件分发的效率。习题6-33讨论了P2P文件分发时间的下界。在一个实际的P2P文件分发系统中，任意两个拥有不同数据块的对等方之间都可能互相传送数据块，并且不断有对等方加入或离开。下载某个文件的人越多，拥有该文件数据块的对等方就越多，新加入的对等方就可以从更多的对等方下载该文件，因此有可能更快地下载完整的大文件。这就是为什么使用P2P文件分发软件的用户会有"下载的人越多，下载速度越快"的体验。由于对等方随时都有可能离开，为避免所有下载同一文件的对等方都缺少同一数据块，对等方通常会优先下载"稀有"数据块（拥有该数据块的对等方少），因此每个文件的数据块下载顺序具有随机性。

6.8.2　在 P2P 对等方中搜索对象

现在我们来讨论文件共享中的另一个问题：如何找到需要的文件。我们可以把该问题抽象为一个更普通的问题：如何找到感兴趣的对象。这里的对象可以是文件共享系统中的文件或文件的索引、即时通信系统中的某个好友或者某个特殊资源等。为方便讨论，我们以在P2P文件共享系统中搜索一个文件为例。

1.　集中式目录

定位文件的一个最直接的办法就是提供一个集中式目录服务器，该目录服务器保存了所有对等方的IP地址及其共享文件的名称。目录服务器要经常从每个活动的对等方那里收集这些信息，以保证信息的有效性。显然，这是典型的客户-服务器方式。世界上第一个流行的P2P文件共享软件Napster正是采用这种方式来定位用户需要下载的MP3歌曲。但Napster下载文件的工作是在对等方之间直接进行的，即并没有专门存放MP3文件的服务器，实际上采用的是一种P2P与客户-服务器混合的体系结构。目前很多应用程序采用了这样的混合体系结构，如许多即时通信应用程序。使用集中式目录定位内容虽然非常简单，但存在客户-服务器方式所固有的缺点，即服务器成为整个系统的性能瓶颈和故障点。

2. 查询洪泛

一些P2P文件共享软件（如Gnutella）没有使用集中式目录服务器来定位文件，而是在应用层把所有对等方组织成一个逻辑的网络，该网络被称为**覆盖网络**（Overlay Network）。在这个覆盖网络中，节点就是对等方，若两个对等方彼此知道并建立了某种联系，如建立了一条TCP连接，这两个对等方就成为相邻节点，在它们之间形成了一条边。但应注意，在覆盖网络中，相邻的节点在物理上通常并不相邻，由一条TCP连接构成的边也不对应一条物理的链路。

尽管一个覆盖网络中可能存在成千上万个对等方，但某一个给定的对等方通常仅与少量的对等方连接。一个对等方要查找某个文件时，会向这个覆盖网络中的所有相邻对等方发送查询报文，每个对等方向各自的邻居转发该查询报文，该过程被称为**查询洪泛**（Query Flooding）。一个对等方收到一条查询报文时，首先检查报文中的查询关键词是否与所共享的文件匹配。如果存在匹配的文件，则沿查询报文的反向路径发回一条查询响应报文，该报文包含匹配文件名和对等方地址等信息。查询方收到查询响应报文后（可能会收到多个响应报文），直接与拥有该文件的对等方进行联系，并下载文件。图6-22说明了查询洪泛的工作过程。

在一个大的覆盖网络中进行查询洪泛会产生大量的流量。为解决该问题，Gnutella的设计者使用了范围受限的查询洪泛。当对等方发送初始查询报文时，报文的对等方计数字段中会设置一个特定值（如7）。每个对等方在转发查询报文时先把该字段值减1，当对等方收到对等方计数字段降为0的查询报文时，就停止转发该查询报文。用这种方法可以将查询洪泛限制在一个较小的范围内，从而减少网络中的查询流量。由于不能搜索所有对等方，可能用户所需要的文件存在于覆盖网络中，用户却没有找到它。

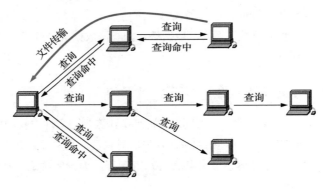

图6-22 查询洪泛的工作过程

那么Gnutella是如何维护这样一个覆盖网络的呢？一个对等方想要加入Gnutella覆盖网络时，首先至少要知道覆盖网络中的一个节点。每个对等方都会维护一个经常开机的对等方列表，初次安装运行的对等方可以通过查询Gnutella网站获得该列表。在连接到覆盖网络中的一个节点后，该对等方通过该连接可以发现更多的节点，并根据策略自由选择某些节点作为邻居。

3. 分布式散列表

Gnutella网络是一种**非结构化覆盖网络**，由于节点之间的边是随机形成的，因此，在这样的网络中搜索对象的结果往往往是不可靠的。这是因为，如果不穷尽所有节点，那么很可能用户要找的某个对象就存在于覆盖网络中的某个节点上，但用户却不能找到。显然，对于搜索对象，这种非结构化覆盖网络的可扩展性比较差。下面介绍一种构造巧妙的覆盖网络，在该覆盖网络中可以将要查找的对象可靠地映射到网络中的特定节点（为该对象提供服务的节点），并且能有效路由到该节点。这种覆盖网络具有非常严格的拓扑结构，要求相邻节点的标识符（ID）之间有某种确定的数学关系，因此被称为**结构化覆盖网络**。

使用散列函数可以很容易地将名字映射到地址：$hash(x) \to n$。如果将对象 x 放置到节点 n 上，则只需计算 x 的散列值就能确定它的位置。如果 n 就是节点的 IP 地址，则立刻就能路由到该节点。但这个简单的方法有一个致命问题：若节点 n 不存在，或节点 n 并不属于该覆盖网络怎么办？另外，虽然散列函数可以将对象均匀分布到 IP 地址空间，但实际的节点在 IP 地址空间中的分布并不均匀，这会导致对象在节点上分布不均匀。

为解决这个问题，结构化覆盖网络将对象名（也可以是对象值，甚至是整个对象文件）和节点地址一起均匀地散列到一个大的 ID 空间（如一个 128 位的 ID 空间）中：

```
hash(object_name)→ objid
hash(IP_addr)→ nodeid
```

由于 ID 空间很大，一个对象在网络中通常找不到与其 ID 相同的节点，因此，每个对象保存在网络中与其 ID **最接近**的节点上。现在的问题是如何才能在网络中找到这个与其 ID 最接近的节点。目前已研究出很多算法，这里仅介绍经典算法 Chord，该算法在 2001 年由美国麻省理工学院提出。

在逻辑上，Chord 将节点按 ID 从小到大沿顺时针方向排列成一个环形覆盖网络，如图 6-23 所示（为便于表示，以 4 位 ID 空间为例）。对象 x（ID 为 x 的对象）被放置在环上顺时针方向紧随 x（包括 x）的第一个节点，将该节点定义为 x 的后继，并记为 $successor(x)$。例如，对象 8 被分配给节点 10（因为不存在节点 8 和 9）。

如果覆盖网络仅仅是这样一个环，要查找一个对象需要沿环遍历 $O(N)$ 个节点（N 为总节点数）。这是顺序查找，显然不是一个很有效的方法。为此，Chord 在环上精心添加了一些"弦"（Chord 的由来），通过这些"弦"可以更快地找到对象。具体方法是，节点 n 不仅知道其环上的相邻节点，还知道沿顺时针方向与其 ID 相差 2^{k-1}（$k = 1, 2, \cdots, m$）的最近节点，即所有 $successor((n + 2^{k-1}) \bmod 2^m)$，并将这些节点的地址保存在一个**索引表**（Finger Table，也称为路由表）中，用来加快对象的查找过程（m 为 ID 位数，k 为索引值）。例如，节点 0 的索引表中包含节点 2、5、10 的 IP 地址。图 6-23 中节点索引表的第 1 列为索引值，第 2 列为索引值对应的后继节点，虚线箭头为节点 0 的索引表中索引值对应的"弦"。

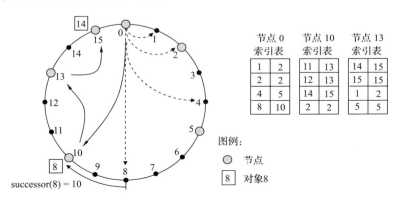

图 6-23　一个简单的 Chord 环

为查找对象 x，节点在自己的索引表中寻找 ID 在 x 之前且最接近 x 的节点，将查找对象 x 的请求发送给该节点，这样每个节点递归地发送查找请求，直到找到对象 x 的前驱（successor(x) 的前一个节点），从而最终找到存放对象 x 的节点 successor(x)。例如，节点 0 要查找对象 14，先将查找请求发送给索引表中在 14 之前且最接近 14 的节点 10，节点 10 的索引表中在 14 之前且最接近 14 的节点是 13，而节点 13 的索引表中没有在 14 之前且最接近 14 的节点，因此节点 13 为对象 14 的前驱，则节点 13 的下一个节点 15 为存放对象 14 的节点。因此，通过查找过程"节点 0 → 节点 10 → 节点 13 → 节点 15"，经过 3 步最终查找到对象 14。可以看出该查找方法类似于二分查找，查找一个对象的时间复杂度仅为 $O(\log_2 N)$。

由于这类结构化覆盖网络能将一个对象散列到网络中的某个节点，并能有效路由到该节点从而找到该对象，因此这种技术被称为**分布式散列表**（Distributed Hash Table，DHT），因为从概念上讲，散列表分布在网络中的所有节点上。要注意的是，Chord 仅仅是实现 DHT 的众多算法中的一个。

由于篇幅原因，在此不准备详细讨论如何维护这样一个带弦的环形覆盖网络，仅为大家提供一点思路：通过对象查找功能，可以将新节点插入其前驱和后继之间；然后要将本该由新节点负责的对象从其后继节点迁移到该新节点；最后还要修改一些节点的索引表。

DHT 结构化网络虽然解决了对象查询的可扩展问题，但其结构维护机制比较复杂，节点频繁加入或退出会导致较高的维护代价；另外，虽然 DHT 能够高效实现基于关键词的精确查询，但要实现基于内容的模糊查询还存在很多困难。在这些方面已有大量的研究，并且 DHT 已应用于 P2P、分布式存储、云计算等多种网络应用中。

6.8.3 案例：BitTorrent

BitTorrent（意思是"比特洪流"，缩写为 BT）应该是目前国内最流行的 P2P 文件共享协议之一。实际上，BitTorrent 只是一个文件分发协议，它并没有解决如何搜索或定位文件的问题，而是把这个任务交给了万维网网站。用户在利用 BitTorrent 下载文件之前，要从某个网站下载一个包含该文件相关信息的 .torrent 种子文件。该文件包含一个称为**追踪器**（Tracker）的服务器节点（互联网上有很多追踪器）的地址，追踪器负责维护参与一个特定文件分发的所有对等方的信息。

在 BitTorrent 中，参与一个特定文件分发的所有对等方构成了一个 **BT 群**（Swarm），即一个独立的覆盖网络。当一个对等方加入 BT 群时，它需要向追踪器注册，并周期性地通知追踪器自己仍在群中。如果该文件保持很高的需求量（热度），就不断会有新的对等方加入来替代离开的对等方，使群永远保持活力。一个特定的群可能在任意时刻拥有数以百计或数以千计的对等方。

初始时，群中仅有拥有该文件完整副本的对等方，当一个对等方加入群成为第二个对等方时，它开始从第一个对等方下载该文件的数据块（一个数据块通常为 256 KB，简称块）。在下载过程中，该节点成为它已下载块的另一个源。其他节点加入群后开始从多个对等方下载块，而不只是从第一个对等方下载。每个对等方按照一定策略从群中选择一定数量的对等方作为邻居，并与之交换所拥有的块，如图 6-24 所示。在任何时刻，每个对等方都拥有该文件的块子集，且不同的对等方具有不同的块子集。为避免出现所有对等方都缺少同一个块的情况，每个对等方都优先下载被复制得最少的那些块，从而均衡每个块在群中的副本数量，以便更迅速地互相交换自己所拥有的块。

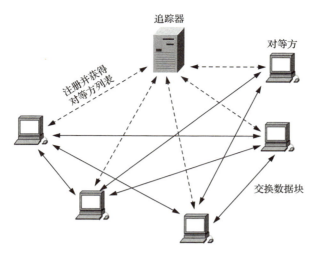

图6-24 BT群

由于每个群需要一个追踪器服务器维护成员信息，因此BitTorrent采用的是P2P与客户-服务器混合体系结构。该追踪器是群覆盖网络的故障点和性能瓶颈。同时，提供追踪器对想通过BitTorrent提供文件的人来说是一件烦人的事。目前，新版本的BitTorrent已开始使用DHT来支持"无服务器网络"，即BT群可以不再依赖追踪器。具有无追踪器能力的BT软件不仅要实现BitTorrent对等方，还要实现一个对等方探测器，用来发现群中其他对等方。

对等方探测器构成它们自己的覆盖网络，并且这是一个DHT覆盖网络。注意，这个DHT覆盖网络不再局限于某个群，而是由所有群共享。对等方探测器利用该DHT覆盖网络查找属于特定群的对等方。种子文件包含一个由散列函数产生的群ID。每个要加入某个群的对等方会将自己的信息注册到这个DHT覆盖网络中ID与该群ID最接近的探测器中。因此，一个对等方只要利用对等方探测器连接到DHT覆盖网络（通过DHT覆盖网络中的任何一个对等方探测器），就可以找到该群所有其他对等方。

虽然新版本的BitTorrent并没有解决如何搜索文件的问题，但利用DHT使应用对服务器的依赖降到了很小。而另一个非常流行的文件共享应用程序电骡（eMule）已开始利用DHT覆盖网络在对等方中直接搜索用户要下载的文件。

6.9 多媒体网络应用

多媒体网络
应用

随着计算机网络的高速发展，网络应用已从最初的电子邮件、文件传输、网页浏览逐步发展到IP电话、视频会议、视频点播、网络电视等多种形式。这些集文本、图像、音频和视频等多种数据于一体的网络应用称为多媒体网络应用。多媒体网络应用往往数据量巨大，要求更高的网络带宽，并且与传统的弹性应用（如电子邮件、文件传输、网页浏览等）不同的是，它们对端到端时延和时延抖动高度敏感，但却可容忍少量的数据丢失。

本节将介绍3类多媒体网络应用：流式存储音频/视频、流式实况音频/视频和实时交互音频/视频。

1. 流式存储音频/视频

流式存储音频/视频是经过压缩并存储在服务器中的多媒体文件，客户可以通过互联网边下载边播放这些文件，也就是我们所说的音频/视频点播。所谓"流式"，是指可以在下载文件的同时连续播放文件。流式存储音频/视频又称为**流媒体**。

2. 流式实况音频 / 视频

流式实况音频/视频（又称为音频/视频直播）类似于传统的广播电台和电视台播放的音频和视频节目，区别在于它们是通过计算机网络来传输的。这样的应用主要包括网络广播电台和网络电视。网络电视又称为IPTV（IP Television），现在越来越多的人使用IPTV收看电视。

3. 实时交互音频 / 视频

这类应用允许人们使用音频/视频进行实时交互，典型的实例是网络电话和网络视频会议。

6.9.1 挑战及应用层措施

实时多媒体数据的传输具有数据量巨大、对时延和时延抖动高度敏感及能容忍丢分组的特点。而当今互联网的网络层协议提供的是尽力而为服务，对分组的端到端时延、时延抖动和分组丢失率的范围等指标不做任何承诺。这对实时多媒体网络应用的实现提出了巨大的挑战。在此我们讨论如何在应用层通过一些技术来克服当今互联网尽力而为服务所带来的一些问题，从而提高实时多媒体网络应用的性能。

1. 音频 / 视频压缩

含有音频或视频的多媒体数据往往信息量巨大，会消耗大量的存储空间和网络带宽，导致很大的传输时延。因此在网上传送多媒体数据无一例外地采用各种信息压缩技术。例如，在话音压缩方面的标准有移动通信的GSM（13 kbit/s）、IP电话使用的G.729（8 kbit/s）和G.723.1（6.4 kbit/s和5.3 kbit/s）；立体声音乐的压缩技术有MP3（128 kbit/s或112 kbit/s）；在视频压缩方面，H.264（Advanced Video Coding，AVC）是目前应用最广泛的视频编码标准之一。在相同画质下，H.264码率比MPEG-2降低约50%，比MPEG-4降低约30%。

2. 时延抖动消除

实时音频/视频源以恒定速率产生并发送分组，因而这些分组是等时（Isochronous）的。但由于端到端的时延抖动，通过互联网到达接收方的分组是非等时的，如图6-25所示。

图6-25　等时分组通过互联网后变为非等时分组

若接收方直接对这些非等时分组中的数据进行播放，会严重影响播放的质量。为此，可以在接收端设置适当大小的播放缓存，在缓存中的分组达到一定数量后，以恒定速率按顺序对这些分组的数据进行播放，这就是**延迟播放**。图6-26说明了缓存的作用。

图6-26只是消除时延抖动的原理性示意图。因为数据压缩等原因，实际上流媒体源发送的分组大小并不一样。为了能等时播放流媒体数据，在发送分组时需要给每个分组打上一个**时间**

戳（Timestamp）。通过时间戳，播放器可以准确地知道在什么时间播放哪个分组。

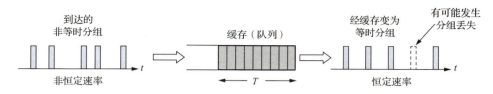

图6-26　缓存把非等时分组变为等时分组

利用缓存消除时延抖动的代价是增大了播放时延（图6-26中的 T）。当某个分组时延太大而迟于播放时间到达，就必须丢弃它。因此实际的应用需要在播放时延和分组丢失率之间进行折中。流式存储音频/视频能够容忍很大的播放时延，但对于实时交互音频/视频，大的播放时延是不可接受的。

3. 丢失分组恢复

在互联网中，网络拥塞等会导致分组丢失。数据丢失显然会直接影响多媒体的播放质量。虽然TCP可以有效解决分组丢失问题，但它会导致比UDP大很多的时延抖动，这对于对时延敏感的实时交互音频/视频往往是不可接受的。事实上，重传一个已经错过播放时间的分组是毫无意义的。因此，实时多媒体网络应用倾向于使用**前向纠错**或**数据恢复**等技术来重建丢失的分组，或采用**数据交织**技术来减少分组丢失对媒体流质量的影响，同时需要为每个分组加上**序号**以检测是否有分组丢失。这里仅简要介绍这几种技术的基本思想。

（1）前向纠错。

前向纠错（Forward Error Correction，FEC）的基本思想是在原始分组流中添加冗余信息。对于少量的丢失分组，接收方能够用这些冗余信息重建丢失数据。例如，在每发送 n 个数据块之后，发送一个冗余数据块。这个冗余数据块是前 n 个数据块的异或。当这 n 个块中的任何一个丢失了，接收方都能够完全重建丢失的块。图6-27说明了这一过程。

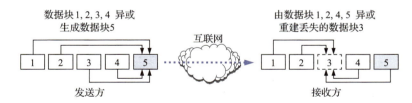

图6-27　通过冗余数据重建丢失分组

一种具有较小播放时延的前向纠错方法是，发送一个原始数据的低质量版本作为冗余数据。例如，每个分组携带上一分组数据的低分辨率数据。如果当前分组丢失，可以用后一分组中的低分辨率数据来替代原来的数据，使播放质量保持在可接受的范围内。前向纠错一定程度上增大了带宽消耗和播放时延。

（2）数据恢复。

音频/视频流具有短期自相似特性，当少量数据丢失时，接收方可以用收到的相邻数据来估算丢失数据，从而减少丢失数据对音视频播放质量的影响。最简单的方法就是用丢失分组的前一个分组来代替丢失分组。效果更好但计算量更大的方法是使用内插法，即根据丢失分组的前后数据来估计它们之间的数据。

（3）数据交织。

一个大间隙的数据丢失对音频/视频流质量影响较大，而多个小间隙的数据丢失对音频/视频流质量影响较小也更易恢复。**数据交织技术**的基本思想是打乱原始媒体流中数据单元的顺序，把原来连续的数据单元分散到不同的分组中，单个分组丢失仅导致重建流中多个小的间隔，而不是一个大的间隔。数据交织技术可以和数据恢复技术结合使用。数据交织技术的开销较小，并且不增加流的带宽需求，但增大了播放时延，其原理示意如图6-28所示。

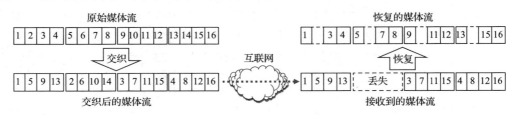

图6-28　数据交织的原理示意

6.9.2　实时传输协议

前面已讲到，TCP并不适合传输实时多媒体数据。相比而言，UDP更加适用于实时多媒体通信，但是UDP缺少实时多媒体网络应用所需的序号、时间戳等机制。因此有必要定义一种新的协议，为一些多媒体网络应用提供有用的字段。RFC 3550定义的**实时传输协议**（Real-time Transport Protocol，RTP）就是这样一种协议。RTP能够用于传输多种格式的多媒体数据，其分组封装在UDP报文中进行传输，在UDP之上为实时多媒体网络应用提供端到端的传输服务。下面介绍RTP首部的主要字段，如图6-29所示。

RTP

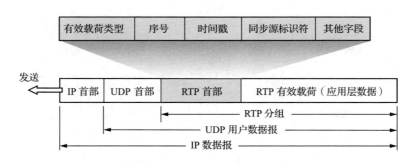

图6-29　RTP首部的主要字段

1. 有效载荷类型

有效载荷类型字段（7位）指明音频/视频编码类型。接收方根据该字段把接收到的数据恢复成原始的音频/视频信号。RTP支持多种媒体格式，如PCM、MP3、H.261/H.263、MPEG1/2/4等。

2. 序号

RTP为产生的每一个分组设置一个连续递增的16位序号。接收方可以通过序号检测是否丢失了分组，然后通过数据恢复技术重构丢失的数据，以实现数据播放的连续性。要注意的是，

RTP本身并不提供修复数据的任何措施，而只是把数据丢失的信息提供给媒体应用，由应用来决定如何处理。

3. 时间戳

时间戳字段（32位）反映了RTP有效载荷中的第一个字节的采样时刻。接收方使用时间戳来消除网络中引入的分组时延抖动，从而以恒定速率播放媒体。时间戳还可用于视频应用中声音和图像的同步。

4. 同步源标识符

32位的同步源（Synchronization Source，SSRC）标识符用来标识RTP流的来源。SSRC标识符与IP地址无关，在新的RTP流开始时随机产生。由于RTP使用UDP传送，因此可以有多个RTP流（例如使用几个摄像机从不同角度拍摄同一节目所产生的多个RTP流）复用到一个UDP用户数据报中。接收端可以根据SSRC标识符将收到的RTP流送到各自的终点。若随机产生的SSRC标识符恰好已分配给了其他RTP流，则重新选择一个SSRC标识符。

RFC 3550还定义了一个与RTP配合使用的 **RTP控制协议**（RTP Control Protocol，RTCP）。RTCP主要实现服务质量的监视与反馈、媒体间的同步等。

6.9.3 流式存储音频 / 视频

为了帮助读者理解流式存储音频/视频的工作原理，下面从万维网服务器的先下载再播放方式开始，逐步进行改进，来实现流式存储音频/视频。

流式存储音频/视频

1. 从万维网服务器下载后播放

压缩的音频/视频文件像其他文件一样存储在万维网服务器上，用户浏览器使用HTTP的GET请求报文从服务器下载要播放的音频/视频文件。万维网服务器通过响应报文把文件发送到用户浏览器，然后浏览器借助 **媒体播放器**（Media Player）播放该文件，如图6-30所示。

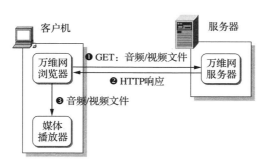

图6-30 从万维网服务器下载后播放

这种方法很简单，但不是"流式"，必须把整个文件下载下来才能播放。压缩后的音频/视频文件仍然非常大，音频文件可能有几十到几百兆字节，而视频文件往往超过几百兆字节。用户在文件播放之前需要等待几分钟甚至几小时。

2. 使用媒体服务器边下载边播放

为了实现边下载边播放，可以把实际的音频/视频文件存储在另一个媒体服务器（Media Server）上。万维网服务器中只存储一个**元文件**（Metafile）。元文件是一个描述音频/视频文件相关信息的小文件。浏览器使用HTTP从万维网服务器下载要播放的音频/视频文件的元文件，然后媒体播放器根据元文件提供的音频/视频文件的URL和格式信息直接与媒体服务器建立连接，在下载音频/视频文件的同时进行播放。图6-31说明了这一过程。

图6-31中的各步骤说明如下。

❶ 万维网浏览器使用GET报文连接万维网服务器，请求下载音频/视频文件。

❷ 万维网服务器响应关于元文件的信息（如音频/视频文件的URL等）。

❸ 万维网浏览器把元文件传递给媒体播放器。

❹ 媒体播放器发送SETUP报文与媒体服务器建立连接，媒体服务器给出响应。

❺ 媒体播放器发送PLAY报文并开始播放（下载）。

❻ 从媒体服务器下载音频/视频文件。

❼ 媒体播放器发送PAUSE报文控制流媒体数据的传送。

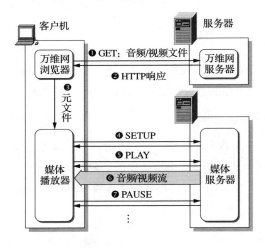

图6-31 使用媒体服务器边下载边播放

请注意，万维网浏览器和万维网服务器之间的交互使用的是HTTP，但媒体播放器和媒体服务器之间控制命令的交互（图6-31中的步骤❹❺❼）使用的是实时流协议（Real-Time Streaming Protocol，RTSP）。RTSP是一种带外控制协议，仅用来控制流媒体数据的传送，但其本身并不直接传送流媒体数据。借助于RTSP，用户在播放流媒体时，就能像在影碟机上那样控制播放，如暂停/继续、快退、快进等。而音频/视频数据的传输（图6-31中的步骤❻）则使用另外的流媒体传输协议，例如RTP或其他基于UDP的流媒体传输协议。要说明的是，相比实时交互音频/视频，流式存储音频/视频的用户可以容忍较大的播放时延，因此很多应用仍然直接使用TCP来传送音频/视频数据。

3. 使用内容分发网络

虽然采用了各种高效的压缩技术，但随着视频流速率为数百kbit/s的低分辨率视频发展为几

Mbit/s的DVD视频，将大量流式存储视频流按需传送给分布在世界各地的大量用户仍然是一个巨大的挑战。每个用户直接从一台服务器上下载并播放视频流存在两个明显的问题：首先，用户可能离服务器很远，会产生较大的时延和较高的丢包率，从而影响播放质量；其次，对于热播视频，大量用户的重复下载势必会消耗大量的带宽，造成服务器周边网络的严重拥塞。**内容分发网络（CDN）**提供了一种比较好的解决方法：提前将内容提供商的多媒体数据直接推送到靠近用户部署的多个冗余服务器上，使所有用户都可以从最靠近自己的服务器上获取数据。这避免了大量重复数据的远程传输，大大改善了整个系统的传输时延和网络流量。

CDN公司通常以下列方式为各种用户（通常是内容提供商）提供内容分发服务，如图6-32所示。

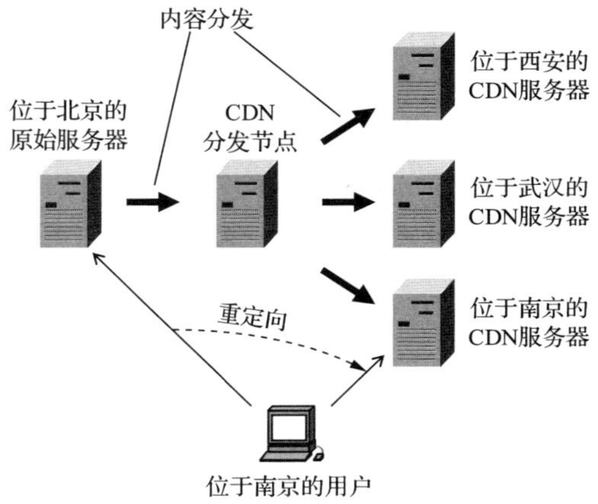

（1）CDN公司在整个互联网上安装数以百计的CDN服务器。这些CDN服务器通常部署在互联网用户密集区域，如靠近用户的ISP接入网中。

（2）内容提供商将原始服务器中需要CDN

图6-32　CDN为用户提供内容分发服务

分发的数据（如视频）推送给CDN分发节点进行分发，CDN分发节点依次将这些数据复制并推送到分布在世界各地的CDN服务器。内容提供商每次更新数据时都要执行该分发操作。

（3）当用户向内容提供商的原始服务器请求某个已分发的数据时，CDN提供了一种机制来迅速定位用户，并将用户的请求重定向到最靠近该用户的CDN服务器或能为该用户提供最好服务的CDN服务器。

重定向用户的请求有多种方法，常用的方法是利用DNS的重定向功能来引导用户的浏览器访问正确的CDN服务器。我们应该记得，DNS允许一个域名对应多个IP地址，DNS服务器根据策略可以为该域名的地址解析请求返回多个IP地址中的一个。

下面通过一个例子来说明利用DNS进行重定向的过程。假设内容提供商的服务器为www.video-provider.com，CDN公司注册的域名为cdn.cn，在CDN的权威域名服务器中将所有CDN内容服务器的IP地址都映射到域名www.cdn.cn。内容提供商将所有的视频文件交给CDN进行分发，这些文件都复制到CDN内容服务器的路径/www.video-provider.com下，内容提供商的原始服务器上，所有引用这些视频文件的HTML文档中的URL都需加上前缀http://www.cdn.cn/。当浏览器向内容提供商服务器请求包含视频文件tennis.mpg的Web网页时，将会发生以下交互过程。

（1）浏览器向服务器www.video-provider.com发送对包含视频对象的基本HTML文档www.video-provider.com/ sports/ tennis.htm的请求。该服务器将该HTML文档发送给该浏览器。浏览器在解析该HTML文档时，发现该文档中包含对象引用http://www.cdn.cn/www.video-provider.com/sports/ tennis.mpg。

（2）浏览器通过DNS解析域名www.cdn.cn。该域名解析请求会发送到CDN的权威域名服务器dns.cdn.cn。该域名服务器根据域名解析请求者的IP地址（通常是用户主机所使用的本地DNS服务器的地址），返回一个最合适的CDN服务器（通常是离请求者最近的服务器）的地址。

（3）浏览器向该IP地址发送对http://www.cdn.cn/www.video-provider.com/sports/tennis.mpg的

HTTP请求。以后，浏览器向www.cdn.cn发送的后续请求都将使用这个IP地址。

图6-33说明了以上过程。可以看出，由于充分利用了DNS自身的功能，完成用户请求的重定向并不需要对HTTP、DNS及浏览器做任何改动。

图6-33　利用DNS实现用户请求的重定向

6.9.4　流式实况音频 / 视频

流式实况音频 / 视频

与流式存储音频 / 视频不同，流式实况音频 / 视频不事先存储在服务器中，客户不能实现快进。但是通过本地存储，客户能够实现暂停和回退等其他交互操作。由于不是按需点播，一个实况直播节目可能有大量用户在同时收听或收看，因此流式实况音频 / 视频特别适合使用多播技术来实现。

我们在第4章讨论的IP多播技术能够有效地完成向多个接收方分发实况音频 / 视频的任务。然而，到目前为止，IP多播还没有得到大规模的应用，因此，实况音频 / 视频的分发通常是通过应用层多播（使用P2P技术或在CDN上）或多个独立的媒体服务器到客户机的单播流来实现的。这里简要地介绍一下P2P应用层多播是如何实现流媒体分发的，但不深入讨论应用层多播问题本身。

P2P应用层多播的基本思想是把对多播数据的路由选择、复制和转发任务，交给位于网络边缘的多播组成员主机来完成，而不是由网络核心的路由器来直接处理多播数据。成员主机之间的数据传输依然采用IP单播。图6-34说明了IP多播和P2P应用层多播的区别。

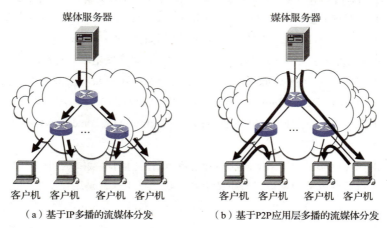

（a）基于IP多播的流媒体分发　　　　（b）基于P2P应用层多播的流媒体分发

图6-34　用不同的多播技术来实现流媒体分发

在基于P2P应用层多播的流媒体直播系统中，所有接收该媒体的对等方和媒体服务器一起构成了一个以媒体服务器为根的多播树，每个对等方需要完成3个基本任务：第一，客户机接收其他对等方转发的媒体流数据，并进行播放；第二，作为转发节点，将所接收的媒体流数据转发给其他对等方；第三，通过彼此交换信息维护与其他某些对等方之间的连接关系，并建立路径转发表。

应用层多播可以分为基于树的多播与基于网的多播。在基于树的多播中，节点组织成树结构，该方法中单点失效会导致整棵树失效（这在P2P系统中会经常发生），需要较长的恢复时间。而在基于网的多播中，单个节点维护多个节点的状态信息，各个节点间可以自由地交换内容，实现内容分发，这样可以克服基于树的多播的缺点，但节点间需要频繁地交换状态信息，因此具有较高的控制信息开销。

采用P2P应用层多播技术时，每个对等方既是服务的请求者，也是服务的提供者，因而请求服务的用户越多，每个用户获得的媒体服务质量越高。

从图6-34不难看出，IP多播的效率比P2P应用层多播的效率要高，但是在互联网范围内广泛应用IP多播的前提是所有路由器都具有复杂的IP多播功能，这势必会增加路由器的负担和实现的复杂性，因此IP多播并没有得到很好的发展和广泛使用。事实上，把过于复杂的功能引入网络层违反了互联网设计的"端到端原则"，而P2P应用层多播正是将复杂的功能放在了位于网络边缘的端系统上，从而更易于部署和实施。

PPLive是当前最流行的互联网视频直播软件之一，其采用的技术就是P2P应用层多播。加入PPLive系统的用户越多，播放节目就越流畅。

6.9.5 实时交互音频/视频

实时交互音频/视频

典型的实时交互音频/视频应用包括网络电话（也称为IP电话或VoIP）和网络视频会议。在这方面IETF和ITU制定了很多标准（RFC 3261～RFC 3266），下面讨论其中用于网络电话的**会话发起协议**（Session Initiation Protocol，SIP）。

SIP是IETF制定的一套较为简单且实用的实时交互协议，能够用来定位用户、建立、管理和终止多媒体会话（呼叫），支持双方、多方或多播会话，但并不强制使用特定的编解码器和多媒体传输协议。SIP适用于各种实时交互音频/视频网络应用，4G和5G蜂窝网络的实时话音和视频业务就使用了SIP。SIP的设计思想是"保持简单、傻瓜"（Keep It Simple and Stupid，KISS）。类似HTTP，SIP使用基于文本的报文格式，既可用UDP传输也可用TCP传输。

SIP的会话共有3个阶段：建立会话、通信和终止会话。图6-35给出了一个SIP简单会话的例子。

在会话建立阶段，SIP需要进行三次握手。首先主叫方向被叫方发出INVITE报文，该报文包含会话双方的地址、用于传送话音的临时端口号及话音编码方式等信息。被叫方如果接受呼叫，则发回OK报文，它包含用于传送话音的临时端口号及话音编码方式等信息。主叫方在收到OK报文后，还要再向被叫方发

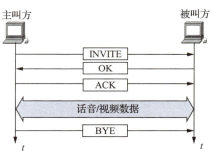

图6-35 SIP简单会话的例子

送一个ACK报文。经过这样的三次握手后，双方就可以进入通信阶段并使用RTP等协议传送实时多媒体信息。通信结束时，任何一方都可以发送BYE报文终止会话。

在以上简单会话中，主叫方必须知道被叫方的IP地址。但在实际应用中这个前提往往并不成立。因为被叫方的IP地址通常是通过DHCP动态分配的，而且被叫方可能需要在不同的计算机上接听电话。如果能通过电子邮件地址来呼叫被叫方则是非常方便的。幸运的是，SIP支持这样的方式。

SIP的地址非常灵活。它可以是电话号码，也可以是电子邮件地址、IP地址或其他类型的地址，举例如下。

电话号码　　　　　　　　　sip:xyz@8613987654321

IPv4地址　　　　　　　　　sip:xyz@201.13.145.78

电子邮件地址　　　　　　　sip:xyz@example.com

图6-36说明了SIP用电子邮件地址定位被叫方，并建立会话的基本过程。

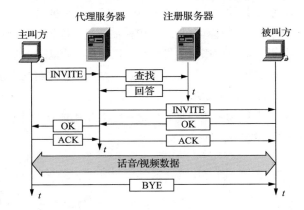

图6-36　SIP用电子邮件地址定位被叫方并建立会话

为了实现用户定位，SIP使用了注册的概念。每个SIP用户都有一个相关联的SIP注册服务器。用户要使用SIP时，应向SIP注册服务器发送一个REGISTER报文，向注册服务器报告现在使用的IP地址。当主叫方需要和该被叫方通信时，主叫方把包含被叫方电子邮件地址的INVITE报文发送给一个SIP代理服务器。代理服务器向注册服务器查找注册的被叫方的IP地址，获得该IP地址后，把主叫方的INVITE报文转发给被叫方。通过代理服务器的转发，主叫方和被叫方之间建立起SIP会话。

SIP的注册服务器和DNS服务器非常类似：DNS服务器把主机名解析成IP地址，而SIP注册服务器把SIP地址转换成IP地址。注册服务器和代理服务器通常运行在同一台主机上。

SIP是一个非常丰富和灵活的协议。虽然我们仅讨论了比较简单的情况（主叫方和被叫方使用同一个代理服务器和注册服务器），但实际上SIP支持大量不同的复杂呼叫，不仅能用于网络电话，还能用于视频会议呼叫和基于文本的会话。事实上，SIP已成为许多即时通信应用的基本组件。与SIP功能类似但更复杂的协议是ITU制定的H.323。实际上，H.323并不是一个单独的协议，而是一组协议。H.323协议体系包括系统和构件的描述、呼叫模型的描述、呼叫信令过程、控制报文、复用、话音编解码器、视频图像编解码器，以及数据协议等内容。在H.323中，类似SIP注册服务器的设备被称为网守（Gatekeeper）。

为了实现互联网端系统到公用电话网电话间的通信，需要在基于分组交换的互联网和基于电路交换的电话网之间部署若干**网关**（Gateway），如图6-37所示，以实现两个不同技术的网络间的协议转换。

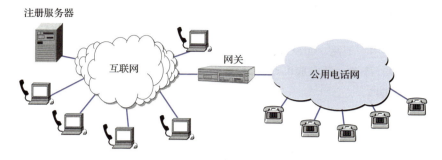

图6-37　通过网关实现互联网端系统和公用电话的互通

6.10　网络应用编程接口

网络应用编程接口

　　我们已经学习了很多重要的网络应用，下面讨论网络应用程序是如何编写的。大多数网络协议（特别是协议栈中的高层协议）都是由软件实现的，而且绝大多数计算机系统都将传输层以下的网络协议在操作系统的内核中进行实现。应用程序要想执行网络操作，必须由操作系统为应用程序操作网络提供接口，这种接口通常称为网络应用编程接口（Application Programming Interface，API）。

　　虽然每个操作系统都可以自由地定义自己的网络API，但随着时间的推移，有些API获得了广泛的支持，例如**套接字**（Socket）API。套接字API最初由加州大学伯克利分校的UNIX小组开发，现在几乎所有流行的操作系统都支持它。20世纪90年代初，在伯克利套接字API的基础上，微软联合其他几家公司共同制定了一套Windows下的网络API，即Windows Socket规范（简称WinSock）。

　　套接字API定义了一组数据结构和操作。其中最重要的数据结构就是**套接字数据结构**（简称套接字）。套接字是一个非常复杂的数据结构，包括进行网络操作所需的各种资源（如缓存）、各种参数（地址、端口号、协议类型等）。应用程序在进行网络操作前必须调用套接字API中定义的操作创建套接字数据结构，以获得进行网络操作所需的资源。由于套接字数据结构位于操作系统内核，因此应用程序不能直接访问该数据结构，需要通过创建操作返回的**套接字描述符**来操作该数据结构。此后，应用程序所进行的网络操作（建立连接、收发数据、调整网络通信参数等）都必须以该描述符为参数调用套接字API中的操作来完成。在此以C语言为例说明如何使用套接字API编写简单的TCP应用和UDP应用，当然也可以用C++、Java、Python等语言来编写这些应用。

6.10.1　TCP套接字编程

　　图6-38所示为TCP应用程序调用套接字API的基本流程。

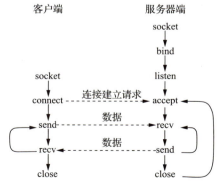

图6-38　TCP应用程序调用套接字API的基本流程

第一步是创建套接字：

```
int socket(int domain, int type, int protocol)
```

套接字API被设计成通用网络API，支持各种底层协议集，而不仅仅是TCP/IP。domain参数指示所使用的协议簇，例如，PF_INET表示互联网协议簇。type参数指示通信类型，如SOCK_STREAM表示字节流，而SOCK_DGRAM表示数据报。protocol参数指示所使用的具体协议，依赖于前两个参数，通常取0，表示默认协议。互联网协议簇默认的字节流协议为TCP，而数据报协议为UDP。

创建完套接字后，客户端和服务器端程序执行不同的操作。

对于客户端程序，应用程序执行主动打开操作：

```
int connect(int socket, struct sockaddr *address, int addr_len)
```

应用程序调用connect操作，主动发起到address参数（包括IP地址和端口号）指示的服务器的连接请求，直到TCP连接建立成功后才返回。

而服务器端程序需要调用以下3个操作来完成被动打开并准备接受连接的操作：

```
int bind(int socket, struct sockaddr *address, int addr_len)
int listen(int socket, int backlog)
int accept(int socket, struct sockaddr *address, int *addr_len)
```

其中，bind操作在新创建的套接字中指定服务器端程序使用的地址参数（包括IP地址和端口号）；然后listen操作将套接字设置为被动模式，并设置该套接字存放客户端连接请求的队列长度；最后accept操作采用阻塞方式在bind操作指定的IP地址和端口号上等待接受客户端的连接请求。一旦连接建立成功，该操作就返回一个用于在该连接上进行操作的**新套接字**的描述符，此后在该连接上收发数据都要使用这个新套接字的描述符，而原套接字可以继续用来等待新的客户端连接请求。我们称原套接字为**监听套接字**，而称新套接字为**连接套接字**，如图6-39所示。当服务器端程序采用多进程或多线程方式工作时，用accept操作可以与多个客户进程同时建立多个并行的连接，每个连接对应一个**连接套接字**，而**监听套接字**专门用来等待新的客户端连接请求。

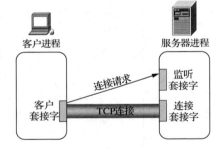

图6-39　客户套接字、监听套接字和连接套接字

建立连接后，应用程序就可以调用以下操作发送和接收数据：

```
int send(int socket, char *message, int msg_len, int flags)
int recv(int socket, char *buffer, int buf_len, int flags)
```

第一个操作使用指定的套接字socket发送数据message，而第二个操作从指定的套接字socket上将接收到的数据放入指定的缓存buffer。这两个操作都使用一组标记flags来控制操作的特定细节。recv返回值如果大于0，表示实际接收到的字节数；如果等于0表示连接已终止。因为TCP连接不保证报文边界，接收方通常需要循环调用recv并自己检测报文的边界。注意，对于服务器端程序，这两个操作必须使用连接套接字。

通信结束后，关闭套接字：

```
int close(int socket)
int closesocket(int socket)(Windows Socket API)
```

该操作释放套接字及相关资源，对于TCP还要先释放连接。

下面给出一个非常简单的TCP应用的C语言代码实例[①]。客户端启动后主动连接服务器端并向服务器发送字符串"Hello World!"。服务器接收并显示这个字符串，然后发回应答字符串"OK!"。服务器接受3次客户端连接后结束。

服务器端代码：

```c
1   // TcpServer.c
2
3   #include <stdio.h>
4   #include <stdlib.h>
5   #include <winsock2.h>
6
7   int main()
8   {
9       WSADATA wsaData;
10      WSAStartup(0x202, &wsaData); //加载WinSock动态链接库
11      SOCKET s,ss;
12      s = socket(AF_INET, SOCK_STREAM, 0); //创建监听套接字
13      // 设置服务器端地址
14      struct sockaddr_in serveraddr;
15      memset((void *)&serveraddr, 0, sizeof(serveraddr));
16      serveraddr.sin_family = AF_INET;
17      serveraddr.sin_addr.s_addr = htonl(INADDR_ANY); //选择服务器的任一IP地址
18      serveraddr.sin_port = htons(8888); //设置服务端口号为8888
19      // 将服务器端地址与监听套接字绑定
20      bind(s, (struct sockaddr *)&serveraddr, sizeof(serveraddr));
21      listen(s, 10);
22      int i = 0;
23      while(i<3){
24          ss = accept(s, NULL, NULL); //接受连接请求并获得连接套接字
25          // 显示接收的字符串
26          char buf[13];
27          recv(ss, buf, 13, 0); //从连接套接字接收字符串
28          printf("%s\n", buf);
29          send(ss, "OK!", 4, 0); //从连接套接字发送字符串
30          closesocket(ss); //关闭连接套接字
31          i++;
32      }
33      closesocket(s);// 关闭监听套接字
34      WSACleanup(); //注销并释放所有套接字资源
35      return 0;
36  }
```

① 以下代码使用的是Windows操作系统的套接字API(Windows Socket 2.0)，并在Code::Blocks集成开发环境中经过了测试。注意，使用自带编译器的Code::Blocks进行socket编程时，程序链接的时候必须包含ws2_32.lib库文件。

客户端代码：

```
1   // TcpClient.c
2
3   #include <stdio.h>
4   #include <stdlib.h>
5   #include <winsock2.h>
6
7   int main( )
8   {
9       WSADATA wsaData;
10      WSAStartup(0x202, &wsaData); //加载WinSock动态链接库
11      SOCKET s;
12      s = socket(AF_INET, SOCK_STREAM, 0); //创建客户端套接字
13      // 设置服务器端地址
14      struct sockaddr_in serveraddr;
15      memset((void *)&serveraddr, 0, sizeof(serveraddr));
16      serveraddr.sin_family = AF_INET;
17      serveraddr.sin_addr.s_addr = inet_addr("127.0.0.1"); //环回测试地址
18      serveraddr.sin_port = htons(8888); //设置服务端口号为8888
19      // 连接服务器端
20      int a = connect(s, (struct sockaddr *)&serveraddr, sizeof(serveraddr));
21      if (a==0){
22          send(s, "Hello World!", 13, 0); //发送字符串
23          char buf[13];
24          recv(s, buf, 13, 0); //接收应答字符串
25          printf("%s\n", buf);
26      }
27      else
28          printf("连接失败! ");
29      closesocket(s); //关闭客户端套接字
30      WSACleanup(); //注销并释放所有套接字资源
31      return 0;
32  }
```

6.10.2　UDP 套接字编程

　　使用UDP进行通信无须在客户端和服务器端之间建立连接，流程比TCP要简单一些。图6-40所示为UDP应用程序调用套接字API的基本流程。

　　服务器端仍然需要使用bind操作在新创建的套接字中指定服务器端程序使用的地址参数（包括IP地址和端口号），但不必调用listen和accept操作等待建立连接，可直接调用recvfrom操作等待接收数据。

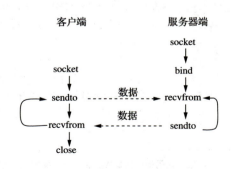

图6-40　UDP应用程序调用套接字API的基本流程

客户端由于主动发起通信，可以使用也可以不使用bind操作绑定指定的端口号，若不使用bind操作，则系统会自行选择一个空闲的动态端口号。

使用UDP的应用程序一般调用以下操作来发送和接收数据：

```
int sendto(int socket, char *message, int msg_len, int flags, struct
sockaddr *to, int tolen)
    int recvfrom(int socket, char *buffer, int buf_len, int flags, struct
sockaddr *from, int *fromlen)
```

由于使用无连接套接字发送数据，sendto操作将数据发送到参数 to指定的目的地址，而recvfrom操作会将接收数据的源地址信息复制为参数from指向的数据块地址。fromlen既是recvfrom操作的输入参数，指示存放地址信息数据块的长度，也是输出参数，指示返回的实际地址信息长度。

通信结束后，同样需要关闭套接字，释放相关资源。

下面给出的是与6.10.1小节中TCP代码实例功能类似的一个简单UDP应用的C语言代码实例。

服务器端代码：

```c
1   // UdpServer.c
2
3   #include <stdio.h>
4   #include <stdlib.h>
5   #include <winsock2.h>
6
7   int main()
8   {
9       WSADATA wsaData;
10      WSAStartup(0x202, &wsaData); //加载WinSock动态链接库
11      SOCKET s;
12      s = socket(AF_INET, SOCK_DGRAM, 0); //创建无连接套接字
13      // 设置本地端地址
14      struct sockaddr_in localaddr;
15      memset((void *)&localaddr, 0, sizeof(localaddr));
16      localaddr.sin_family = AF_INET; //互联网地址族
17      localaddr.sin_addr.s_addr = htonl(INADDR_ANY); //选择本地任一IP地址
18      localaddr.sin_port = htons(8888); //接收数据的端口号为8888
19      // 初始化存放远端地址的数据结构
20      struct sockaddr_in remoteaddr;
21      int socklen = sizeof(remoteaddr);
22      memset((void *)&remoteaddr, 0, socklen);
23      // 绑定本地端地址
24      bind(s, (struct sockaddr *)&localaddr, sizeof(localaddr));
25      int i = 0;
26      while(i<3){
27          char buf[13];
28          recvfrom(s, buf, 13, 0, (struct sockaddr *)&remoteaddr, &socklen);
```

```
29        printf("%s\n", buf);
30        sendto(s, "OK!", 4, 0, (struct sockaddr *)&remoteaddr, socklen);
31        i++;
32    }
33    closesocket(s);// 关闭套接字
34    WSACleanup(); //注销并释放所有套接字资源
35    return 0;
36 }
```

客户端代码：

```
1  // UdpClient.c
2
3  #include <stdio.h>
4  #include <stdlib.h>
5  #include <winsock2.h>
6
7  int main( )
8  {
9      WSADATA wsaData;
10     WSAStartup(0x202, &wsaData); //加载WinSock动态链接库
11     SOCKET s;
12     s = socket(AF_INET, SOCK_DGRAM, 0); // 创建无连接套接字
13     // 设置服务器端地址
14     struct sockaddr_in serveraddr;
15     memset((void *)&serveraddr, 0, sizeof(serveraddr));
16     serveraddr.sin_family = AF_INET;
17     serveraddr.sin_addr.s_addr = inet_addr("127.0.0.1"); //环回测试地址
18     serveraddr.sin_port = htons(8888);
19     // 发送字符串和接收应答字符串
20     sendto(s, "Hello World!", 13, 0, (struct sockaddr *)&serveraddr,
sizeof(serveraddr));
21     char buf[13];
22     recvfrom(s, buf, 13, 0, NULL, 0);
23     printf("%s\n", buf);
24     closesocket(s); //关闭客户端套接字
25     WSACleanup(); //注销并释放所有套接字资源
26     return 0;
27 }
```

本章的重要概念

■ 应用层协议用于解决某一类应用问题，而问题的解决又是通过位于不同主机中的多个应用进程之间的通信和协同工作来实现的。应用层规定了应用进程在通信时所遵循的协

议。应用层的许多协议都是基于客户-服务器方式的，客户是服务请求方，服务器是服务提供方。

■ 开发一种新的网络应用首先要考虑的问题就是网络应用程序在各种端系统上的组织方式和它们之间的关系，即网络应用程序体系结构。目前流行的网络应用程序体系结构主要有客户-服务器体系结构和对等（P2P）体系结构。

■ 域名系统（DNS）是互联网使用的命名系统，用来把便于人们使用的计算机名字转换为IP地址。DNS是一个联机分布式数据库系统，并采用客户-服务器方式。

■ 域名到IP地址的解析是由分布在互联网上的许多域名服务器程序共同完成的。互联网采用层次树状结构的命名方法，任何一台连接在互联网上的主机或路由器都有唯一的层次结构的名字，即域名。域名只是一个逻辑概念，并不代表计算机所在的物理地点。

■ 域名服务器分为根域名服务器、顶级域名服务器、权威域名服务器和本地域名服务器。

■ 域名服务器中广泛地使用了高速缓存（即高速缓存域名服务器）。高速缓存用来存放最近查询过的域名，以及从何处获得域名映射信息的记录。由于使用了高速缓存，大多数名字都可在本地进行解析，仅少量解析需要在互联网上进行。

■ 万维网是一个大规模的、联机式的信息储藏所，是运行在互联网上的一个分布式应用。万维网利用网页之间的链接（或称为超链接，即隐藏在页面中指向另一个网页的位置信息）将不同网站的网页链接成一张逻辑上的信息网。

■ 万维网的客户程序向互联网中的服务器程序发出请求，服务器程序向客户程序返回客户所需的万维网文档。在客户程序主窗口中显示的万维网文档称为页面。

■ 万维网使用统一资源定位符（URL）来标志万维网上的各种文档。URL的一般形式如下。

<协议>://<主机>:<端口>/<路径>

■ 万维网客户程序与服务器程序之间进行交互所使用的协议是超文本传送协议（HTTP）。HTTP使用TCP连接进行可靠传送，但HTTP本身是无连接、无状态的。HTTP/1.1采用持续连接方式（分为非流水线方式和流水线方式）。

■ 超文本标记语言（HTML）是一种制作万维网静态页面的标准语言。

■ 万维网静态文档创作完毕后就存放在万维网服务器中，在被用户浏览的过程中，内容不会改变。动态文档的内容是在浏览器访问万维网服务器时由应用程序动态创建的。活动文档就是一段程序或嵌入了程序脚本的HTML文档，该程序可以在浏览器中运行，并使浏览器中的页面连续更新。

■ 电子邮件系统有3个主要构件，即用户代理、邮件服务器及邮件协议（包括邮件发送协议，如SMTP，以及邮件读取协议，如POP3）。用户代理和邮件服务器都要运行这两种协议。

■ SMTP用于从用户代理到邮件服务器及邮件服务器之间的邮件传送。但用户代理从邮件服务器读取邮件时，要使用POP3（或IMAP）。

■ 基于万维网的电子邮件使用户能够使用浏览器来收发电子邮件。用户浏览器和邮件服务器之间的邮件传送使用HTTP，而邮件服务器之间邮件的传送使用SMTP。

■ 文件传送协议（FTP）使用TCP可靠的传输服务来传送文件。FTP使用客户-服务器方式，一个FTP服务器进程可同时为多个客户进程提供服务。FTP的服务器进程由两大部分组成：一个主进程，负责接受新的请求；若干个从属进程，负责处理单个请求。

- 在进行文件传输时，FTP的客户和服务器之间要建立两个并行的TCP连接：控制连接和数据连接。FTP客户所发出的传送请求通过控制连接发送给服务器端的控制进程，但控制连接并不用来传送文件，实际用于传送文件的是数据连接。

- 通过动态主机配置协议（DHCP），计算机可以从DHCP服务器动态获取IP地址、子网掩码、默认网关、DNS服务器等网络配置信息，并对网络接口进行自动配置。

- 在P2P文件分发应用中，每个对等方都参与了文件的分发，它们既是服务的请求者，也是服务的提供者。参与的对等方越多，服务的提供者也就越多。因此，P2P方式比客户-服务器方式具有更好的可扩展性。

- 使用P2P文件分发时，把文件划分为很多等长的小数据块进行分发可加快文件分发的速度。

- 使用范围受限查询洪泛可有效地减少网络中的查询流量，但不能保证查找的可靠性：即使要找的对象存在，也不一定能找到。

- 在P2P对等方中搜索对象的技术主要有集中式目录、查询洪泛和分布式散列表（DHT）。

- 常用的多媒体网络应用有流式存储音频/视频、流式实况音频/视频和实时交互音频/视频。

- 要提高实时多媒体网络应用的性能，可以使用音频/视频压缩技术、时延抖动消除技术，以及丢失分组恢复技术。

- 内容分发网络（CDN）技术提前将内容提供商的多媒体数据直接推送到靠近用户部署的多个冗余服务器上，使所有用户都可以从最靠近自己的服务器上获取数据，从而避免了大量重复数据的远程传输，大大改善了整个系统的传输时延和网络流量。

- 运行在UDP之上的实时传输协议（RTP）使用UDP传输多种格式的多媒体数据，并加上序号、时间戳和SSRC标识符。

- 媒体服务器使用流媒体传输协议（如RTP）来传输音频/视频数据。实时流协议（RTSP）是一种带外控制协议，用来控制流媒体数据的传送，但其本身并不直接传送流媒体数据。

- 会话发起协议（SIP）是一个简单且实用的实时交互协议，能够用来定位用户，建立、管理和终止多媒体会话，并支持双方、多方或多播会话，但不强制使用特定的编解码器和多媒体传输协议。

- 为了实现互联网端系统到公用电话网电话间的通信，需要在基于分组交换的互联网和基于电路交换的电话网之间部署若干网关，实现两个不同技术的网络间的协议转换。

- 应用程序要想执行网络操作，必须由操作系统为应用程序操作网络提供接口，这个接口通常称为网络应用编程接口（API）。最有名的网络API是套接字（Socket）API。

习题

6-1　简述应用层协议定义的内容。

6-2　互联网的域名结构是怎样的？这样的结构有什么优点？

6-3　域名系统为什么不只使用一个域名服务器，而使用由很多服务器组成的分布式层次结构？

6-4　域名系统的主要功能是什么？域名系统中的根域名服务器和权威域名服务器有何区别？权威域名服务器与管辖区有何关系？

6-5　举例说明域名解析的过程。域名服务器中的高速缓存的作用是什么？

6-6　DNS有哪两种域名解析方式？简述这两种方式的区别和特点。

6-7　为什么通常从请求主机到本地域名服务器的查询采用递归查询，而其余的查询采用迭代查询？

6-8　对同一个域名向DNS服务器发出好几次DNS请求报文，每一次得到的IP地址都不一样，这可能吗？

6-9　根据所学原理，你认为部署一个DNS权威域名服务器必须做哪些基本配置？

6-10　解释以下名词，并写出各英文缩写词的全称：WWW、URL、HTTP、HTML、浏览器、超文本、超媒体、超链接、页面、动态文档、活动文档。

6-11　假定一个超链接从一个万维网文档链接到另一个万维网文档，由于万维网文档出现了差错，超链接指向了一个无效的计算机名字，这时浏览器将向用户报告什么？

6-12　假定在同一Web服务器上的某HTML文件引用了3个非常小的对象（如图片）。忽略发送时间，往返时间为RTT，不考虑连接释放时间，在下列各种情况下将该页面完整接收下来需要多长时间？

（1）采用非并行TCP连接的HTTP非持续连接方式。

（2）采用并行TCP连接的HTTP非持续连接方式。

（3）采用HTTP持续连接非流水线方式。

（4）采用HTTP持续连接流水线方式。

6-13　一个电子商务网站需要保留每一个客户的购买记录，描述如何使用Cookie机制来实现该功能。

6-14　简述Web缓存的作用和工作原理。

6-15　进行一个实验：把你的计算机与网络断开，用脱机方式访问几个你经常访问的Web网站，看能不能够正常显示这些页面；在你的计算机中找到浏览器的高速缓存的文件夹，看看里面存放了多少个页面。

6-16　试比较万维网静态文档、动态文档和活动文档。

6-17　试述电子邮件系统最主要的组成构件。用户代理的作用是什么？没有用户代理行不行？

6-18　电子邮件的信封和内容在邮件的传送过程中起什么作用？

6-19　电子邮件的地址格式是怎样的？请说明各部分的含义。

6-20　试简述SMTP通信的3个阶段。

6-21　试述POP的工作过程。在电子邮件系统中，为什么必须使用POP和SMTP这两个协议？IMAP与POP有何区别？

6-22　MIME与SMTP的关系是怎样的？什么是quoted-printable编码和base64编码？

6-23　一个二进制文件共3072字节长。若使用base64编码，并且每发送完80字节就插入一个回车符CR和一个换行符LF，问：一共发送了多少字节？

6-24　电子邮件系统使用TCP传送邮件。为什么有时我们会遇到邮件发送失败的情况？为什么有时对方会收不到我们发送的邮件？

6-25 当我们用浏览器访问某个网站时，如果输入的网站地址错误，浏览器会立即提示出现了错误。为什么我们在发送电子邮件时，写错收件人地址并不能立即得到错误信息呢？

6-26 用户经常需要在不同的地方和不同的主机上接收和发送电子邮件，使用哪种邮件访问方式比较合适？

6-27 FTP的主要工作过程是怎样的？主进程和从属进程各起什么作用？

6-28 某用户利用FTP从远程主机下载了3个文件，在FTP客户机和FTP服务器之间至少要建立几次TCP连接？为什么？

6-29 假设互联网上有一台FTP服务器，其域名为ftp.jfjlgdx.edu.cn，IP地址为212.56.121.23，FTP服务器进程在默认端口守候并支持匿名访问（用户名anonymous，口令guest）。如果某个用户直接用服务器域名访问该FTP服务器，并从该服务器下载文件File1和File2，请给出FTP客户进程与FTP服务器进程之间的交互过程。

6-30 如果一台计算机要接入互联网，那么它必须配置哪些协议参数？DHCP的作用是什么？

6-31 简述DHCP的工作过程。为什么要使用广播？

6-32 一台服务器采用P2P文件分发方式把一个大文件（长度为L）分发给n台客户机。假设文件传输的瓶颈是各主机的上行传输速率R，并且每个对等方只有在接收完整个文件后才能向其他对等方转发。请计算文件分发到所有对等方的最短时间。

6-33 重新考虑上题的文件分发任务，这次将这个非常大的文件划分为一个个非常小的数据块进行分发，即一个对等方在下载完一个数据块后就能向其他对等方转发，并可同时下载其他数据块。不考虑分块增加的控制信息，试计算整个大文件分发到所有对等方的最短时间。

6-34 在P2P对等方中搜索文件的方式主要有哪几种？简述各自的优缺点。

6-35 考虑一个5位ID空间的Chord覆盖网络，该覆盖网络有节点1、4、7、12、15、20、27。假设节点1要查找对象16，请写出查找步骤，并给出相关节点的索引表。

6-36 常用的多媒体网络应用（流式存储音频/视频、流式实况音频/视频和实时交互音频/视频）各有何特点？

6-37 试简述RTP和SIP的要点。

6-38 在万维网中寻找两个流式存储音频/视频网站，用Wireshark软件分析以下问题。

（1）该站点是否使用了元文件？

（2）音频/视频是利用UDP还是TCP进行传输的？

（3）是否使用了RTP？

（4）是否使用了RTSP？

6-39 TCP接收缓冲区和媒体播放器的播放缓冲区在作用上有什么区别？

6-40 RTP能否为应用层提供可靠传输服务？请说明理由。

6-41 在RTP分组首部中为什么要使用序号、时间戳？

6-42 试比较CDN与Web缓存的相似之处和区别。

6-43 请说明IP多播和应用层多播的区别。为什么目前流式实况音频/视频应用多采用应用层多播技术来实现？

6-44 在SIP中，SIP注册服务器的作用是什么？

6-45　考察6.10.1小节中TCP服务器端代码的第26行和第27行。如果客户端发送一个比较长的字符串（如2000字节），如何修改这两行代码才能正确接收完客户端发送的字符串？说明原因。

6-46　判断正误。

（1）在浏览器和Web服务器之间使用流水线方式持续连接的话，一个TCP报文段可能携带两个不同的HTTP服务请求报文。

（2）高质量视频传输属于能容忍数据丢失的网络应用。

（3）假设用户请求由某些文本和两幅图片组成的Web页面（不使用内含图像文档）。对于这个页面，浏览器将会发送1个请求报文并接收3个响应报文。

（4）由于P2P文件共享系统采用的是P2P体系结构，因此在该系统中的一次通信会话中不存在客户进程和服务器进程的概念。

（5）全球目前有十几个根域名服务器，世界上任何一台连网计算机的域名都可以在其中至少一个根域名服务器的数据库中直接查询到。

（6）两个不同的Web页面可能通过同一个持续连接发送。

第7章

网络安全

随着计算机网络的发展和广泛应用，当今全球几乎所有的计算机系统都已通过网络互连起来，并且无论组织还是个人都越来越依赖这些系统存储和传输信息，而病毒、"黑客"、电子窃听和电子欺诈使网络中的安全问题日趋严峻。国家安全是民族复兴的根基，健全国家安全体系，要强化经济、重大基础设施、网络、数据等安全保障体系建设。本章将对计算机网络的安全问题进行初步的讨论，并介绍一些基本的安全技术，包括保护信息使其不被泄露、保证数据的真实性、保护系统使其不受来自网络的攻击等；最后讨论几种常见的网络攻击的机制和相应的防范措施。

本章的重点内容如下。

（1）网络安全威胁及安全服务的概念。

（2）对称密钥密码体制与公钥密码体制的特点。

（3）实现信息机密性、完整性和实体鉴别的安全机制。

（4）网络各层的安全实例。

（5）防火墙的概念。

7.1 网络安全概述

网络安全涉及3个方面：安全威胁、安全服务和安全机制。本节讨论前两个方面，后面几节具体讨论各种安全机制。

7.1.1 安全威胁

计算机网络面临的安全威胁主要分为两大类，即**被动攻击**和**主动攻击**；从攻击对象来看，又可分为对通信本身的攻击和利用网络对计算机系统的攻击。图7-1所示为对网络通信的4种最基本的攻击形式。

（1）**截获**（Interception）：攻击者从网络上窃听他人的通信内容。

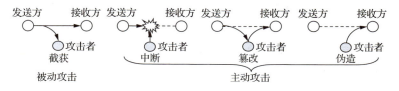

（2）**中断**（Interruption）：攻击者有意中断他人在网络上的通信。

图7-1　对网络通信的4种最基本的攻击形式

（3）**篡改**（Modification）：攻击者故意篡改网络上传送的报文。

（4）**伪造**（Fabrication）：攻击者伪造信息在网络上传送。

在被动攻击中，攻击者只观察和分析网络中传输的数据流而不干扰数据流本身。通过窃听手段，攻击者可以截获电话、电子邮件和传输的文件中的敏感信息，而不被发现。即使通信的内容被加密，攻击者不能直接从内容中获取机密信息，他也可以通过观察分组的协议控制信息来了解正在通信的协议实体的地址和身份，通过研究分组的长度和传输的频度来了解所交换的数据的性质。这种被动攻击称为**通信流量分析**（Traffic Analysis）。

主动攻击是指攻击者对传输中的数据流进行各种处理，例如有选择地更改、删除、延迟或改变消息的顺序，以获得非授权的效果。攻击者可以主动发送伪造的信息或伪装自己的身份与被攻击者通信。除了中断、篡改和伪造外，还有**重放攻击**（Replay Attack），即将截获的报文再次发送以产生非授权的效果。

拒绝服务（Denial of Service，DoS）**攻击**是一种很难防范的利用网络对计算机系统的主动攻击。攻击者通过发送巨量恶意报文使目标系统或网络发生崩溃，阻止系统为合法用户提供正常服务。攻击者甚至可利用系统漏洞先非法控制互联网上成百上千的主机（这些主机被称为**僵尸主机**），然后从这些僵尸主机上同时向某个目标系统发起猛烈攻击，这就是**分布式拒绝服务**（Distributed Denial of Service，DDoS）**攻击**。例如，2000年2月7日至9日，美国几个著名网站遭受DDoS攻击，使这些网站的服务器一直处于"忙"的状态，因而拒绝向发出请求的客户提供正常服务。

网络在方便人们远程访问计算机系统的同时，也给攻击者远程非法访问计算机系统带来了极大的便利。攻击者通过破解管理员口令、利用系统漏洞获取管理员权限等手段入侵计算机系统，对信息资源进行非法访问或对信息系统进行恶意破坏。这类攻击被称为**远程入侵**，所有连接在互联网上的计算机系统都面临被非法入侵的危险。

还有一种特殊的主动攻击是**恶意程序**（Rogue Program）攻击。恶意程序种类繁多，并且可以通过网络在计算机系统间传播，对计算机系统的安全造成了巨大的威胁。目前恶意程序主要有以下几种。

（1）**计算机病毒**（Computer Virus）：一种会"传染"其他程序的程序。"传染"是通过修改其他程序把自身或其变种复制进去完成的。

（2）**计算机蠕虫**（Computer Worm）：一种通过网络的通信功能主动将自身从一个节点发送到另一个节点，并启动运行的程序。

（3）**特洛伊木马**（Trojan Horse）：或简称为木马，是一种在表面功能掩护下执行非授权功能的程序。例如，一个伪造成编辑器软件的特洛伊木马程序在用户编辑一个机密文件时偷偷将该文件内容通过网络发送给攻击者，以窃取机密信息。计算机病毒有时也以特洛伊木马的形式出现。

（4）**逻辑炸弹**（Logic Bomb）：一种当运行环境满足某种特定条件时执行其他特殊功能的程序。例如，一个编辑程序平时运行正常，但当系统时间为13日同时又为星期五时，它就会删除系统中所有的文件，这种程序就是一种逻辑炸弹。

这里讨论的计算机病毒是狭义的，也有人把所有的恶意程序泛称为计算机病毒。例如，1988年10月，"Morris病毒"入侵美国互联网。舆论说它是"计算机病毒入侵美国计算机网"，而计算机安全专家却称之为"互联网蠕虫事件"。

被动攻击不涉及对数据的更改，所以很难察觉，人们对被动攻击主要采用密码技术进行预防，而不是检测。相反，预防主动攻击非常困难，因为物理通信设施、软件和网络本身潜在的弱点具有多样性。不过主动攻击容易检测，因此对付主动攻击除了采取访问控制等预防措施外，还需要采用各种检测技术及时发现并阻止攻击，同时对攻击源进行追踪，并利用法律手段对其进行打击。

7.1.2　安全服务

为应对以上安全威胁，计算机网络需要提供以下基本安全服务。

机密性（Confidentiality）：确保计算机系统中的信息或网络中传输的信息不会泄露给非授权用户。这是计算机网络中最基本的安全服务。

报文完整性（Message Integrity）：确保计算机系统中的信息或网络中传输的信息不被非授权用户篡改或伪造，后者要求对报文源进行鉴别。

不可否认性（Nonrepudiation）：防止发送方或接收方否认发送或接收过某信息。在电子商务中这是一种非常重要的安全服务。

实体鉴别（Entity Authentication）：通信实体能够验证正在通信的对端实体的真实身份，确保不会与冒充者进行通信。鉴别与授权（Authorization）是不同的概念。授权涉及的问题是，实体的行为是否被允许（如是否可以对某文件进行读或写等）。

访问控制（Access Control）：系统具有限制和控制不同实体对信息源或其他系统资源进行访问的能力。系统必须在鉴别实体身份的基础上对实体的访问权限进行控制。

可用性（Availability）：确保授权用户能够正常访问系统信息或资源。很多攻击会导致系统可用性的损失，DoS攻击是对可用性最直接的威胁。

7.2节开始介绍实现以上安全服务的各种安全机制。

7.2　机密性与密码学

机密性应该是密码学最早的应用领域，我们在后面几节将会看到，密码学技术和鉴别报文完整性及不可否认性等是紧密相关的，可以说密码学就是计算机网络安全的基础。本节介绍密码学的一些基本概念及其在机密性方面的应用。

机密性与密码学

我们通过计算机网络传输数据时，如果无法防止他人窃听，可以利用密码学技术将发送的数据变换成对任何不知道如何做逆变换的人来说都不可理解的形式，从而保证数据的机密性。这种变换被称为**加密**（Encryption），被加密的数据被称为**密文**（Ciphertext），而加密前的数据被称为**明文**（Plaintext）。接收方必须能通过某种逆变换将密文变换回原来的明文，该逆变换被称为解密（Decryption）。密码学家很早就发现，加密和解密过程可以一个密钥（Key）为参数，并且加密和解密过程可以公开，而只有密钥需要保密，即只有知道密钥的人才能解密密文，其他人即使知道加密或解密算法也无法解密密文。采用该原则的一个原因是，如果依靠算法保密，一旦算法失密就必须放弃该算法。这意味着要频繁地修改算法，而开发一个新的算法是非常困难的事情。另外，密钥空间可以很大，用密钥将密码算法参数化后，同一个算法可以为大量用户提供加密服务。图7-2所示为数据加密的一般模型。

用加密算法 E 和加密密钥KA对明文 X 进行加密，得到密文。可把加密过程写成式（7-1）。有时我们也说，明文经过 E 运算转换为密文。

$$Y = E_{KA}(X) \tag{7-1}$$

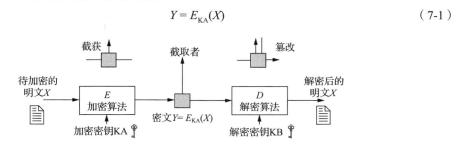

图7-2　数据加密的一般模型

在传送密文的过程中可能会出现密文截取者。密文传送到接收端后，利用解密算法 D 和解密密钥KB可解出明文 X。可把解密过程写成式（7-2）。因此，密文经过 D 运算就还原为原来的明文。

$$D_{KB}(Y) = D_{KB}(E_{KA}(X)) = X \tag{7-2}$$

请注意，加密密钥和解密密钥可以相同，也可以不同，取决于采用的是**对称密钥密码体制**还是**公钥密码体制**。

截取者又称为攻击者或入侵者。如果无论截取者获得了多少密文，在密文中都没有足够的信息来唯一地确定对应的明文，则这一密码体制称为**无条件安全的**，或称为在**理论上是不可破的**。在无任何限制的条件下，目前几乎所有实用的密码体制均是可破的。因此，人们关心的是要研制出在**计算上**（而不是在理论上）**不可破的密码体制**。如果一个密码体制中的密文不能在一定时间内被可以使用的计算资源破译，则这一密码体制称为在**计算上是安全的**。一般来说，使用长的密钥可以有效增加破解密文的难度，但同时也使加密和解密的计算量变大了。

7.2.1　对称密钥密码体制

对称密钥密码体制是一种加密密钥与解密密钥相同的密码体制。在这种加密系统中，两个参与者共享同一个密钥，如果用一个特定的密钥加密一条消息，就必须使用相同的密钥来解密该消息。该系统又称为**对称密钥系统**。

数据加密标准（Data Encryption Standard，DES）是对称密钥密码的典型代表，由IBM公司研制，于1977年被美国定为联邦信息标准后，在国际上引起了极大的重视。ISO曾把DES作为国际标准。DES使用的密钥为64位（实际密钥长度为56位，有8位用于奇偶校验）。

DES是一个优秀的密码算法，目前还没有发现比蛮力攻击更好的破解方法。但随着计算机运算速度的快速提高，56位长的密钥已显得太短。56位长的密钥意味着共有 2^{56} 种可能的密钥，也就是说，共约有 7.6×10^{16} 种密钥。假设一台计算机 $1\mu s$ 可执行一次DES加密，同时假定平均只需搜索密钥空间的一半即可找到密钥，那么破译DES用时将超过1000年。但现在人们利用并行计算技术已经设计出搜索DES密钥的专用芯片。例如，在1999年，有一批在互联网上合作的人借助一台价值不到25万美元的专用计算机，在略大于22h的时间内破译了56位密钥的DES。

为解决DES密钥太短的问题，人们提出了三重数据加密标准（Triple DES，3DES）。3DES在1985年成为美国的商用加密标准（RFC 2420）。3DES在加密时用3个密钥，执行3次DES算法，即E运算→D运算→E运算；解密时，按相反顺序使用这3个密钥，执行D运算→E运算→D运算，如图7-3所示。

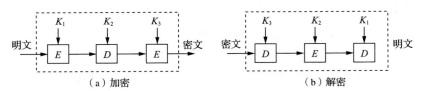

图7-3　3DES的加密和解密

3DES使用现有的DES算法，并且当3个密钥相同时，效果就和DES一样，这有利于逐步推广使用3DES。也可以仅使用两个密钥，即 $K_1 = K_3$，相当于密钥长度为112位，这对于多数商业应用也已经足够长了。目前还没有关于攻破3DES的报道。

由于IBM公司最初设计DES是为了用硬件来实现，因此DES/3DES的软件实现较慢。3DES目前正在被2001年发布的高级加密标准（Advanced Encryption Standard，AES）所替代。AES能够使用128位、192位和256位长的密钥，用硬件和软件都可以快速实现。它不需要太多内存，因此适用于小型移动设备。美国国家标准及技术协会（National Institute of Standards and Technology，NIST）估计，如果用1s破解56位DES的计算机来破解一个128位的AES密钥，要用大约149万亿年的时间才有可能完成破解。

7.2.2　公钥密码体制

在对称密钥系统中，两个参与者要共享一个密钥。但怎样才能做到这一点呢？一种方法是事先约定，另一种是用信使来传送。在高度自动化的大型计算机网络中，用信使来传送密钥显然是不合适的。如果事先约定密钥，就会给密钥的管理和更换带来极大的不便。后面我们将会介绍如何使用复杂的**密钥分发中心**（Key Distribution Center，KDC）来解决该问题。然而采用公钥密码体制可以比较容易地解决这个问题。

公钥密码体制的概念是由美国斯坦福大学的研究人员迪菲（Diffie）与赫尔曼（Hellman）于1976年提出的。**公钥密码体制使用不同的加密密钥与解密密钥。**

在公钥密码体制中，**加密密钥（即公钥）PK是公开信息**，而**解密密钥（即私钥）SK是需要保密的**，因此私钥也叫作秘密密钥。加密算法E和解密算法D也都是公开的。虽然私钥SK是**由公钥PK决定的，但却不能根据PK计算出SK**。

公钥密码体制有以下主要特性。

（1）发送方用加密密钥PK对明文X加密后，接收方用解密密钥SK解密，即可恢复出明文，此过程可写为

$$D_{SK}(E_{PK}(X)) = X \tag{7-3}$$

加密密钥是公钥，而解密密钥是接收方专用的私钥，对其他人都保密。

此外，加密和解密的运算可以对调，即 $E_{PK}(D_{SK}(X))= X$。

（2）加密密钥不能用来解密，即

$$D_{PK}(E_{PK}(X)) \neq X \qquad (7\text{-}4)$$

（3）在计算机上可以容易地产生成对的 PK 和 SK。

（4）在计算上不可能由已知的 PK 推导出 SK，即从 PK 到 SK 是"计算上不可能的"。

（5）加密算法和解密算法都是公开的。

由于加密密钥不能用来解密，并且从加密密钥不能推导出解密密钥，因此加密密钥可以公开。例如，参与者 A 可以在报纸上公布自己的加密密钥（即公钥），而解密密钥（即私钥）自己秘密保存。任何参与者都可以获得该公钥，并用来加密发送给参与者 A 的信息，而该信息只能由 A 解密。可见采用公钥密码体制更易解决密钥分发的问题。

公钥密码体制提出不久，人们就设计了 3 种公钥密码算法。目前最著名的是由美国科学家李维斯特（Rivest）、沙米尔（Shamir）和阿德尔曼（Adleman）于 1976 年提出，并在 1978 年正式发表的 **RSA 算法**，它是基于数论中大数分解问题的算法。

公钥密码体制有许多很好的特性，它不仅可以用于加密，还可以很方便地用于鉴别和数字签名。但不幸的是，目前的公钥密码算法比对称密码算法慢好几个数量级。因此，对称密码被用于绝大部分加密，而公钥密码则通常用于**会话密钥**的建立。例如，参与者 A 要发送大量秘密信息给 B，A 首先选择一个用于加密数据本身（如采用 DES 算法或 AES 算法）的密钥。该密钥仅用于该次会话，被称为会话密钥。因为对称密钥由双方共享，A 必须将该会话密钥通过秘密渠道告知 B。为此，A 用 B 的 RSA 公钥加密该会话密钥后将其发送给 B，B 收到加密的会话密钥后用自己的私钥解密得到会话密钥。此后，A 和 B 之间就可以用该会话密钥加密通信的数据。

最后要强调一下，加密方法的安全性取决于密钥的长度，以及攻破密文所需的计算量，而不是简单地取决于加密的体制。因此，我们不能简单地认为公钥密码体制比传统加密体制更加优越。

7.3 完整性与鉴别

有时，通信双方并不关心通信的内容是否会被人窃听，而只关心通信的内容是否被人篡改或伪造，这就是**报文完整性**问题。报文完整性验证又称为**报文鉴别**，即鉴别报文的真伪。例如，路由器之间交换的路由信息不一定要求保密，但要求能检测出被篡改或伪造的路由信息。

很多情况下，通信的双方需要验证通信对端的真实身份。例如，当客户在互联网上远程登录网上银行时，银行服务器要验证客户所声称的身份的真实性，而客户也需要验证登录的确实是该银行的网站，这时就需要进行**实体鉴别**。实体鉴别（或简称为鉴别）就是一方验证另一方身份的技术。

7.3.1 报文摘要和报文鉴别码

使用加密通常可达到报文鉴别的目的，因为解密伪造的报文后一般不能得到可理解的内容。但采用这种方法很难让计算机自动识别报文是否被篡改。另外，对于不需要保密而只需要报文鉴别的网络应用，对整个报文的加密和解密会给计算机增加很多不必要的负担（加密和解密要花费相当多的 CPU 时间）。

报文摘要和
报文鉴别码

更有效的方法是使用**报文摘要**（Message Digest，MD）来进行报文鉴别，如图7-4所示。发送方对可变长度的报文m进行报文摘要算法运算，得出固定长度的报文摘要$H(m)$。然后对$H(m)$进行加密，得出$E_K(H(m))$，并将其附加在报文m后面发送出去。接收方把$E_K(H(m))$解密还原为$H(m)$，再对收到的报文进行报文摘要运算，看结果是否与解密还原的$H(m)$一样。如不一样，则可断定收到的报文不是发送方产生的。报文摘要的优点就是，仅对短得多的定长报文摘要$H(m)$进行加密比对整个长报文m进行加密要简单得多，但对鉴别报文m来说，其效果是一样的。密钥K仅在通信双方之间共享，没有第三方能用伪造报文m'产生$E_K(H(m'))$。附加在报文上用于鉴别报文真伪的码串（如上面的$E_K(H(m))$）被称为**报文鉴别码**（Message Authentication Code，**MAC**）。

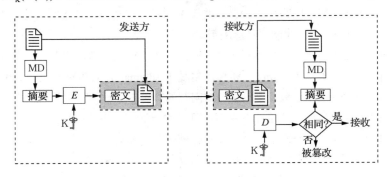

图7-4 用加密的报文摘要进行报文鉴别

报文摘要和差错检测码都是多对一（Many-to-One）的散列函数的例子。但要抵御攻击者的恶意篡改，报文摘要算法必须满足以下条件。

（1）任意给定一个报文摘要值x，若想找到一个报文y使得$H(y)= x$，则在**计算上是不可行的**。

（2）若想找到两个不同的报文x和y，使得$H(x)= H(y)$，则在**计算上是不可行的**。

上述的两个条件表明：若$(x, H(x))$是发送方产生的报文和报文摘要对，则攻击者不可能伪造出另一个报文y，使得y与x具有同样的报文摘要。

满足以上条件的散列函数称为**密码散列函数**或**安全散列函数**，因为无法把报文摘要还原为报文，所以可以把密码散列函数运算看成没有密钥的加密运算。

要注意的是，差错检测码通常并不满足以上条件。例如，鲍勃（Bob）希望艾丽斯（Alice）给他电汇9213美元，为此他发给Alice一条消息"SEND9213.BOB"，并用前面介绍的用于UDP差错检测的互联网校验和算法生产16位的报文摘要来生成报文鉴别码，以防止消息被篡改。但可惜的是，攻击者可以轻易地将该消息篡改为"SEND1293.BOB"而不会被发现，因为这两个不同的字符串的摘要是完全一样的，这可能导致Bob的一次重要交易的失败。通过这个例子可以看出，虽然差错检测码可以检测出报文的随机改变，但它无法抵御攻击者的恶意篡改，因为攻击者很容易找到差错检测码与原文相同的其他报文，从而达到攻击目的。

目前广泛应用的报文摘要算法有MD5算法（RFC 1321）和安全散列算法1（Secure Hash Algorithm-1，SHA-1）。MD5算法输出128位的摘要，SHA-1算法输出160位的摘要。SHA-1算法比MD5算法更安全，但计算起来比MD5算法要慢。

细心的读者可能会发现，对于图7-4中的报文鉴别过程，其实并不需要将报文鉴别码解密出来就可以进行报文鉴别。接收方只需采用与发送方一样的运算，对收到的报文进行摘要，然后加密，再与报文鉴别码进行比较即可。也就是说**报文鉴别码的计算并不需要可逆性**。利用这个性质可以设计出比使用加密运算更简单且更高效的报文鉴别码算法。

实际上，利用密码散列函数的特殊性质，无须对报文摘要加密就可以实现对报文的鉴别，前提是通信双方共享一个称为**鉴别密钥**的秘密比特串 s。发送方用 s 与报文 m 级连生成 $m+s$，并计算散列值 $H(m+s)$；然后将 $H(m+s)$ 作为报文鉴别码附加到报文 m 上，一起发送给接收方。接收方利用 s 和收到的报文 m 重新计算报文鉴别码，与接收到的报文鉴别码进行比较，从而实现对报文的鉴别。由于攻击者不知道 s，也不能从截获的报文鉴别码中计算出 s，因此他不能为伪造报文 m' 产生 $H(m'+s)$。直接使用密码散列函数实现报文鉴别码的技术又称为**散列报文鉴别码**（Hashed MAC，HMAC）[①]。图 7-5 所示为直接使用密码散列函数实现报文鉴别码。

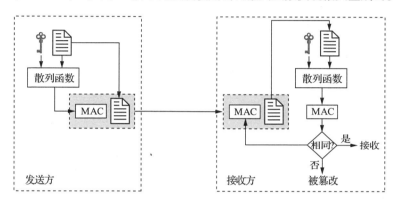

图 7-5　直接使用密码散列函数实现报文鉴别码

7.3.2　数字签名

数字签名

在日常生活中，我们可以用亲笔签名或印章来证明书信或文件的真实来源。在计算机网络中传送的文件又如何盖章呢？这就是**数字签名**（Digital Signature）要解决的问题。数字签名必须保证以下 3 点。

（1）接收方能够核实发送方对报文的数字签名。

（2）发送方事后不能抵赖对报文的数字签名。

（3）任何人（包括接收方）都不能伪造对报文的签名。

现在已有多种实现数字签名的方法，但采用公钥算法要比采用对称密钥算法更容易实现。下面就来介绍这种数字签名技术。

发送方 A 用其私钥（即解密密钥）SKA 对报文 X 进行运算，将结果 $D_{SKA}(X)$ 传送给接收方 B。读者可能要问：报文 X 还没有加密，怎么能够进行解密呢？其实"解密"仅仅是一个数学运算。发送方此时的运算并非想将报文 X 解密，而是为了进行数字签名。B 收到报文 $D_{SKA}(X)$ 后，用已知的 A 的公钥（即加密密钥）对报文 $D_{SKA}(X)$ 进行运算，得出 $E_{PKA}(D_{SKA}(X))= X$。因为除 A 外没有任何人具有 A 的解密密钥 SKA，所以除 A 外任何人都不能产生密文 $D_{SKA}(X)$，而任何伪造的报文经 E_{PKA} 运算后都不会得到可理解的内容。这样，B 就核实了报文 X 的确是 A 签名发送的。数字签名的实现如图 7-6 所示。

[①] HMAC 也是一种散列报文鉴别码算法，该算法还要稍微复杂一些，需要两次使用散列函数进行运算。

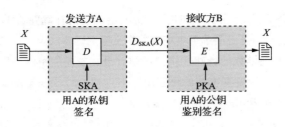

图7-6　数字签名的实现

若A要抵赖曾发送报文给B，B可把X及$D_{SKA}(X)$出示给权威的第三方，第三方很容易用PKA去证实A确实发送了X给B。反之，若B把X伪造成X′，则B不能在第三方前出示$D_{SKA}(X')$，这样就证明了B伪造了报文。可见数字签名实现了对报文来源的鉴别。我们知道公钥密码算法的计算代价非常大，对整个报文进行数字签名是一件非常耗时的事情，更有效的方法是**仅对报文摘要进行数字签名**。

上述过程仅对报文进行了签名，对报文X本身却未加密。因为截获$D_{SKA}(X)$并知道发送方身份的任何人，通过查阅手册即可获得发送方的公钥PKA，因而能得知报文内容。若采用图7-7所示的方法，则可同时实现秘密通信和数字签名。图中SKA和SKB分别为A和B的私钥，而PKA和PKB分别为A和B的公钥。

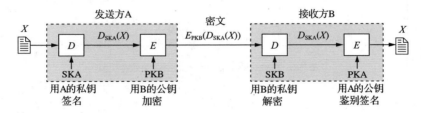

图7-7　具有保密性的数字签名

7.3.3　实体鉴别

实体鉴别就是一方验证另一方身份的技术。一个实体可以是人、客户-服务器进程等。这里仅讨论如何鉴别通信对端实体的身份，即验证正在通信的对方确实是所认为的通信实体，而不是其他的假冒者。进行通信实体鉴别需要使用鉴别协议。鉴别协议通常在两个通信实体之间传输实际数据或者进行访问控制之前运行，是很多安全协议的重要组成部分或基础。

最简单的实体鉴别方法是利用用户名/口令，但直接在网络中传输用户名/口令是不安全的，因为攻击者可以在网络上截获用户名/口令，所以在实体鉴别过程中需要使用加密技术。如图7-8所示，参与者A向B发送有自己身份信息（如用户名和口令）的报文，并且使用双方共享的对称密钥K_{AB}进行加密。简洁起见，这里用$K(m)$表示通过密钥K对信息m加密。B收到此报文后，用K_{AB}解密即可验证A的身份。

不幸的是，这种简单的鉴别方法具有明显的漏洞。因为攻击者C从网络上截获该报文后，完全不用破译该报文而仅仅直接将该报文发送给B，就可以使B误认为C就是A。这就是**重放攻击**。

为了对付重放攻击，可以使用**一次性随机数**（Nonce），即一个不重复使用的大随机数，也称为"一次一数"。图7-9给出了使用一次性随机数进行实体鉴别的过程。

图7-8 对用户名/口令加密进行实体鉴别

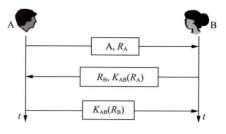

图7-9 使用一次性随机数进行实体鉴别

在图7-9中，A首先用明文发送其身份和一个一次性随机数 R_A 给B。接着，B在响应A的报文中用共享的密钥 K_{AB} 加密 R_A，并给出自己的一次性随机数 R_B。最后，A再用加密的 R_B 响应B。A和B分别通过验证对方返回的加密的一次性随机数实现双向的实体鉴别。由于一次性随机数不能重复使用，攻击者C无法利用重放攻击来冒用A或B的身份。这种使用一次性随机数进行实体鉴别的协议又称为挑战响应（Challenge-Response）协议。

同样，使用公钥加密算法也能实现实体鉴别。这时，通信双方可以利用自己的私钥对一次性随机数进行签名，而用对方的公钥来鉴别对方签名的一次性随机数，从而实现通信双方身份的鉴别。

7.4 密钥分发与公钥认证

密钥分发与公钥认证

由于密码算法是公开的，因此密钥系统的安全性依赖于密钥的安全保护。在对称密钥密码体制中，通信双方要共享一个密钥，如何将密钥分发到通信的双方是一个需要解决的问题。显然，密钥必须通过安全的通路进行分发。例如，可以派非常可靠的信使携带密钥分发给互相通信的用户，这种方法称为**网外分发**。但随着用户的增多和通信量的增大，密钥更换频繁（密钥必须定期更换才能做到可靠），派信使的方法将不再适用，因此必须解决**网内密钥自动分发**的问题。对于公钥密码体制，虽然不需要共享密钥，公钥可以发布在报纸或网站上，但如何验证该公钥确实是某实体真正的公钥仍然是一个问题。这些问题都可以通过使用一个可信的中介机构得到解决。对于对称密钥密码体制，这个可信的中介机构就是KDC。而对于公钥密码体制，则通过**认证中心**（Certificate Authority，CA）来实现公钥的签发和认证。

7.4.1 对称密钥的分发

对称密钥的分发
（动画演示）

对称密钥的分发问题在于如何让通信双方共享密钥。目前常用的对称密钥分发方式是设立 **KDC**。KDC是一个大家都信任的机构，其任务就是给需要进行秘密通信的用户临时分发一个会话密钥。图7-10所示为KDC进行密钥分发的基本过程。我们假定用户A和B都是KDC的登记用户，他们分别拥有与KDC通信的主密钥KA和KB。图中密钥分发的3个步骤说明如下。

❶ 用户A向KDC发送用自己私有的主密钥KA加密的报文 $E_{KA}(A, B)$，说明想和用户B通信。

❷ KDC用随机数产生一个"**一次一密**"密钥 R_1 供A和B**这次**的通信使用，然后向A发送回答报文，这个回答报文用A的主密钥KA加密，报文中有密钥 R_1 和请A转发给B的报文 $E_{KB}(A, R_1)$，但报文 $E_{KB}(A, R_1)$ 是用B的私有主密钥KB加密的，因此A无法知道报文 $E_{KB}(A, R_1)$ 的内容（A没有B的主密钥KB，也不需要知道此报文的内容）。

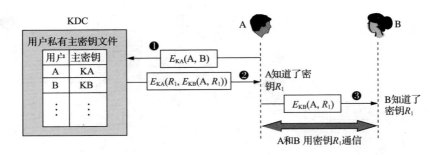

图7-10　KDC进行密钥分发的基本过程

❸ 当B收到A转发的报文$E_{KB}(A, R_1)$，并使用自己的私有主密钥KB解密后，就知道A要和它通信，也知道和A通信时所使用的密钥R_1。

此后，A和B就可使用这个一次一密的密钥R_1进行本次通信了。

KDC还可在报文中加入时间戳，防止报文的截取者利用以前记录下的报文进行重放攻击。密钥R_1是一次性的，因此保密性较高。而KDC分配给用户的主密钥（如KA和KB）都应定期更换以减少攻击者破译密钥的机会。RFC 1510描述了著名的密钥分发协议Kerberos，它是由美国麻省理工学院开发的。

7.4.2　公钥的签发与认证

在公钥密码体制中，如果每个用户都具有其他用户的公钥，就可实现安全通信。这样看来好像可以随意公布用户的公钥，其实不然。设想用户A要欺骗用户B，A可以向B发送一份伪造是C发送的报文。A用自己的私钥进行数字签名，并附上A自己的公钥，谎称这公钥是C的。B如何知道这个公钥不是C的呢？显然，需要有一个值得信赖的机构将公钥与其对应的实体（人或计算机）**绑定**（Binding）。这样的机构就叫作**认证中心**（CA），它一般由政府出资建立。需要发布公钥的用户可以让CA为自己的公钥签发一个**证书**（Certificate），里面有公钥及其拥有者的身份标识信息（人名、公司名或IP地址等）。CA首先通过检查身份证等方式核实用户的真实身份，然后为用户生成私钥公钥对并生成证书，最后用CA的私钥对证书进行数字签名。该证书可以通过网络发送给任何希望与之通信的实体或存放在服务器供用户自由下载，当然私钥需用用户秘密保存。任何用户都可从可信的地方（如代表政府的报纸）获得CA的公钥，并用这个公钥验证某个证书的真伪。一旦证书被鉴别为真实的，则可以相信证书中的公钥确实属于证书中声称的用户。

由一个CA来签发全世界所有的证书显然是不切实际的，这会带来负载过重和单点故障问题。一种解决方案是将许多CA组成一个层次结构的基础设施，即公钥基础设施（Public Key Infrastructure，PKI），在全球范围内为所有互联网用户提供证书的签发与认证服务，如图7-11所示。

下级CA的证书由其上级CA签发和认证。顶级的根CA能验证所有1级CA的证书，各个1级CA可以在一个很大的地理区域或逻辑区域内运作，而2级CA可以在一个相对较小的区域内运作。

所有用户都信任该层次结构中顶级的根CA，但可以信任也可以不信任中间的CA。用户可以在自己信任的CA获取个人证书，当要验证由不信任CA签发的证书时，需要到上一级验证该CA的证书的真伪，如果上一级CA也不可信任，则需要到更上一级进行验证，一直追溯到可信任的某CA。这一过程最终有可能一直追溯到根CA。

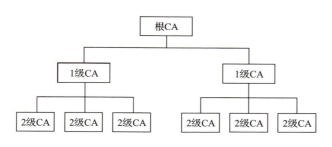

图7-11 PKI层次结构

7.5 访问控制

访问控制

访问控制是在保障授权用户能获取所需资源的同时拒绝非授权用户的安全机制，是保证网络资源不被非法使用和非法访问的重要手段。

7.5.1 访问控制的基本概念

在信息系统中，用户在通过身份鉴别进入系统后，只能访问授权范围内的资源，而不能毫无限制地对系统中的资源进行访问。身份鉴别常常被视为信息系统的第一道安全防线，因为身份鉴别可以将未授权用户屏蔽在信息系统之外。相应地，访问控制可以看作信息系统的第二道安全防线，它对进入系统的合法用户进行监督和限制，解决"合法用户在系统中对各类资源以何种权限访问"的问题。

实施访问控制的依据是用户的访问权限。用户访问权限的授予一般遵循**最小特权原则**。最小特权原则指的是基于用户完成工作的实际需求为用户赋予权限，用户不会被赋予超出其实际需求的权限。最小特权原则可以有效防范用户滥用权限所带来的安全风险。

访问控制包括主体、客体、访问及访问控制策略等基本要素。

（1）主体。

主体（Subject）指访问活动的发起者。主体可以是某个用户，也可以是代表用户执行操作的进程、服务和设备等。

（2）客体。

客体（Object）指访问活动中被访问的对象。凡是可以被操作的信息、文件、设备、资源、服务等都可以作为客体，如网络中的某台服务器。

（3）访问。

访问指的是对资源的各种类型的使用，如读取、修改、创建、删除、执行、发送、接收等操作。不同的系统有不同的访问类型。

（4）访问控制策略。

访问控制策略体现了系统的授权行为，表现为主体访问客体时需要遵守的约束规则。访问控制策略可以采用三元组(S, O, P)的形式描述，其中S表示主体，O表示客体，P表示**许可**（Permission）。P指明了允许主体对客体进行访问的类型。访问控制策略是访问控制的核心，访问控制依据访问控制策略限制主体对客体的访问。访问控制策略通常存储在系统的授权服务器中。

访问监控器（Reference Monitor）模型是最为著名的描述访问控制的抽象模型。如图7-12所示，按照访问监控器模型的描述，在系统中出现访问请求时，访问监控器对访问请求进行裁决，它向授权服务器进行查询，根据其中存储的访问控制策略决定主体对客体的访问是否被允许。

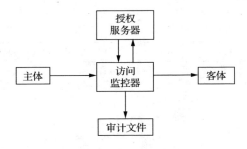

图7-12　访问监控器模型

访问监控器模型中有一个负责审计的功能模块。审计是访问控制的必要补充。审计文件将记录与访问有关的各类信息，包括主体、客体、访问类型、访问时间及访问是否被允许等。管理员通过查看审计文件，能够详细了解系统中访问活动的具体情况，主要可以掌握3个方面的信息：一是哪些主体对哪些资源的访问请求被拒绝，主体发出大量违规的访问请求往往是攻击、破坏活动的征兆，需要引起特别的关注；二是访问控制策略是否得到了严格执行，如果在配置或者执行规则过程中存在失误，一些违反访问控制策略的访问请求可能被许可，通过查看审计文件可以发现此类情况，亡羊补牢；三是访问活动的证据，这可以为事后追查、追究提供依据。

7.5.2　访问控制策略

访问控制策略主要可分为3类：自主访问控制（Discretionary Access Control，DAC）、强制访问控制（Mandatory Access Control，MAC）和基于角色的访问控制（Role Based Access Control，RBAC）。

1．自主访问控制

自主访问控制通常基于主客体的隶属关系，"自主"指的是客体的拥有者可以自主地决定其他主体对其拥有的客体进行访问的权限。自主访问控制具有很强的灵活性，但是存在一些明显的缺陷：权限管理过于分散，容易出现漏洞；无法有效控制被攻击主体破坏系统安全性的行为。

木马程序利用自主访问控制的以上缺陷，可以轻松破坏系统的安全性。例如，用户A对文件a具有读取权限。攻击者B为了非法获取该文件，编写了一个木马程序，并诱骗用户A运行该程序。当用户A运行木马程序时，木马程序获得用户A的访问权限，能够读取文件a的内容，并将该文件的内容写入新创建的文件b；然后用户A将文件b的读取权限授予用户B，则用户B将非法读取到文件a的内容。

2．强制访问控制

自主访问控制的最大特点是自主，即资源的拥有者对资源的访问控制策略具有决策权，因此是一种限制比较弱的访问控制策略。这种策略在给用户带来灵活性的同时，也带来了安全隐患。

强制访问控制与自主访问控制不同，它不允许一般的主体进行访问权限的设置。在强制访问控制中，主体和客体被赋予一定的安全级别，普通用户不能改变自身或任何客体的安全级别，通常只有系统的安全管理员可以进行安全级别的设定。系统通过比较主体和客体的安全级别来决定某个主体是否能够访问某个客体。

下读和上写是在强制访问控制中广泛使用的两项原则。

（1）下读原则：主体的安全级别必须高于或等于被读客体的安全级别，主体读取客体的访问活动才能被允许。

（2）上写原则：主体的安全级别必须低于或等于被写客体的安全级别，主体写入客体的访问活动才能被允许。

下读原则和上写原则限制了信息只能由低级别的对象流向高级别或同级别的对象，能有效防止木马等恶意程序的窃密攻击。例如，用户A的安全级别高于文件a，而用户B的安全级别低于文件a，因此用户A可以读取文件a，而用户B不能读取文件a。即使用户A运行了用户B编写的木马程序，由于该木马程序具有与用户A同样的安全级别，它可以读取文件a，却不能将文件a的安全级别修改成用户B可读的安全级别，也无法将其内容写入安全级别比用户A低的文件，因此，用户B仍然无法读取到文件a中的信息。

3. 基于角色的访问控制

基于角色的访问控制旨在降低安全管理的复杂度。在信息系统中，赋予用户什么样的访问权限往往取决于用户在工作中承担的角色（Role）。基于角色的访问控制的核心思想就是根据安全策略划分不同的角色，用户不再直接与许可关联，而是通过角色与许可关联。

在基于角色的访问控制中，一个用户可以拥有多个角色，一个角色也可以被赋予多个用户；一个角色可以拥有多种许可，一种许可也可以分配给多个角色。许可指明了对某客体可以进行的访问类型。

基于角色的访问控制通过角色的概念实现了用户和访问权限的逻辑分离。给角色配置许可的工作一般比较复杂，需要掌握一定的专业知识，可以由专门的技术人员来承担；而赋予用户角色则较为简单，可以由一般管理人员来执行。角色与许可之间的关系比角色与用户的关系更加稳定，当一个用户的职责发生变化或需要为一个新的用户授权时，修改或设置用户的角色即可。因此将用户和访问权限进行逻辑分离能够降低授权的复杂性，增强权限的可管理性，减少因授权失误导致安全漏洞的风险。

7.6　网络各层的安全实例

在前面各节中，我们学习了利用密码学技术实现机密性、完整性、数字签名和实体鉴别等安全服务的基本方法。本节我们将讨论这些方法在网络各层的具体应用实例，这些安全应用实例涉及从物理层到应用层的所有层次。

读者可能会有这样的疑惑：为什么需要在网络的各层都提供安全服务，而不是仅在底层或最高层提供安全服务？通常低层协议的安全服务会为所有上层协议提供安全性，但层次越低，提供的安全性越通用，受众面越广，安全防护的粒度也就越粗。例如，IP层的安全机制可以为所有主机提供安全通信服务，但却无法保证用户间电子邮件的安全性。因为利用电子邮件通信的双方并不直接在IP层上进行通信，电子邮件需要通过中间的邮件服务器转发。

反过来，是不是只要在应用层提供安全服务就足够了呢？网络应用种类繁多，出于开发成本、维护成本和使用成本的考虑，可能大多数用户只希望网络为各种应用提供基本的安全性保护，不一定需要每种网络应用都使用自己专用的安全协议。总之，不同用户对安全性会有不同的要求。另外，像DoS这类破坏系统可用性的攻击，仅靠应用层的安全机制是无法防范的。因此，网络的不同层次都需要相应的安全机制，用户应根据具体情况和需求去选择。

7.6.1 物理层实例：信道加密机

信道加密技术是在物理层保证通信数据的机密性和完整性的方法，这项技术在计算机网络出现之前（甚至在数字通信出现之前）就已经存在了。信道加密机位于通信节点（如路由器）前端，对通信节点发送的所有数据都进行加密处理，然后将其发送到物理链路上。信道加密机一般用于点对点链路，并成对使用。信道加密是一种物理层的链路级加密（也可以在数据链路层进行），网络中每段链路上的加密是独立实现的，如图7-13所示。

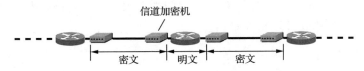

图7-13 利用信道加密机保护通信链路的安全

使用信道加密技术的一个好处就是对上层协议几乎没有任何影响（即具有很好的透明性），又能为通过链路的所有数据提供安全保护。由于链路上传输的协议数据单元中的控制信息和数据信息都被加密了，掩盖了源地址和目的地址，因此它还能防止各种形式的流量分析。信道加密机完全使用硬件加密技术，速度快，不需要传送额外的数据，采用这种技术不会降低网络的有效带宽。

但由于分组是以明文形式在各节点内部进行加密的，因此节点本身必须是安全的。一般认为网络的源点和终点在物理上都是安全的，但所有的中间节点（包括可能经过的路由器）则未必都是安全的。因此，在网络互连的情况下，仅采用信道加密是不能保证端到端通信的安全性的，它只能用于保护网络局部链路的通信安全。因此，在实际应用中，通常只在容易被窃听的无线链路（如卫星链路）上或在军用网络等专用网络的通信链路（如SDH专线）穿过不安全区域时使用信道加密技术，更多的情况是在网络层以上使用端到端的加密技术为用户提供安全通信服务。

7.6.2 数据链路层实例：802.11i

随着802.11无线局域网技术应用的日益广泛，无线网络的安全问题越来越受到人们的关注。网络的安全性主要体现在访问控制和数据加密两个方面。访问控制保证只有授权用户才能对网络资源进行访问，而数据加密则保证发送的数据只能被期望的用户所接收和理解。在无线通信方式下，电磁波在自由空间中辐射传播，只要在无线AP信号覆盖的范围内，所有的无线终端都可以接收到无线信号。如果没有相应的安全机制，任何终端都可以随意接入网络，使用网络资源或窃听所有的通信，因此802.11无线局域网的安全保密问题就显得尤为突出。802.11无线局域网主要在数据链路层为用户提供安全性。

1. 早期无线局域网的安全机制

无线局域网安全

早期802.11无线局域网的安全机制比较简单，主要使用以下几种安全机制为用户提供极其有限的安全保护。

（1）SSID匹配。

SSID匹配机制提供了一种无加密的鉴别服务，主要以SSID作为基本的鉴别方式。试图接入无线局域网的终端必须配置与BSS中AP相同的SSID。网络管理员安装AP时，必须为AP分配一个不超过32字节的名字，这个名字就是SSID。通常AP会周期性广播SSID，无线终端通过扫描功能查看当前区域内的SSID，并选择要接入的网络。当AP采用无加密鉴别方式时，要禁用SSID广播，此时用户要手动设置无线终端的SSID才能接入相应的网络。SSID在客户端和AP之间以明文形式传输，是一种简单的不加密的口令鉴别。这种鉴别方式显然不能防止窃听和冒充，只是提供了一种非常弱的访问控制机制。

（2）MAC地址过滤。

一些厂商的AP使用MAC地址过滤来进行简单的访问控制。管理员可以为AP设置一个允许接入无线局域网的MAC地址列表，也可以设置拒绝接入的MAC地址列表。只有MAC地址被规则允许的无线终端发送的帧，才能被AP接收和转发。由于攻击者可以通过无线网络信息流来侦听有效的MAC地址，并通过配置无线局域网网卡使用同样的MAC地址来接入网络，因此MAC地址过滤和SSID匹配一样，只能提供最简单的访问控制功能。

（3）WEP算法。

WEP算法是一种可选的数据链路层安全机制，用来提供实体鉴别、访问控制、数据加密和完整性检验等。WEP采用对称共享密钥加密技术，它需要管理员预先在终端和AP中配置共享的WEP密钥（静态WEP密钥）。一方使用这个密钥对数据进行加密，另一方使用相同的共享密钥对接收到的密文进行解密。该加密算法和共享密钥既用于实体鉴别，又用于数据通信。WEP算法采用7.3节介绍的挑战响应协议进行实体鉴别。

WEP算法中没有密钥分发机制，不产生临时的通信密钥，包括鉴别在内的所有通信过程都使用同一共享密钥，并且所有接入该服务集的终端都使用这个密钥。WEP算法加密强度较低，国内外众多研究已从理论和实践上证明了WEP加密存在严重的安全隐患。

2. IEEE 802.11i

IEEE 802.11发布后不久，人们就开始研究具有更强安全性机制的、新型的、改进的802.11版本。这个新标准被称为802.11i，在2004年最终得到批准。WEP算法提供了相对弱的加密形式，执行鉴别仅有单一机制，并且没有密钥分发机制，IEEE 802.11i却提供了强得多的加密形式，主要包括一种可扩展的鉴别机制的集合、更强的加密算法，以及一种密钥分发机制。IEEE 802.11i的商业名称为WPA2，而WPA是802.11i的一个子集，在802.11i正式发布前，作为无线局域网安全的过渡标准，代替WEP算法为802.11无线局域网提供更强的安全性。

当前无线局域网大都支持WPA或WPA2，但应该尽量使用WPA2。在Windows系统的“网络和Internet”中可以看见当前无线局域网信号覆盖范围内的一些网络名称。有的网络名称下面会显示“启用安全的无线网络（WPA）/（WPA2）”，这就表明对于这个网络，只有在弹出的密码窗口中输入正确密码后，才能与其AP建立关联。

图7-14描述了802.11i的基本交互过程。除了无线终端和AP外，802.11i还定义了一台鉴别服务器（Authentication Server，AS），AP能够与它通信。将鉴别服务器与AP分离，使得一台鉴别服务器服务于许多AP，负责做出有关鉴别和接入的决定，这降低了AP的成本和复杂性。在802.11i中，终端和AP间建立安全通信的过程分为4个阶段。

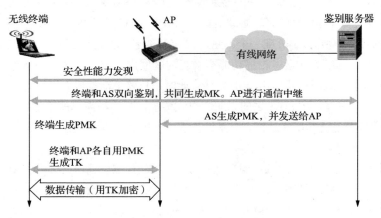

图7-14　802.11i的基本交互过程

（1）安全性能力发现。在发现阶段，AP通告它的存在并能够向无线终端提供鉴别和加密的方式，终端则请求它希望的特定鉴别和加密方式。尽管终端和AP这时已经交换了报文，但该终端还没有被鉴别，也没有用于数据通信的加密密钥，因此在该终端能够通过无线信道与任何远程主机通信之前，还需要进行其他操作。

（2）相互鉴别和主密钥（Master Key，MK）生成。鉴别发生在无线终端和鉴别服务器之间。在这个阶段，AP基本上只是起到通信中继的作用，在终端和鉴别服务器之间转发报文。可扩展**鉴别协议**（Extensible Authentication Protocol，EAP）（RFC 2284）定义了一种端到端的报文格式，用于终端和鉴别服务器之间的双向鉴别过程。实际上，EAP是一个鉴别框架，并未指定具体的鉴别协议。使用EAP时，鉴别服务器能够选择若干方式中的一种来执行鉴别，主要是利用公钥加密技术（包括一次性随机数加密和报文摘要）在终端和鉴别服务器之间进行相互鉴别，并生成为双方所共知的一个MK。

（3）成对主密钥（Pairwise Master Key，PMK）生成。MK是一个仅为终端和鉴别服务器所知的共享密钥（在WEP中，所有终端共享同一密钥），它们彼此再来生成一个次密钥，即PMK，由AP和终端共享。鉴别服务器将该PMK发送给AP，这时终端和AP具有一个共享的密钥，并相互鉴别。

（4）临时密钥（Temporal Key，TK）生成。使用PMK，无线终端和AP能够生成用于通信的TK（即会话密钥）。TK将被用于执行经无线链路向任意远程主机发送数据的链路级的数据加密。

802.11i提供了几种加密形式，包括一种基于AES的加密方案和WEP加密的强化版本——**时限密钥完整性协议**（Temporal Key Integrity Protocol，TKIP）。

802.11i考虑了不同的用户和不同的应用安全需要。例如，企业用户需要很高级别的安全保护（企业级），否则可能会泄露非常重要的商业机密；而家庭用户往往只是使用网络来浏览网页、收发电子邮件等，这些用户对安全的要求相对较低。为了满足不同用户的需要，802.11i规定了两种应用模式。

企业模式：通过使用鉴别服务器和复杂的安全鉴别机制来保护无线网络的通信安全。

家庭模式（包括小型办公室）：也称为个人模式，在 AP（或者无线路由器）及连接无线网络的无线终端上配置**预设共享密钥**（Pre-Shared Key，PSK）来保护无线网络的通信安全。

3. WAPI

针对无线局域网的安全隐患，我国早在 2003 年就正式发布了中国无线局域网安全标准——**无线局域网鉴别和保密基础架构**（WLAN Authentication Privacy Infrastructure，WAPI）。WAPI 安全系统采用公钥密码技术，AS 负责证书的签发、验证与吊销等，无线终端与无线 AP 上都要安装 AS 签发的证书。当无线终端接入网络时，必须通过 AS 进行双向鉴别，并生成会话密钥对数据传输进行保护。虽然 WAPI 功能强大，但它与 IEEE 802.11i 并不兼容，目前支持 WAPI 的设备还比较少。

7.6.3 网络层实例：IPsec

IPsec 是为互联网网络层提供安全服务的一组协议（RFC 2401 ～ RFC 2411）。这个协议相当复杂，在此仅介绍其基本原理。IPsec 可以两种不同的方式运行：**传输方式**和**隧道方式**，如图 7-15 所示。

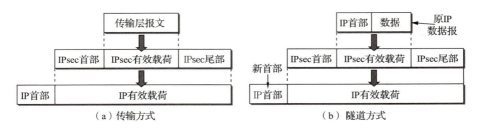

图 7-15　IPsec 的传输方式和隧道方式

在**传输方式**下，IPsec 保护传输层交给网络层传递的内容，即只保护 IP 数据报的有效载荷，而不保护 IP 数据报的首部。传输方式通常用于主机到主机的数据保护，如图 7-16 所示。发送主机使用 IPsec 加密来自传输层的有效载荷，并将其封装成 IP 数据报进行传输。接收主机使用 IPsec 解密 IP 数据报，并将它传递给传输层。使用 IPsec 还可以进行鉴别，或仅仅进行鉴别而不加密。

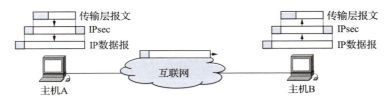

图 7-16　IPsec 的传输方式

在**隧道方式**下，IPsec 保护包括 IP 首部在内的整个 IP 数据报，为了对整个 IP 数据报进行鉴别或加密，要为 IP 数据报增加一个新的 IP 首部，而将原 IP 数据报作为有效载荷进行保护。隧道方式通常用于两个路由器之间，或一台主机与一个路由器之间，如图 7-17 所示。IPsec 的隧道方式常用来实现 VPN。

IPsec协议簇中有两个主要的协议：**鉴别首部**（Authentication Header，AH）**协议和封装安全负载**（Encapsulating Security Payload，ESP）**协议**。AH协议提供源鉴别和数据完整性服务，但不提供机密性服务。ESP协议同时提供鉴别、数据完整性和机密性服务。

在两个节点之间用AH协议或ESP协议进行通信之前，要在这两个节点之间建立一条网络层的逻辑连接，称为**安全关联**（Security Association，SA）。通过SA，双方确定将采用的加密或鉴别算法，以及各种安全参数，并在SA建立时产生一个32位的**安全参数索引**（Security Parameter Index，SPI）。目的节点根据IPsec报文携带的SPI将其与特定SA使用的加密算法和密钥等相关联。

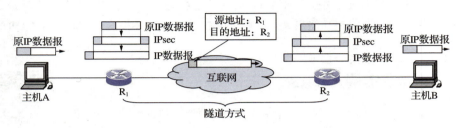

图7-17　IPsec的隧道方式

1. AH 协议

在使用AH协议时，源节点把AH首部插入IP数据报首部和被保护的数据之间，如图7-18所示，同时将IP首部中的协议字段置为51，指明该报文数据中包含一个AH首部。在传输过程中，中间路由器并不查看AH首部，当IP数据报到达终点时，目的主机或终点路由器才处理AH字段，以鉴别源和报文数据的完整性。

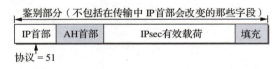

图7-18　在IP报文中的AH首部

AH首部中的一些主要字段如下。

（1）**下一个首部**：标志紧接AH首部的下一个首部的类型（如TCP、UDP、IP等）。

（2）SPI：标志一个SA。

（3）**序号**：该SA中每个数据报的序号，当建立SA时起始序号为0。AH协议用该序号防止重放攻击。

（4）**鉴别数据**：一个可变长字段，包含一个经过加密或签名的报文摘要。该报文摘要对整个IP数据报进行鉴别，但不包括在传输中会改变的那些IP首部字段，如TTL等。

2. ESP 协议

在使用ESP协议时，IP数据报首部的协议字段为50，指明其后紧接着的是一个ESP首部，如图7-19所示。ESP首部包含一个SPI字段和一个**序号**字段，ESP尾部包含下一个首部字段和填充数据。鉴别数据和AH协议中的鉴别数据的作用一样，但不对IP首部进行鉴别。ESP协议对有效载荷和ESP尾部进行了加密，因此ESP协议既提供鉴别和数据完整性服务，又提供机密性服务。

图7-19　在IP报文中的ESP各字段

7.6.4　传输层实例：SSL/TLS

SSL/TLS

当万维网能够用于网上购物时，安全问题就被提到桌面上来了。当一位顾客在网上在线购物时，他会要求得到下列安全服务。

（1）顾客需要确保服务器属于真正的销售商，而不是属于一个冒充者（如钓鱼网站），因为顾客不希望将他的信用卡账号交给一个冒充者。同样，销售商也需要对顾客进行鉴别。

（2）顾客与销售商需要确保报文的内容（如账单）在传输过程中没有被篡改。

（3）顾客与销售商需要确保信用卡账号之类的敏感信息不被冒充者窃听。

上述安全服务需要使用传输层的安全协议。现在广泛使用的有两个协议：SSL（Secure Socket Layer，**安全套接字层**）协议和TLS（Transport Layer Security，**传输层安全**）协议。

下面简单介绍这两个协议的特点。

SSL协议是由Netscape公司在1994年开发的安全协议，广泛用于基于万维网的各种网络应用（但不限于万维网应用）。SSL作用在端系统应用层的HTTP和传输层之间，在TCP之上建立起一个安全通道，为通过TCP传输的应用层数据提供安全保障。

1995年，Netscape公司把SSL协议转交给IETF，希望能够把SSL协议标准化。于是IETF在SSL 3.0的基础上设计了TLS，为所有基于TCP的网络应用提供安全数据传输服务。现在使用最多的传输层安全协议是TLS 1.0，但新的版本TLS 1.2已经公布了（RFC 5246、RFC 5746、RFC 5878）。

图7-20表示SSL/TLS处在应用层和传输层之间。在应用层中使用SSL/TLS最多的就是HTTP，但并不局限于HTTP。当用浏览器查看普通网站的网页时，HTTP直接使用TCP连接，这时SSL/TLS不起作用。但当用信用卡进行网上支付而输入信用卡密码时，支持SSL/TLS的Web服务器会提供一个使用SSL/TLS的安全网页，浏览器访问该网页时就需要运行SSL/TLS。这时，HTTP会调用SSL/TLS对整个网页进行加密，网址栏中会显示https。http后面加上的s代表security，表明现在使用的是提供安全服务的HTTP。

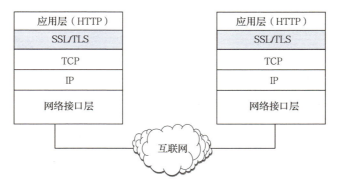

图7-20　SSL和TLS在协议栈中的位置

SSL 协议提供以下 3 种安全服务。

（1）SSL 服务器鉴别：允许用户证实服务器的身份。支持 SSL 协议的客户通过验证来自服务器的证书来鉴别服务器的真实身份并获得服务器的公钥。

（2）SSL 客户鉴别：SSL 协议的可选安全服务，允许服务器证实客户的身份。

（3）加密的 SSL 会话：对客户和服务器间发送的所有报文进行加密，并检测报文是否被篡改。

下面以万维网应用为例来说明 SSL 协议的工作过程。

销售商 B 的万维网服务器使用 SSL 协议为顾客提供安全的在线购物服务。为此，万维网服务器使用 SSL 协议的默认服务 443 端口来取代普通万维网服务的 80 端口，并且在该安全网页的 URL 中用 https 替代 http。当顾客单击该网站链接建立 TCP 连接后，SSL 协议先进行浏览器和服务器之间的握手，完成加密算法的协商和会话密钥的传递，然后进行安全数据传输。其简要过程如图 7-21 所示（实际过程要复杂得多）。

（1）**协商加密算法**。浏览器 A 向服务器 B 提供一些可选的加密算法，B 从中选定自己所支持的算法，并告知 A。

（2）**服务器鉴别**。服务器 B 向浏览器 A 发送一个包含其公钥的数字证书，A 使用该证书的 CA 公开发布的公钥对该证书进行验证。

（3）**会话密钥计算**。浏览器 A 随机产生一个秘密数，用服务器 B 的公钥进行加密后发送给 B。双方根据协商的算法产生一个共享的对称会话密钥。

（4）**安全数据传输**。双方用会话密钥加密和解密它们之间传送的数据，并验证其完整性。

现在 SSL 协议和 TLS 已广泛用在各种浏览器中。例如，打开 IE 浏览器的"Internet 属性"对话框，再打开"高级"选项卡，可以设置浏览器所使用的 SSL 与 TLS 版本，如图 7-22 所示。

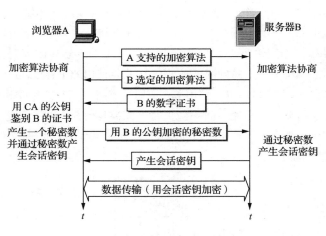

图 7-21　SSL 协议建立安全会话的简要过程

图 7-22　设置 IE 浏览器的 SSL 和 TLS 版本

7.6.5　应用层实例：PGP

在应用层实现安全通信相对简单，特别是当互联网的通信只涉及两方时，如电子邮件。本小节介绍在应用层为电子邮件提供安全服务的软件 PGP（Pretty Good Privacy，优良保密协议）。

PGP

PGP是由菲尔·齐默尔曼（Phil Zimmermann）于1995年开发的一个安全电子邮件软件。它是一个完整的电子邮件安全软件包，包括加密、数字签名和压缩等功能，为用户提供机密性、完整性、发件人鉴别和不可否认性4种安全服务。虽然PGP已被广泛使用，但它并不是互联网的正式标准。PGP通过报文摘要和数字签名技术为电子邮件提供完整性和不可否认性，使用对称密钥和公钥的组合加密来提供机密性。图7-23和图7-24说明了PGP是如何利用散列函数、发件方私钥、收件方公钥和一次性密钥实现安全电子邮件的。

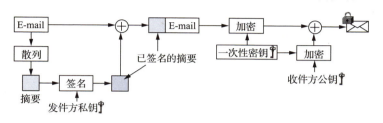

图7-23　PGP发件方处理过程

PGP发件方用散列函数得到邮件摘要，并用其私钥进行签名，然后用生成的一次性密钥对邮件及其摘要进行加密。由于收件方不知道该一次性密钥，因此发件方用收件方公钥对其进行加密后，将其与加密的邮件及摘要一起发送给收件方。

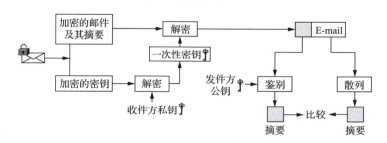

图7-24　PGP收件方处理过程

PGP收件方首先用自己的私钥解密一次性密钥，然后用该密钥解密被加密的邮件及其摘要，最后用发件方的公钥核实摘要签名，验证邮件的完整性并对发件方进行鉴别。

在PGP中，发件方和收件方如何获得对方的公钥呢？当然，最安全的办法是双方面对面直接交换公钥，但在大多数情况下这并不现实。因此可以通过CA签发的证书来验证公钥持有者的合法身份。在PGP中不要求使用CA，而允许用一种第三方签署的方式来解决该问题。例如，如果用户A和用户B已经分别和第三方C互相确认对方拥有的公钥属实，则C可以用其私钥分别对A和B的公钥进行签名，为这两个公钥进行担保。当A得到一个经C签名的B的公钥时，可以用已确认的C的公钥对B的公钥进行鉴别。不过，用户发布其公钥的最常见的方式还是把公钥发布在他们的个人网页上或仅仅通过电子邮件进行分发。具体采用哪种方式发布自己的公钥取决于用户对安全性的要求。

7.7　系统安全：防火墙与入侵检测系统

恶意用户或病毒软件通过网络对计算机系统的入侵或攻击已成为对计算机安全最严重的威胁之一。用户入侵方式包括利用系统漏洞进行未授权登录，以及授权用户非法获取更高级别权限。软件入侵方式包括通过网络传播病毒、蠕虫和特洛伊木马，以及阻止合法用户正常使用服务的DoS攻击等。7.6节讨论的安全机制都不能有效解决以上安全问题。例如，加密技术并不能阻止植入了特洛伊木马的计算机系统通过网络向攻击者泄露秘密信息。**防火墙**（Firewall）作为一种访问控制技术，通过严格控制进出网络边界的分组，禁止任何不必要的通信，来减少潜在入侵的发生，尽可能降低这类安全威胁所带来的安全风险。由于防火墙不可能阻止所有入侵行为，作为系统防御的第二道防线，**入侵检测系统**（Intrusion Detection System, IDS）通过对进入网络的分组进行深度分析与检测，来发现疑似入侵行为的网络活动，并进行报警，以便进一步采取相应措施。

7.7.1 防火墙

防火墙是把一个组织的内部网络与其他网络（通常是互联网）隔离开的软件和硬件的组合。根据访问控制策略，它允许一些分组通过，而禁止另一些分组通过。访问控制策略由使用防火墙的组织根据自己的安全需要自行制定。图7-25所示为防火墙在互连网络中的位置。一般将防火墙内的网络称为"**可信网络**"（Trusted Network），而将外部的互联网称为"**不可信网络**"（Untrusted Network）。

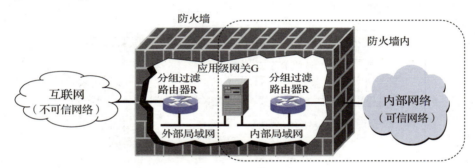

图7-25　防火墙在互连网络中的位置

1. 防火墙的基本原理

根据所采用的技术，防火墙一般分为两类，即分组过滤路由器和应用级网关。

（1）分组过滤路由器。

分组过滤路由器是一种具有分组过滤功能的路由器，它根据过滤规则对进出内部网络的分组执行转发或者丢弃（即过滤）操作。过滤规则基于分组的网络层或传输层首部的信息，如源/目的地址、源/目的端口号、协议类型、标志位等。我们知道，TCP的端口号指出了在TCP上面的应用层服务。例如，端口号23对应TELNET，端口号119对应USENET，等等。所以如果在分组过滤路由器中对所有目的端口号为23的**入分组**（Incoming Packet）都进行阻拦，那么所有外单位用户就不能使用TELNET登录到本单位的主机上。同理，如果某公司不愿意其雇员在上班时花费大量时间去看互联网的USENET新闻，就可以将目的端口号为119的**出分组**（Outgoing Packet）阻拦住，使其无法发送到互联网。通常，过滤规则以**访问控制列表**（Access Control List，ACL）的形式存储在路由器中，管理人员可以通过命令配置ACL中的规则。表7-1所示为一个简单的ACL例子。

分组过滤可以是无状态的，即独立地处理每一个分组，如表7-1所示的ACL。更复杂的分组过滤路由器支持有状态的分组过滤，即跟踪每个连接或会话的通信状态，并根据这些状态信息来决定是否转发分组。例如，一个目的端口是某个客户动态分配端口（该端口无法事先包含在规则中）的进入分组被允许通过的唯一条件是，该分组是该端口发出的合法请求的一个响应。这样的规则只能通过有状态的检查来实现。

表7-1　一个简单的ACL例子

编号	方向	源地址	目的地址	协议类型	源端口号	目的端口号	处理方法
1	出	内网地址	互联网地址	TCP	>1023	80	允许通过
2	入	互联网地址	内网地址	TCP	80	>1023	允许通过
3	入	211.1.1.1	内网地址	任意	任意	任意	拒绝通过
4	入	外网地址	10.65.19.10	TCP	>1023	25	允许通过
5	出	10.65.19.10	互联网地址	TCP	25	>1023	允许通过

分组过滤路由器的优点是简单、高效，且对于用户是透明的，但不能对高层数据进行过滤。例如，它不能禁止某个用户对某个特定应用进行某个特定的操作，也不支持应用层用户鉴别等。这些功能需要使用应用级网关来实现。

（2）应用级网关。

应用级网关也称为**代理服务器**，它在应用层通信中扮演报文中继的角色。一种网络应用需要一个应用级网关，例如，前面介绍过的万维网缓存就是一种万维网应用的代理服务器。在应用级网关中可以实现基于应用层数据的过滤和高层用户鉴别。

所有进出网络的应用程序报文都必须通过应用级网关。当用户通过应用级网关访问内网或外网资源时，应用级网关可以要求对用户的身份进行鉴别，然后根据用户身份对用户行为进行访问控制。

某应用的客户进程向服务器发送一份请求报文时，会先发送给应用级网关，应用级网关在应用层打开该报文，查看该请求是否合法（根据应用层用户标识符或其他应用层信息）。如果请求合法，应用级网关以客户进程的身份将请求报文转发给原始服务器。如果请求不合法，报文则被丢弃。例如，邮件网关在检查每一封邮件时，根据邮件地址或邮件的其他首部，甚至报文的内容（如有没有"导弹""核弹头"等关键词）来确定该邮件能否通过防火墙。

应用级网关也有一些缺点。首先，每种应用都需要一个不同的应用级网关（可以运行在同一台主机上）。其次，在应用层转发和处理报文的负担较重。另外，它对应用程序不透明，需要在应用程序客户端配置应用级网关地址。

通常可将这两种技术结合使用，图7-25所示的防火墙就同时使用了这两种技术。它包括两个分组过滤路由器和一个应用级网关，它们通过两个局域网连接在一起。

2.　个人防火墙

以上讨论的防火墙以保护内部网络为目的，又称为**网络防火墙**，主要由负责网络安全的管理员配置和使用，普通计算机用户较少接触。普通用户接触更多的是**个人防火墙**。个人防火墙指的是一种安装在用户计算机上的应用程序，其作用类似分组过滤路由器，对用户计算机的网络通信行为进行监控。与网络防火墙不同，个人防火墙只保护单台计算机。在用户计算机进行网络通信时，个人防火墙执行预设的分组过滤规则，拒绝或允许网络通信。

在配置完善的情况下，个人防火墙可以较好地阻止网络中的"黑客"或恶意代码攻击用户计算机，也有助于用户发现主机感染的木马等恶意程序。例如，用户在计算机上安装了一个新的网络游戏软件，该软件需要通过网络接收数据，防火墙会报警并询问用户要阻止连接还是允许连接。如果用户选择允许连接，个人防火墙会为程序创建一个例外，该程序以后需要进行网络通信时防火墙不会再报警，而是允许该程序从网络接收数据。

个人防火墙相对网络防火墙而言，结构和实现都比较简单，在网络安全领域更多的是对网络防火墙的研究。

3．防火墙的局限性

在网络边界位置部署防火墙，对于提高内网安全能够起到积极的作用，但是防火墙技术并不能解决所有的网络安全问题，我们要清楚它在安全防护方面的局限性。

（1）防火墙所发挥的安全防护作用在很大程度上取决于防火墙的配置是否正确和完备。用户要根据自己的情况制定严密的访问控制规则，阻止内网和外网间一切可疑的、未授权的或者不必要的通信，才能将安全风险降到最低。

（2）防火墙难以防范一些利用系统漏洞或网络协议漏洞进行的攻击。攻击者通过防火墙允许的端口对服务器的漏洞进行攻击，一般的分组过滤路由器基本上无力防御，应用级网关也必须具有识别该特定漏洞的条件，才可能阻断攻击。

（3）防火墙不能有效防止病毒、木马等通过网络传播。由于查杀恶意代码计算开销非常大，与网络宽带化对防火墙的处理速度的要求有巨大的矛盾，因此防火墙对恶意代码的查杀能力非常有限。

（4）防火墙技术自身存在一些不足。例如，分组过滤路由器不能防止 IP 地址和端口号欺骗，而应用级网关自身也可能因软件漏洞而存在被渗透攻击的风险。

7.7.2　入侵检测系统

防火墙试图在入侵行为发生之前阻止所有可疑的通信，但事实上不可能阻止所有的入侵行为。因此，有必要采取措施在入侵已经开始但还没有造成危害时，或在其造成更大危害前，及时检测到入侵，以便把危害降到最低。**入侵检测系统**（IDS）正是这样一种技术。IDS 对进入网络的分组执行深度分组检查，当观察到可疑分组时，向网络管理员发出告警或执行阻断操作。IDS 能检测多种网络攻击，包括网络映射、端口扫描、DoS 攻击、蠕虫和病毒、系统漏洞攻击等。

IDS 一般可以分为基于特征的 IDS 和基于异常的 IDS。

基于特征的 IDS 维护一个所有已知攻击标志性特征的数据库。特征就是与某种入侵活动相关联的行为模式或规则集，这些特征可能基于单个分组的首部字段值或数据中的特定比特串，或者与一系列分组有关。当发现与某种攻击特征匹配的分组或分组序列时，基于特征的 IDS 认为可能检测到了某种入侵行为。这些特征通常由网络安全专家提供，机构的网络管理员定制并将其加入数据库。被用于入侵检测的攻击特征必须具有很好的区分度，即这种特征出现在攻击活动中，而在系统正常的运行过程中通常不会出现。

基于特征的 IDS 只能检测已知攻击，对未知攻击则束手无策。基于异常的 IDS 通过观察系统正常运行时的网络流量，学习正常流量的统计特性和规律，当检测到网络流量中某种统计规律不符合正常情况时，则认为可能发生了入侵行为。例如，当攻击者对内网主机进行ping搜索时，可能导致ICMP报文突然大量增加，这与正常的统计规律有明显不同。但辨认正常流和统计异常流是非常困难的事情。迄今为止，大多数IDS是基于特征的，尽管其中一些IDS具有某些基于异常的特性。

近年来，随着机器学习特别是深度学习技术的应用日益广泛，卷积神经网络、循环神经网络及其变体等深度学习技术被大量应用于入侵检测领域，通过自动学习网络流量中的正常模式和异常模式，有效提高了对未知攻击的检测能力，克服了传统基于特征库检测方法对未知攻击检测能力弱的局限性。当前的IDS通常融合多种技术手段，将传统的基于特征的检测方法与异常检测、协议分析、行为分析等技术相结合，既利用已知攻击特征进行快速匹配，又能通过对网络行为和协议的深度分析发现未知攻击和潜在威胁，提高检测的准确性和全面性。

无论采用什么检测技术，都存在"漏报"和"误报"情况。如果漏报率比较高，则只能检测到少量的入侵，给人以安全的假象。对于特定IDS，可以通过调整某些阈值或参数来降低漏报率，但这同时会提升误报率。误报率太高会导致大量虚假警报，网络管理员需要花费大量时间分析报警信息，甚至会因为虚假警报太多而对报警"视而不见"，使IDS形同虚设。因此，误报率和漏报率是评价IDS性能的重要依据。随着技术的进步，IDS的性能正不断提升，其自动化响应机制也日趋完善，当检测到入侵行为时，系统能够自动触发相应的响应机制，如自动阻断连接、调整防火墙规则、隔离受感染的设备等，实现对网络攻击的快速响应和自动防御，减少人工干预的时间，降低错误率。

7.8 网络攻击及其防范

在学习了加密、报文鉴别、实体鉴别、密钥分发、安全协议、防火墙和IDS等技术后，我们讨论几种常见的网络攻击的机制及如何利用各种安全机制进行防范。为使表述简洁，本节中的攻击者既可指发起网络攻击的人，又可指攻击者所使用的攻击程序。

网络攻击及其防范

7.8.1 网络扫描

1. 网络扫描

在实施网络攻击前，对攻击目标的信息掌握得越全面、具体，越能合理、有效地根据目标的实际情况确定攻击策略和攻击方法，网络攻击的成功率也越高。网络扫描技术是获取攻击目标信息的一种重要技术，能够为攻击者提供大量攻击所需的信息，这些信息包括目标主机的IP地址、工作状态、操作系统类别、运行的程序及存在的漏洞等。**主机发现、端口扫描、操作系统检测和漏洞扫描**是网络扫描的4种主要类型。

（1）主机发现。

主机发现是进行网络攻击的前提。只有确定了目标主机的IP地址，才能采用各种攻击手段对其发起攻击。进行主机发现的主要方法是利用ICMP。由于每台主机都运行了ICMP，攻击者向主机发送ICMP请求报文时，主机会用ICMP应答报文进行响应，攻击者从而知道该主机正在运行。例如，攻击者可以利用ping命令对某个目标地址块中的所有IP地址进行连通性测试，来发现运行的目标主机。防范这种ping扫描的方法之一是配置防火墙，不允许ICMP请求报文通过。为了规避防火墙对ICMP请求报文的过滤，攻击者可能会向目标主机发送一些首部字段不正确的IP数据报，主机接收到首部字段不正确的数据报时，会向源地址发送一个ICMP差错报告报文。通常防火墙不会过滤ICMP差错报告报文，否则主机将失去进行差错报告的功能，从而影响正常的网络通信。

（2）端口扫描。

攻击者在主机发现的基础上，可以进一步获取主机信息以便进行有针对性的网络攻击。一些网络服务总是使用固定的传输层端口。例如，HTTP使用TCP的80端口，而DNS使用UDP的51端口。通过端口扫描，攻击者能够掌握主机上所有端口的工作状态，进而推断主机上开放了哪些网络服务。由于活跃的TCP端口会对接收到的连接请求进行响应，因此攻击者可以通过尝试与目标端口建立连接来检测TCP端口是否处于工作状态。对于无连接的UDP，攻击者可以向目标端口发送UDP数据报，如果目标端口处于工作状态，主机通常不会做出任何响应（因为攻击者发送的UDP数据报的内容通常不会满足接收方的要求），但如果目标端口处于关闭状态，主机将返回ICMP终点不可达的差错报告报文。攻击者据此推断该UDP端口是否处于工作状态。

（3）操作系统检测。

主机使用的操作系统不同，其存在的安全漏洞可能完全不同。检测远程主机的操作系统类别主要有3种方法。一是获取操作系统旗标（Banner）信息。当客户机向服务器发起连接时，服务器往往会返回独特的欢迎信息。根据这些信息，攻击者可以推断出服务器的操作系统类别。二是获取主机端口状态信息。不同操作系统通常会有一些默认开放的服务，这些服务会打开特定的端口进行网络监听，因此端口扫描的结果可用于推断主机操作系统的类别。三是分析TCP/IP协议栈指纹。虽然RFC文档严格规定了各种协议的语法、语义和时序，但并没有规定所有实现细节，不同的协议实现在细节上会有所不同。例如，在TCP标准中没有规定初始窗口的大小。通常，各种TCP实现都会将初始窗口大小设置为一个固定的默认值，但在不同操作系统的TCP实现中，这个默认值各有不同。通过分析协议数据单元或协议交互过程中的这些细节，可以较准确地推断出目标主机的操作系统类别。这些协议实现细节的独特特征被称为协议栈指纹。

（4）漏洞扫描。

漏洞是信息系统在硬件、软件、协议的具体实现和系统安全策略等方面存在的缺陷和不足。漏洞的存在使得攻击者有可能在未授权的情况下访问系统，甚至对系统进行破坏。漏洞扫描对计算机管理员和攻击者而言都有重要意义，其分为基于主机的漏洞扫描和基于网络的漏洞扫描，这里只讨论基于网络的漏洞扫描。利用前面介绍的端口扫描和操作系统检测可以了解目标系统上运行的操作系统和应用服务，攻击者根据这些信息在事先建立的漏洞库中查找匹配的漏洞，然后根据不同漏洞的具体细节向目标系统发送探测分组，并通过返回的结果准确判定目标系统是否存在可利用的漏洞。攻击者往往会针对具体漏洞开发专用的漏洞扫描软件。

2. 网络扫描的防范

防范网络扫描主要有以下措施：一是关闭闲置及危险端口，只打开确实需要使用的端口；二是使用NAT屏蔽内网主机地址，限制外网主机主动与内网主机通信；三是设置防火墙，严格控制进出分组，过滤不必要的ICMP报文；四是使用IDS及时发现网络扫描行为和攻击者IP地址，配置防火墙对该地址的分组进行阻断。网络扫描的行为特征比较明显，例如，在短时间内对一段地址中的每个地址和端口号发起连接等。很多防火墙也具有识别简单网络扫描的功能。但网络攻防是矛与盾的较量，很多攻击者也在研究如何隐藏自己的攻击行为，如调整扫描次序、减缓扫描速度、利用虚假源地址及分布式扫描等。这些对防火墙和IDS提出了更高的要求。

网络管理员也可利用网络扫描工具对系统进行定期自查，以便及时发现漏洞、关闭危险端口并安装安全漏洞补丁。从互联网可以下载各种网络扫描工具，如Nmap、Queso、SuperScan等。这些网络扫描工具已成为网络安全的"双刃剑"。一方面网络攻击者用它们来发现攻击目标，另一方面网络管理员可以用它们来检测自己系统的安全性。

7.8.2　网络监听

1. 网络监听

网络监听是攻击者直接获取信息的有效手段。如果数据在网络中以明文形式传输（绝大部分情况都是这样），攻击者可以从截获的分组中分析出账号、口令等敏感信息。例如，远程终端TELNET软件就是使用明文传输登录的用户名和口令，存在极大的安全风险。即使网络通信经过了加密，攻击者也可以尝试密码破译。如果通信用户的加密算法比较脆弱或密钥过于简单，攻击者很可能破译出明文。以下是网络监听的几种形式。

（1）分组嗅探器。

用于网络监听的工具通常称为**分组嗅探器**（Packet Sniffer），它是运行在与网络相连的设备上的程序，它被动接收所有流经这个设备的网络适配器的链路层帧。在互联网上可以免费下载许多优秀的分组嗅探器软件，例如，被网络管理员经常使用的Wireshark就是一种分组嗅探器。我们已经知道工作在混杂方式下的网络适配器会接收所有接口上能监听到的MAC帧，而不论这些帧的目的MAC地址是否指向自己。在共享式局域网中，分组嗅探器将适配器设置为混杂方式，就可以监听到网络中所有的通信。但是现在的局域网基本上都是使用交换机的交换式局域网，分组嗅探器通常仅能接收到发送给自己的帧或广播帧。为了能监听到网络中的其他通信内容，必须采取一些特殊的手段。

（2）交换机毒化攻击。

交换机的转发表空间是有限的，并且总是保留最新记录的表项。攻击者可以向交换机发送大量具有不同虚假源MAC地址的帧，这些虚假MAC地址表项会填满交换机的转发表，使真正需要被保存的MAC地址被淘汰。这样该交换机就不得不广播大多数的帧，因为在交换机的转发表中找不到这些帧的目的MAC地址。这时，分组嗅探器就能监听到网络中其他主机的通信了。

（3）ARP欺骗。

我们知道，网络层以上使用IP地址标识主机，而数据链路层使用MAC地址进行通信。攻击者能利用ARP的安全缺陷冒充其他主机来非法截取通信数据。为了提高协议的工作效率，减少不必要的网络通信，主机接收到任何ARP报文（无论是ARP请求报文还是响应报文）都会根据其中的信息更新自己的ARP缓存。攻击者可以广播或向特定主机发送一个ARP请求报文或响应报文，并声称被攻击主机的IP地址对应的MAC地址是自己的MAC地址，收到该ARP报文的主机将会信以为真。例如，攻击者C希望监听主机A与B之间的通信。为了达到此目的，C向A发送欺骗性的ARP报文，声称自己是B，同时向B发送欺骗性的ARP报文，声称自己是A。之后，A发送给B的分组会发送给C，C截取后转发给B，而B发送给A的分组也会发送给C，C同样截取后转发给A。这样，A和B的所有通信都会被C监听，而A和B完全不知道C的存在。这实际上是一种中间人攻击。攻击者往往利用ARP欺骗将自己伪装成某个路由器，从而能监听到流经该路由器的所有通信，其危害极大。

2. 网络监听的防范

为了防止网络监听，首先要尽量使用交换机而不是集线器，在交换机环境中，攻击者更难实施监听。同时很多交换机具备一些安全功能。例如，针对交换机毒化攻击，具有安全功能的交换机可以在某个端口上设置允许学习的源MAC地址数量的上限，当该端口学习的MAC地址数量超过上限时，交换机会做出相应的违例动作，如丢弃帧并进行报警等。网络管理员还可以禁用交换机的自学习功能，将IP地址、MAC地址与交换机的端口静态绑定，限制非法主机接入，使攻击者无法实施交换机毒化攻击，也使ARP欺骗等攻击手段难以实施。针对ARP欺骗，可以对要重点保护的主机或路由器使用静态ARP表，而不再依据ARP请求或响应报文进行动态更新。由于分组嗅探只能在局域网中进行，因此划分更细的VLAN有助于限制攻击者监听的范围。最后，对付网络监听的最有效的办法是进行数据加密，避免使用TELNET这类不安全的软件。通过使用实体鉴别技术，可以很好地防范中间人攻击。

7.8.3 拒绝服务攻击

1. DoS 攻击的几种形式

拒绝服务（DoS）攻击是攻击者最常使用的一种行之有效且难以防范的攻击手段。它是针对系统可用性的攻击，主要通过消耗网络带宽或系统资源（如处理器、磁盘、内存等）使网络或系统不堪重负，以至于瘫痪而停止提供正常的网络服务或服务质量显著降低；或通过更改系统配置（如更改路由器的路由表）使系统无法正常工作来达到攻击的目的。大多数情况下，DoS攻击指的是前者。如果处于不同位置的多个攻击者同时向一个或多个目标发起DoS攻击，或者一个或多个攻击者控制了位于不同位置的多台主机，并利用这些主机对目标同时实施DoS攻击，则称这种攻击为分布式拒绝服务（DDoS）攻击，它是DoS攻击最主要的一种形式。

DoS攻击主要以网站、路由器、域名服务器等网络基础设施为攻击目标，因此危害非常大，能给被攻击者造成巨大的经济损失。例如，2000年2月7日至11日发生的著名网站（包括Yahoo、Amazon、Buy.com和eBay等）攻击事件造成了上亿美元的损失，2009年5月19日发生的江苏、安徽、广西、海南、甘肃、浙江六省电信互连网络瘫痪事件（"5·19"网络瘫痪案）造成了无法估量的经济损失。以下是DoS攻击的几种形式。

（1）基于漏洞的DoS攻击。

这类DoS攻击主要利用协议本身或其软件实现中的漏洞，向目标发送一些非常特殊的分组，使目标系统在处理时出现异常甚至崩溃，这类攻击又称为剧毒包攻击。例如，有一种称为"死亡之ping"的攻击,攻击者向目标系统发送超长的ICMP回送请求报文,该报文中数据的长度超过了RFC文档中规定的IP数据报的最大长度,一些系统在接收到这种意想不到的报文时会发生内存分配错误,导致堆栈崩溃,系统死机。防范基于漏洞的DoS攻击最有效的方法就是及时为操作系统安装修补系统漏洞的安全补丁。

（2）基于资源消耗的DoS攻击。

更多的DoS攻击是通过向攻击目标发送大量的分组,耗尽目标系统资源,来达到使目标瘫痪的目的。在所谓的SYN洪泛攻击中,攻击者向目标服务器发送大量的TCP SYN分组（连接请求）,而这些分组的源地址都是伪造的不同的IP地址。服务器不能区分合法的SYN分组和欺骗性的SYN分组,试图为每个SYN分组建立TCP连接,为其分配缓存和相关资源,并向这些伪造的IP地址发送TCP SYN + ACK分组进行响应。但攻击者不会对这些分组进行响应来完成第三次握手,这会导致服务器维护大量未完成的连接。当这些半连接的数量超过系统允许的上限时,系统不会再接受任何连接请求,包括正常用户发送的连接请求。

另一个类似的攻击是向被攻击主机发送IP报文分片,但是从不发送完组成一个数据报的所有分片。被攻击主机一直缓存收到的部分分片,并徒劳地等待收齐一个数据报的所有分片,随着时间的推移,耗费越来越多的缓存,直到系统崩溃。

Smurf攻击采用了一种被称为**反射攻击**的间接攻击方法,向被攻击主机所在的网络发送大量的ICMP回送请求报文（即ping）,这些请求报文的目的地址为该网络的广播地址,而源地址为被攻击主机的IP地址,最终导致该网络中的所有主机作为反射节点将应答发往被攻击主机。这可能造成目标网络拥塞或目标主机崩溃,无法对外提供服务。反射攻击具有放大攻击流量的功能,因为攻击源发送的一个分组经反射后将变成多个分组,反射网络中的主机越多,放大效果越好。防御反射攻击的方法是配置路由器过滤所有到本网的特定网络广播数据报。

（3）DDoS攻击。

基于资源消耗的DoS攻击需要向目标主机发送大量的分组,通过单个源一般很难达到效果。在DDoS攻击中,攻击者先通过非法入侵手段（例如通过嗅探口令、漏洞渗透、木马等）控制互联网上的许多主机,然后在每台被控主机中安装并运行一个从属程序,该从属程序静静等待攻击者主控程序的指令。在大量这样的从属程序运行后,主控程序会向这些从属程序发出攻击指令,指示这些从属程序同时向目标系统发起DoS攻击。这种DDoS攻击往往能产生巨大的流量来淹没目标系统的网络带宽,或直接导致目标系统资源耗尽而崩溃。很多DDoS攻击还结合反射攻击技术进一步将攻击流量放大,产生足以使目标系统立即崩溃的攻击流量。

2. DoS攻击的防范

到目前为止,还没有一种能完全有效地抵抗DoS攻击的技术和方法,基于大规模流量攻击的DDoS攻击更难防范。目前应对DoS攻击的主要方法有以下几种。

（1）利用网络防火墙对恶意分组进行过滤。例如,为了防范Smurf攻击而将防火墙配置为过滤掉所有ICMP回送请求报文。但对于SYN洪泛这类攻击,很难区分哪些是恶意分组。一些防火墙可以动态检测指定服务器上半连接的数量,当该数量超过预设的阈值时则丢弃向该服务器的其他连接请求,以保护内部服务器免受TCP SYN攻击。

（2）在入口路由器进行源端控制。通常参与DoS攻击的分组使用的源IP地址都是假冒的,因此如果能够防止IP地址假冒,就能够防止此类DoS攻击。通过某种形式的源端过滤可以减少或消除假冒IP地址。例如，路由器检查来自与其直接连接的网络分组的源IP地址，如果源IP地址非法，即与该网络的网络前缀不匹配，则丢弃该分组。现在越来越多的路由器支持源端过滤，但这种简单的源端过滤并不能彻底消除假冒IP地址，因为攻击者仍然可以冒充ISP网络中的任意一台主机。要通过源端过滤来防范DoS攻击，必须使互联网上所有的路由器都具有这样的功能，而目前支持源端过滤的路由器毕竟是少数，源端过滤并没有被所有路由器强制执行。

（3）追溯攻击源。近年来的大量研究工作致力于路由器对流经的IP数据报首部进行标记的技术，通过该标记可以追溯DoS攻击数据报的源头。一旦确定了参与攻击的源主机，就把它隔离起来。但这个过程通常很慢，而且需要人工干预，因此目前主要用于事后追查及为采取相应的法律手段提供依据。

（4）进行DoS攻击检测。及时检测DoS攻击对于减轻攻击所造成的危害非常必要。IDS可以通过分析分组首部特征和流量特征检测出正在发生的DoS攻击，并进行报警。

总之，DoS攻击是最容易实现却又最难防范的攻击手段。上述措施只能部分地减轻DoS攻击所造成的危害，而不能从根本上解决问题。

本章的重要概念

- 计算机网络上的通信面临的安全威胁可分为两大类，即被动攻击（如截获）和主动攻击（如中断、篡改、伪造）。主动攻击的类型有拒绝服务、恶意程序（病毒、蠕虫、木马）等。
- 计算机网络需要提供的基本安全服务有机密性、报文完整性、不可否认性、实体鉴别、访问控制和可用性等。
- 密码学是计算机网络安全的基础，是实现机密性、报文完整性、实体鉴别及不可否认性的技术基础。
- 加密就是将发送的数据变换成对任何不知道如何做逆变换的人来说都不可理解的形式，从而保证数据的机密性。被加密的数据被称为密文，而加密前的数据被称为明文。解密就是通过某种逆变换将密文变换回原来的明文。现代密码系统要求加密和解密过程以密钥为参数，并且加密和解密过程可以公开，而只有密钥需要保密。即只有知道密钥的人才能解密密文，其他人即使知道加密或解密算法也无法解密密文。
- 如果不论截取者获得了多少密文，都无法唯一地确定对应的明文，则这一密码体制称为无条件安全的（或理论上是不可破的）。在无任何限制的条件下，目前几乎所有实用的密码体制均是可破的。如果一个密码体制中的密码不能在一定时间内被可以使用的计算资源破译，则这一密码体制称为在计算上是安全的。
- 对称密钥密码体制是加密密钥与解密密钥相同的密码体制［如数据加密标准（DES）］。这种加密的保密性仅取决于对密钥的保密，而算法是公开的。
- 公钥密码体制使用不同的加密密钥与解密密钥。加密密钥（即公钥）是公开的，而解密密钥（即私钥或秘密密钥）则是需要保密的。加密算法和解密算法也都是公开的。
- 目前最著名的公钥密码算法是RSA算法，它是基于数论中的大数分解问题的算法。

- 加密方法的安全性取决于密钥的长度，以及攻破密文所需的计算量，而不是简单地取决于加密的体制。

- 数字签名必须保证能够实现3项功能：（1）报文鉴别，即接收方能够核实发送方对报文的数字签名；（2）不可否认，即发送方事后不能抵赖对报文的签名；（3）不可伪造，即任何人（包括接收方）都不能伪造对报文的签名。

- 实体鉴别是验证通信的对方的确是自己所要通信的对象，而不是其他的冒充者。

- 报文摘要（MD）是进行报文鉴别的一种简单方法。目前广泛使用的报文摘要算法有MD5和SHA-1。

- 密钥分发是密钥管理中最大的问题，密钥必须通过最安全的通路进行分发。目前常用的密钥分发方式是设立密钥分发中心（KDC）。KDC是大家都信任的机构，其任务就是给需要进行秘密通信的用户临时分配一个仅使用一次的会话密钥。

- 认证中心（CA）是一个值得信赖的机构，用来将公钥与其对应的实体（人或计算机）绑定。每个实体都有CA签发的证书，里面有公钥及其拥有者的身份标识信息（人名、公司名或IP地址等）。此证书被CA进行了数字签名。任何用户都可从可信的地方（如代表政府的报纸）获得CA的公钥。

- 访问控制是在保障授权用户能获取所需资源的同时拒绝非授权用户的安全机制。访问控制包括主体、客体、访问及访问控制策略等基本要素。

- 访问控制策略主要可分为3类：自主访问控制、强制访问控制和基于角色的访问控制。

- IEEE 802.11i是无线局域网的安全标准，其商业名称为WPA2。

- IPsec是为互联网网络层提供安全服务的一组协议。IPsec可以两种不同的方式运行：一种是传输方式，IPsec只保护IP数据报的有效载荷，而不保护IP数据报的首部，通常用于主机到主机的数据保护；另一种是隧道方式，IPsec保护包括IP首部在内的整个IP数据报，通常用于两个路由器之间，或一台主机与一个路由器之间的数据保护。

- SSL（安全套接字层）协议的最新版本是SSL 3.0，它是保护万维网HTTP通信量的事实上的标准。后来IETF在SSL协议的基础上设计了TLS（传输层安全）协议。当需要使用加密的浏览器时，就要使用SSL/TLS和应用层的HTTPS。

- 优良保密协议（PGP）是安全电子邮件软件（不是互联网的正式标准），它通过报文摘要和数字签名技术为电子邮件提供完整性和不可否认性，使用对称密钥和公钥的组合加密来提供机密性。

- 防火墙是把一个组织的内部网络与其他网络（通常是互联网）隔离开的软件和硬件的组合，目的是实施访问控制策略。防火墙里面的网络称为"可信网络"，防火墙外面的网络称为"不可信网络"。防火墙的功能有两个：一个是阻止一些分组通过（主要的），另一个是允许另一些分组通过。

- 防火墙技术一般分为分组过滤路由器和应用级网关两类。分组过滤路由器是一种具有分组过滤功能的路由器，它根据过滤规则对进出内部网络的分组执行转发或者丢弃（即过滤）操作。应用级网关在应用层通信中扮演报文中继的角色，可以实现基于应用层数据的过滤和高层用户鉴别。

- 入侵检测系统（IDS）一般可以分为基于特征的IDS和基于异常的IDS。
- 拒绝服务（DoS）攻击是攻击者最常使用的一种行之有效且难以防范的攻击手段，是针对系统可用性的攻击，主要通过消耗网络带宽或系统资源（如处理器、磁盘、内存等）使网络或系统不堪重负，以至于瘫痪而停止提供正常的网络服务或服务质量显著降低；或通过更改系统配置（如更改路由器的路由表）使系统无法正常工作来达到攻击的目的。
- 分布式拒绝服务（DDoS）攻击中，处于不同位置的多个攻击者同时向一个或多个目标发起DoS攻击，或者一个或多个攻击者控制了位于不同位置的多台主机，并利用这些主机对目标同时实施DoS攻击。DDoS攻击是DoS攻击最主要的一种形式。

习题

7-1 计算机网络中的安全威胁都有哪些？需要哪些安全服务？

7-2 请说明授权（Authorization）与鉴别（Authentication）的区别。

7-3 对称密钥密码体制与公钥密码体制的特点分别是什么？各有何优缺点？

7-4 考虑 n 个用户两两间的秘密通信问题。如果使用对称密钥密码体制，需要多少密钥？若使用公钥密码体制，则需要多少对密钥？

7-5 你能设计出一个简单的对称密钥加密算法吗？请大致评估一下你的加密算法的强度。

7-6 在对称密钥系统中，通信双方要共享一个秘密密钥，需要通过安全通道分发密钥。而在公钥系统中，公钥无须保密，是否就不存在密钥分发的问题？试举一例说明原因。

7-7 比较对称密钥密码体制与公钥密码体制中密钥分发的异同。

7-8 为什么需要进行报文鉴别？报文的保密性与完整性有何区别？什么是MD5？

7-9 为什么报文鉴别技术中要使用报文摘要？什么报文摘要要使用密码散列函数？使用普通散列函数会有什么问题？

7-10 计算字符串"SEND1293.BOB"和"SEND9213.BOB"的互联网校验和，看是否完全一样。

7-11 比较数字签名与报文鉴别码技术的异同。

7-12 请修改图7-9中的鉴别协议，使用公钥加密算法来实现一次性随机数鉴别。

7-13 如果采用信道加密机对网络中的所有链路进行加密，并且所有中间节点（如路由器）也是安全的，是不是就不需要在网络其他层次提供安全机制了？

7-14 查看一个无线AP的安全配置，看看它都支持几种安全机制。

7-15 IPsec有哪两种运行方式？请简述它们的区别。

7-16 互联网的网络层是无连接的，而IPsec是互联网网络层的安全协议，它也是无连接的吗？

7-17 有了IPsec在网络层提供安全服务，为什么还需要传输层和应用层的安全协议？

7-18 IPsec或SSL协议能代替PGP为电子邮件提供安全服务吗？

7-19 试述防火墙的基本工作原理和所提供的功能。

7-20 是不是部署了防火墙后，内网的主机就都安全了？

7-21 有了防火墙为什么还需要入侵检测系统？

7-22 入侵检测方法一般可以分为哪两种？它们之间的区别是什么？

7-23 为什么攻击者在进行网络攻击前通常要进行网络扫描？网络扫描有哪几种主要的类型？

7-24 在交换式局域网中用嗅探器进行网络监听的困难是什么？交换机毒化攻击的基本原理是什么？如何防范？

7-25 DDoS 是如何产生巨大的攻击流量的？为什么难以防范？

参考文献

[1] 特南鲍姆，韦瑟罗尔. 计算机网络[M]. 严伟，潘爱民，译. 6版. 北京：清华大学出版社，2022.

[2] 佛罗赞，费根. 数据通信与网络[M]. 吴时霖，吴永辉，吴之艳，等译. 4版. 北京：机械工业出版社，2007.

[3] 彼得森，戴维. 计算机网络：系统方法[M]. 王勇，薛静锋，王李乐，等译. 6版. 北京：机械工业出版社，2022.

[4] 库罗斯，罗斯. 计算机网络：自顶向下方法[M]. 陈鸣，译. 8版. 北京：机械工业出版社，2024.

[5] 科默. 计算机网络与因特网[M]. 范冰冰，张奇支，龚征，等译. 6版. 北京：电子工业出版社，2015.

[6] 佛罗赞. TCP/IP协议族[M]. 王海，张娟，朱晓阳，等译. 4版. 北京：清华大学出版社，2011.

[7] 福尔，史蒂文斯. TCP/IP详解：卷1[M]. 吴英，张玉，许昱玮，译. 2版. 北京：机械工业出版社，2016.

[8] 斯托林斯. 数据与计算机通信[M]. 王海，张娟，周慧，等译. 10版. 北京：电子工业出版社，2015.

[9] 谢希仁. 计算机网络[M]. 8版. 北京：电子工业出版社，2021.

[10] 吴功宜，吴英. 计算机网络[M]. 5版. 北京：清华大学出版社，2021.

[11] 陈鸣. 计算机网络：原理与实践[M]. 北京：高等教育出版社，2013.

[12] 徐恪，徐明伟，李琦. 高级计算机网络[M]. 2版. 北京：清华大学出版社，2021.

[13] 达尔曼，巴克浮，史可德. 4G移动通信技术权威指南：LTE与LTE-Advanced[M]. 堵久辉，缪庆育，译. 北京：人民邮电出版社，2012.

[14] 格拉西亚尼. IPv6技术精要[M]. 孙余强，王涛，译. 2版. 北京：人民邮电出版社，2020.

[15] 陈威兵，张刚林，冯璐，等. 移动通信原理[M]. 2版. 北京：清华大学出版社，2019.

[16] 张传福，赵立英，张宇，等. 5G移动通信系统及关键技术[M]. 北京：电子工业出版社，2018.

[17] 斯托林斯. 现代网络技术：SDN、NFV、QoE、物联网和云计算[M]. 胡超，邢长友，陈鸣，译. 北京：机械工业出版社，2018.

[18] 纳多，格雷. 软件定义网络：SDN与OpenFlow解析[M]. 毕军，单业，张绍宇，等译. 北京：人民邮电出版社，2014.

[19] 戈兰松，布莱克. 软件定义网络——原理、技术与实践[M]. 王海，张娟，于卫波，等译. 北京：电子工业出版社，2016.

[20] 刘鹏. 云计算[M]. 4版. 北京：电子工业出版社，2019.

[21] 吴礼发，洪征. 计算机网络安全原理[M]. 4版. 北京：电子工业出版社，2021.